博学而笃志，切问而近思。

（《论语·子张》）

博晓古今，可立一家之说；
学贯中西，或成经国之才。

作者介绍

吴信训，上海大学新闻传播学院教授、博士、博士生导师。上海市社会科学创新研究基地（文化繁荣与新媒体发展研究方向）及上海市人民政府决策咨询研究基地吴信训工作室首席专家（领军人物），上海市高校人文社会科学重点研究基地·影视与传媒产业研究基地主任，中国人民大学新闻与社会发展研究中心兼职研究员、中国社会科学院新媒体研究中心特聘研究员，第二届教育部新闻学科教学指导委员、"全国十佳"广播电视理论工作者、享受政府特殊津贴专家。中国传媒经济与管理研究会常务副会长、中国传播学会副会长。曾参与创办四川有线广播电视台，兼任台长助理。

曾获多项国家级、省部级优秀科研奖及优秀教学成果奖。出版《实用电视传播学》、《世界大众传播新潮》、《中国有线电视经营论》、《新闻传播百科全书》（主编之一）、《电影电视辞典》、《中国传媒经济研究1949—2004》、《现代传媒经济学》、《都市新闻学》、《新媒介与传媒经济》、《文化传播新论》、《美国新媒介产业》、《世界传媒产业评论》（辑刊主编）、《国际新闻传播名校教育镜鉴》等著作四十余部，发表学术论文上百篇。

普通高等教育"十一五"国家级规划教材

当代广播电视教程·新世纪版

新编广播电视新闻学

（第三版）

吴信训　著

复旦大学出版社

内容提要

本书作为十一五国家级规划教材《新编广播电视新闻学》的修订版，同时是上海市精品课程"广播电视新闻学"的配套教材。

第三版保留初版的主体框架，从广播电视新闻原理、广播电视新闻体裁、广播电视新闻类别、电视新闻采访、电视新闻拍摄、电视新闻编辑、电视新闻的播音与主持、电视新闻的编排、广播电视新闻数字化传播九个主要方面对广播电视新闻学进行了深刻、全面的分析。新版在第十一章"广播电视新闻数字化传播"中增加了第五部分"电视新闻传播的第四次革命"，并对初版各章中所涉及的广播电视新闻理论与实践的一些新发展作了修改与补充，更新了部分案例。

第三版序

——变与不变中发展的广播电视新闻学

亲爱的读者,阅读本书的时候,建议最好能先通阅一遍第一版序、第二版序和第三版序。这样,会更方便您了解本书在结构上内涵的思路和特点,同时,也有助于把握广播电视新闻从问世到今天的数字化时代,从实践到理论变化发展中的关键点和某些蕴含着规律性的方面。这其中也寄寓着笔者从进入四川大学中文系 77 级本科学习开始,有幸与广播电视新闻正式结缘以来,亲身参与广播电视新闻实践与教学科研近 40 年的些许感悟。

本书第二版修订于 2011 年。正如第二版序中写的:"从第一版到现在不过短短的五年,可以说,在新闻信息传播领域,就又发生了有史以来最深刻的变革。那就是数字化对新闻信息传播从既往的理论到实践的颠覆与再造。"所以,第二版最主要的创新,是增加了新的一章"第十一章:广播电视新闻数字化传播"。然而,这个"有史以来最深刻的变革",在第二版后不过短短的几年光景,又再次被颠覆与再造,而且,就发生在广播电视新闻数字化传播时代。也正如第二版序言中所预言的那样:"数字化尽管已经通过互联网、电信网、广播电视网为我们铺陈展示了诸多前所未有的奇观与奇感,然而,我们仍然有理由说,只有当新一代互联网(IPv6)、4G 移动通信网、下一代广播电视网(NGB)登场,三网融合,能充分提供无远弗届、无所不在、无所不能、形声并茂的即时性传播与互动性传播的时候,信息化社会才真正可谓步入成熟的境界!"

为此,本书第三版最主要的创新,也就是针对"广播电视新闻数字化传播"伴随 4G 移动互联网、大数据、数据新闻可视化、VR/AR 虚拟全景新闻等新的数字化浪潮,在实践与理论上新的发展,予以了梳理与论述。

首先,在理论上进一步鲜明地提出并阐释了"网络与数字化时代仍然至关重要的广播电视新闻"的观点。指出:无论是在网站上,还是在手机上传播的"形声并茂"的"视频新闻",在本质上,它们传播的仍然是电视新闻,只是利用一种新的传播介质。广播电视作为一种媒介问世,其图像和声音的符号生成技术原理虽然是从模拟技术方式改变成了数字技术方式,数字技术的巨大魔力对广播电视新闻信息传播的既往实践与理论造成了天翻地覆的变化,但以图像和声音综合构成的新闻节目的基本符号特征、基本修辞逻辑、基本语法规范、基本表现形态及其社会功能并没有发生本质的变异。在某种意义上可以说,就电视新闻的传播而言,互联网、手机等新媒体只是电视新闻传播平台的扩展与延伸。当然,由于互联网、手机等新媒体的特质,这些新媒体上传播的电视新闻在构成样式、传播模式等方面会有某些新的发展与变革,并形成某些新的特点。

再者,对笔者在第二版提出并论证的"电视新闻传播的三次革命"的论断,作了进一步的修正与提炼,提出了"电视新闻传播的四次革命"的新论断,更明晰地阐明了以下内涵:电视新闻传播的第一次革命——首次突破"受众被动接受"局限;电视新闻传播的第二次革命——"内容二次整合"和"延时播出"成为现实;电视新闻传播的第三次革命——"库传播"与"移动传播"闪亮登场;电视新闻传播的第四次革命——"新视觉"电视新闻别开生面。同时,以我国主流媒体在上述方面努力创新进取的生动实践业绩予以了充实例证。

第三版虽然作了以上修订,但仍难免"挂一漏万",因为前所未有的数字化对信息传播及人类交往生活所带来的奇异变化,实在是日新月异、目不暇接,时时催人"欲穷千里目,更上一层楼"!尚存的不足,还期待同仁学友教正,以促动力不懈,更上层楼!

此外,本次修订出版,博士研究生吴圆圆、硕士研究生王敏协助整理了部分资料。本书初版和再版受到复旦大学出版社编辑们尤其是章永宏先生和刘畅女士的倾力支持,还受到广大读者的广泛赞赏与欢迎,谨致衷心谢忱!

吴信训

2018 年炎夏于上海

第二版序

——新信息时代的传媒变革畅想

本书第二版最主要的创新,是增加了新的一章——"广播电视新闻数字化传播"。

正如第一版序开篇的一段话所说:"世界上很难有一部完美的新闻学教材,因为,新闻行业是生产'易碎品'的行业,转瞬之间,今日新闻就已成明日黄花。新闻的实践与理论每一天都面临着急剧更新的挑战。一部教材实在很难定格新闻瞬息万变、仪态万方的姿态。"从第一版到现在不过短短的五年,可以说,在新闻信息传播领域,就又发生了有史以来最深刻的变革。那就是数字化对新闻信息传播从既往的理论到实践的颠覆与再造。

20 世纪中期,伴随当时信息传播科技的进步与成就,人类被定位为从工业化社会进入了信息化社会。迄今,已有浩如烟海的论著阐述了信息化社会的特征与优势,甚至一度有学者将今天时代的信息化社会界定为"后信息化社会"或"后信息化时代",颇给人有信息化社会已近尾声之感。笔者却要振臂宣告:数字化才真正体现出信息化社会最经典的特征!用一个拟人的比喻,以数字化为标志的信息化时代,不仅不是"后"信息化时代,而才刚好是"三十而立"的信息化时代,是"壮年代"信息社会。我们无妨将其称为"新信息时代"!

数字化尽管已经通过互联网、电信网、广播电视网为我们铺陈展示了诸多前所未有的奇观与奇感,然而,我们仍然有理由说,只有当新一代互联网(IPv6)、4G 移动通信网、下一代广播电视网(NGB)登场,三网融合,能充分提供无远弗届、无所不在、无所不能、形声并茂的即时性传播与互动性传播的时候,信息化社会才真正可谓步入成熟的境界!而那时,数字化所带来的信息化,还将更快速、更丰富地延伸、扩展,从人类生活方式创新优化、工作方式创新优化,到其他行业的生产方式创新优化、社会管理的创新优化等方方面面。数字化可能带来的信息化前景,真可谓"欲穷千里目,更上一层楼"。

作为与信息传播科技、与数字化关系最为密切直接的广播电视新闻传播范畴,无疑更领受到彻里彻外的洗礼,被催生了电视新闻传播的第三次革命。从理论到实践的创新挑战咄咄逼人,而感悟与应对举措的探索可以说才刚刚揭开序幕。本书第二版新增加的第十一章,只是对目前动态及可预见前景的粗浅梳理,期待抛砖引玉,有更多的力作问世。

本书第二版还对其他各章中所涉及的广播电视新闻理论与实践的一些新发展做了相应修改与补充,更新了部分案例。博士生王建磊协助了新增第十一章中部分资料整理和初稿撰写。

此外,本书有幸被评为"十一五"国家级教材以及第二版的修订出版,也与复旦大学出版社编辑们尤其是章永宏先生的倾力支持分不开,谨再表谢忱!

吴信训

2011 年早春于上海

第一版序

　　世界上很难有一部完美的新闻学教材,因为,新闻行业是生产"易碎品"的行业,转瞬之间,今日新闻就已成明日黄花。新闻的实践与理论每一天都面临着急剧更新的挑战。一部教材实在很难定格新闻瞬息万变、仪态万方的姿态。

　　物换星移,本书的可谓处女版本——《实用电视传播学》的出版已是 16 年前的事。21 年前的 1985 年,我有幸第一次公派到日本留学,主攻广播电视传播学。那时,中国的广播电视新闻学教育与理论研究还处于刚刚起步的阶段,有关著述更是寥寥无几。记得我与广播电视新闻的正式结缘,可以从 1982 年算起。从四川大学中文系 77 级毕业留校在新闻专业任教,讲授《新闻学概论》,同时准备《广播电视新闻学》课程。当年,适逢一个机会,担任编导,和四川电视台的一位记者共同拍摄一部反映空军的新闻专题片,使用的是 16 毫米电影摄影机,并且,第一次尝试了直升飞机航拍。由此,使我对电视新闻的实践有了一次深切的体会。但当时,除了从报学理论与实践中获得的新闻基础感觉之外,电视方面的理论准备则可以说主要都是从电影理论中获取灵感。所以,在日本留学时,每当我跨进学校现代化的图书馆,浏览着汗牛充栋的广播电视学图书资料时,心中就阵阵漾起难以抑制的激情,想尽快把国外的这些知识带回自己的祖国,用于教学科研及实践中去。回国后,我正式开设"广播电视新闻学""电视传播学"等课程。还有幸的是,学校在外汇十分稀缺的情况下,为我购买了一套和当时省级电视台新闻部设备水平相当的广播级电视新闻摄录设备,同时,我被四川电视台正式聘请为特约记者,使我能理论与实践密切联系。于是,我当自己的讲义在教学中试用修改之后,于 1990 年出版了《实用电视传播学》这本书。当年金秋时节,首届中国西部广播电视协作会议在西藏拉萨召开。西部 12 个省广播电视厅、电台、电视台的首脑们汇聚一堂,共商西部广播电视协同发展的大计。会议邀请我就发达国家广播电视的发展做了一个专题演讲。还带着油墨清香的《实用电视传播学》也有幸借此比较广泛迅速地得到同行专家们的检验与教正,受到社会广泛的好评。除了不少高校用作教材外,不少地区的电视台也购买作为从业人员的业务参考书。但是,很快我就已经感到了这本书的局限,想予以修订。尤其是1991年,我又赴日本东京大学新闻研究所从事研究,发现当时西方发达国家已经在对信息时代传播的一系列前沿课题进行研究了,比如当时国内还闻所未闻的"新媒体""社会信息学"等。回国后,为急着先将国际最新、最前沿的研究动态和知识传播给国内,赶写《世界大众传播新潮》一书出版,紧接着,又应四川省广播电视厅邀请,兼职参与领导创办四川有线广播电视台,并兼任台长助理,一晃又是数年光阴。其后,又是其他更急的教学科研冲击。就这样,尽管在对每一届本科生、研究生的广播电视新闻教学中,教材及教学方法都在不断改变与探索,并且,自己担任主讲的《广播电视新闻学》课程还有幸被评为上海市精品课程,但正式修订重写出版的愿望却直到现在才变为现实。

本书建构了一个完全创新的体例,力求更丰富扎实的知识点,深入独到的理论见解,融会贯通的实用性。

第一章,提纲挈领阐明广播电视新闻特殊的社会价值,以及广播电视新闻的定义、内涵,并对广播电视媒介的特性和优势作了富有独到见解的论述。

第二章、第三章和第四章、第五章互为呼应,首次分别从广播电视反映新闻信息时的外部结构样式特点和内容叙事特征着眼区分体裁,以及从广播电视反映新闻信息时的内容所属领域着眼区分类别,从题材与类别的区分与联系上,对不同领域广播电视新闻传播中的不同体裁运用的基本规律与要领,作了全面的深度的解析。

第六章至第十章对广播电视新闻节目从前期采访到后期制作、播出各环节的重要理论与实践问题进行了更全面、透辟的解析。

同时,本书针对广播与电视虽然媒介手段有所不同,但因也有同属电波媒介的若干共性,就其新闻报道的体裁、类别而言,却是基本相通的,只是在其具体传情达意的叙事表现上,如何发挥各自的媒介特性与优势,有其不同的特点及要领,所以,本书就其每一种体裁、类别,先论其共性,再分述其个性,既有利于触类旁通,节约篇幅,又有利于从彼此的联系与区别中,更便捷地理解把握各自的特点与要领。

本书在成书过程中,研究生王建磊、万国燕、鲍春燕、唐海曼、张收鹏、袁玉丹、周婵、张弦、周旻,博士生李晓梅参与了第二章、第三章、第七章中部分资料的整理和初稿撰写。复旦大学出版社编辑章永宏先生给予了倾诚的支持,谨致衷心的谢忱！此外,本书还参考了国内外众多相关论著及前沿性成果,亦在此表示敬意与谢意。书中尚存的不足,还请同仁学友教正。

衷心期望本书及其作者能成为钻研广播电视新闻的广大学子及业界人士的契友!

吴信训
2006 年炎暑于上海

目　录

第一章

广播电视新闻原理

第一节　广播电视新闻特殊的社会价值

一、网络与数字化时代仍然至关重要的广播电视新闻

在网络与数字化时代,毋庸讳言,各种传统媒体都面临着式微的命运,广播电视也不例外。但是,尽管从某种传统的习惯意识上看,例如,"电视"就是人们从家里或单位的电视机上观看节目接收信息的传媒,那么,电视的传播势力范围当然是缩小了许多,然而,当我们以更开阔的眼界和思维去观察街头巨大的LED"电视屏"和无数人在手机上观看的电视节目时,您或许就会赫然感悟,"电视"仍然无处不在(关于这个问题,后面还会详述),尤其是电视新闻的一些积淀深厚的节目品牌,如中国中央电视台的《新闻联播》、国际知名的CNN新闻台等,每天还是那么强有力地牵动着人们的视线。

迄今为止,现代人实际上是生活在媒体新闻影响之中。曾几何时,在电视媒介独领风骚的时代,现代人尤其是生活在广播电视新闻(更首推电视新闻)的影响之中。1987年,美国新闻传播学者仙托・艾英戈、唐纳德・R.金德主持完成了一项在传播学领域具有世界性和历史性学术影响的试验《至关重要的新闻——电视与美国民意》,其研究结果揭示:

"20世纪五六十年代的大众传播研究得出的普遍结论认为,媒体宣传只会产生'极小的后果'(minimal consequences)。随着实验方法被人们逐渐接受,我们对媒介的接触情况可以作更精确的研究和更为先进的数据分析,于是这种极小的后果被重新定义。"

"'媒体政治'已经无处不在,不仅存在于美国,在其他国家也一样。……可以毫不夸张地说,使用——甚至操纵——大众传媒以促进政治目标的实现,不仅是标准的操作方式,而且已经成为一种生存的需要。"①

"电视新闻是能够决定在大众脑海中闪现什么的最重要的力量。通过事先强调(priming)国家生活中的某些方面而忽略另外一些方面,电视新闻把人们的政治判断和政治选择限定在一定范围之内。"②

"通过铺垫效果(把观众的注意力吸引到政治生活的某些方面,而忽略另一些方面),电视新闻可能会为政治判断和政治选择定下基调。"

"随着电视成为美国人生活的核心,电视新闻成为美国人获取政治新闻独一无二的、最重要的信息来源。……无论是与非,电视新闻已然成为美国政治活动中一个定期的参与者。……每天晚间电视新闻里的报道,强有力地影响着美国人对社会和国家的看法。"③

大家知道,1972 年,当美国传播学者马克斯韦尔·麦考姆斯(Maxwell McCombs)和唐纳德·肖(Donald Shaw)在《舆论季刊》发表《大众传播媒介的议题设置功能》时,议题设置一开始就是一个政治传播的话题,围绕竞选、政治人物形象评价、政治决策等展开。由于政治生活在现代人社会生活中至关重要的地位,生存利益相关性上高度的密切性,所以,随着研究的深入,大众传媒的议程设置功能的存在与能量,日益有力地彰显,并成为普遍的共识。

人们更加清楚地认识到,"媒介在政治这一主要新闻报道领域中占据了优势(压倒其他信息来源)"④。"从民主政治的角度来看,现代社会中,大众传媒中的新闻却是至关重要,已经成为多元政治能否顺利实现的一个关键因素。"⑤

同时,人们还认识到,正如仙托·艾英戈、唐纳德·R.金德的研究结果所揭示:"电视新闻的独特之处不仅在于其聚焦点——主要关注国家特别是总统——而且也在于其表现形式。电视新闻不会有歧义、含糊和不确定。它是,或者是它的架势让人觉得是权威的新闻。P. H. 韦弗(P. H. Weaver)提出:'电视新闻节

---

① [美]仙托·艾英戈、唐纳德·R.金德著:《至关重要的新闻——电视与美国民意》,刘海龙译,新华出版社 2004 年版,第 1—2 页。

② 同上书,第 8 页。

③ 同上书,第 165 页。

④ [美]马克思韦尔·麦考姆斯、唐纳德·肖:《大众传播媒介的议题设置功能》,参见张国良主编:《20世纪传播学经典文本》,复旦大学出版社 2003 年版,第 420 页。

⑤ [美]达尔:《民主理论的前言》,三联书店 1999 年版。

目的解说、人员的选择和播出的各个方面的设计,几乎都用来造成一种权威与全知全能的印象。这一点在总主持人(anchorman)身上体现得最为淋漓尽致——沃尔特·克朗凯特是一个典型的例子——他看上去像一个神:他可以随心所欲地召唤人物、事件和图像;他的口气不容置疑;所有事件都在他的身边发生和结束'。电视的这层权威的外衣甚至延及在现场的电视记者,他总是站在塔顶,傲视视野中的各种问题,他'权威而自信地谈论着眼前的每一件事:人物、事件、动机、目的、意义、重要性、趋势、危机、问题、解决——所有的一切他都能够完美地理解,他在高谈阔论时是根本不会使用'如果''而且''但是'这样的字眼的,他所说的一切都毋庸置疑'。大多数美国人在大多数时间里,似乎会认为这种权威性不容怀疑,根据各种全国调查,美国人在很大程度上相信,电视——而不是杂志、广播和报纸——能够向他们提供最有理智、最全面和最公正的报道(Bower 1985)。"①

电视新闻对大众生存及社会发展的重大影响,当然不只在政治领域。电视在政治新闻报道领域的表现及其意义,只是一个典型的缩影。亚洲金融风暴、印度洋海啸、非典、奥运、世博、宇宙飞船升天、世界小姐大赛,等等,无论在经济、自然、医疗、体育领域,还是科技、文化等领域,电视新闻无处不在,最强有力地吸引着人们的视线。

在我国,早在 1981 年 11 月 16 日,中共中央书记处也明确地指出:"广播电视是教育、鼓舞全党、全军和全国各族人民建设社会主义物质文明、精神文明的最强大的现代化工具。"②1983 年中共中央 37 号文件中指出,"新闻性节目是广播电视宣传的骨干"。这就明确规定了广播电视新闻性节目在广播和电视中的骨干作用和主体地位。

当然,人们也理智地认识到另一个方面。正如仙托·艾英戈、唐纳德·R.金德的研究结果中也分析到的:"电视新闻可能通过其出色的报道和深入的分析,赢得了公众的信任。然而仅仅是有可能,我们怀疑,这种信任来自电视装腔作势的权威性。美国人过分地相信电视晚间新闻了。"

人类的历史在很快地过去,也在很快地发展。还看今朝,又涌现了互联网、手机等新媒体,它们同样也能传播形声并茂的图像新闻,诸如 IP 电视、手机电

---

① [美]仙托·艾英戈、唐纳德·R.金德著:《至关重要的新闻——电视与美国民意》,刘海龙译,新华出版社 2004 年版,第 181 页。
② 徐光春主编:《中华人民共和国广播电视史》,中国广播电视出版社 2003 年版,第 211 页。

视。尤其值得一提的是,2013 年 12 月 4 日下午,中华人民共和国工业和信息化部正式向国内三大电信运营商——中国移动通信集团公司、中国电信集团公司和中国联合网络通信集团有限公司颁发了"LTE/第四代数字蜂窝移动通信业务(TD-LTE)"经营许可(简称"4G 牌照")。从表面来看,4G "并非算革命性技术",相较于 1G、2G、3G 通信技术,似乎只是一种技术的演进,属于 LTE 的进阶产品,是移动宽带的延展,然而,"4G"对现实世界发展所拥有的实际价值,犹如战斗机具备了骤然爆发加速的能力与意义。原本已是日新月异的新媒体大洋,又将掀起一波天翻地覆的浪潮。因为,4G 标志着移动互联网应用终于突破了一度由网络带宽困扰的某种"临界点"。4G 具备"一快、二高、三多"的市场特征,"一快"是从 3G 到 4G 的转化速度特别快;"二高"是用户流量高,达到 GB 级别,运营的 ARPU 值高①,会有力提升运营商发展动力;"三多"是多网络、多终端和多应用,因而能在多行业领域形成世界性的普及潮流。还可以说,4G 的应用,也在更严格的意义上突破了"三网融合"在功能上实现无缝衔接的障碍。由 4G 伊始,将带来一种新的最大可能,即在 4G 网络时代,"即摄即传"业务会成为常态。甚至任何人都可能成为手机前的"直播记者",可以通过网络或社交媒体发布视频新闻。人类传播史的理论与实践都告诉我们,只要有可能,人们传播信息,都想尽量追求并应用"即时形象传播"的境界。在一定意义上可以说,4G 开启了一个移动影像新时代②!

例如,喜欢"推特执政"的美国总统特朗普 2018 年 7 月 12 日抵达伦敦,开启对英国为期两天的访问。特朗普抵达英国后,受到英国首相特雷莎·梅的热烈欢迎,参加了一个欢迎仪式。随后特朗普与第一夫人梅拉尼娅在丘吉尔庄园同特雷莎·梅举行了正式晚宴。第二天,特朗普和第一夫人梅拉尼娅前往温莎城堡,会见英国女王,并同女王一起喝茶。在结束对英国的访问之后,特朗普就特地在推特上发布了视频,对此次访问进行了回顾。足见特朗普对"形声并茂"影像符号传播魅力的青睐。

然而,应当指出,无论是在网站上,还是在手机上传播的"形声并茂"的"视频新闻",在本质上,它们传播的仍然是电视新闻,只是利用一种新的传播介质。广播电视作为一种媒介问世,其图像和声音的符号生成技术原理虽然是从模拟技

① ARPU 指单位时间内,运营商可从用户获取的利润。
② 吴信训:《4G 前景下我国媒体融合的新变局与进程展望》,《新闻记者》2015 年第 9 期。

术方式改变成数字技术方式,数字技术的巨大魔力对广播电视新闻信息传播的既往实践与理论造成了天翻地覆的变化,但以图像和声音综合构成的新闻节目的基本符号特征、基本修辞逻辑、基本语法规范、基本表现形态以及其社会功能并没有发生本质的变异。在某种意义上可以说,就电视新闻的传播而言,互联网、手机等新媒体,只是电视新闻传播平台的扩展与延伸。当然,由于互联网、手机等新媒体的特质,这些新媒体上传播的电视新闻,在构成样式、传播模式等方面会有某些新的发展与变革,并形成某些新的特点,比如互动性、点播性,延时性,同一新闻主题的多层次多元链接结构随机选择进入性,手机电视新闻的更为简洁明快性等。据 2009 年 12 月 19 日中央电视台发布的"2007 年全国电视观众抽样调查"报告显示,尽管不同类型媒体的竞争日趋激烈,但电视仍然是人们接触的最主要的媒体。2007 年,中国 4 岁以上的观众总数达到 12.05 亿人,比 2002 年全国电视观众抽样调查时的数据增加了 9 000 万人。95.05％的人经常或几乎每天都收看电视,人们经常接触的媒体依次是:电视、报纸、书籍、杂志、广播、网络。调查还显示,全国观众最喜爱的电视栏目是《新闻联播》,紧随其后的是《焦点访谈》和《同一首歌》①。据 2016 年 4 月 12 日发布的《中国电视观众现状报告·全国电视观众抽样调查》显示,在"观众平时收看各类电视节目的情况"中,经常看"新闻评论节目类"的人群占 31.75％,经常看"新闻节目类"的人群占 45.14％,两项合计占 76.89％。此外,还有未加测算的通过手机等平台转播观看的受众。可见,电视新闻对受众的吸引力、影响力仍然是超强的。

还有必要指出的是,在当今时代,与电视相比,广播的地位和影响无疑小了许多,但仍然是一个有着广泛大众基础的媒介。央视索福瑞发布的 2004 年全国 20 个城市第一次收听率调查结果显示,我国主要城市 10 岁及以上人群中平均每天有 56.1％的人接触广播媒体,人均每天收听时间为 58 分钟②。尤其需要注意的是,由于广播传播的高度便捷性、高度广泛性、高度跨时空性,广播仍然是具有"世界硬通货"意义的传播媒介,广播新闻仍然是各个国家高度重视并投资巨大的至关重要的领域,尤其是在国际传播范畴。

据有关研究报告揭示,当今国际广播的特点之一,是环球广播成为国际广播的重要形式。环球广播是 20 世纪 60 年代发展起来的一种国际广播形式,它的

① 李扬:《我国电视观众逾 12 亿》,载《文汇报》2009 年 12 月 19 日。
② 参见新浪网(http://ent.sina.com.cn/v/20040709/1646438908.html)。

发展是国际政治的体现。开办国一般都使用英语和本国语言向世界各国播出以新闻为主的节目,使用大功率发射机昼夜不停地广播。环球广播超越了时空,影响遍及世界五大洲。此外,当今国际广播的又一个重要新趋势是在线广播。20世纪90年代以来,因特网在线广播发展成为最热门的国际广播手段。现在,面对全球10亿多互联网用户,世界上已有1 500多个广播电视机构开办了在线广播,不仅有老牌的国际广播机构,还有对内广播机构,而以老牌的对外播出机构尤为积极主动,如美国之音、英国广播公司、德国之声广播电台、法国国际广播电台、日本广播电台、美国全国广播公司、美国公共广播电台、美国有线电视新闻网、韩国广播公司、荷兰广播公司、瑞典广播电台等,不一而足。尤其值得注意的是,许多西方对外播出机构开办的在线广播网站不止一家。由于在线广播的"交互性"和不受国界限制的特点,使得一切媒体内容都变得"泛国际广播化"①。

二、世界广播电视新闻事业的发展

人类对广播电视技术的发明,一开始就是服务于新闻的传播。从世界广播电视事业发展史来考察,我们可以清楚地看到,广播电视具有新闻和娱乐功能,这是广播电视与生俱来的社会功能特征。

在美国广播业的早期,很多报纸有感于广播的优势,纷纷开办电台。据美国报纸发行人委员会的电台委员会1927年发表的报告,48家报纸拥有自己的电台,69家报纸在别人的电台上出钱主办节目,97家报纸提供无线电新闻节目。实践经验也证明,电台报道新闻促进了报纸的销售。一系列广播新闻成了当时最激动人心的报道。如:1924年的两党全国代表大会;1925年田纳西州代顿的斯科普斯(Scopes)"驴"审判(由乡村学校教师J. T. 斯科普斯违反当年田纳西州法律讲授进化论而引起),广大受众收听到的《芝加哥论坛报》WGN电台播出的克拉伦斯·达罗和威廉·詹宁斯·布赖恩的辩论;查尔斯·林德伯格继1927年完成直飞巴黎的壮举后抵达华盛顿;1927年杰克·登普西对杰恩·滕尼的拳击赛,这场比赛有69个电台播出,结成了当时最大的广播网;1928年,全国广播公司和哥伦比亚广播公司电台网的广播已经能送到全国800万台收音机中。共和党候选人赫伯特·胡佛和民主党候选人艾尔弗雷德·史密斯都作了广播讲话,

---

① 马庆平:《国际广播的起源与当今国际广播的特点》,《世界广播电视参考》2005年第11期。

在竞选演说上花费了 100 万美元。那一年,各通讯社如美联社、合众社和国际新闻社等都在电台上向听众播发了全部选举结果。广受欢迎的体育解说员特德·赫兴(Ted Husing)同时也成为更具人气的重大事件的新闻播音员[①]。

1939 年 4 月 30 日,在美国,电视正式开始播放。美国全国广播公司所属的实验电台电视播送了纽约世界博览会,并实况播放了美国总统罗斯福在博览会上的讲话,令美国公众惊叹不已。然后,美国无线电公司总经理萨尔诺夫在电视广播中讲了话。此外,NBC 的节目表上,还有从它唯一的演播室每天制作的一个新节目。而这些节目的内容,都是 NBC 所邀请的戏剧演员、喜剧演员、歌唱家、魔术师、木偶戏表演家以及厨师等所作的表演;要不,就是播放录制的一些影片。当时,NBC 也建立了流动汽车摄影组,但也主要是拍摄一些体育比赛。1939 年,《飘》剧初次演出,流动摄影组在首都剧场拍摄播出了这部名剧。当时的流动摄影组由两辆大汽车组成。一辆车内装满了现场拍摄使用的设备,并设有一个车内演播室。另一辆车上装着一台发射机,通过这台发射机把拍好的图像传输到帝国大厦电视塔,然后由播出系统的电视信号发射主机向千家万户播出。这一次成功的文艺节目现场直播,使电视观众大饱眼福,顿使电视声誉倍增。

考察世界电视事业发展史,还可以使我们看到,正是电视独具魅力的新闻和娱乐功能,吸引了越来越多的电视观众,使电视事业在诸种大众传播事业中站稳了自己的脚跟,并不断扩展了自己的天地。

例如,在日本电视史上,标志着黑白电视与彩色电视趋向普及的两大里程碑历史性事件均与电视在新闻和娱乐功能上的杰出发挥密切相关。

第一个历史性事件,是 1959 年 4 月 10 日的皇太子结婚庆典游行的电视实况转播。

1958 年 11 月 27 日,日本皇室发表了皇太子与正田美智子缔结婚约的消息。而皇太子与正田美智子缔结婚约,打破了皇太子妃历来须出身于旧皇族、显族的惯例,成了轰动日本全国的大新闻。再加上电视记者采访美智子时的现场转播,使广大民众感到了美智子的温文尔雅、平易可亲,美智子立刻成为举国瞩目的新闻人物。之后,每一次有关皇太子与美智子的电视报道,都引起电视观众

---

① 〔美〕迈克尔·埃默里、埃德温·埃默里:《美国新闻史》(第 8 版),展江、殷文主译,新华出版社 2001 年版,第 319—320 页。

的极大兴趣。所以,当皇太子与美智子举行结婚盛典的时候,也自然意味着电视报道力量的一次盛大检阅。全日本的电视系统都使出了浑身解数,调集精兵强将,摆开了强大的实况转播阵势。NHK 出动了转播车 11 辆,电源车 8 辆,摄影(像)机 35 台,直升机 1 架。在民间电视广播系统方面,KRT 系统出动转播车 11 辆,连北海道电视台的转播车都支援了进来,摄影(像)机 34 台,吊车 1 辆,直升机 1 架。NTV 系统出动了包括彩色用转播车 9 辆,摄影(像)机 37 台,吊车 1 辆。

日本的电视观众也深深被电视屏幕上即将上映的这一场现实的好戏所鼓动,形成了购买电视机的热潮。1958 年 5 月,日本的电视机国内销售纪录突破 100 万台。而在皇太子结婚典礼的一周前,即 1959 年 4 月 3 日,电视机的国内销售纪录就突破了 200 万台的大关,比一年前增长了一倍。有趣的是,《读卖新闻》为与电视的普及势头相适应,从 4 月 1 日开始,改变了广播、电视栏目的原来排版惯例,将电视栏排在了广播栏的上边。而在此以前,广播时间较少的电视节目表,一直是排在广播栏的下边,并且字印得很小。

同时,也正是以皇太子结婚庆典的现场新闻报道为契机,日本民间各电视会社结成了新闻报道网络。随后,日本全国的新闻、节目电视传播网络,也以东京的电视台为中心得以形成。

第二个历史性事件,是 1970 年 3 月在大阪千里丘陵举行的日本万国博览会的彩色电视现场实况报道。在博览会举行之际,电视机厂商展开了"万国博览,彩色播放"的竭力宣传。NHK 也仰仗卫星转播,以《世界一体》为开幕式节目之题,作了 2 小时 40 分的彩色电视现场实况报道。民间电视系统也以全国七八社共同制作的形式,用彩色电视对博览会作了现场实况报道。

在历时半年的万国博览会期间,从会场发出的现场实况报道,也将"万博热"和"彩电热"迅速席卷全国。在彩色电视开始征收收视费的 1968 年,彩电用户数是 38 万,普及率不过 1.6%。两年后的万国博览会举行时,是 399 万。而一年后,到 1971 年 3 月末,就激增到 766 万。也是在这一年,彩色电视机的生产台数,达到 639 万,超过了黑白电视机的生产台数。到 1972 年 3 月末,彩电用户数突破了 1 000 万大关,达到 1 179 万。黑白电视的用户数为 1 172 万,落在了彩电后边。彩色与黑白,由此发生了逆转①。

---

① 参见吴信训:《实用电视传播学》,四川人民出版社 1990 年版,第 33—35 页。

再如,在美国 1963 年 11 月 22 日开始连续四天的美国总统肯尼迪遇刺的电视新闻报道,对观众所产生的巨大吸引力,也是难以言尽的。每 10 个美国人中,就有 9 个人看过这个电视;欧洲、亚洲、非洲、澳大利亚的许多观众也通过卫星看了这个电视新闻。

电视的新闻和娱乐功能,在接受人类社会生活的检验时,尽管也历经沧桑,却从未中途夭折,而且随着人类对电视媒介认识的不断提高和成熟,电视的新闻和娱乐功能也得以更好地发挥。据统计,在美国,20 世纪 60 年代初,新闻节目在三大电视网的总播出时间中约占 5％—10％。到 70 年代初,增加到 15％—18％。70 年代,由于资产阶级社会里公众对于政治生活的兴趣普遍高涨,新闻节目的结构也发生变化。到 70 年代末,三大电视网的电视新闻播出量达到 25％—30％。在亚洲和非洲国家里,70 年代初,电视新闻的播出量约占总播出时间的 10％—20％,比美国少些,但也是大体符合这些地区国家新闻性电视节目当时的发展水平的。到 80 年代初期,亚非国家电视新闻节目的百分比已平均增加到约占总播出时间的 1/3。其中,日本早就达到并在许多年中一直保持着这个指标。

同时,根据各国众多的电视受众调查,也揭示广大的社会公众获取新闻、了解社会动态的一个重要途径,是来自电视新闻。而且随着电视普及程度的提高,在各大众传播媒介中,看电视了解新闻的受众比例也随之递增。再从看电视的目的来讲,也由调查结果充分揭示出了电视新闻的重要性。据 1986 年 4 月 5 日至 7 月 15 日我国中央电视台总编室委托国家统计局咨询服务中心和国家统计局城市调查队进行的“中央电视台电视观众调查”,了解国内外时事的观众总计占 68.6％,娱乐消遣和增加知识各占 49.7％和 38.7％,处于第二、第三位。由此可见,电视新闻在社会生活中的指导作用、舆论导向作用会是十分巨大的。近些年来,把广播电视现场报道优势发挥到极致的一系列重大新闻事件报道,如“9·11”事件、伊拉克战争、印度洋海啸、香港回归中国、中国“神六”载人宇宙飞船航天成功等,更是使整个世界的人们经久难忘。

世界电视事业发展的历史还使我们看到,无论是在哪一个国家,哪一家主流广播电视台,无不是把广播电视新闻部门看作最核心的重要部门,把广播电视新闻视为电台、电视台的旗帜。无不是在尽可能的条件下,在广播电视新闻部门配置最优秀的人才、最精良的装备。迄今为止,在广播电视新闻领域,无不是最早、最快凝聚和应用着人类最先进的高新科技结晶的领域。

第二节　广播电视新闻的定义、内涵与特性

一、广播电视新闻的定义与内涵

1. 广播新闻的定义与内涵

广播新闻是运用声音符号体系以及广播媒介的综合优势手段传播的新闻，是广播中各类新闻体裁、各种新闻性节目的总称。

在广播新闻的声音符号体系中，又包含有声语言和音响两大部分。仅从运用声音符号体系表现内容的特征着眼，广播新闻体裁按是否运用音响，分为口播体裁和录音体裁两大类。口播体裁指单纯运用有声语言表现内容的新闻体裁，一般先按口头表达的要求写成文字稿，然后通过播音转化为声音并经由电波传送出去；录音体裁指除运用有声语言外，兼用实况音响材料表现内容的形式。

从综合运用广播媒介的传播手段表现内容时所呈现的特征着眼，广播新闻体裁又可具体分为广播消息、广播通讯、广播系列报道、广播连续报道、广播新闻评论、广播对话等。

侧重从播出技术特征着手，还可分为广播现场报道、现场录音剪辑等。

2. 电视新闻的定义与内涵

电视新闻是运用画面与声音符号体系以及电视媒介的综合优势手段传播的新闻，是电视屏幕上各类新闻体裁、各种新闻性节目的总称。

早期的电视新闻经历过以口播新闻为主和以影片新闻为主两个发展时期。1936 年 11 月 2 日，英国建立了世界第一座电视台，正式播放电视节目，同时也开始播出电视新闻。最早的电视新闻由电台、通讯社供稿，采用广播新闻播念文字稿的形式，有时配有相应的图片或图表。1937 年 5 月 12 日，英国广播公司电视播送了英王乔治六世加冕的实况；1939 年 4 月 30 日，美国全国广播公司所属的实验电台电视播送了纽约世界博览会，并实况播放了美国总统罗斯福在博览会上的讲话，被认为是英国和美国最早的有声音和图像的电视新闻。1947 年，电视新闻开始借助 16 毫米摄影机和电影胶片进行报道，进入了以影片新闻为主要报道形式的发展时期。这一时期的电视新闻往往过分重视新闻的形象性，不少专业人士认为只有影片新闻才算是真正的电视新闻。影片电视新闻借助摄影

机和胶片摄取图像,后期制作中配以解说词及音响,再通过电视播出,制作周期长、时效慢,表现手法也较为电影化。中国拍摄的第一条影片电视新闻,1958年6月1日在北京电视台播出,主题是"中共中央主办的《红旗》杂志创刊"。

20世纪70年代,随着录像设备和录像带小型化取得进展,新开发的便携式电子新闻采集设备ENG(Electronic News Gathering)为电视新闻传播带来了突破性的科技手段革命。小型、轻便的摄录设备由一两个人就可以方便地带到任何地方进行新闻拍摄,而且再没有了胶片冲洗等环节,采集回来的画面与声音,很快就可以编辑成为正式的节目。同时,电子现场节目制作设备EFP也应运而生。

据史料记载,第一家决心用电子新闻采集技术来全面替代原有的全部使用胶片设备的,是1974年9月美国密苏里州圣路易市的一家电视台KMOXTV。

在电视传输方面,1962年6月19日,美国航空航天局(NASA)和美国电报电话公司(AT&T)合作发射了"电星1号"卫星,首次成功地转播了电视信号,开启了电视传播全球化的新时代。1964年8月,美国又成功发射了世界上第一颗固定的、可以从事洲际电视转播的通讯卫星"同步3号";1964年10月在东京举行的第18届奥运会便是经"同步3号"卫星将实况转播至美洲和欧洲各地。1964年8月20日,国际通讯卫星组织成立。1965年4月6日,国际通讯卫星组织的第一颗国际商用同步卫星"国际电讯卫星1号",又称"晨鸟"卫星发射成功,使国际卫星传播迈进了一个新的阶段[①]。

电子新闻采集设备ENG和卫星通信设备相结合,又产生了卫星新闻采集设备SNG(Satellite News Gathering),为更方便、更广泛、更大量地实施跨区域、全球化电视传播创造了条件。20世纪80年代以来,ENG、EFP、SNG被广泛应用于对重大新闻事件的跨地域、全球化同步报道。

随着数字技术的发明与迅速发展,数字新闻采集设备DNG(Digital News Gathering)以更小型化、集成化、便捷化、高性能化等优势,使电视新闻更表现出其快速、即时的特点,总览天下要闻,瞬间汇于荧屏,大大优于其他传播媒体,对社会公众形成愈来愈强的影响力。进入80年代,电子摄录设备更出现普及化、家用化的趋势,小型、方便、价廉的DV设备更广泛地成为各阶层人士日常使用的娱乐和信息工具。电视新闻也不局限于由新闻专业人员采制,而有可能由社

---

① 参见郭镇之:《中外广播电视史》,复旦大学出版社2005年版,第30页。

会公众采制提供部分新闻信息,"人人都可以成为电视记者"变成现实,有力地延伸和扩展了电视新闻的报道视野和视角。

对电视新闻的体裁或分类,尚存在不同的说法。从综合运用电视媒介的传播手段表现内容时所呈现的特征着眼,在实践中,已客观存在并被大家普遍认可的电视新闻体裁,大致可分为电视新闻消息、电视深度报道、电视新闻专题、电视系列报道、电视连续报道、电视新闻调查、电视新闻解说与评论、电视新闻谈话节目等。其中,有些新闻体裁实际上又是互相交叉的。比如,主要特征是电视系列报道,但也可以是由一组电视新闻消息构成的系列报道,也可能是由一组电视新闻专题构成的系列报道。电视深度报道与电视新闻专题在内涵上实质又是相通的。

侧重从播出技术特征着眼,还可分为电视新闻现场报道、口播新闻、字幕新闻等。

二、广播电视新闻的特性与优势

1. 电视新闻的特性与优势

(1) 电视媒介的特性——即时形声传播性。

关于电视的特性,也存在过不同的认识与表述。有人说电视的特性是"真实性""迅速性""及时性";有人说电视的特性是"同一性""现场感";有人说电视的特性是"兼容性""现场性""介入性""参与性";有人说电视的特性是"传播及时性""形象纪实性""观众参与性""艺术综合性"等。

本书认为,在研究电视特性的时候,最好还是先明确"特性"的概念,在严格的"特性"的概念前提下,来分析和揭示电视的特性。

根据《辞海》的解释:"特性——某一事物所特有的性质。"所谓"特有的",自然是为他物所不具备。顺理成章,电视的特性,当然应是只有电视才具有的性质。无论电影也罢,报纸也罢,杂志、广播也罢,统统不再具备。

那么,现在我们再来考察一下前面所述关于电视特性的各种概括,是否准确、严密,就比较容易清楚了。

先看"真实性"。在这里提出的"真实性",无疑是就新闻传播工具而言的。在新闻学的范畴中,"真实性"的概念,是新闻与文学艺术等相比较而产生的。而在新闻传播领域,无论电视、报纸、广播都是具有真实性的传播规律的,可见,"真实性"不是电视的特性。

又看"迅速性""及时性"或"传播及时性"。在这点上,广播完全可以与电视相提并论,所以,也不能说是电视特有的性质。

再看"参与性"。所谓电视具有"参与性"的含义,是说电视在节目形式上,可以把观众拉入到节目中,并使观众参与到节目中来,成为节目演出中的一员。比如说《电视论坛》等节目,观众在屏幕上抒发自己的见解,成为节目的主人。又如,在电视上记者就某一问题采访公共场所的观众,由观众充当主角,进行阐述。再如,由于现代电视技术的发达,双向互动电视使电视台在节目播出中,可与各个家庭里的电视观众直接通话,让观众随时自由地参与到正在播放的猜谜、智力竞赛等节目中来。诚然,电视为观众——(用大众传播学的术语来说)传者为受众——所提供的这种"参与"的充分程度,是其他大众传播媒介所不能比拟的。但是,这种"参与性"仍然并非只属电视独有。在广播中,这种"参与性"现在也是表现得引人注目的。由电话线所构成的广播电台与听众之间的传播环形回路,同样可以使听众随时参与到正在播出的节目中来。

至于电视具有"兼容性""艺术综合性"的特性等说法,是讲电视可以把电影、戏剧、广播、音乐、戏曲等各种传播媒介及传播形式等交叉、融合在一起,综合各种艺术。但是,对于这种意义上的"兼容性"和"艺术综合性",如果我们翻开电影艺术理论研究的著作,就会看到大量的、对电影具有这种"兼容性""艺术综合性"的论述。在电影中,文学、戏剧、美术、音乐、舞蹈、雕塑、建筑、摄影等各种艺术,也是无一不被综合。即便是从新闻传播的领域来讲,电影也并非是完全绝缘。新闻纪录电影则是一例。

那么,电视的特性究竟是什么呢?

笔者认为,电视的特性是"即时形声传播性"(相近的表述也可以为实时形声传播性、同步形声传播性)。因为,只有这一点是其他大众传播媒介所不具备、无法企及的。

拿与电视亲缘最近的广播、电影来比较,广播是具即时传播性的,然而却不具"形象"。电影是具有形声传播性的,然而却没法"即时"。除电视以外,在即时传播性上,广播绝对胜于报纸、杂志、电影等大众媒介。因此,广播得以诞生。在形声传播性上,电影因其远比幻灯、摄影、戏剧、舞蹈等更能逼真于生活本身的运动形式,所以,电影得以生存。而人类之所以在广播、电影之后,还要不遗余力地促使电视问世,正在于电视"先睹为快盖电影,声画并茂胜广播"。

（2）电视媒介的优势。

要扬电视独家优势,也绝非是仅仅要发挥电视"即时形声传播性"的特性,还要注意发挥电视媒介与其他媒介相比较时的优势。我们认为,电视的优势主要表现在:传播形象化,传播及时化,传播内容广泛化,传播形式多样化。

当我们将电视的特性与电视的优势结合起来认识的时候,就能清楚地看到,在电视传播中,注意发挥电视的特性,将会使电视传播发挥和体现出最大的绝对优势,使其他传播媒介望尘莫及。

例如,要发挥电视的特性,使电视传播发挥和体现出最大的绝对优势,我们就应当充分认识和善于运用电视现场直播等传播方式。尤其是对那些最需要而且唯有电视现场直播才最能迅速及时展示事物发展过程和风貌的事件,就应不遗余力地去实现电视现场直播,而非录制后播等传播方式。

基于电视特性的充分张扬的一个典型案例就是对奥运会的直播。人类最早对奥运会进行电视现场直播是1964年在东京举行的第18届奥运会,产生了压倒各种传播媒介的轰动性效果。由此,奥运会上用于转播比赛实况的电视技术设备的数量大大增加,利用卫星实现全球性通讯后,更加促进了电视实况转播的发展。1968年,从墨西哥通过卫星,就把第19届奥运会实况广泛地转播到美洲、欧洲和亚洲。当时,墨西哥奥运会还编制了一套全世界统一的奥运会比赛实况电视转播节目,以供世界各国电视台转播的需要。到1972年慕尼黑第20届奥运会时,除有世界节目外,购买了电视转播权的各国电视台还能从奥运会现场向本国传送大量的节目,而在当年的奥运会运动场上,竟然也一下子涌进了130部彩色电视摄像机、27个流动电视台、11个电视传送室和70个播音室、84部磁带录像机和550部磁带录音机、80部电影摄影机。连有些体育设施也是根据电视的需要建设的。尽管受到某些运动员和教练员的反对,游泳池还是安装了水下照明设备,并首次使水上运动电视化。

比赛项目的安排也考虑到观众的兴趣。各种体育器械上都刷了油漆,以利彩色电视转播。1976年第21届奥运会在蒙特利尔举行。奥林匹克中心编制了10套联合节目,设3 800条线路,通过卫星向全球转播。到1980年莫斯科第22届奥运会时,在奥运会现场进行电视转播的设备数量,几乎比慕尼黑第20届奥运会增加了一倍。到1984年在美国洛杉矶举行的第23届奥运会,购买电视转播权的国家达到130多个。其中,美国广播公司为争取国内转播权,不惜付出2.25亿美元。欧洲广播联盟付出1 980万美元。日本也花了1 800万美元。再从电视受众方面来看,1972 年转播第 20 届奥运会的电视屏幕,吸引了全世界约 1/3 的人。1980 年,收看在莫斯科举行的第 22 届奥运会的人,超过了全世界人口的一半。到第 23 届奥运会,据估计,观众超过 30 亿人。现在,每届奥运会的电视实况播出规模与水平更是不断推向新的境界。

　　毋庸置疑,从根本上说,正是电视的"即时形声传播性",使电视具有如此巨大的传播威力。

　　再如,当我们注意电视具有传播形象化优势的时候,就要注意电视是视听结合、以视为主的传播媒介。因此,要尽量运用电视图像来表现事物、揭示事理、传播信息,不要让观众认为还不如听广播或看报纸。

　　当我们注意电视具有传播及时化的优势时,就可以充分运用电视没有排版、印刷、发行和胶片冲洗、拷贝制作等过程的技术优势,在时效性上与报纸、电影一决雌雄。

　　而当我们知道传播内容广泛化也是电视的优势时,就可以将新闻、教育、教养、娱乐、体育等各种节目,文学、戏剧、电影、音乐、舞蹈、杂技等各种艺术统统兼收并蓄、汇于荧屏,使电视媒介格外具有变化万千的魅力。

　　至于电视具有传播形式多样化的优势,又使我们更利于注意让观众介入、参与大众传播过程中"传"的环节和行为,由被动的"受众"成为主动的"传者",或兼容"受众"和"传者"。同时,也进一步协调和密切了"传者"与"受众"的关系,使电视的传播过程和方式呈现生动的、多元的形态。

　　在很大程度上,电视媒介在传播技术上的优势决定着电视新闻的优势。

　　综上所述,电视新闻作为新闻的一个品种,除具备一般意义上新闻的本质属性外,自身还有多符号性,运用图像、声音、文字等多种信息符号报道新闻事实,具有"即时形声传播性"、接近性、广泛性等传播特性与优势。电视新闻与报纸新闻、广播新闻相比较,因其形声兼备、直观生动、现场感强,可把事实的本来面貌具体形象、细致入微地展现在受众面前,使受众产生身临其境的参与感和亲近感。

　　2. 广播新闻的特性

　　通过对电视媒介以及新闻特性的分析,我们已不难把握对广播特性的认识。可以说,广播的特性是"即时同声传播性"。广播可以把现实生活中最新的、值得报道的事物和情况,通过无线或有线电波,把可以传情达意的现场的、真实的声音符号系统即时传播给广大的听众。这也是广播最大的优势。如果不强调"即时"或"同步"传播,那么,广播就会等同于留声机或录音机了。毫无疑问,广播新闻的特殊传播优势,也在于集中体现广播媒介"即时同声传播性"的特性。

本 章 小 结

◯ 广播电视新闻(尤其是电视新闻)传播,是迄今为止对现代社会政治、经济、文化等方方面面,以及对现代人行为影响最重大、最深刻、最广泛的新闻传播。世界电视事业发展的历史与现实证明,无论是在哪一个国家,哪一家主流广播电视台,无不是把广播电视新闻部门看作最核心的重要部门,把广播电视新闻视为电台、电视台的旗帜。在广播电视新闻领域,无不是最早、最快凝聚和应用着人类最先进的高新科技结晶的领域。在我国,"广播电视是教育、鼓舞全党、全军和全国各族人民建设社会主义物质文明、精神文明的最强大的现代化工具","新闻性节目是广播电视宣传的骨干"。这是因为广播电视媒体的特性和独家优势所决定的。

◯ 电视的特性是"即时形声传播性"。电视的特长至少表现在:传播形象化,传播及时化,传播内容广泛化,传播形式多样化。

◯ 在电视新闻传播中,注意发挥电视的特性,将会使电视传播发挥和体现出最大的绝对优势,使其他传播媒介望尘莫及。为此,应当充分认识和善于运用电视现场直播等传播方式。注意发挥电视的优势,将会使电视在与其他各种传播媒介的相互比较中,始终居于领先地位。

◯ 广播的特性是"即时同声传播性"。广播新闻要发挥自己的优势,就一定要尽可能与新闻事实的发生、发展同步地传播有关新闻信息,同时注意充分发挥声音的表现力,生动地传播新闻信息。

思 考 题

1. 广播电视新闻为何具有特殊的社会价值?
2. 广播新闻的定义是什么?
3. 电视新闻的定义是什么?
4. 广播媒介的特性是什么?
5. 电视媒介的特性是什么?
6. 认识电视媒介的特性与电视现场直播有什么关系?

第二章

广播电视新闻体裁(上)

广播电视新闻的体裁主要是从广播电视反映新闻信息时的外部结构样式特点及内容叙事特征所作的区分。

广播与电视虽然媒介不同,但是,就其新闻报道的体裁而言,却是基本相通的。只是在其具体传情达意的叙事表现上,因媒介手段不同,如何发挥各自的媒介优势,有其不同的特点及要领。所以,本书就其每一种体裁,先论其共性,再分述其个性,以利于从彼此的联系与区别中,更准确地理解把握各自的特点与要领。

第一节　广播电视新闻消息

一、广播电视新闻消息的内涵与特征

1. 广播电视新闻消息的内涵

消息类新闻是以简短的篇幅,尽可能快速、广泛、大量地传播新近变动事实的新闻体裁,是所有新闻媒体中最基本、最普遍、最大量采用的报道形式。消息类新闻在体裁上也最集中、最强烈地切合、适应并体现了新闻追求时效性的重要特征。要快,篇幅就必然要短;要快,就必然要尽可能先说最重要的内容,所以,报纸消息写作上的"一目传神的标题"、导语—主体的"倒金字塔结构"的写作规律与模式等也才应运而生。从体裁角度看,广播电视新闻消息在内涵上与报纸消息是相通的,只是所应用的媒介手段不同,从而使各自又具有某些不同的特征。

广播电视新闻消息是运用广播电视媒介的特有手段,简明扼要地报道新闻

事实的新闻体裁,是广播电视新闻最普遍、最大量采用的报道形式。

2. 广播电视新闻消息的特征

广播电视新闻消息的特征首先表现在,由于广播电视新闻消息应用的是能同步传输信息的最先进的电波媒介,所以,它能以传统的报纸媒体所无法比拟的时效优势,充分适应并体现新闻追求时效性的重要特征;第二,由于广播媒介能真实传输新闻现场的声音与音响,电视媒介更能形声并茂地传输新闻现场的真实场景,广播电视新闻消息能够在简短的篇幅中,包含、传播传统的报纸新闻媒体所无法比拟的极为丰富的信息,有效增强新闻的真实感染力,更强烈地切合、适应并体现新闻追求真实性的重要特征。

二、广播新闻消息的概念、特点及要领

1. 广播新闻消息的概念

广播新闻消息是以有声语言和其他音响符号体系,运用电波媒介手段,迅速及时、简明扼要地报道新闻事实的广播新闻体裁,又称广播新闻、广播消息。

2. 广播新闻消息的特点

广播消息强调反映事实发生、发展与新闻报道之间的时间差,语言通俗易懂,充分调动声音、音响的表现功能,短小精悍、简明扼要、具体形象地表现新闻事实。

广播消息按是否运用实况声音与音响分为两大类。运用实况声音与音响的消息,是广播报道新闻事实的独特形式,它能够给予听众较强的现场感,有利于增强报道的可信度和感染力。

随着电视媒介的产生和发展,由于电视的形声并茂,广播在传播新闻消息方面,自不待言在形象性方面居于劣势,但是,由于广播媒介手段的应用以及设备体系相对要方便简单得多,所以,在争抢时效性方面,仍与电视有一决雌雄的余地。

下面,我们通过鉴赏一篇荣获"中国广播奖"一等奖的作品予以领悟。

中国足球圆梦五里河[①]

辽宁人民广播电台　王　伟　刘海乔

各位听众,现在是9点23分26秒,主裁判吹响了终场哨声,中国足球队以

---

① 严三九主编:《新闻传播精品导读·广播电视卷》,复旦大学出版社2004年版,第78页。

1:0 战胜阿曼队,提前一轮冲进 2002 年世界杯决赛圈,中国人 44 年的世界杯之梦今夜梦圆沈阳五里河。

6 万名观众把五里河体育场变成了欢乐的海洋,喜悦的泪水,尽情的欢呼,飘扬的五星红旗,夜空中绽放的礼花,构成了一幅震撼人心的画面。

现在记者来到球员休息室,记者看到李铁、范志毅等绿茵硬汉脸上满是泪水,中国足协专职副主席阎世铎也格外忘情:

[出录音]

"同志们,你们今天终于成了改写中国足球历史的英雄。"

[录音止]

历经三次冲击世界杯的老将范志毅激动不已:

[出录音]

范志毅:"这几年我的心血没有白费,我在国外的时候为的就是今天。"

米卢:"今天是我执教生涯最幸福的一天。"

[录音止]

（辽宁人民广播电台 2001 年 10 月 7 日首播）

赏析:

2001 年中国国家足球队冲击世界杯,结果如何,这是举国关注的重大新闻事件,因为,它牵动着全中国人民 44 年的世界杯之梦,将在此刻得以圆满。10 月 7 日一晚,当主裁判吹响终场哨声的一刻起,全国的媒体都在倾力报道这一特大新闻。

由辽宁电台王伟、刘海乔采编的短消息《中国足球梦圆五里河》,充分调动了广播新闻具有的表现手段特点,以 1 分 25 秒的篇幅,迅速及时、生动传神地播报了中国足球终于冲进世界杯这一重大喜讯。

该作品的成功,使我们明显感到如下的匠心:

一是高度的时效感。"短"才能快。同时,对主裁判吹响终场哨声的时间报道精确到了"26 秒",不仅凸显国足出线这一事件不同寻常的历史意义,而且,强烈地体现出这则消息与新闻事件高度的同步性。二是凝练传神的现场感。以"欢乐的海洋""喜悦的泪水""尽情的欢呼""绽放的礼花"等一系列现场气氛的全局描写,迅速使听众身临其境地感受到体育场现场的欢腾气氛。再加上精心选择的三位现场采访人物的实况录音,强烈传达了亿万人民的共同心声,使这篇消息能在瞬间迅速激起传者与受众的共鸣,实在是堪称精品。

三、电视新闻消息的概念、特点与要领

1. 电视新闻消息的概念

电视新闻消息是以图像、声音、音响等综合符号体系,运用电波媒介手段,迅速及时、简明扼要地报道新闻事实的电视新闻体裁。电视新闻消息,也可称为电视简明新闻,或电视短新闻片,是电视新闻中的"轻骑兵"。它是对新闻事实作"概要性"报道。

2. 电视新闻消息的特点

我们首先鉴赏一篇获全国电视新闻一等奖的作品,从中感悟电视新闻消息的特点①。

天安门广场竖起
"中国对香港恢复行使主权"倒计时牌

中央电视台 任永蔚 殷 捷

画　　　面	解　　说　　词
记者现场报道广场、天安门城楼观看人群倒计时牌全景	观众朋友们,今天 12 月 19 日是中英两国政府签署关于香港问题联合声明 10 周年的纪念日。现在我是在北京的天安门广场,纷纷扬扬的大雪将这里银装素裹。来自全国及首都各界的数百位群众集会在天安门广场东侧的中国革命历史博物馆门前,"中国对香港恢复行使主权"倒计时牌的揭幕仪式今天上午在这里举行。
现场的人群 摄影记者	"再有 925 天香港将回到祖国的怀抱",随着红绸徐徐落下,一幅长方形,巨型倒计时牌显示出"中国政府对香港恢复行使主权倒计时"。10 年前的今天,中英两国政府的首脑在北京正式签署了关于香港问题的联合声明,宣布中华人民共和国政府将于 1997 年 7 月 1 日对香港恢复行使主权。10 年后的今天,倒计时牌告诉我们,距 1997 年 7 月 1 日香港回归祖国还有 925 天。
现场采访同期声	全国人大常委会副委员长王光英: 　"你看今天这么大雪,大伙热情很高,就是为了回归祖国的事情。从群众中就可以看出来,这是大势所趋,人心所向。"

① 汪苏华、曹华民主编:《中外电视新闻佳作赏析》,中国广播电视出版社 1998 年版,第 3 页。

画　面	解　说　词
记者现场报道	香港中华总商会会长曾宪梓： "我们香港同胞盼望已久的时刻已经逐步到来。香港的稳定、繁荣一定要有所保证,这保证包括香港同胞的团结,加上祖国政府的大力支持,还有全中国人民的支持,香港回归指日可待。" 中国南方航空动力机械公司总经理陶光孟： "我觉得在这925天里,咱们中国人都很激动,因为在一百多年历史里咱们忍受了屈辱。虽然1949年10月1日毛泽东主席在天安门上宣布了：中国人民从此站起来了,但毕竟有个阴影摆在那里。还有925天,这一天到来的时候,这个阴影将从中国历史上铲掉。" (采访小学生) 知道香港什么时候回归祖国吗? "1997年7月1日。" 现在距离香港回归祖国还有925天,作为小朋友,你有什么心情和愿望? "特高兴,香港回归祖国很自豪。" 英国路透社摄影记者伯杰斯： "我认为应该让每个人都知道中国什么时间对香港恢复行使主权,竖立倒计时牌是个好主意。" 从今天开始,我身后这个倒计时牌开始进入读秒计时的状态,900多天,7 000多万秒,在历史的长河中是短暂的,1997年7月1日,中国人民翘首以待。

(中央电视台1994年播出,获全国电视新闻一等奖)

赏析：

这条新闻之所以能获得全国电视新闻一等奖,一个重要原因是它将图像、声音和文字的关系处理得十分恰当,使三者互为呼应、浑然天成。

这条新闻,开篇的画面生动表现了参加揭幕仪式者不畏寒冷、冒雪投身这一有意义活动的饱满政治热情,导语则以简要的文字交代"倒计时牌"揭幕仪式召开的时间、地点、参加者人数及当天的天气情况,解说中"纷纷扬扬的大雪将这里银装素裹","随着红绸徐徐落下,一幅长方形,巨型倒计时牌显示出'中国政府对香港恢复行使主权倒计时'",这些富有内在激情的话语,又有力地传达出中国人民此时此刻的共同心声,表达着这一新闻事件特定的庄重的意义。之后,分别对全国人大常委会副委员长王光英、香港中华总会会长曾宪梓、中国南方航空动力机械公司总经理陶光孟、一个小学生和路透社记者伯杰斯等五人的现场采访,非常具有典型代表意义地表达了全世界,结尾更用充满深情并富有哲理的话语,使画面的内涵进一步升华,把整篇报道引向了高潮,并留下深远的韵味。

从上面的例子可以看到,电视新闻消息篇幅短小精悍,简明扼要。一般一两分钟,有的甚至短到几十秒。它在对新闻事实作"概要性"报道时,很讲究简洁而明了,新闻要素表现得一清二楚。

不能一概而论,应视题材该短则短,当长则长。否则,"一两分钟"的容量,有时实在难以解决既要即时又要有深度的问题。不过,从某一种角度来说,电视作为一种在时间中进行传播的视听媒介,电视新闻消息这一体裁的又一种意义,还在于尽可能争取在较短的一个单位时间内,尽可能多地传播新闻信息,通过提高新闻信息变换的频率,让屏幕上的图像、声音更加变幻多彩,以增强对观众的吸引力。对题材重大、需深入报道的新闻,长一些未必不可。若先以简明新闻作概要性报道,再另以其他体裁作深入报道,也是一种办法,而且还可兼顾到对某一新闻作"概要性"及"深入性"报道有不同要求的受众。

3. 电视新闻消息的采摄要领

(1) 仔细观察,精心捕捉典型画面。

由于电视新闻消息篇幅短小,"一分钟"内装不下多少画面,所以,有的记者往往容易对画面掉以轻心,认为随便拍几个镜头就够解说词的长度用了,花太大的功夫,多拍些好画面素材也没用。其实,正是因为用的画面少,更需要记者多动脑筋,利用好十分有限的画面时间。要做好这一点,关键在于精心捕捉典型镜头,摄取最具有代表性和说服力的体现新闻事实本质的画面。

记者在现场,应设身处地为观众着想,揣摩倘若观众在现场,最想看什么。记者的眼睛等于观众的眼睛。记者应准确把握"画面的新闻价值",采摄那些观众最想看且能让观众看好的现场画面。在选择"场景"时,务求以少胜多,以少量精选画面,尽可能展示新闻事实的实质、全貌。还要善于找到确切表现新闻事实的最佳角度和形式,以便更强烈、更有力地表现好新闻事实。

要采摄到这样的镜头,就需要记者在现场仔细观察,全神贯注地时刻准备抓取那些常常是在某一瞬间、毫不经意出现的精彩场面、镜头。对此,夏衍曾简练地概括出了"挑、等、抢"三字要诀。他说:"挑,就是挑选最能反映本质的事物、动作、表情、言语等。要善于等待,拿着摄影机,如盘马弯弓,引而不发,跃如也的姿势等待最好的一瞬间才按电钮。抢,就是那种感人的带有典型性的情景出现的刹那,不放过几分之一秒的时间,把它迅速地记录下来。"(《为新闻纪录片的更大

跃进》)

（2）点面结合，力求虽短犹长效果。

电视新闻消息篇幅虽短，但若合理安排大场面镜头与"点"上镜头，从而加强、加深画面给观众印象。在具体操作上，电视新闻消息中，宜少用运动镜头，多用固定镜头；少用长镜头，多用短镜头；少用大景别（远景、全景等）镜头，多用小景别（特写、近景等）镜头。

推、拉、摇、移等运动镜头虽然在表现事物时富于层次变换，具有动感等优点，但因须遵循一定的运动节奏，往往镜头较长，一两分钟的电视新闻，装不了几个镜头就完了，这样，镜头画面包含的信息量容易受到局限。比如，一个大会场，用摇镜头展示全场，一般少则要用十几秒钟。若用固定镜头，则可分切为好几个三五秒钟的全景、两三秒钟的特写、近景等。这样，不仅可以在相同的时间内使画面更富于变换，增大传播的信息量，而且有利于多角度地反映新闻事实。

少用长镜头，多用短镜头，意趣也是在此。当然，这也不是绝对的，如果运用长镜头能有魅力地表现新闻事实的本质特征与价值，这个时候，一个长镜头又能起到以一当十的效果。

远景、全景等大景别镜头，适宜表现新闻事物、事件所处的现场环境及气氛。但景物成像较小，不易看清局部、细节，给人印象不深。所以，对全景等宜精心选择机位、角度，控制镜头个数。一旦能反映出新闻事实、事件所处的地点、环境状况后，就尽量多选择一些典型的"点"及新颖有力的表现角度，且多用特写、近景等景别小、景物成像大的画面来表现新闻事物。由于特写、近景等视觉感强，同一单位时间给观众的冲击感、印象感强，且单个镜头要求的时间长度短，所以，无形中能加深观众对新闻的印象；同时，镜头变换频率增高，画面丰富多彩，使观众看到较大的画面容量。这样，一两分钟的短新闻片，相对来说，也就可以"虽短犹长"了。

（3）注意拍摄章法，攀登"无剪辑"境界。

随着电视新闻摄录设备的日益发展，在国外电视新闻界，有人倡导"无剪辑"的电视新闻采摄技巧。也称"一步摄影法"。即记者预先形成了完整的报道思想，对要拍摄的画面内容及拍摄步骤预先在脑海中结构成熟，然后在新闻现场依次逐一拍下所需的画面，拍摄完后便自成整体，无需经过后期剪辑，只要配上解说词即可播用。

这种无剪辑采摄,自然有相当大的难度,对有些新闻事实、新闻事件还难以适用;但是,作为电视记者,若具有这种意识,却是十分有益的。这样,可促使记者更精心地结构新闻,在拍摄之前就尽量将报道的新闻烂熟于心,从画面到解说、现场音响等诸要素进行立体构思与把握。还可促使记者在采摄中更精心地选择、摄取画面,使每一个镜头从画面内容、拍摄技巧等各个方面都务求一次成功。这样做,不仅可以因省去后期剪辑而利于抢时效,而且有利于记者撰写的解说词完全按照记者本人的意图与画面协调配合,为消除解说、画面"两张皮"的不正常状况创造了条件。同时,还有利于突出真实感和现场感。

(4)快采快播,力争时效。

电视新闻消息作为电视新闻中极大量、经常使用的一种"轻骑兵"体裁,肩负着既要发挥和体现电视媒介特点,又要与报纸、广播竞争时效的重大使命,所以,作为电视记者,在采播新闻消息时,务必具有快采快播的意识。采访前做好各种准备,一有情况,能马上出发奔赴新闻现场。到现场采摄完毕后,就要立即写好解说词,同时设法迅速将所采摄图像及解说词送回电视台,力争在最近的一次新闻节目时间中播出。必要时甚至采取特别处置,快速播出。

下面我们再来看一篇获 2003 年中国广播电视新闻奖一等奖的佳作,对理解上述采摄要领更会增加感悟。

中国第一艘载人飞船发射升空[①]

李姬芸　张　俊

电　视　画　面	解　说　词
记者出镜	观众朋友,这里是酒泉卫星发射中心,我现在所处的位置离发射塔只有 1 000 米,这也是我们被允许进入的离发射点最近的地方。现在是北京时间 8 点 59 分,大家可以看到我身后的发射塔架已经完全打开,场上的工作人员也已全部撤离,"神舟五号"飞船发射已经进入倒计时,中华民族的飞天梦就要实现了。
镜头摇到火箭,记者话音刚落,火箭点火升空	*点火升空实况（13 秒）*

---

① 上海市广播电视学会编:《2003 上海广播电视奖获奖作品选》,第 178 页。

电 视 画 面	解 说 词
运用特技做出双框效果（杨利伟首次记者见面会镜头、凌晨出征画面、杨利伟上车与群众挥手告别、指挥中心内飞船运行轨迹图）	承担今天首飞任务的航天员叫杨利伟，今年38岁，辽宁省遂中县人，1998年由空军飞行员选拔为航天员，已经接受了五年的严格训练。按照计划，杨利伟将乘坐"神舟五号"飞船环绕地球飞行14圈，明天早晨六点多在内蒙古中部着陆。如果这次飞行圆满成功，中国将成为继美国、俄罗斯之后，世界上第三个能独立开展载人航天活动的国家。卫视特派记者李姬芸酒泉卫星发射中心现场报道。

播出单位：上海卫视（现上海东方卫视）

播出栏目：中国首次载人航天飞行特别节目

播出日期：2003 年 10 月 15 日

作品长度：1′14″

作者简介：李姬芸，女，东方卫视记者。张俊，男，东方卫视摄像。

赏析：

飞天梦圆镜头中

——《中国第一艘载人飞船发射升空》点评[1]

　　2003 年 10 月 15 日上午 9 时，中国第一艘载人航天飞船"神舟五号"顺利点火、发射升空。这是一个举世瞩目的重大消息，全国人民翘首以盼。很多人焦急地守候在电视机前，想尽早看到发射现场画面，目睹"神五"升空的壮观景象。但在观众们来回搜索的几十个频道中，仅有一两家台开出窗口，播出"神五"发射特别节目，其中就有上海卫视直播的迎接东方卫视开播特别节目"'神五'升空特别报道"。

　　这档特别节目由刚刚加盟东方卫视的方宏进主持，请来几位航天专家、科普作家做嘉宾，共同介绍此次载人航天飞行的背景、意义，中国航天事业发展历程"揭秘"等，实际上也可以视为一种演播室直播以"等待现场"的状态。

　　这是一个最值得期待的现场、最值得直播的新闻事件。

　　可惜任何电视机构都未获准进行现场直播。

---

[1]　参见上海市广播电视学会编：《2003上海广播电视奖获奖作品选》，第180页。

于是大伙儿只能"等待现场"。

9 时许,新华社消息传来——"神舟五号"顺利升空,方宏进马上口播了这条消息。

9 时 20 分,现场卫星地面站管制解除后,卫视记者采摄的现场报道从酒泉回传上海,备战多时的后期编播人员当即被深深震撼、倍感兴奋,为飞船点火升空的壮观,更为这条现场报道一气呵成的精彩镜头:

"观众朋友,这里是酒泉卫星发射中心,……"记者站在风中的戈壁滩,离身后的发射塔仅距 1 000 米,"……'神舟五号'飞船发射已经进入倒计时,中华民族的飞天梦就要实现了!"这时镜头从记者推摇至火箭发射塔——记者话音刚落——火箭开始点火——烟火漫卷之中——火箭扶摇而上……

"太漂亮了!"

所有第一时间看到卫星传送画面的在场人员都不禁拍案叫绝!

多少电视人梦寐以求却从未实现的理想:记者现场出镜、火箭点火、升空实况在一个长镜头中完成——这一次终于变成了现实。说实话,分把钟的电视短新闻,有此长镜头已足以傲视群雄,但为了取得最好的传播效果,在第一时间满足观众对新闻事实、新闻人物及所有相关信息的渴求,后方编辑收到卫星画面后,当即又做深度加工,把先期传回的杨利伟出征画面通过特技完美地糅合到现场报道画面中,在特别节目中多次插播,让观众朋友在观赏火箭升空那激动人心的场景的同时,一睹中国首位宇航员的风采! 极大地满足了人们对航天英雄杨利伟的好奇与崇敬之心,也有效地加大了这条现场报道的信息量。

重大题材、短短篇幅,有记者现场出镜、有难得一见的精彩长镜头、有火箭发射现场实况、有相关背景介绍,有空中、地面镜头交叉,信息丰富、时效甚强、流畅完整,堪称电视现场短新闻的佳作。

(陈 梁)

4. 电视口播新闻、字幕新闻

电视新闻消息从运用的语言符号体系特征来看,还有口播新闻、字幕新闻。

(1) 电视口播新闻。

电视口播新闻是播音员通过电视屏幕,主要运用声音,辅以文字字幕和图片、图像资料,口头传播新闻信息。口播新闻是电视新闻的表现形式之一,在电视新闻中占有重要地位。是电视"汇天下之精华",使电视新闻能适应传播各种重要新闻信息的必不可少的手段。

电视新闻传播尽管有"即时形声传播性"的特性,但是,图像新闻不是无所不包。丰富的社会生活和新闻传播实践早已告诉我们,有很多新闻难以获得图像,或暂时无法获得图像。如,通知、法令、政令等新闻信息就不上镜头或难上镜头,一些突发性新闻事件转瞬即逝很难获得图像。还有一些新闻事件,尽管有电视记者及摄像设备在场,但由于传输条件限制,电视台仍然一时无法得到图像。在这种情况下,口播新闻就有了用武之地,从一个方面确保电视在时效性上的优势和新闻媒体功能。

尽管在电视界曾对电视口播新闻的地位和作用等进行过不少的争论,却从来没有任何一家电视台在实际传播中,将口播新闻排斥在电视新闻节目之外。至今,口播新闻仍占一定的分量。

口播新闻弱点也很明显:缺乏新闻事物、新闻事件的图像,从而欠缺形象生动性和感染力。所以,在整个电视新闻节目的总体布局及宏观的量的把握中,应对口播新闻给予恰如其分的地位。应当坚持"图像新闻为主,口播新闻为辅"的原则,并且,口播新闻也要注意扬电视"独家之优势"。即便是一时难以获得现场图像的新闻,也要想方设法尽量运用图像资料,避免单纯口播。

比如,将与某一条口播新闻有关的历史影片资料、历史录像资料加以编辑,让资料图像与播音员图像穿插起来,交替出现,与解说词相配合,变单纯口播为"半"口播。在缺乏影片、录像历史资料或相关资料图像的情况下,也可绘图片、图示、图例、图表等相配合。

(2)电视字幕新闻。

电视字幕新闻,是在正在播出的其他节目的画面下方,以滚动的字幕,插播最新新闻消息的报道形式。在日本,电视字幕新闻被称为"速报新闻",可谓传神地表达了字幕新闻的特点。至于时效,在于尽可能快地传播有关新闻信息。

在大众传播实际中,广播、电视在"速报"上发挥着极大的威力。对一正在发生着的新闻事件,广播、电视也能同步地予以报道。正是在这一点上,历史悠久的报纸媒介也自叹不如。为了求得自身的生存与发展,足以同广播、电视抗衡,除了对写作、编辑形式、报道深度等不断改革外,为了在时效上也缩小与电子媒介的差距,到80年代,报界也绞尽脑汁,想出了不少措施。比如,国外一些著名的报社也采取了同一份报纸一天印刷出版几次的方式,必要时更换某些版面上的内容,以便及时报道最新的重要新闻。如,日本的《朝日新闻》,就分为日刊和晚刊两种,而日刊与晚刊都是每天多次印刷出版,每一次的总体内容是一样的,其中的个别内容却可能因更换而不相同。

报纸采用这种每天多次印刷出版的方法,无疑是为了提高自身对每天临时出现的重大新闻能及时报道的机动性。但尽管如此,报纸仍无法与广播电视的机动性相比。在现代发达的广播电视事业中,没有哪一家电台、电视台每天不是有多次新闻节目时间。美国CNN(全称为Cable News Network,即"有线电视新闻网")更是世界第一家全天24小时专播新闻节目的电视网。

尤其在面临突发性、临时性新闻事件时,广播电视更具报纸等无法比拟、望尘莫及的"机动性"。

为了在"快速"上体现、发挥广播电视的优势,在有突发性新闻时,如:灾害、遇难(飞机失事等)、重大犯罪案及破案进展、重要人物的突发性事变等,即使不是新闻节目时间,也可以暂时中断其他广播节目,插入播报最新的重大新闻。这是广播与电视共同的一种优势,然而,缺点也在于要暂时中断其他节目。

正是针对这一点,对于电视,又发明一个独具的绝招,即正常节目继续播放,而在画面上"叠流"出字幕来播报新闻。两个内容,彼此相安,互不干扰。这进一步增强了电视媒体在新闻传播上的竞争力。

第二节　广播电视深度报道

一、广播电视深度报道的涵义与特点

1. 深度报道的含义与特点

对深度报道的涵义及特点,乃至报道的规律与要领,理论界及实践界都还在不断探索与认识。

在《新闻传播百科全书》[①]中这样定义:深度报道(in-depth reports)指对较重大的政治、经济及社会事件或问题进行充分的解释分析,揭示其原因意义的报道样式。注重"何因(Why)"和"怎样(How)"这两个要素的发挥。国内外新闻界不少人认为,深度报道与解释性报道是同一样式的不同提法。

其他说法还有:"'深度报道'所体现的是一种新闻旨趣,它揭示了新闻的主

---

① 邱沛篁、吴信训等主编:《新闻传播百科全书》,四川人民出版社1998年版,第130—131页。

体与客体间的关联,从深度(深刻性)和广度(广延性)两方面指出了新闻文本以受众认知效用为主导的运作方向"①;深度报道"运用解释、分析、预测等方法,从历史渊源、因果关系、矛盾演变、影响作用、发展趋势等方面报道新闻的形式"②。

深度报道作为一种报道形态,最早是在二战后的西方报纸媒体上出现,继而再发展至广播电视媒体。不过西方新闻界却很少使用深度报道这个名称,通常称这样的报道为"释义性新闻"或者"分析性报道",一般以调查性报道的样式体现出来。深度报道之所以最初是在报纸媒体上产生,主要是因为报纸面临广播电视,尤其是形声并茂的电视的竞争,无论是在抢时效性上,还是在真实感染力上,报纸都相形见绌,面临极大的竞争压力。针对当时广播电视科技发展阶段上尚存在的某些局限,报纸在理性分析的优势上下功夫,通过深入分析、解释、评论、揭示新闻事件、新闻事实的前因后果、背景情况、发展趋势等,形成自己的新闻传播优势。但是,随着广播电视科技突飞猛进的发展,广播电视不仅在新闻传播中也迅速运用起深度报道这种形式,而且,通过充分调动广播电视具有的各种特殊表现手段,把深度报道的样式及传播效果都发展发挥到新的极致。其中最具代表性的栏目是美国CBS的《60分钟》,成功运作38年而不衰。

我国的深度报道在20世纪80年代中期初见端倪,最早也是首先出现于报纸媒体。一方面,报纸新闻已无法与广播电视新闻争速度、抢时效,就在深度报道上做文章,以扬长避短;另一方面,当时我国处在社会体制转型的初期,在扩大开放、深化改革的形势下,一些复杂的经济、政治、社会新问题、新矛盾层出不穷,光靠动态新闻增加信息量已无法满足社会广大人民群众的要求。因此,新闻报道改革势在必行,深度报道有了发展的契机与空间。这种报道形态迅速受到广大受众的欢迎,洋溢着旺盛的生命力。所以,广播电视也紧步其后,并注意研究发挥自己的媒介优势,使深度报道可圈可点。

最近,一种新兴的深度报道方式——整合报道,在业界实践中创作出来并得到提倡与广泛推广。它是"将有关某一类新闻事件或某一新闻事件的各个侧面报道以编辑方法整合在一起,也是对新闻事件进行多方位报道的一种深度报道方式"③。常见的做法是将新闻事实链接,或进行时空连线,或把同类的、相关的新闻事件编排在一起加以比较,最终的目的都是增强整体气势。这些有着不同

---

① 杜骏飞、胡翼青:《深度报道原理》,新华出版社2001年版,第5页。

② 甘惜分:《新闻学大辞典》,河南人民出版社1993年版,第153页。

③ 杜骏飞、胡翼青:《深度报道原理》,新华出版社2001年版,第48页。

视角和不同观点的报道,可以客观、方便和全面地表现出新闻事件的面貌及意义,可以让读者全方位地掌握新闻信息。

以往,人们常把深度报道与专题报道、特别报道、连续报道、系列报道,以及新闻评论、新闻调查等相提并论。但是,我们感到,这种提法并不确切,它们的内涵有着显著差别。专题报道、特别报道、连续报道、系列报道的概念侧重点是体现了内容的外在表现形式特征,是文体;而新闻评论、新闻调查等概念侧重于内容语境特征的类别。

从总体上看,深度报道是相对于消息类的简明报道而言的,是一个从内涵容量与深度质量特征着眼的概念。一般来讲,专题报道、特别报道、连续报道、系列报道都在一定程度上具有深度报道的特征。新闻评论、新闻调查等,也会成为深度报道。并且,无论是社会新闻,还是法制新闻、经济新闻,甚至是文化新闻,都可以采取深度报道的形式。在一定意义上也可以说,深度报道是一个大的类别概念。所以,本书并没有像一般教材那样简单地将深度报道与专题报道、特别报道、连续报道、系列报道,或与新闻评论、新闻调查等简单地相提并论,并列为体裁或类别,而是在解析它们之间区别与联系的基础上,重新提出了一种体裁和类别的划分层次。

深度报道从内容层面尤其是内容的语境特征着眼可分为调查性深度报道、评论性深度报道、访谈性深度报道等;深度报道从外部表现形式着眼可分为专题报道、特别报道、连续报道、系列报道等。

2. 广播电视深度报道的含义与特点

(1) 广播电视深度报道的含义。

广播电视深度报道是用广播电视媒介手段实施的深度报道。具体来讲:广播深度报道是运用声音符号体系,以及广播媒介的综合优势手段,声情并茂地全面深入记录、反映、解析重大新闻事件和社会问题,并揭示其实质、因果关系及发展趋势的新闻报道样式。电视深度报道是运用画面与声音符号体系,以及电视媒介的综合优势手段,形声并茂地全面深入记录、反映、解析重大新闻事件和社会问题,并揭示其实质、因果关系及发展趋势的新闻报道样式。

广播电视深度报道从内容层面尤其是内容的语境特征着眼,可分为调查性广播电视深度报道、评论性广播电视深度报道、访谈性广播电视深度报道等;广播电视深度报道从外部表现形式着眼可分为广播电视专题报道、广播电视特别报道、广播电视连续报道、广播电视系列报道等。

（2）广播电视深度报道的特点。

广播电视深度报道与报刊媒体深度报道相比较的最大不同，是"透视解析立体化，表现手法多样化，传播语境真实化"。

报纸只能够运用文字符号及图片传播新闻，调动读者的阅读能力理解新闻内涵及想象新闻现场，解析新闻是平面化的，表现手法也是第一代的。而广播能够声情并茂地传播新闻，电视更能够形声并茂地传播新闻，尤其是可以充分再现新闻现场真实的声音、音响、图像、进程气氛，还可以通过充分调动广播电视现场报道的特殊优势，最快地、"零时间"地亲眼目睹新闻现场，建构真实化的传播语境，最大限度地使广大受众身临其境般地感受新闻事实的原貌。同时，还可以通过多方当事人、记者、主持人叙述角度及方式的多元化，更全面地提供信息，有力引导受众的思考与判断，产生强烈的传播效果。

随着时代的发展，我国的广播电视深度报道不断取得新的经验，呈现出更可喜的发展趋势。尤其电视深度报道领域，有不少成功之处。

第一，在选题方面，不再局限于曝光式的批评性报道，更多地将眼光投向富有建设性的议题。立足于领导关心、群众重视、社会普遍存在这样三个方面的统一性。央视与各地电视深度报道更注意捕捉"社情民意"，报道百姓真正关心的话题，例如再就业工程、环境保护与生态平衡、社区文化建设等；经济领域的深度报道在数量上增加、质量上提高。

第二，在报道手法上，纪实手法的运用更加纯熟，并与新闻策划很好地结合起来，对当前热点、难点、焦点问题的认识和新闻价值的判断形成一种自觉；在播出方式上，深度报道节目从形式上更为优化、美观，注重栏目包装和编排，以广告插播和做宣传片的方式等来广为发布信息，设置悬念，吸引受众的观看；在传播效果上，更加注重互动性，欢迎观众参与和推理判断，开放性更强，节目的张力也能表现出来。同时，随着中国入世后"信息透明度"原则的贯彻以及党的十六大以后的中国民主政治进程的推进，深度报道在采制渠道和方式上得到了更大的自由和灵活性，进一步掌握了主动。

第三，在应对国内外重大突发事件中，电视现场直播越来越显示其"独门武器"的威力。同时也作为深度报道的一种技术手段得到了更为广泛的应用。在伊拉克战争的报道中，中央电视台、香港凤凰电视台、上海电视台等，都在第一时间里通过卫星现场直播、前方记者播报、专家评析、同声传译、电话连线、移动字幕等，全方位多角度报道伊拉克战争的战况及其社会背景、发展趋势等，使新闻现场与受众之间的时间空间距离大大缩短[①],同时也充分体现了电视媒体独有的魅力。

第四,栏目化是电视节目渐趋成熟的标志,通过栏目的连续性建立长期整体的效果,同时培养其固定的受众群体。我国已相继涌现了一批各具特色的优秀电视深度报道栏目,如中央电视台从《观察与思考》到《东方时空》《焦点访谈》,上海电视台的《新闻透视》《新闻观察》,东方电视台的《东方广角》,福建电视台的《新闻半小时》,河北电视台的《新闻广角》等。同时,深度报道的栏目化、杂志化是伴随着主持人的成长一道走向成熟的,主持人的风格直接影响着栏目的风格,其个性特点、风格魅力、气质修养常与栏目相得益彰。在这一过程中,也产生了不少家喻户晓的优秀电视节目主持人。

当然,也还有一些值得注意改进的问题。如,我们的电视记者往往受习惯思维的束缚,忽视了形式的创新与突破,在新闻报道中形成了一种惰性。具体到深度报道就是,纪实性偏差、缺乏现场拍摄的具有冲击力的图像、缺乏对新闻事实的深入挖掘、很多时候在喋喋不休地引导人们去听去注意,而情节的简略和细节的不完整导致了新闻信息量贫乏。重结论、轻过程,重访谈、轻解说,大道理、空道理多,但舆论导向性不够,有时候为了展示不同意见以至于最终发生"信息中和",看似"见仁见智"的正反两方面信息相互抵消,使观众如坠雾里,论理的思辨性没有体现出来,反而使真理越辨越不清楚。

造成这些问题的原因,一是认识上的障碍:电视以画面形象为主,不易表达抽象的东西,不适宜做深度报道;二是一些电视台从业人员对深度报道的基本特征与要求把握得不深,在业务能力与工作作风方面都不适应深度报道的要求。因此要注意克服模式化、重视个性化;在内容采制和传播匠心上,深入生活、深入实际、深入群众,增加调查采访的深度,增强情感色彩的强度和背景材料的厚度,要注重思想引路而不是经验引路;进一步拓宽报道题材,不仅选题要具有新闻时效,有一定关注度和代表性,还要注意到是否适合电视手段表现。在注重加强深度报道的教化功能、舆论导向功能的同时,突出人文关怀,体现出电视媒体应有的人性意识和可贵的人文情怀。

3. 电视深度报道的报道要求

电视深度报道的优势在于它用电视形象化的手段,展示活生生的、充分的、

---

① 张骏德、叶昌前:《从当前中国电视新闻革新看新闻报道理念的变化》,《新闻战线》2004 年第 3 期。

有说服力的事实,并用这种事实来挖掘事物的深度,从而产生预期的传播效果。为了达到这一目的,在操作层面,电视新闻的深度报道往往要求提供大量的系统的背景材料,它把报道对象作为一个整体、一个过程来加以考察,着重回答"为什么"和"怎么样"。因此,我们从以下四个方面来概括电视深度报道的要求。

（1）对新闻事件进行深度展示。

深度报道的崛起,其最大的意义就在于从零度叙事走向深度叙事。所谓零度叙事是指没有任何情感介入和艺术加工的最原始化的叙事;深度叙事,是指尽最大可能地进入事件的内核,这是深度报道的重要原则之一。尽管这里的深度是相对的,但最起码要求新闻记者要对事件做全面的调查,力求揭示出深层的背景,并要求有调查过程的再现,争取达到纵深追踪、深层开掘、做深做透、意义深刻的目标。

要做到这些,记者就必须深度展示"新闻背后的新闻""原因背后的新闻",增强"用事实说话"的力度[1]。在实际操作的过程中,一是通过增强现场的拍摄镜头与同期声,不断地运用最具冲击力的画面打动人;二是强调用真实的力量,用一个个真实感人的情节、细节和新闻故事感动人。这是"电视深度报道向新闻本源(新闻事实)的回归"[2]。央视《新闻调查》栏目最大的特色就是"双机拍摄、记者现场采访、现场评述,对事件多角度分析、递进式探究",其优势首先在于大量的现场采访的鲜活内容。无论是对于事件的报道也好,或者是对于问题的探讨也罢,最有说服力的内容是生动的影像语言,即现场的采访与报道。有了这些做前提,再加上节目严肃、深刻、理性的精神内涵,从而使作品能够在丰富的过程展现中完成深度叙事。

（2）对新闻背景进行有效整合。

现在电视新闻一般都通过对新闻背景的运用来增强自身的厚度和广度。尤其是电视新闻深度报道,往往依托背景而展开,背景在报道中有着举足轻重的作用,这些背景是系统的、与主题息息相关的,甚至有着直接的因果关系。"在针对事件进行高密集度和强渗透力的信息传播时,任何一篇出色的深度报道都能根据时空上的接近性来整合各种背景,并在背景应用上较好地做到背景与新闻事实之间、背景与背景之间衔接自然,联系紧密,目标一致,层次清晰。"[3]

① 王贵平、王青:《深透性:电视深度报道的品质追求》,《电视研究》2004年第11期。
② 张骏德、叶昌前:《从当前中国新闻改革看新闻报道理念的变化》,《新闻战线》2004年第3期。
③ 王贵平、王青:《深透性:电视深度报道的品质追求》,《电视研究》2004年第11期。

要有效整合背景,就要树立深度报道的全背景观念,帮助受众清楚了解事情的来龙去脉,深入理解新闻事实的内涵,了解新闻事件的发展趋向。最能体现这一要义的是重大新闻事件的电视直播,如中央电视台关于伊拉克战争的报道。早在开战前两个月,央视就开始组织策划,在背景资料制作上要做到"全"和"细"。新闻中心和海外中心预先制作了相当于播出量10倍的专题节目,背景内容涉及与战争相关的各个领域和各个方面,既有新闻性又有知识性,而且资料不断更新,直至节目播出前一秒钟。正是通过编辑部对各种背景资料的有效整合,信息组合的时空才得以呈现多维形态,才使这次报道给人信息密集、节奏明快且富于变化的感觉,播出后所引起的宣传效果自然是明显的。

(3) 对新闻信息进行理性解读。

要求新闻事件传播的纯粹客观是不现实的。新闻的客观性是相对的,不是绝对的。报道事件的过程本身就包括报道者对事件的发现和解释过程,主观介入不可避免。因此,受众要求电视新闻工作者一方面调动主观的能动性保证事实的客观、公正;另一方面要对客观发生的事件有主观的分析和独到的见解。同一个新闻事件或社会问题,受众更关注媒体怎么去说。有学者提出,现在进入了一个信息解读的时代,而电视深度报道尤其能在增强渗透力和引导性上发挥独到的作用,因为它具有冷静、平衡、深入、客观、质疑的品质。理性的解读,意味着要把这些品质充分地挖掘出来,体现出来。

2003年4月的"非典"疫情报道中,《面对面》栏目邀请了医疗科研专线的专家,也邀请了一线的医护人员,还有政府官员和"非典"康复者,他们在抗击"非典"的战役中身处不同领域,从事着不同的工作,体验着不同的磨难,这些当事人、目击者和权威人士的话语,很大程度上满足了观众迫切要求了解真实情况的需求,起到了积极疏导观众情绪和社会心理的作用。随着现代生活方式、工作方式的变化,人们的信息消费方式以及对舆论的认知方式也在逐渐变化,已经不再习惯于现成的概念体系与惯常的认识方式来解释新领域的新问题,而希望通过新闻报道全新的视角和全新的解读方式获得对事物本质更新的认识。面对这些压力,媒体在深度报道的策划中就一定要有创新意识,力求在信息解读方式上独具风格,满足受众的更高需求。

(4) 要对新闻事实进行精当点评。

真正意义上的深度报道必须在对各新闻要素全方位立体展示的基础上,适时地作客观、公正、准确的分析和评论,深刻剖析新闻各要素之间的相互关系,逻辑层次和新闻主体的独特个性,以深刻揭示新闻主题和相关的背景材料所包含的深层次意义,挖掘出新闻本身的内部实质①。

深度报道中的评论,相对于一般的电视新闻,更多地肩负着新闻舆论引导和监督的职责,因而弘扬主旋律是丝毫不容忽略的根本前提。有鉴于此,电视深度报道中评论的主要特色应该是深入浅出。所谓"深入",一是评论能恰到好处地"以小见大",透过现象看本质,能够通过节目所涉及的具体事件、现象和背景,提炼出深入思考的问题;二是注意把新闻事件或现象放到特定的社会大背景下进行分析,紧密配合党和政府特定时期的宣传重点和舆论导向;三是时刻关注党和国家对一系列重大问题的提法和态度,并将其融入相关的新闻评论中,既让老百姓更多地听到党和政府的声音,又使新闻报道中所阐述的相关问题更具说服力。所谓"浅出",是指评论都是通过百姓喜闻乐见的形式传播出来的,用他们浅显易懂的口语"说"出来的,极易被老百姓所接受。只有这样,才能达到最佳的传播效果。

还有必要指出的是,包括深度报道在内的一切新闻报道形式或者旨趣归根结底都根植于社会的土壤中,什么样的社会决定着我们需要什么样的新闻。处于转型期的中国社会面临着政治、经济、文化、法律等各领域的深刻变化,需要深度报道来帮助受众认识社会现实,廓清迷雾、整合舆论,促进政府善治的水平和公民权利的实现。

二、调查性广播电视深度报道

广播电视新闻的事实都需要调查,所以调查性的深度报道是司空见惯的类型。调查性深度报道就是对大量表面现象掩盖之下的事实真相的揭示。虽然一般报道也需要调查,但只报道孤立的、公开的突发事件的表面结果;而调查性深度报道则注重挖掘新闻事件的内在的、隐蔽的关系,并向公众分析这些内在联系的重大意义,在报道中为了探寻实际情况,必须获取各方面的信息并提出公正的证据。正如沃尔特·福克斯所说,调查性报道往往来自"新闻报道主流外所获得的材料",却也常常是"一个记者能够写出的一些最重要的报道"②。它的主体是

---

① 京华传媒论坛,http://www.jhcm.com/bbs/index.asp。
② [美]沃尔特·福克斯:《新闻写作——报刊记者指南》,李彬译,新华出版社1999年版,第153页。

调查的过程,所依据的事实可以是有关部门提供的,也可以是记者自己发掘出来的。

有学者把调查性报道分成两类,"一类是针对某人某事进行的'单项揭丑式',也称'传统揭丑式',另一类是针对某一方面存在的问题而进行的'综合分析式',也称'新型调研式'"①。也有人把调查性报道分为广义性调查报道和狭义性调查报道,前者指对复杂问题的深层次探究、对尘封历史的揭秘和对未知世界的探寻;后者指记者独立展开的对被掩盖的损害公共利益行为的调查。

从调查性深度报道的内容和样态特征来看,又可以分为六类②。

(1)主题性调查。

比如说一个城市交通发展能不能把公交放在第一位,这是表达了一种政府的执政理念的转变,转到以民为本的主题上。再如铁路面临重大改革,也是国企老大在市场经济的冲击下,不得不做出这种痛苦艰难的选择。所谓主题,在这里其实是一种社会观念和现象的转变,深度报道及时抓住了这种转变。

(2)舆情性调查。

就是带有政策性的众说纷纭的社会问题的调查。比如安全套该不该进大学校园、个人所得税起征点该不该提高的问题等,这种呈现多种观点、有多种争议的选题为舆情性调查。

(3)历史揭秘。

随着时间的推移,一些故事或者话题渐渐被人们遗忘或者人们一直被假象所蒙蔽,而现在因为各方面因素的允许,可以重新提起,因此运用这种深度报道来重现历史。

(4)事件性调查。

一些比较具有时代特质的代表性的事件,《新闻调查》曾做过一期《胡子工程备忘录》是说一项技改工程花了若干年时间,盖了五百多个公章,结果到后来导致国家的投入成倍增加,是批评形式主义、官僚主义的一个回溯式的调查③。

(5)纪录式调查。

之所以称为纪录式调查是由于这种片子内核就是纪录片,从物质层面到精神层面,用调查的方式把它包装起来。

---

① 甘惜分:《新闻学大辞典》,河南人民出版社1993年版,第153页。
② 参见张洁:《从调查节目到调查性报道》,《新闻记者》2005年第10期。
③ 同上。

（6）内幕调查。

就是如今最常见的一种调查报道。注重揭开那些被有意隐蔽、不欲为人所知的内幕，它主动性更强，把自己看成是公众的形象代言人，并以此立场监督权力机关的行为，是一种典型的舆论监督。"随着社会的不断发展，许多记者认识到，对于腐败和其他不法行为的发生，不仅能从个人操守的层面去加以分析，不法行为也可能与整个社会体制中存在的弊端有关。因此，他们用政治学、管理学和社会学的视角，对这些不法行为进行了宏观层面的分析和研究。"[①]从而为问题提供了一个更为多元和公平的视点。

以上六类调查基本上涵盖了所有调查性深度报道的范畴。从它的含义及内容来看，调查性报道的最大特点是侧重于事，展现事实，就事论事，因而它能够最大限度地满足受众的知情权。中央电视台从 1996 年 5 月 17 日开播的《新闻调查》，最初的定位"新闻背后的新闻"，以及后来发展了的定位"探索事实真相"，都很形象、凝练地体现了调查性深度报道的特点。

在我国 2003 年抗"非典"的新闻报道中，中央电视台与各省级电视台一批全方位透视"非典"的调查性深度报道起到了安定民心、引起社会各界关注与加强政府透明执政的作用。

在运用调查性深度报道开展调查事实的过程中，应当注意以下问题：

第一，注意要让记者的观点和意见或者当事人的态度在事实的展现过程中流露出来。

第二，还应注意话语权平等的问题，要严防一方话语的缺失。梅尔文·门彻在《新闻报道与写作》中说：要尽可能给每一方，尤其是受到指证的一方说话的机会。

调查性报道奠定了在深度报道中的主流地位，但是它的艰难性也是十分明显的：首要原因是调查对象的阻挠。记者的调查对象通常总是手中握有相当权力的人，记者的调查内容总是调查对象不愿公之于众的。调查对象会想尽一切办法阻止记者的调查，甚至会采用极端的暴力手段。尤其近来我们常常能听到记者采访遭挨打的消息，有的暗访或者偷拍几乎就是用生命来谱写报道。造成操作困难的另一个原因是调查性报道对记者的要求太高，除了具有出类拔萃的新闻敏感以外，还得具有法律知识和各项基本常识，否则会陷入被动的局面，一

---

① 杜骏飞、胡翼青：《深度报道原理》，新华出版社 2001 年版，第 41 页。

些新闻侵权案件告诉我们：正是因为记者缺乏处理能力和法律判断能力，导致新闻的失实和侵权，从而给记者本人与媒体造成不必要的麻烦。

三、评论性广播电视深度报道

1. 评论性广播电视深度报道的概念及特点

评论性广播电视深度报道是一种集新闻报道和新闻评论于一体的广播电视评论形式。它虚实结合，有说有评，既有对事件的介绍，又有对事件的分析和评论。它以典型事件为基础，就事论理，从而实现正确的舆论导向。如果调查性报道侧重于"用事实说话"，就事论事，揭示事实，那么评论性深度报道则"透过现象说本质"，虽以新闻事实为依托，却更钟情于评论，侧重于"用观点说话"，就事论理，揭示意义。这两者尽管有很多交叉的地方，最明显的是都要陈述事实，而且有的调查性报道也要加以评论，但两者语境的侧重特点还是有所不同。

由于广播电视(尤其是电视)的传播手段优势，可以使受众获得对新闻事实、新闻事件仿佛身临其境的亲历感，但是，当今时代的受众已不满足对新闻事实简单地呈现，他们需要在了解新闻事实的基础上知晓社会多方面(包括报道者)对该新闻事实、事件的见解、分析和评价，作为自己判断的参照，尤其是对比较复杂、重大的新闻事件。这就对广播电视新闻深度报道提出了进一步的要求：在客观公正报道新闻事实的根本原则基础上，可以同时提供报道者的主观见解与评析，作为另一种客观存在体现于报道之中，为受众提供一个多角度多层次的认识系统，便于受众在事实和见解的同步接收中，更好调动自己的思维能力，做出自己的判断。

评论性广播电视深度报道在这种情况下应运而生。它克服了电视对抽象概念表现力较弱的缺点，对新闻事件的报道与对事件的评价并行，扬长避短，通过"述"和"评"的有机结合，达到了强化评论的客观性和强化报道的理性思辨的双重效果。它最后的落脚点一定是得出的结论或者对各种观点进行评论的一个总结，一定在于阐释新闻事件所具有的意义。在今天，分析、解读和预测已经上升为评论的主要功能，包括对于事物的规律性认识与前瞻性的分析，对于事物的解释与剖析，对于道理的探讨与求证，当然最终可能深化到对于某种哲理的感悟和提炼。

广播电视评论性深度报道则要求对事件的把握程度一定要由表及里，推证过程既要符合事物逻辑，又要符合理性逻辑，具有内在的严谨性和合乎规范性，最终提炼出比较到位和深刻的评论及观点。

2. 评论性广播电视深度报道具备的要素[1]

（1）新颖的观点。

这类报道尤其重在对中心论点的提取和把握，重在挖掘独到的声音。央视新闻频道开播后，创办了《央视论坛》节目，这是一档电视评论性深度报道栏目的代表性节目。它在片头用"透过现象说本质"来标明节目的特色，并将自身定性为"新闻频道中一档纯粹的评论节目"。其主要方式就是通过说观点以及对观点的评论来表明媒体的立场。它有一支相对稳定的被称为"特约评论员"和"本台评论员"的队伍，就是他们和主持人一起发出媒体的声音，表明媒体的立场。一句话，它卖的就是观点。

（2）广阔的背景。

"广阔"在这里的含义是既要充分，又要有代表性。广阔的背景既可以交代新闻事件的来龙去脉，也可以为观点的提出做足铺垫，并深化主题。

（3）宏观的观照。

从宏观的角度、全局的角度和人文关怀的角度，对新闻事实进行再认识，是新闻述评揭示事物本质和规律的必经之路，也是得出正确结论的前提。对事件进行宏观上的观照，主要是为了弄清客观事物带有普遍意义的经验和问题。《焦点访谈》在《惜哉文化》这期节目中，报道的是吉林博物馆的大火，揭示的却是隐藏在火灾背后的官僚主义。这一警示在以后的克拉玛依、阜新等地的火灾中一一得到验证。

（4）微观事实的佐证。

"一滴水也能折射太阳的光芒。"深度报道如何点评到位，把理说透，让观众易于接受？一方面，对那些基于一定的新闻事实或社会问题而引发的议论，既不能脱离事实泛泛而谈，又不能将过多的篇幅用于展现事实，只"述"不"评"。以获得广播电视新闻一等奖的作品《洋河污染导致大片农田绝收》为例，记者前去采访当地政府负责人几次都没见到，当听到办事人员解释说正忙于地、市合并工作，尚未研究消除污染的问题时，记者即席点评道："听说是因为地、市合并工作忙，但我们认为老百姓吃饭问题也是很重要的。"这句话讲得极其平静，看似不经

---

[1] 何勇：《由事物的逻辑到理性的逻辑》，《现代传播》1998 年第 3 期。

意地点拨,却一针见血地揭示出问题的症结所在。

(5) 不同意见的反馈。

新闻报道是对于事实信息的收集、处理、整合与加工;而对于意见性信息的传播,很大程度上要由新闻评论来承担。只有充分反映舆论才能有效引导舆论,对于评论性节目来说尤为如此。《让菜价有个谱》(《焦点访谈》)中,记者先后采访了市民、摊主、菜农、物价部门,一方面反映了市民对菜价涨幅过高有意见,另一方面又通过对摊主、菜农、物价人员的采访分析了菜价上涨的原因,并报道了上海市政府为抑制物价所采取的种种措施。这样,群众对菜价的认识深入、冷静、客观了,对政府的怨气也消散了。

在评论性广播电视深度报道中,也要注意,由于主持人是处于传者的优势地位,尤其是处于居于拥有传播手段优势的传者优势地位,其评论更容易产生快速广泛的影响,所以,在报道中,宜尽量让进入频率、画面的新闻发言人、官员、专家、百姓就具体事实、现象发表评论,尽量避免由主持人或新闻播音员直接说出。尤其是要避免主持人或新闻播音员摆出一副绝对公允的面孔以显示节目的公平,或摆出一副绝对权威的气势以显示节目的权威。

四、访谈性广播电视深度报道

1. 访谈性广播电视深度报道的概念及特点

访谈性广播电视深度报道是以访谈对话的方式,对新闻事件进行深度的剖析和展开,阐述对某个问题、某一新闻事实的立场和看法。

这种展开具有一般深度报道的内涵和深透的特征。同时,它突破了原有的以传播者为主体的立场,具有更大的包容性和开放性,可以容纳不同的主体对新闻事实进行评析和判断,也就是在原有的新闻节目发布方式上作了有效的突围。它不仅继承了广播电视深度报道和调查性报道精雕细刻的优点,同时极大地调动了受众的参与热情,这一点成为其极为鲜明的特色,即讲究大众性、互动性和公开参与性。而且,访谈类报道是广播电视媒体所特有的形式。与广播谈话类评论节目相比,电视访谈类新闻报道的优势在于其又多了一种形象说理的手段——画面。广播谈话类节目是"只闻其声,不见其人",由于传播载体的限制,在诸多方面很难有大的自由发挥空间。而电视谈话节目不仅可以"绘声",还可以"绘色",主持人或者谈话者通过屏幕直接面对观众,以形、声、情、态等表现手段,引导观众从中接收信息并作出判断,它所形成的感染力和说服力是其他媒介所难以企及的。下面我们侧重对访谈性电视深度报道的内涵及特点作一解析。

访谈性电视深度报道的特点通过一对一或一对多的"提问—回答"方式,对某一新闻事件、新闻话题进行深度开掘与阐释,并洋溢着深刻性、思辨性、庄重性的色彩。

比如,我国中央电视台新闻频道的《面对面》就是一档典型的电视深度访谈节目,主持人王志鲜明的质疑、尖锐的提问、审视与挑剔的眼神、适度煽情的"追问"给人留下了深刻的印象。他所有的提问似乎都蕴含着这样的潜台词:"告诉你吧,我不信,要我相信,你就得经得起我的挑剔。"这种理性、挑剔但不轻狂的质疑使《面对面》有着鲜活的生命力,并从多层次多角度去探索节目的深度,即把问题引向深入,引发受众的思考,甚至还能在整个社会层面形成舆论,形成一定的声势。还有,央视新闻频道的《新闻会客厅》和央视科技频道的《大家》等都是有代表性的访谈性电视深度报道的栏目。

此外,中央电视台的《实话实说》、凤凰卫视的《锵锵三人行》等栏目中,有些具有新闻性的节目,也都可以看作是访谈性电视深度报道。

从节目的表现形态来看,访谈性电视深度报道需要把新闻事件的当事人或者跟新闻事件密切相关的某领域的专家、权威人士请到节目现场,在对话中体现思想的深邃、个人的风采以及谈话的魅力。

2. 访谈性电视深度报道的要领

对于访谈性电视深度报道节目来说,新闻的主体和节目的核心都是"人","新闻"与"人"成为内在构成的关键因素,用"人"来解读新闻,通过新闻来展示人[①],两者相得益彰,是此类栏目得以生存和发展的要义。

如何将访谈引向深度,首要的一个环节就是记者(主持人)要做好充分的前期准备,掌握与事件或人物相关的翔实的背景资料,这样在采访或谈话中才能显得游刃有余,才能够始终围绕中心论点来展开话题,时而有效引导,时而出其不意,按部就班地将话题按层次有序推进。例如《面对面》第15期节目中记者王志与北京市代市长王岐山之间有一段精彩对话。

王志:发布会记者问的所有问题,都不是你最害怕的问题,你最害怕问的问题是什么,能不能告诉我?

---

① 黄峥:《用"人"来解读新闻》,《电视研究》2003年第8期。

王岐山：实际上最害怕问的问题，也是我们现在最需要加强的……现在最需要的是传染源的切断。……在这种情况下传染源如果不能彻底切断，就不可能一劳永逸地战胜这个疾病。

王志：困难在哪儿？

王岐山：困难，说句实话，队伍状况，比如……

王志：我非常同意你的这个说法，一定要控制传染源，但是按照你这个说法，在我的想象中几乎是不可能的。

王岐山：不，现在就要把不可能的事情变成可能才能赢得这场战争，难度在这儿，我们的决心在这儿……

王志的提问是在北京市全力防治"非典"的大背景下展开的，之前，他也了解到北京市市长接受采访的事实和其他记者问过的一些问题，所以他的提问能够环环相扣、针针见血，直指问题的关键，正是这样尖锐且又不断深入下去的提问，才会让人觉得很解渴，才使观众的知情权得到了极大的满足，并在这个过程中，得到一种精神的熏陶与安慰。

同时，题材的选取关系到节目能否激起观众的兴趣，也关系到节目所能开掘到的深度。所以，访谈性电视深度报道应该关注那些紧扣时代脉搏，包含社会矛盾，内涵足够的新闻事件和新闻话题。此外，还要注意，如果仅仅抓取到一个引起广泛关注的新闻事件作为选题还是远远不够的，人的因素起着更为重要的作用，所选取的题材除包含社会层面的内容外，还必须包含丰富的人性层面的内容，要通过新闻事件展现出一个人的内心世界，表现其人格魅力与人物风采。现代社会紧张而浮躁的环境常会令人不安，因此人们非常需要理性的空间和深度的思考，因此，应不断挖掘节目的深度和感染力，注重从精神的层面给受众以引导和慰藉。

比如，曾获得2007年度第十八届中国新闻奖一等奖电视访谈《沙祖康：我是中国派》(作者：王惠东　王志　王扬　李卫华)，其中精彩的访谈，也堪称对人物形象的传神写照[1]。

大家清楚，来自中国的外交官前所未有地走马上任联合国副秘书长，无疑是我国政治生活中的一件大事。该节目因为及早策划与准备，抢得了对被任命为联合国副秘书长沙祖康的独家电视专访。同时，作品巧运匠心，从关注人物的角

---

[1] 参见中国新闻奖评选委员会办公室编：《中国新闻奖作品选》，新华出版社2008年版，第73页。

度及时报道了这起重大的新闻事件。

　　从驻外使馆的职员到联合国副秘书长,在沙祖康36年的外交生涯中,有很多事情都可圈可点,该作品没有面面俱到,简单罗列,而是紧紧围绕中心事件,从事件内在联系的逻辑选材。节目从沙祖康被任命为联合国副秘书长开篇,重点讲述了沙祖康所经历的"银河号事件"。"揭秘"这起极具悬念的重大历史事件,在兼顾可视性的同时,更加展现出沙祖康所奉守的国家利益为大的外交精神,展现出他率真的个性与高超的外交智慧。其余所选取的"与美国卫生部长打架""人权会议上的发言"等故事,同样体现出沙祖康鲜明的个性。作为嘉宾人物的沙祖康一向以大胆敢言、机智幽默闻名。主持人王志则潇洒自如,充分发挥不卑不亢、深刻犀利的贯有提问风格,不断把访谈推向妙趣横生的佳境。

　　比如在问及对待联合国副秘书长新职位的态度时,沙祖康表示"我喜欢直接",王志追问:"那好,有一个直接的问题,59岁是一个很敏感的年龄,您在这个年龄阶段被任命到这样一个位置,大家觉得您有后台?"沙祖康随口就来:"后台有,我的后台就是13亿中国人民,我的后台就是我们中国的政府,其他没了,当然我家里的后台就是我老婆,还有我儿子,还有我的很好的、很贤惠的儿媳妇。我没有其他后台,我不相信后台。"

　　作品就是这样生动勾勒出了沙祖康一步步走向联合国副秘书长的轨迹,揭示了中国的外交官为什么能够在国际外交舞台上发挥越来越重要作用的历史必然性。

五、广播电视连续报道

1. 连续报道的含义及特点

　　连续报道是在一定时期内,对正在发生、发展中的同一新闻事件,进行及时而又持续的分段报道。连续报道是深度报道的一种形式。一般来说,连续报道的新闻数量不会少于3篇。连续报道中的一些组成部分虽然单独来看往往不能成为一篇深度报道,但通过连续报道的整合,连缀起来的各篇报道会共同形成报道的厚度与深度,从而完成从一般消息体裁的简明报道向深度报道的旨趣转变。

　　连续报道的特点,具体来讲体现在以下方面。

　　第一,报道事件过程的完整性与动态性。从叙事的意义上讲,新闻事件是一个延续的过程,整个过程都具有新闻价值。为了把握并体现过程的新闻价值,报道不应该只注重事件的结果,还要关注事件发展的动态过程,直到水落石出。连续报道的视野正有利于表现这个延续的过程。连续报道由于在时效上紧紧追踪新闻事件的发展进程,不断地、持续地进行报道,这种报道行为本身的动态性,无形中会形成不断增强的气势,强化议题设置的效果,有力引导受众对新闻事件关注与思考的深化。

2003年度全国新闻奖连续(系列)报道的获奖作品有黑龙江电视台采制的《齐齐哈尔"8·4"事件连续报道》,从8月5日至22日,集中报道50多篇,对"8·4"事件进行大规模、全景式的展示。它客观地报道了侵华日军"遗毒"给中国人民身心、情感带来的严重的伤害,深刻剖析了身处和平年代的中国普通百姓屡遭日军"遗毒"侵害的深层原因,以不容辩驳的事实鞭挞了日本军国主义的丑恶行径和日本国内反华势力的丑恶嘴脸。从发现信息到跟踪信息,在17天的报道中,以平均每天播出3条新闻的速度推进,对新闻事件以及由此引发的后续事件进行及时跟踪报道,满足了观众的收视心理,用有说服力、有冲击力的视听语言,达到了催人警醒的传播效果。

第二,"进行时"的时效感与悬念感。连续报道多用于对正在发生、发展着的新闻事件进行追踪性的报道,"由于及时分段报道,与待事件结束后才写的一篇报道相比,(连续报道)时效性强,篇幅也短,更符合新闻的本质"[①]。具有"进行时"的强烈时效感。同时,也正因为是分段报道,是一环紧扣一环,及时地、结构比较完整地让观众看清整个新闻事件的来龙去脉、表里因果,每则报道都带有强烈的"欲知后事如何,且听下回分解"的悬念感。比如美国近年来著名的"辛普森案"的连续报道就是如此,美国的电视机构为了提高收视率,甚至动用了直升机,对辛普森杀妻案的追捕过程和审理过程进行了同步和连续报道,在受众中引起了巨大轰动。

连续报道在实践运用中,也要充分注意发挥好上述特点。同时,还应注意最大限度地开掘信息资源,扩大信息容量,发挥信息效应,对事件的前因后果、来龙去脉、相关背景资料等进行多层面、多视角的关注。如上海电视台采制的三集连续报道《八·五漏油事件》(2003年度全国新闻奖连续系列报道获奖作品)就是这样的一篇佳作。它不满足于对漏油事件追踪跟进报道和及时披露事件的最新进展,更为重要的是,对事件的独具慧眼的视角和思考,成为该报道的亮点。记

---

① 甘惜分:《新闻学大辞典》,河南人民出版社1993年版,第154页。

者在传递最新信息的同时,站在更高的角度,呼唤建立与国际惯例接轨的赔偿机制。加入世贸组织后的中国,各行各业要按国际规则办事,这既是中国政府应信守的承诺,也是新闻记者在报道相关事件时应把握的角度。作品在客观报道的同时,特别注意分寸感和现实感,注意不过分渲染被污染的严重情况,不造成市民对饮用水质量的心理恐慌,起到了媒体舆论监督、正确导向的喉舌作用。

此外,还须注意的是,连续报道的节奏往往由新闻事件发展的状况决定,而不能由记者或编导的整体策划来决定。尽管媒体在部署采制连续报道时,会对每一篇报道的任务和风格进行构思,从而使整个采制、演播过程更富有条理和内在节奏。然而,这种构思是建立在预测基础上的,而不是在新闻事实发生以后对播报内容的一种详细的安排,因此往往会随新闻事实的发展而变更。这种缺乏一定规律性的报道往往给后期编辑和正式播出带来一定难题,所以需要保持高度的敏感性和灵活性,因势利导,随机应变。

连续报道的特点还可以在与系列报道的比较中加深认识(参见本书后面"系列报道"中的论述)。

2. 广播连续报道

广播连续报道是运用广播媒介手段实施的连续报道。它的要点在于,要善于充分调动广播媒介特有的声音符号体系表意传情的手段与技巧,进行新闻报道。

下面我们结合一篇荣获 2003 年中国广播电视新闻奖的广播连续报道作品进行赏析。

胡锦涛主席出访连线报道[①]

张明霞　郭亮袁　晖海滨

△各位听众,抵达莫斯科后,胡锦涛夫妇出席了普京夫妇的非正式晚宴。晚宴结束后,新闻频率早新闻编辑张明霞和正在莫斯科采访的中央人民广播电台记者郭亮进行了连线,请她介绍了晚宴的详细情况。

实况:

张:郭亮,你好!

郭:你好!

---

① 上海市广播电视学会编:《2003 上海广播电视奖获奖作品选》,第 32 页。

张：我想我们都非常感兴趣的一个话题就是，它这个非正式晚宴。所谓非正式是一个怎么样的定义呀？

郭：它实际上就是类似于朋友私人聚会。他们两个人只是两对夫妇各自带着一个翻译，在没有任何随行人员，没有任何外交官员参加的情况下（聚会）。这在国际的交往当中实际上是一种非常高的规格。它表示了中俄之间关系的这种特殊性、亲密性，也表示了包括俄罗斯在内的国际社会对中国新一届领导人，对中国这个政策未来走向的一种关注。

张：那他们两个人在着装上有没有区别于正式晚宴的这个特点呢？

郭：当天下午呢，普京和胡锦涛两个人都只是穿着衬衣，外面套了个西装，而衬衣的那个最上面的纽扣都没有系，就是显示出很随意的这种朋友式的身份。当时普京总统手里还拿着一小束鲜花，他当时面带微笑地站在那儿。我们旁边的记者就说，哎呀觉得他特别像那个等待约会的青年人。

张：在欢迎远方的朋友到来。

郭：对。后来胡锦涛的夫人刘永清到来的时候，他就把这束花献给了刘永清。

张：这个你描述的场面是非常感人啊。这个地点是在莫斯科郊外的别墅是吗？

郭：对。当我们的飞机还没有降落的时候，从空中我往下看，就觉得莫斯科郊外全都是森林和湖泊，非常非常美。而普京总统的乡间别墅正好就是在一个森林当中，而且有一条河围着他们家。

张：郭亮，刚刚你给我们介绍了很多这次非正式晚宴的情况，我想这就说明俄罗斯方面是非常重视胡锦涛主席的这次出访的。

郭：就是在离开北京之前吧，我就胡锦涛主席的这次出访采访了一些国际问题的专家。他们就说俄罗斯为什么会这样高度重视胡锦涛的出访，以至于普京还要专门搞这种私人的晚餐——

张：家宴。

郭：对，它实际上呢，因为，俄罗斯的高层有这样一种说法，他们认为中国的上一代领导人，说俄语的非常非常多，中俄之间的关系非常好。而他们说这一代，新一代的中国领导人几乎都是说英文，所以他们就非常担心中俄关系未来的发展趋势怎么样。但是我觉得，今天他们在普京家门口各自简短的发言就是对这种猜测的一种最好的回答。当时胡锦涛说，他担任国家主席后的第一次出访就选择了俄罗斯，从这一点就可以看出，中国对发展中俄战略协作伙伴关系是非常重视的。而普京呢，他就讲得很幽默。他说他认为，他和胡锦涛之间已经非常熟悉了，而且两个人个人之间也建立了很好的朋友关系。他说俄罗斯非常高兴地看到，中国新任的领导人不仅具有非常丰富的政治经验，而且也对俄罗斯怀着深厚的感情。他说他和他的夫人很高兴，是在莫斯科自己的家里来接待来自中国的客人。他说我们俄罗斯人要用这种热情好客，使他感到宾至如归，就像在自己的朋友们当中一样。

张：好，谢谢郭亮。

△各位听众，中国国家主席胡锦涛这次是首次参加上海合作组织元首峰会。他与各国元首一见如故。正在莫斯科采访的中央人民广播电台特派记者郭亮北京时间今天凌晨与新闻频率早新闻编辑张明霞进行了连线，介绍了有关的情况：

实况：

张：郭亮，你好！

郭：你好，明霞！

张：你刚刚发回来的报道我们已经了解了，上海合作组织的第三次峰会是昨天举行的。那么，你采访下来感受印象最深的是什么？

郭：我印象最深刻的就是，上海合作组织是第一个在中国的国土上诞生并且以中国城市来命名的，是以我们上海来命名的这个国际组织，这种情况以前在中国是从来都没有过的。那么它现在呢随着国际局势的复杂化，这个组织越来越受到整个国际社会的关注。在昨天的会上我觉得最大的亮点就是，中国的国家主席胡锦涛第一次参加这个峰会。很多国家的元首他们在发言的时候，往往第一件事就是向胡锦涛的第一次来参加表示祝贺。我能感觉到这不是一种外交辞令，不是一种外交上的那种客套，而是发自真心的。因为我感觉到胡锦涛虽然是第一次跟他们见面，可是，跟他们是相见如故，而且不时低声交谈，气氛是非常融洽的。

张：那么我们也了解到了这次会议的一个很重大的成果就是建立了一个秘书处。首任秘书长是现任的中国驻俄罗斯大使张德广。你给我们介绍一下张德广的情况好吗？

郭：他曾经是我们国家的外交部副部长，最早的第一任驻哈萨克斯坦的大使，现在的驻俄罗斯大使。在昨天的会上，好多国家元首在发言中都提到了好像跟他老朋友一样,都说他是一位资深的外交家,是一位非常有外交经验的出色的外交人员,他们跟他的私人关系都是非常好的。这对上海合作组织今后能更高效地运转也是很有好处的。

张:这个秘书机构设在北京,那有没有具体的启动时间节点呢?

郭:是这样,中国希望是在 11 月 1 日在北京设立,但是正式的启动应该是在 2004 年的 1 月。

张:这是胡锦涛主席的第一次出访,除了你们随中国代表团采访的记者外,还有很多港台记者自费到俄罗斯采访。我听说胡锦涛主席虽然行程非常紧张,但还是很关照这些港台记者,是吗?

郭:是的。这么多天下来,不管胡锦涛走到哪儿,你都可以看到一堆堆的香港记者等着,伸着话筒等着向他提问。但是胡锦涛他的行程安排非常紧张,所以他就一直没有机会回答他们。今天下午他就在我们下榻的酒店特意把香港记者都叫过来,专门给了他们 20 分钟的时间,让他们充分地提问,然后他每一个问题都很认真地回答了。香港记者特别关注的问题包括胡锦涛第一次出访,他希望向国际社会传递一种什么样的信息。胡锦涛说他最希望传递的信息就是让国际社会知道,中国新一届政府在政策上是具有连续性和稳定性的。另外他们还比较关注香港的问题。比如说,香港被世界卫生组织解除了旅游禁令的事情。当时胡锦涛非常真诚地说,我听到这个消息之后太高兴了。在会见完记者后,他还特意走到凤凰卫视的间丘露薇前面说,我在电视里看到你去伊拉克,真的挺替你担心的。一直看你安全地回到香港,我这颗心才放下来。

张:实际上北京时间的今天下午你们应该是到了圣彼得堡吧?

郭:对。

张:圣彼得堡和我们上海也有非常深的渊源,我们是友好城市。我们希望郭亮明天能给我们带来在圣彼得堡的最新的活动情况。谢谢郭亮。

△各位听众,正在埃维昂采访南北领导人非正式对话会议的中央人民广播电台特派记者郭亮,北京时间今天凌晨两点接受了新闻频率早新闻编辑张明霞的连线采访,为我们介绍了她在现场了解到的情况。

实况:

张:郭亮,你好!

郭:你好,明霞!

张：现在是北京时间的两点钟。胡锦涛主席与美国总统的会谈刚刚结束，所以，我想请你首先介绍一下会谈的情况好吗？

郭：好的。这是胡锦涛作为中国的国家主席第一次和美国总统的会晤，因此引起了世界各个传媒的高度关注。但是这个会谈是非常私密的，是不对传媒开放的。记者目前对他们会谈的情况还不太清楚。但可以肯定的就是说，会谈持续了一个多小时。在会谈之前他们有一个简短的对媒体开放的时间。他们俩都走到那个会谈的屋外，以瑞士的湖光山色为背景，让摄影记者拍照。在拍照的过程中，有一个美国记者就抢着提了一个问题。他问布什会不会谈到朝核问题。布什说会的，美方的政策不会改变。布什还对着人群开了一句玩笑说，怎么样我们俩的样子挺时尚的吧。

张：谈到这次南北领导人非正式对话会议呢，它实际上是在八国会议前夕由东道国法国邀请了 12 个发展中国家，和发达国家进行的一次对话。那么这次被邀请的发展中国家，它们共同的特点是什么呢？也就是说它们都代表了什么呢？

郭：这次与会的发展中国家特点挺突出的。有这么几点，一个是最大的发展中国家中国参加了这次会议；第二个就是它的代表性非常广，各个洲的各个层次的国家都有；第三个就是他们在会上提到了很多建设性的意见；第四个就是历史上第一次这么大规模的发展中国家和发达国家对话。

张：我听说法国总统希拉克为了邀请胡锦涛主席参加会议，给他写了好几封信，昨天还专程到码头去迎接胡锦涛主席是吗？

郭：是的。他不仅是到了码头，而且是在码头靠岸的地方，铺了一个红地毯。他一直走到红地毯的尽头，等到胡主席下船的时候他就跟胡主席握手，然后陪他走过来。一路上他们就向周围的群众挥手致意。后来我看到希拉克总统呢，亲自为胡锦涛主席打开车门，和他同乘一辆车，去参加南北领导人非正式对话。我想，胡主席受到的待遇是非常高规格的。胡主席来参加这次会议不仅是对法国的感谢，而且目前在国际上希拉克总统的地位是比较微妙的。我们中国来参加这个会议也是给了他极大的支持。同时，我们也通过国际交往的这个大舞台，能够跟西方领导人有一个近距离的接触，加深彼此的了解。

张：你说得非常好。那么郭亮，我们都知道呢，现在重要的国际会议都有一个保留的项目就是要拍摄一张全家福。昨天拍摄全家福的时候你也在现场，给我们讲一下好吗？

郭：好的。我觉得他们每次在拍照的这个排位上都是煞费苦心的。比如说刚刚结束的上海合作组织成员国元首峰会，他们一共是六位国家元首，那么普京总统和胡锦涛主席就并列站在中间的位置上。我想这次排位就非常难，因为既有东道主的总统希拉克，又有布什参加，又有胡锦涛主席参加，还有日本的小泉首相参加，这个排位可以说是非常艰难的。但是今天我发现他们的排位非常聪明。

他们让希拉克总统站在第一排的最中间，让布什和胡锦涛并排站在后排的最中间，也就是希拉克身后那两个非常重要的位置上。他们这么排可以说是煞费苦心的。

张：好的，谢谢郭亮的介绍，再见。

郭：再见。

播出单位：上海电台新闻频率

播出栏目：《990 早新闻》

播出日期：2003 年 5 月 27 日至 6 月 6 日

作品长度：3′41″、4′14″、3′53″

作者简介：

张明霞，女，新闻频率记者。

袁晖，男，新闻频率高级记者。

海滨，男，新闻频率助理记者。

赏析：

历来，我们的新闻媒体对党和国家领导人的出访已形成一种模式，即公报式的新闻。严谨庄重有余，生动活泼不足，从而影响了在民众中的吸引力与感染力。

这组报道另辟蹊径，采取了由节目编辑与随访的中央台记者对话的形式，或者说是编辑采访在一线的记者这种一问一答的形式，通过互动，既把领导人访问中的重要内容及时准确地反映出来，又把记者现场捕捉到的生动感人的情景表述出来；既介绍了背景，拓展了事件本身的意义，又大大提高了新闻的可听性。如，关于胡锦涛主席夫妇出席俄罗斯总统普京夫妇非正式晚宴这篇报道，对普京和胡锦涛衣着的描写，尤其是"而衬衣的那个最上面的纽扣都没有系"的细节，以及对普京手里还拿着一小束鲜花，面带微笑地站在那儿的描述之外，还加上一句点睛之笔:"哎呀觉得他特别像那个等待约会的青年人",真是传神地表现了当时亲密融洽的晚宴气氛,产生了强烈的现场感染力。处处可以看出编辑与记者深厚的功力和精当的匠心。

3. 电视连续报道

电视连续报道是运用电视媒介手段实施的连续报道。它的要点在于,要善于充分调动电视媒介特有的画面与声音符号体系表意传情的手段与技巧,进行新闻报道。

让我们结合汶川大地震中中央电视台的有关报道来体会一下①。

2008年5月12日下午2点48分,我国四川汶川县发生了8级特大地震,造成了惨重的人员伤亡与巨大的财产损失。从那一刻起,中央电视台新闻频道就成了抗震报道频道,在15:00开播的第一现场直播中,除了播发准确的地震消息外,还报道了胡锦涛总书记在震后第一时间做出的关于全力救灾,尽快抢救伤员,保证灾区人民生命安全的重要指示,彰显了快速反应和抢救生命为第一要务的救灾指导思想;温家宝总理已经动身飞往灾区的动态消息;解放军紧急启动应急预案,采用空降兵等战时调动方式应对震情;现场直播了中国地震局的首场新闻发布会;连线了各地方电视台记者报道全国的震感,等等。中央电视台的独家权威消息使当天很多门户互联网上的消息都写着"经中央电视台报道""经中央电视台核实"等。

中央电视台新闻中心正在成都参加火炬传递报道筹备的记者曹悦,当即在四川电视台与中央电视台演播室主持人海霞进行连线报道;在成都采访的另一路记者立即从成都动身赶往汶川县灾区;在中国地震局采访的记者李伟代及时与演播室主持人海霞连线直播,报道了中国地震局发言人批驳北京当晚有余震的消息;连线正在北京南苑机场的记者冀惠彦,报道了准备起飞的专机和救援组的组成情况;连线了成都军区记者站记者报道的军队救灾情况,以及各方的救援力量及时赶往灾区,等等。

为了第一时间播出抵达灾区的温家宝总理的重要讲话,《新闻传播》临时决定延时播出,当晚19点37分,播出了片长1分18秒的温总理讲话,让全国人民特别是灾区群众及时了解党中央、国务院对灾情的关注及对救灾工作的部署。

---

① 参见沙晨:《以人为本 引领关注——〈新闻联播〉汶川地震报道的价值追求》,《电视研究》2008年第9期;许强、韩彪:《央视抗震救灾直播塑造国家电视台形象》,《电视研究》2008年第7期。

5月15日开始,《新闻联播》中设置《生命大营救》新闻特写板块子栏目,并将此新闻特写板块形式与连续报道的形式完美地结合起来,通过放大地震发生后在废墟中抢救幸存者的细节,展现被救者的生命坚强和施救者的决不放弃。

从被埋56小时、80小时、104小时、115小时、124小时、146小时、150小时、170小时的人员获救,连续6天《生命大营救》用救援现场的新闻特写,告诉观众一个又一个生命奇迹。在这里我们看到被困80小时后自己走上救护车的坚强女孩,也记住了那位要喝可乐的可爱男孩。我们更看到为了每一个可能幸存的生命,救援者的艰辛付出。而每一次成功救援也是对处于极度疲劳和困难中的人们的极大鼓舞。正是在生命营救的特写中,观众看到"一线希望,百倍努力"的誓言没有落空,全世界都被中国人对生命尊重的捍卫所感动。对生命价值的高度尊重是多年来中国发展的最重大成果之一,而在这个子栏目将生命至上这一在全社会高度一致的认知,表现得淋漓尽致……

《新闻联播》正是以对灾情救援壮阔事件的连续深情报道,收视率创下频道开播以来最高纪录。

六、广播电视系列报道

1. 系列报道的涵义及特点

系列报道是围绕同一新闻主题,从不同角度、不同侧面,以若干具有并列意义的不同新闻事实,多次、连续地展开报道,以达到深入全面反映新闻事实的旨趣与效果,是深度报道的一种形式。

系列报道与连续报道从传播形式上来看,都是在一定时期内的多次传播,但连续报道表现为纵向性,各部分内容有时间的先后顺序,各次独立的报道之间存在着更为紧密的自然联系,是新闻事件上下、前后因果自然顺序的连续,各报道之间的次序不能颠倒、任意变动。系列报道则表现为横向性,各报道之间是一种内在的逻辑联系,是并列关系,内容上没有时间的先后顺序,而这种并列关系主要是因同一的新闻主题聚合在一起,不存在新闻事件发展进程上的上下、前后承续关系,各个单独的报道次序可以互相调换,而不会影响报道的完整性与逻辑关系。

系列报道与连续报道都是广播电视新闻开展深度报道的有力手段。连续报道可以说主要是从新闻事件的纵向努力,穷追不舍深入挖掘来要求深度。系列报道则可以说主要是从新闻事实的横向努力，广度开拓，一咏三叹来体现深度。连续报道有如连珠炮的发射，系列报道有如排炮的齐鸣，两者都具有比较强大的报道声势。自然，系列报道与连续报道组织起来也要花费较大的人力和物力，所以，一般都用于比较重大的、重要的、广大群众普遍关心或感兴趣的新闻题材及"热门"话题。

2. 广播系列报道

广播系列报道是运用广播媒介手段实施的系列报道。它的要点在于，要善于充分调动广播媒介特有的声音符号体系表意传情的手段与技巧，进行系列报道。

例如，荣获 2001 年中国新闻奖一等奖的广播连续报道《关注食品安全》，就是通过第一篇《餐桌上的危机》、第二篇《"疯牛病"的思考》、第三篇《食品安全：从土地到餐桌》构成系列报道，有力地表现了主题。

民以食为天。对菜篮子、米袋子的尊重，也是对生命首要、起码的尊重。随着生产的发展和社会的进步，我们对"食"的诉求已经渐渐由"量"转移到"质"的方面来。遗憾的是，当我们不再为饥饿所困的时候，却又陷入食物安全造成的危机。疯牛病、二恶英、口蹄疫让我们举箸难下，更让作为家庭食物"把关人"的主妇们胆战心惊。

首先，《关注食品安全》这一系列报道在选题方面的可贵之处在于：在对"国计"的凝神聚焦之外，给"民生"浓墨重彩的一笔。以往大部分关于"食品安全"的报道都是反映一些负面的东西，虽然在短期内产生了吸引观众眼球的效应，但是对于问题的解决却于事无补，甚至造成危言耸听、草木皆兵的反效果。甲醛、农药残留、瘦肉精等人们最关心的食品安全问题依然没有得到根本解决。基于对这样一种现状的思考，可以看出，该报道立意的基点显得尤其可贵，那就是——深入、深度、有建设性。

诚如记者所言，我们"不仅要反映分析食品安全问题的现状、产生的原因，而且要尝试提出一些解决问题的思路，特别是要澄清一些关于食品安全的误解"，反之，如果报道仅仅是以一般"消费者代言人"的身份对问题进行抨击，片面地归因于某一个方面，又或者隔靴搔痒地议论、评述一番，都会使它与一个真正的"好作品"失之交臂。因为，新闻工作者不但应该是站在船头的哨兵，报告给我们外部世界的风吹草动，更应该有自己对现象深入的观察、冷静的思考和理性的分析。阐述一个问题的终极追求是该问题的解决，但前提是，这一阐述必须有一个较全面的视野。而系列报道在其特征和结构上正适应这种要求,可以从不同的角度、不同的侧面多层次对事件进行报道和展示,涉及面广,有深度。此报道中采访了多位食品卫生、法律、农业专家和消费者、政府官员,让他们从各个角度进行深入探讨,使听众能够了解食品安全的全貌。

组成这一系列的三篇报道很好地体现了这一点。在第一篇《餐桌上的危机》里,商贩的抱怨和消费者的心声反映出了食品安全的严重程度;在此基础上,第二篇《疯牛病的思考》先给出一个横向的例子,从源自英国的疯牛病说起,最后帮我们进行了纵向的归因探讨:在这场餐桌危机中政府的责任到底在哪里?在于创造一个良好的消费环境,供消费者科学地消费,而不仅仅是起告知的作用。系列报道之三《从土地到餐桌》则以更加深入的视角将话题引入到危机发源的问题上来,探讨了相关食品政策、农业生产现状、直至农产品价格机制等问题,从而倡导"绿色农业""绿色食品"。

相比较一般视野狭窄的负面报道所起的效果——问题和危机"无可奈何花落去,似曾相识燕归来"的尴尬,这一报道无疑是具有建设性的。在正视食品安全不容乐观的现状之余,我们也有足够的信心积极地去解决问题。

另外,这三篇报道,在形式上看来都具有一定的独立性,每则报道都相对完整地说明了一个问题,综合起来则给我们一个"食品安全"的全景,这是一种"画卷式"的结构。但是,我们进一步考察它的结构和内容之间的关联时,还可以发现,该组报道暗含一种内在的"包裹式"结构,例如,前两篇报道在结尾处抛出的问题,承继的续篇里都给予了一定的回应,从而层层深入地引出了问题的症结所在和解决方法。

该作品所选取的现场声音,无论是消费者的谈话还是专家的解说都有一定的可听性,并且主题的指向都明确一致。记者的归纳和转承非常自然、恰到好处[①]。

3. 电视系列报道

电视系列报道是运用电视媒介手段实施的连续报道。它的要点在于,要善于充分调动广播电视媒介特有的画面与声音符号体系表意传情的手段与技巧,进行系列报道。

[①] 参见赵玉清:《关注民生、深度分析、对策支持》,严三九主编:《新闻传播精品导读·广播电视卷》,复旦大学出版社 2004 年版,第 185 页。

下面我们结合一篇荣获 1999 年度"全国好新闻系列报道"一等奖的作品进行赏析。

北约空袭南联盟[①]

中央电视台　顾玉龙　王晓琨　高　伟　王　卓　王齐放　张大立

之一：北约开始空袭南联盟

[记者现场]

各位观众,我现在正站在贝尔格莱德市中心公园饭店的楼顶向你作现场报道。贝尔格莱德当地时间 24 日晚上、北京时间 25 日凌晨,北约对南联盟发动大规模空袭,贝尔格莱德附近目标遭到轰炸。其中包括一个军用机场,就在这个方向,因为距离较远,在这里看不清楚。在第一轮空袭中遭到轰炸的还有科索沃首府普里什蒂纳、黑山共和国首都的一个军用机场和南斯拉夫北部重镇诺维萨德。

[解说]

北约是从 24 号晚 8 点开始对南联盟进行空袭的,南联盟 8 个地区的 20 多个军事目标被击中。据南斯拉夫塞尔维亚电视台报道说,遭受袭击的具体地区有科索沃首府普里什蒂纳以及库尔舒米尔、乌日察、达尼夫格拉德、诺维萨德、播切沃和波德戈里察等地。临时军营的一些难民在空袭中丧生。南斯拉夫军方的声明说,死亡的人中包括妇女和儿童。

在贝尔格莱德,空袭警报响彻整个城市,远远地人们还能看见南联盟防空部队还击的炮火。据南联盟军方发布的战报说,南联盟防空部队在科索沃击落两架北约飞机和 6 枚导弹。北约晚些时候证实北约飞机被击落的消息,但没有宣布这架被击落的北约飞机是哪一个参战国家的。据报道,昨晚参加对南联盟空袭的共有 8 个北约国家。南联盟军队在第一个晚上击落北约飞机的消息在贝尔格莱德市民中到处传扬,这一消息证实了以前人们对南联盟拥有强大防空力量的推测。

据来自黑山共和国的消息说,有 6 到 8 枚导弹击中了这个共和国首都的军用机场。据认为,这个机场靠近亚得里亚海,北约担心它对美国在亚得里亚海的舰队构成威胁。

昨晚,尽管南联盟全境遭到北约的轰炸,但首都贝尔格莱德市中心非常平

---

① 严三九主编：《新闻传播精品导读·广播电视卷》,复旦大学出版社 2004 年版,第 431 页。

静,大街上汽车照常往来,电影院照常在放映故事片,咖啡馆和饭店也都在照常营业。

在北约空袭的同时,许多塞尔维亚青年在美国驻贝尔格莱德大使馆门口举行抗议示威,有人向大门投掷小石子。我们采访了在贝尔格莱德公园饭店值夜班的帕特维奇先生,他说,"今晚是一个悲哀的日子,我们好多地区遭到轰炸。我不明白。美国人疯了吗?它怎么能如此对待我们这么一个弱小的国家。由于北约进行通讯电子干扰,我无法给在家等待的妻子和女儿打电话,她们在家一定很害怕,我无法安慰她们。南斯拉夫什么时候才能走出今晚的黑暗?"

正当北约准备发动对南联盟空袭之际,南联盟总统米洛舍维奇在塞尔维亚电视台发表告全国人民书。米洛舍维奇总统号召南斯拉夫全体人民采取一切手段,保卫祖国。米洛舍维奇总统在电视讲话中说,目前发生的一切,关系到整个国家的自由,科索沃只是外国军队企图入侵的开端。米洛舍维奇总统强调指出,南联盟塞尔维亚议会23号一致通过的,坚决反对外国军队进驻科索沃的决议是唯一正确的决定。

[记者现场]

今天贝尔格莱德阳光灿烂,春天来了,北约也正在向南斯拉夫步步紧逼。人们担心,晴朗的天空,可能会给北约的空中打击创造便利的条件,贝尔格莱德的今晚不知会怎样。我们中央电视台赴南斯拉夫记者将密切关注局势的最新发展,并及时发回有关的报道。

这是中央台记者从贝尔格莱德发回的报道。

之二:贝尔格莱德市民悼念遇难南电视工作者

[记者现场]

各位观众,当地时间4月26号中午,贝尔格莱德的群众为死于北约空难的塞尔维亚国家电视台工作人员举行隆重的葬礼。

[解说]

送葬的群众冒着大雨从贝尔格莱德市的四面八方汇集到市中心的一家医院门前。当停放死者的灵柩从医院抬出来时,死难者家属悲痛欲绝,在场的人员包括许多外国记者都流下了眼泪。

[字幕]塞尔维亚电视台科学部负责人:

"许多人认为北约不会真的轰炸电视台,因为按照国际法的规定,是不能轰炸电视台的。北约也有人说过,不会轰炸电视台,所以好多人那天晚上是照常上班工作的。"

[字幕]塞尔维亚电视台值班编辑：

"叶里察才 28 岁,她是一个多么文静的姑娘,我怎么也不相信她已死了。"

[字幕]送葬市民：

"北约轰炸了我们的电视台,就因为电视台报道了南斯拉夫遭受侵略和反抗侵略者的新闻。他们绝不知道,电视台在我们心中有多么崇高的地位。"

[字幕]塞尔维亚电视台空袭幸存者：

"我活着,可我的同伴德雷根死了,我看到他死的。他曾对我说,下班以后他最想吃的是他妈妈做的蛋糕。"

[字幕]死难者家属：

"我的丈夫在电视台工作了 14 年,他把电视台当作自己的家。那天晚上临上班的时候,他对我说,他有一种预感,敌人很可能要轰炸电视台。他说,敌人不想让人们知道真相。但是真实的情况是掩盖不了的。或早或晚,人们总会知道的。"

[记者现场]

各位观众,这是贝尔格莱德的墓地,牺牲者家属将在这里与牺牲者进行最后的道别。我们中国中央电视台的记者来到贝尔格莱德后,一直与塞尔维亚电视台的工作人员密切合作,制作新闻,传送新闻,而这次的牺牲者中就有我们认识的人。我们也在这里献上一束鲜花,以表示沉痛的哀悼。

这是中央台记者从贝尔格莱德发回的报道。

之三：北约悍然轰炸我驻南使馆

[记者现场]

各位观众,这里是中国驻南联盟大使馆,当地时间 5 月 7 日晚 11 点 45 分,北约的至少 3 枚导弹直接击中中国大使馆,造成人员伤亡和财产损失。

[解说]

中国驻南使馆是在北京时间今天凌晨 5 点 45 分,当地时间 7 号午夜遭到北约野蛮轰炸的。至少 3 枚北约导弹从西北侧、楼顶和南侧击中大使官邸门廊和使馆馆舍,使馆留守的 20 多人中有 3 人牺牲。6 名伤员正在医院接受治疗。中国使馆遭到北约轰炸后,中国驻南联盟大使潘占林和其他脱险人员为营救受伤和遇险同事,进行了不懈的努力。潘大使在现场指挥抢救工作直到次日凌晨,全部脱险人员都得到安全转移。南联盟外长伊万诺维奇、南联盟塞尔维亚共和国总理马尔亚诺维奇等官员赶到现场表示慰问,并对北约的野蛮行径表示强烈谴责。

目前,使馆人员正在对被炸馆舍进行清理。

以美国为首的北约对南斯拉夫 40 多天的狂轰滥炸,造成无辜平民大量伤亡,现在竟然不顾国际关系基本准则野蛮轰炸中国驻南外交机构,北约这一残暴行径已经受到国际舆论的强烈谴责。

这是中央台记者从贝尔格莱德发回的报道。

之四:朱颖父亲痛悼女儿女婿

[导语]

中国政府处理我驻南使馆遭北约袭击事件专门小组 9 号抵达贝尔格莱德,随行前往的还有遇难者朱颖的父亲朱福来。当朱福来手捧女儿鲜血染红的被子时,再也无法抑制住心中的悲愤。

[解说]

随专门小组一起来到贝尔格莱德的遇难者亲属朱福来是朱颖的父亲。到达当天他就随专门小组立即到被北约炸成废墟的我驻南使馆,来到他女婿《光明日报》常驻贝尔格莱德记者许杏虎和女儿朱颖生前住过的房间。朱福来捧着被亲人鲜血染红的被子痛哭失声。这间被炸得七零八落的房间的墙上,还残存着女儿生前贴上去的喜字剪纸。

在医院的太平间里,朱福来呼喊着女婿许杏虎、女儿朱颖的小名痛不欲生。许杏虎今年才 31 岁,朱颖还不到 28 岁。

[同期声]

朱福来:"北约为什么要炸我们的大使馆?为什么?为什么要杀死我的女儿和女婿?现在我到这来,只能看看死了的女儿和女婿。我只能捧着骨灰盒回去。"

这是中央电视台记者从贝尔格莱德发回的报道。

(中央电视台 1999 年 3 月 25 日、4 月 27 日、5 月 8 日、5 月 10 日播出)

赏析:

在相当长的时期中,对国际上发生的重大新闻事件,尤其是战争事件,中国电视只能全部采用外国新闻机构的画面和声音,但是,1999 年 3 月 25 日,北约对南联盟发动空袭,中央电视台的记者第一时间赶赴炮火纷飞的科索沃现场,使我们耳闻目睹这一现场——这是中央电视台记者从贝尔格莱德发回的报道。这是该片成功的第一个要素。

该片成功的第二个要素是精心选择了四个有典型意义的新闻事件,互相呼应、深刻揭露和鞭挞了美国推行霸权主义的图谋和罪恶行径,反映了南联盟人民和世界人民对强权的奋力抗争。

该片成功的第三个要素是细节描写生动,人物有血有肉,形象突出,给人以强烈感染。有力升华了思想内涵,强烈震撼了观众的心灵,催人泪下,引起深深的感性共鸣。使我们不由得从内心深处发出共同的心声:"决不容许美国的霸权主义阴谋得逞!"

七、广播电视专题报道和特别报道

1. 广播电视专题报道和特别报道的概念

专题报道和特别报道都是以较大的篇幅,专门就某个新闻题材,综合运用广播电视的各种表现手段,进行深入全面的报道。

2. 广播电视专题报道和特别报道的特点

广播电视专题报道和特别报道也是常见的深度报道形式。专题报道和特别报道由于篇幅长、展现的东西多而深厚,最能集中体现深度报道最本质的特征。但是,两者在共性中还存在一些个性的差异。

专题报道,在一个独立的节目单元中,专门对某一重大新闻事件或具有某些新闻价值的题材(如为广大受众所关心的人物、事物、地方、经验等)进行全面深入的报道。对时效性的要求,比广播电视消息相对要宽松一些。在电视领域,电视专题片是运用最多的一种形式。它的选题一般具有新鲜性、重要性和专题性。

特别报道则分两种情况:一是对可预见性的未来某一既定时刻将发生的社会普遍关注度高的重大事件,在做好前期策划和充分准备的情况下进行的深度报道,比如香港回归、APEC 会议、"神六升空"的特别报道等,这类报道大多为正面的、积极的;还有就是对某一突然发生的社会普遍关注度高的重大事件,广播电视媒体所采取的紧急报道。这类报道则大多为负面的、消极的,如美国"9·11"事件、印度洋海啸、煤矿坍塌事故等灾难性报道等。此外,特别报道除独立节目单元式的特别报道外,有时候还可以是多元节目式的特别报道,即由一组报道构成的特别报道。

如果是独立节目单元式的特别报道,单就形式而言,无异于一个专题报道,但在内涵上仍存在差异。特别报道，更强调事件的独一无二性、特别重大性，或者是转瞬即逝性，从动态角度出发，有一种"不得不报"和紧迫的感觉在里边，一般来说题材不会重复。而专题报道，则可从相对的静态中，对某一阶段时期内大家比较关注的社会问题及事物，或值得大家关注的社会问题及事物，比如医疗改革、住房改革等，以富有启发性的视角与思考，予以专题报道，题材可以具有重复性。

再有，专题报道的吸引力往往在于内容的创新，而特别报道在于内容的独特。在专题报道过程中，策划者和传播者的责任，在于不断从新的视点、新的角度发现新闻价值，并尽可能快地在报道中把新闻信息的潜在价值充分展示出来，使它不断满足受众变化的需求。这样，专题报道视点和角度的选择就显得异常重要。视点和角度不仅仅是一种技巧，而且体现着传播者的认识是否有一定独到的高度、深度和感悟。正是这种独到的高度、深度和感悟方能使若干看似平常、实则潜藏着新闻价值的事物骤然鲜活起来，使广大受众感受到它的新鲜、趣味、重要。

特别报道由于事件的独一无二性、特别重大性，首先容易凝聚受众的目光。例如，2003年2月，海湾局势发生危机，中央电视台组成赴伊拉克特别报道组。2月25日晚10点特别报道《伊拉克核查危机》推出，观众在电视机前看到了前线记者从事件发生地发回的现场报道：海湾地区美英等国增兵、集结、演习和核查危机最新的事态进展，巴格达的街头采访，海湾危机的背景新闻和新闻主持人演播室内的评述，国际问题专家的评论等。举世关注的海湾事件"昨日"的冲突起因，"今日"的触发焦点，"明日"的发展趋势及海湾地区频起争端、屡发冲突的深层原因，被洞察、阐释、揭示得昭然明了。多角度、多形式的报道组合，为这档45分钟的特别报道节目赋予了"特别"的深度。

在2005年的多次台风登陆以及禽流感疫情等新闻的特别报道中，我们的记者深入新闻现场，在极其险恶或有生命危险的情境下，认真负责地向人们传递灾区的真实情况。他们的敬业精神以及在画面中所传递出的心为民所系的情怀，着实令人感动。"神六"升空特别报道中，我们的记者不仅为观众展示了飞船升空前前后后的准备工作，跟踪报道了全程，还与工作在第一线的工作人员一道，感同身受地体会那种紧张、激动、喜悦乃至喜极而泣的心情。观众通过记者的语态、语气、表情，仿佛也置身于发射现场，"共时空"地感受到了传递出的情绪和氛围，这种互动是令人向往和难忘的，因此极大地增强了新闻的感染力与渗透力。

本 章 小 结

● 广播电视新闻的体裁主要是从广播电视反映新闻信息时的外部结构样式特点及内容叙事特征所作的区分。

● 广播与电视虽然媒介不同，但是，就其新闻报道的体裁而言，却是基本相通的。只是在其具体传情达意的叙事表现上，因媒介手段不同，如何发挥各自的媒介优势，有其不同的特点及要领。

● 广播电视新闻的体裁分为：广播电视新闻消息、广播电视深度报道（具体又可分为调查性广播电视深度报道、评论性广播电视深度报道、访谈性广播电视深度报道、广播电视连续报道、广播电视系列报道、广播电视专题报道和特别报道）、广播电视新闻解说与评论、广播电视新闻谈话类节目、广播电视新闻现场直播报道。

● 广播电视新闻消息都是以简短的篇幅，尽可能快速、广泛、大量地传播新近变动事实的新闻体裁，是广播电视新闻中最基本、最普遍、最大量采用的报道形式。广播消息强调反映事实发生、发展与新闻报道之间的时间差，语言通俗易懂，充分调动声音、音响的表现功能，短小精悍、简明扼要、具体、生动、形象地表现新闻事实。电视新闻消息与广播消息相比，不同处则是需要充分调动声画并茂的表现功能。

● 广播电视深度报道是运用广播、电视媒介各自的综合优势手段，形声并茂地全面深入记录、反映、解析重大新闻事件和社会问题，并揭示其实质、因果关系及发展趋势的新闻报道样式。要注意：一是对新闻事件进行深度展示；二是对新闻背景进行有效整合；三是对新闻信息进行理性解读；四是对新闻事实进行精当点评。

思考题

1. 采摄电视新闻消息要注意哪些关键环节？
2. 何为深度报道？
3. 广播电视连续报道和系列报道有何区别？
4. 广播电视专题报道和特别报道的概念、特点及要领各是什么？

第三章

广播电视新闻体裁(下)

第一节　广播电视新闻解说与评论

一、广播电视新闻解说、评论节目的生成与发展

在新闻报道中,遵循客观报道的规律,新闻报道的方式是以按新闻事件发生的本来样子报道新闻。但是,人们常常需要在报道一些新闻事件时,能通过传播者了解这些新闻事件产生的原因,或某些背景情况,或对人们的生活会产生何种影响,等等。因此,在一些新闻报道中,常常也包含着一些对新闻事件的必要的解说与评论。

作为电视解说节目,是以某一新闻事件或社会话题为中心进行分析,向群众讲明其发生或形成的背景、原因乃至发展的趋势,以及将给社会、民众带来何种影响,如何对待等。在解说节目中,时时也含有评论的成分。

在实际中,解说与评论常常交织使用,两者似乎很难确切区分。不过,总体上看,解说大多重在客观的分析,评论则较强阐述主观的主张与见解。也正因为电视解说与评论常常"剪不断,理还乱",所以,在节目类别的划分上,将两者也连在了一起。或各根据侧重,而予以通称。在有些国家,如日本,则通称为广播电视解说节目。在有些国家,如我国,则大多通称为广播电视评论节目。

在我国,广播新闻评论的发展经历了一个从报章新闻评论移植、改造和逐步适应自己的传播方式的过程。"真正把广播评论作为一种广播新闻的特有样式加以改造和运用的,是 1940 年 12 月 30 日开播、隶属于新华社的延安新华广播电台。1946 年 5 月,新华社语言广播组扩大为语言广播部,在增办的新节目中

开设'广播评论'节目,它标志着我国的广播评论开始进入起步阶段"①。新中国成立后,1950 年 4 月 10 日,中央人民广播电台就增设了 15 分钟的《评论》节目。"文化大革命"后,我国广播新闻评论进入新的发展阶段,1980 年,中央人民广播电台成立了评论部,从组织建构上为广播新闻评论的新发展提供了有力的支持。1980 年第二届全国好新闻评选中还首次增设了评论项目,并有广播新闻评论获奖。1981 年 11 月 17 日中央人民广播电台播出的署名评论员文章《以女排为榜样,创造第一流的工作》,首次把谈话方式引入广播新闻评论,使广播新闻评论开始突破报纸评论文体的束缚,逐渐发挥广播媒介自身的语言符号体系的特点和优势。1982 年,中央人民广播电台在一期关于体育比赛中精神文明建设思考的新闻评论节目中,把体育场上观众席上喧哗的噪声放在开头,形象地给听众以实际的感受,有力发挥了音响的作用,增强了论据论证的说服力,开创了音响评论的先例。1986 年 3 月 18 日,海峡之声广播电台播出的《愤慨之余的思索——评台湾发生的造假大陆酒案》,标志着一种新的广播新闻评论样式——主持人评论的出现。1994 年 10 月 1 日,中央人民广播电台又开播了一档融深度报道与新闻评论于一体的栏目《新闻纵横》,以每天一期的强势,把广播新闻评论推上一个更高的境界,是在广播领域与日后崛起的深孚众望的中央电视台新闻评论栏目《焦点访谈》交相辉映的精品栏目。

　　我国电视新闻评论的发展也同样经历了一个移植、改造和逐步适应自己的传播方式的过程。曾有学者概括到:"第一代的模式是:由记者写出一篇评论,由播音员播出,只是自始至终有播音员的半身图像。这基本上是在报纸模式中摸索。第二代模式是:仍然写的是报纸风格的评论,也是由播音员播讲,只是配合出现画面,但许多画面和评论内容脱节;这说明,电视工作者已经意识到要摆脱报纸模式的束缚,但还没有冲破樊篱。第三代电视评论模式的形成大约在1990 年前后,它以电视述评为主要形式,在遵循新闻评论共性原则的基础上,用有声的画面语言来论证。论据是形象化的,论证是由记者、主持人和各界人士共同完成的。"②这个概括基本上反映了至 1990 年前后,电视新闻工作者在评论领域摸索前进的基本轨迹。需要再补充的是,上述第一代、第二代模式,还不仅仅是在报纸模式中摸索,而应该是同时在报纸模式及广播模式中摸索。再有,20

---

① 涂光晋:《广播电视评论学》,新华出版社 1998 年版,第 43 页。
② 吴少琦:《喜看电视评论质量的提高》,《优秀电视新闻稿选(1991)》,中国广播电视出版社 1992 年版,第 119 页。

世纪 90 年代中期开始,还逐渐发展起了两类新的电视评论样式。一是主持人评论,二是谈话体评论。

从 1958 年 5 月 1 日中国电视事业诞生起,到"文化大革命"结束,除了在新闻节目中口播《人民日报》、新华社等发表的评论外,电视台自己的新闻评论尚未出现。

1979 年,中央电视台的《新闻联播》增设了编前、编后语,并时有小言论配合新闻一起播出。同年,中央电视台开始酝酿筹备的评论专栏《观察与思考》,其名称便充分体现出述评结合的特点,融新闻性、社会性、评论性于一炉。这个栏目随时代脉搏一起跳动,反映和分析改革开放时代出现的新事物、新问题、新观点,既有对敏感问题的报道,也有对热点问题的分析。谈"热"不是加温,谈"难"不是一筹莫展,而是献计献策,帮助解决问题。在党、政府和人民之间,人民与人民之间架起一座相互理解的桥梁,沟通部门与部门、领导与群众之间的联系。该专栏 1980 年 7 月 12 日正式开播。首播第一条述评"北京居民为什么吃菜难"之后,陆续推出了"包产到户之后""似梦非梦"等一系列电视述评,并逐渐形成该栏目关注当前国内社会思潮和改革实践,有助于推行改革政策的节目特色。由于节目质量不断提高,《观察与思考》栏目的收视率直线上升,很快达到 20% 以上,成为较有影响的关于国内新闻的评论专栏。同时,国际时事述评类的节目也从 80 年代初开始红火起来。中央电视台的《国际纵横》《今日世界》、上海电视台的《国际瞭望》等,均成为收视率较高的栏目。

从 20 世纪 80 年代中期开始,电视新闻评论更日见明显的进步。新闻节目中以"短平快"见长的配合一个时期中心工作和当日新闻的小议论也丰富起来,逐渐成为体现电视编排思想的重要手段,并在一定程度上反映出电视传播者的思想深度和政策水平。1987 年,在大兴安岭火灾的连续报道中,中央电视台《新闻联播》配合当日新闻阐发观念的几条评论《大兴安岭火灾给人们的启示》《哪里有火情,哪里就有解放军》《烈火之中见真情》,都曾给受众留下深刻的印象。1987 年中央电视台又开办了《观众论坛》栏目,反映群众的意见和呼声。在体育新闻节目中也开始出现专职的体育评论员。在洛杉矶奥运会电视新闻报道中,播出的评论《我们的时代需要拼搏精神》,使单纯体育新闻的意义大大深化。

20 世纪 80 年代中后期,还出现了充分体现电视媒介特点的新闻评论模式——电视述评。它以生动的屏幕形象、现场采访、评论员评说来展示论据,进行论证,显示了电视评论的特有风格,逐渐发展成为最适合电视传播的评论形式。1986 年获特等奖的评论"温州之路"(中央台),由主持人自采自编自己播讲,评述结合,夹叙夹议,镜头客观描述与主持人的同期分析解说和现场采访巧妙穿插,突破了长期以来电视评论沿用报纸、广播的做法——即在消息后面配发评论,由播音员念稿的呆板模式。"温州之路"主观意见表达与客观事实报道相得益彰,声音与画面浑然一体,自然亲切,效果很好。据说,在这篇评论播出后,曾有一百多个单位要求复制录像带,以便学习温州经验。同时,其夹叙夹议的主持人模式,也成为述评性电视新闻节目的典范。此后在历年的全国电视新闻评选中,都出现过这种利用电视的声画综合优势,由主持人在采访过程中发表评论的类似"温州之路"的佳作,形成了电视评论的独特风格,使其水平稳步提高。如《一条马路隔断了两个企业的产需关系》(中央台、辽宁台,1987)、《青岛劳务市场述评》(山东台,1987)、《潜在的危机——关于童工现象的思考》(广东台,1988)、《冬到长安话水利》(陕西台,1988)、《面对疲软的市场》(中央台,1989)、《人与自然——辽宁环境污染评述》(辽宁台,1989)等[①],均是现场客观描述、采访与主观意见相结合的电视述评佳作,有力发挥了舆论导向作用。电视述评的崛起,成为 80 年代末中国电视新闻传播充分发挥出舆论功能的重要标志。

　　从 80 年代末到 90 年代初,不少省市电视台也相继推出了一批新闻评论性栏目。如上海电视台的《新闻透视》、安徽电视台的《社会之窗》、福建电视台的《记者观察》、广东电视台的《社会聚焦》、北京电视台的《18 分钟经济·社会》和《BTV 夜话》等等。这些栏目均因其贴近生活、贴近社会热点、贴近群众的特点深受当地老百姓欢迎。越来越多的述评佳作为电视新闻传播在改革开放中发挥重要的舆论作用,产生了积极的影响。如《桐乡"粪桶事件"留给我们的启示》(浙江台,1990)、《评评假冒伪劣商品》(陕西台,1990)、《刑场上枪声留下的警示》(广东台,1991)、《让我们伸出双手》(中央台,1991)、《市场不相信权力》(陕西台,1992)、《早稻种了不收引出的思考》(浙江台、绍兴台,1992)、《愿圣火长燃不灭——东亚运留给我们的思考》(上海台,1993)、《红小豆热访谈》(吉林前郭尔罗斯台,1993)、《巨额粮款化为水》(中央台,1996)等,均多层次、多侧面地引导社会舆论,干预现实生活,以丰富的内涵和广阔的视野,将电视的社会功能拓展到更为深广的领域,有效地发挥出电视新闻评论的舆论作用。

---

① 《优秀电视新闻评选专辑(1986)》,北京广播学院出版社 1988 年版。

1993 年 5 月,中央电视台推出早间综合杂志型新闻板块节目《东方时空》,其中《焦点时刻》专栏以热点追踪和分析阐释相结合的深度特点和时事述评吸引了广大高层次观众。1994 年 4 月 1 日,在中央电视台《新闻联播》之后的黄金时段又开办了每日 10 分钟的《焦点访谈》。《焦点访谈》以"时事追踪报道,新闻背景分析,社会热点透视,大众话题评说"为栏目定位,秉承"用事实说话"的理念,按照"政府重视、群众关心、普遍存在"的选题原则,进一步充分发挥并发展了电视述评所拥有的视听兼备、声画并茂的独特优势和夹叙夹议的评论形式,使新闻报道和评论达到完美的结合,开创了我国电视新闻评论发展的新路子,制作播出了大量影响广泛的优秀节目,并形成了以舆论监督著称的特色,被誉为"中国新闻界舆论监督的一面旗帜",受到广大电视观众的衷心肯定和中央领导的高度重视,成为享誉中国的名牌栏目。几任国务院总理都曾亲自到《焦点访谈》视察。李鹏总理题词:"表扬先进,批评落后,伸张正义。"朱镕基总理题词:"舆论监督,群众喉舌,政府镜鉴,改革尖兵。"温家宝总理寄语:"与人民同行、与祖国同在、与世界同步、与时代同进"①。

《东方时空》中的《面对面》栏目也成为主持人评论形式的先行代表。也是在 1993 年 5 月中央电视台开播的《一丹话题》,是我国大陆电视台中第一个以主持人名字命名的评论性栏目。

1999 年 8 月,凤凰卫视推出的一档时事评论节目——《时事开讲》,开创了电视新闻评论的谈话节目形态。这个以评论时政新闻为主要内容的谈话节目的本质特点,"是由主持人的提问和评论员的分析向观众传递多元化的深层观点,对社会舆论进行归纳分析,预测新闻事件的发展走向"②。

二、广播电视新闻评论节目的概念、特点与要领

1. 新闻评论的共性特征

(1) 明显的新闻性。

新闻评论是针对新闻事实、依托新闻事实的评论,不是一般的其他范畴的评论如文学评论、经济评论等,故具有时效性、时新性等新闻特征。

---

① 关海鹰、孙金岭:《坚持"三贴近"是〈焦点访谈〉发展的力量源泉》,《电视研究》2004 年第 5 期。
② 谭天:《电视新闻评论节目的划分》,《电视研究》2005 年第 9 期。

(2) 强烈的思辨性。

新闻评论具有强烈的说理色彩。新闻评论需要依托新闻事实,无疑需要摆事实,但摆事实不是新闻评论的目的,摆事实是为了讲道理。新闻主要是摆事实,新闻评论则主要是讲道理,从新闻事实引申开来,条分缕析、逻辑严密地明辨是非,提出并论证鲜明的观点,所以,新闻评论具有强烈的思辨性。

(3) 鲜明的立场性。

新闻评论担负着反映社会舆论和引导社会舆论、指导生活与工作的双重任务。它既然是针对新闻事实、依托新闻事实讲道理、辨是非,所以,自然会提出并论证鲜明的观点,表现出鲜明的立场性。同时,由于新闻评论一般是代表着新闻媒体的意见,所以,媒体总是力求透过新闻评论,不仅表现出鲜明的立场观点,而且是正确的、能得到广大群众认同的立场观点。新闻评论在新闻中占有很重要的地位,它是衡量一个媒体新闻节目质量,尤其是政治水平高低的重要标志之一。

(4) 广泛的群众性。

新闻评论一般针对广大人民群众密切关注而又有待深度了解、弄清原委、明辨是非的新闻事件、热门话题。正因为如此,广大群众对新闻评论的思想水平和思辨能力更容易寄予广泛而热切的期待,新闻评论从选题内容到表现形式也都具有更自觉地体察民情、表达民意并适应民众通俗易懂、易于参与等特点。

2. 广播新闻评论的概念、特点与要领

(1) 广播新闻评论的概念。

广播新闻评论是运用广播媒介手段开展的新闻评论,是由电台播出的针对某一新闻事实的看法和态度。具体可分为本台评论、评论员文章(或谈话)、短评、编后话、听众论坛等。

(2) 广播新闻评论的特点。

由于广播媒介是运用声音、音响的符号系统传播新闻信息,声音容易一听而过,稍纵即逝,再加上汉语体系中同音异义字很多,稍不注意,容易误听误觉等,所以更要求论题具体实际,论点集中,形式短小精悍,说理深入浅出,用语口语化,并充分调动广播媒介的技术与艺术手段,增强现场真实感染力。

例如,荣获第十四届中国新闻奖一等奖的佳作,录音新闻综述"召回'新政策'也是进步",敏锐地抓住一条热点新闻——政府部门出台一项新政策仅两个月就被收回,以独特的视角、鲜明的立意、多层的剖析和深入的开掘进行充分论述,强调了加强民主建设和依法治理相依相存的关系,突出了"执政为民"的主题。

肆虐全国的 SARS 过后,政府部门出于防患于未然的考虑,提出上海市营业面积低于 50 平方米的餐饮店限期全部关闭。这一决定乍一听似乎也无可非议,不料政府有关部门出于关心,想办的一桩"好事",反倒成了百姓担心、老板揪心的问题。百姓认为,这样太不方便平民百姓了。平民百姓经济收入比较低,小饭店比较便宜,关闭这些饭店对他们就不方便了。不卫生应该加强管理、督促,要求他们把卫生搞好。不仅如此,这一新规定更是让上海几千家小餐饮店主和店里的员工们不知该"何去何从"。

面对截然相反的意见,政府部门并没有充耳不闻,强行推进,而是了解实情,冷静分析。于是,在两个月之后,市政府新闻发言人以"这是一个指导性文件"作解释,委婉地取消了这项"新政策"。作者对这项"新政策"从诞生到夭折的前前后后进行梳理,鲜明地提炼出纠错"召回"的主题,又紧紧抓住这项"新政策"要不要执行,为什么不能执行的矛盾焦点,以实事求是、客观公正的态度,围绕主题进行阐述,使议论的话题给人以思考和启示。

同时,这篇综述运用广播录音报道的手段,通过典型环境的典型音响,增强了可听性、真实性和说服力,不愧是一篇针砭"瑕疵"、鞭辟入里、"抓耳朵"的好作品[①]。

3. 电视新闻评论的概念、特点与要领

(1) 电视新闻评论的概念。

电视新闻评论是运用电视媒介手段开展的新闻评论,是由电视台播出的、针对某一新闻事实的看法和态度。注重运用有关新闻事实的图像资料增强实证性和可视性。电视新闻评论一般有两类:一类是口播评论,由播音员或主持人播报,如本台评论、短评、编后语等;一类是声画结合、"述""评"结合,在新闻事实图像的展示中进行分析评论,夹叙夹议。如新闻述评、观众论坛等。

(2) 电视新闻评论的特点与要领。

由于电视媒介是运用图像、声音、音响等综合符号系统传播新闻信息,而且,从根本上说是以运动图像占优势的视觉媒介,而非听觉媒介。从电视受众的心

---

① 参见李尚智:《针砭"瑕疵" 鞭辟入里》,上海市广播电视学会编:《2003 上海广播电视奖获奖作品选》,第 24—27 页。

理来说,容不得瞪大双眼,任凭解说员、评论员在屏幕上空发议论。因此,电视新闻评论在选材上尤其要考究,选题明确具体,论旨是否分明,是否密切联系现实,是否易于激起广大受众关注;在表现上,要注意发挥画面的感染力,营造令观众"一见钟情"、目不转睛的深度专注视听氛围。

2008年5月12日下午2点48分,我国四川汶川县发生了8级特大地震之后,中央电视台不仅突破常规,运用了插播、插画口播、救灾快报、新闻特写、连续报道、延时播出等多种形式报道灾情和救灾进程,第一时间让全国人民和世界人民及时了解有关情况外,从5月13日开始,配合抢救幸存者的救灾主题,《新闻联播》连续播发四篇本台短评:《争分夺秒　抢救生命》《生命的礼赞》《抢救生命　决不言弃》《生命坚强　意志不屈》。19日,全国哀悼日第一天,配发短评《哀悼逝者　无畏前行》。强调救人主题,捍卫生命尊严,升华民族精神。富有冲击力的图片既增强了评论文字的感染力,又起到了"1+1>2"的效果。同时,报道巧妙选取角度,体现电视特性。20日播出的《温暖的色彩　生命的希望》,以色彩为切入点,赞誉灾区各种救援力量托起生命的希望;24日播出的《亿万双手的力量》,从具象的"手"切入,引出亿万双手凝聚成不可战胜的力量的主题①。

下面,我们以《焦点访谈》为例,来体会一下电视新闻评论的特点及要领。

在我国具有广泛影响的名牌电视新闻评论栏目《焦点访谈》,之所以能够在全国众多电视栏目的竞争中长期独领风骚,其栏目负责人在总结其经验时就指出,原因就在于"它始终把选题当作一件重要的事情来做。好的选题是节目成功的一半,也是一个栏目生长的源头活水,选题自身的质量和可操作性,决定着节目的质量。可以说选题的问题是一个栏目在规划自身生存发展时候需要解决的第一大问题,这对于《焦点访谈》这个以舆论监督著称的栏目来说尤其重要,甚至是栏目的生命线"②。

《焦点访谈》在选题上具有两个鲜明的特点:一是准确把握时代精神、时代脉搏、科学选题的根本方向,二是精心追求切入选题的独特视角。

《焦点访谈》确立的选题原则是"政府重视、群众关心、普遍存在"。焦点访谈人自己把这三条称为"选题三原则"。这是从选题的内容上确保《焦点访谈》成功的首要关键。

---

① 参见沙晨:《以人为本 引领关注——〈新闻联播〉汶川地震报道的价值追求》,《电视研究》2008年第9期。
② 梁增建:《选题是〈焦点访谈〉成功的源头活水》,《电视研究》2004年第5期。

众所周知,越是独家新闻,越是具有重要的新闻价值。所以,所有的新闻媒体总是不遗余力地寻找、发现、发掘能独家占有的新闻事实,然而,在信息传播技术高度发展的当今时代,世界的任何新的变动,似乎都随时会立刻暴露在数不清的媒体观察与监视之中,狭义的独家新闻已实属不易。但是,能否以独特的视角去观察认识新闻事物、解析新闻事实,以独特的角度介入新闻事件并报道新闻事件,尚大有可为。可以说,精心追求切入选题的独特视角是《焦点访谈》在选题上始终能立于不败之地的诀窍。对此,《焦点访谈》的栏目负责人梁建增曾有解析。他指出,好的选题一般有这样几个收视卖点:独家事实、独家观点、独家分析、独家背景、独家人物。面对今天这样一个信息飞速发展的时代,这些是很不容易做到的。但是,没有了独家新闻,却可以有独特的视角。以什么角度介入新闻事件并报道新闻事件,对于一个倡导舆论监督的栏目来讲更为重要,也是其成功与否的一个不可忽视的因素。如果说,准确把握选题的内容是解决"选什么"的问题,那么选择恰当的角度则是做好"怎样选"的关键。一般人认为,选题角度的优劣也就是能否使报道锦上添花的事,并不会影响对问题判断的性质。但事实上,选题的角度不仅有优劣之分,还有对错之别。对于同一新闻事件选题,从不同角度观察和表述,往往会得出不同的结论,甚至会影响到节目能否正常进行。

综观《焦点访谈》的选题角度,大致是从三个方面把握的。

第一,选题角度应以事实为基础。选题的角度既包含媒体看待问题、分析问题的角度,也包含媒体筛选事实、组合事实的角度。确立选题不能不顾事实地想当然,更不能无中生有地编造。社会上有不少出现导向问题的报道与其说是认识不足,毋宁说是因为其选题角度的选取不当,而角度不当又是由于报道者对事实进行了曲解。

第二,选题角度应以政策为依据。这里所说的政策,既包括党和政府在一段时期工作的方针政策、制度规定,也包括国家的法律和宣传纪律。舆论监督节目能忠实地反映出党、政府和人民的意愿,而政策恰是党和政府意志的具体体现。

第三,选题角度应以独到为目标。在充分占有事实、深刻领会政策的基础上,如果媒体对事件本身有自己正确而独到的报道角度,那么报道的社会价值就会更大。

这里所说的选题角度的独特,不是越偏越刁越好,而是越准越深越佳。丰富多彩的社会生活和鲜活生动的新闻事实,为媒体寻求独到的选题角度提供了可能。

再有,完善制度是《焦点访谈》选题成功的重要保证。

在所有舆论监督报道活动中,选题应该是最重要的初始环节,是把握舆论导向的基础。注重选题工作,就是导向把关"前移",在报道的第一个环节就牢牢把握好舆论导向关。选题把握好,节目的整体报道工作就处于主动。一个有问题的选题,一旦投入采访,至少要造成人力、物力、财力的浪费,而且有可能引来不良的社会反响,使工作陷于被动。在某种意义上说,选题审查比节目审查更重要,也更有价值。

《焦点访谈》的内部管理制度应该说是很严格的,而且这种制度的建立,首先是从选题申报制度作为起点的。

第一,选题的"预警"机制。综观《焦点访谈》收到的来信、来电、来访,其中是有规律可循的。

有50%左右反映的是常年的"热点"问题——腐败。有20%左右是反映个人蒙受冤屈或利益受到损害的问题。另外有30%左右的线索具有变移性,一个时期、一个阶段,反映的问题明显不同。一叶知秋,基层群众反映的这种"季候性"问题,当达到一定量的积累时,就意味着群众关心的热点问题已经形成。这是《焦点访谈》分析民情的重要依据,它可以对一个时期、一个阶段的选题方向作出提示。

在操作中,《焦点访谈》对这类变移性信息十分重视,进行了系统的分类管理,制定了量化分析标准。对同一类现象,如果连续三天每天观众反映的线索超过50件以上,策划人员就会建立专档,指定专人监控,并进行调查、分析,如果有报道价值,则会从中筛选报道选题。

第二,选题的筛选机制。线索的大数量是选题高质量的基础。为了保证所有的反映线索都能得到及时、有效的处理,《焦点访谈》确立了选题筛选分工负责的做法。

① 由《焦点访谈》中心组设立专人,分别处理群众来信、来电、电子邮件,接待群众来访。要求当周的信件必须当周处理完毕;热线电话值班从早8:30至晚9:00;每天的电子邮件当日查看;群众来访随时接待。② 记者组采编轮空的记者,同时可以对热线寻呼中提供的线索进行处理,并帮助中心组处理一部分群众来信。③ 中心组策划人员在每个工作日提交一份选题报告,列出约3—5个有效的报道选题,供节目组选择采用。

为了适应复杂的工作,《焦点访谈》一直在培养建立一支选题策划的专业队伍,要求策划人员既要熟悉相关政策,又要懂得电视业务;能够透过现象看到本质,能够拨开烟幕探出真相。比如,关于甘肃庆阳私盐的报道,线索源于观众的电子邮件。但当时来信反映的主要问题并不是私盐,而是当地的滥采滥挖和其他一系列腐败问题,只是在举报信的末尾提到一句私盐泛滥的问题。负责网络选题的编辑意识到这一情况更有选题价值,立即复函让其补充相关情况,这才有了《"盐"过其实》这期轰动的节目。

第三,选题的储备机制。许多人经常叹服《焦点访谈》反应神速,中央刚出台一项重大政策,它就能找到一个极其生动而鲜活的事例来阐释与表达。这其实是《焦点访谈》建立选题储备制度的效果。

来自观众的报道线索,量大、面广、事杂,尽管会从中筛选出许多有报道价值的选题,但是这并不意味着马上可以操作,其实由于各种各样的原因,大部分是不能立即拍摄的。另外,当《焦点访谈》播出某个舆论监督的节目后,观众常常会大量反映同类问题的线索,并且具有较高的利用和参考价值,而栏目显然短期内不宜重复报道相同题材的节目。

有鉴于此,《焦点访谈》实行的是选题储备制度。对有价值的观众来信要摘要登记;所有的观众来电都要做记录备查;所有的观众来访都要登记;有价值的电子邮件都要下载复制存盘。另外,所有的选题报告和记者申报的选题都按类别、地域等项目输入计算机,由专人管理,保存期至少半年。

对于某些热点问题,观众反应强烈,也提供了大量的报道线索,但短期内不准备操作的,就选择出一些有代表性的个案存档,为今后报道做好储备。而对于有些特殊且敏感的重点选题,由于宣传形势要求,可能短期内无法报道,那么《焦点访谈》则采取"重点储存"的方式,即"活养"而不是"死放",由专人负责与举报人保持联系,随时了解进展情况,一旦时机成熟,立即将选题做大。

第四,选题的论证机制。选题论证是确立选题的最重要环节。《焦点访谈》几乎对每一个舆论监督的选题,都进行相反的论证。一般情况下,选题论证的要点集中在几个方面:选题与党和政府现阶段的路线、方针、政策是否有不和谐的地方;选题事实是否包含有可能引起不安定的因素;对于基本轮廓清楚的选题,关键事实是否存在疑点和不确定性;选题所包含的事例是否非常极端,不具普遍性;选题是否符合电视新闻的操作规律;选题清楚、事实准确、责任明白,但报道后问题能否得到解决。

第五,选题的优化机制。经过层层关口,选题最终获得通过,但是这并不意味着每一个获批的选题都能够进行拍摄,并最终制作播出,这里面还有一次更为严格的筛选。为了保证播出节目的事实准确,优中选优,《焦点访谈》在制度上还建立了一个运作有序、分层把关的机制。

① 记者把关:选题获批后,如果记者在采访中发现主体事实不明确,或会带来负面影响,将与制片人进行沟通;确应放弃的,就不进入采访阶段。这样被筛掉的选题占《焦点访谈》已获批选题的 10%左右。② 制片人和部主任把关:记者采访回来后,制片人、部主任要与记者反复研究节目,不符合要求被过滤掉的节目大概占了 10%左右。③ 主管台领导终审把关:主管台长出于政治大局和制作水平等方面的考虑,会严格把关。

"三关"之后,应该说最终播出的节目代表了《焦点访谈》的水平。而"三关"机制的实施是保证《焦点访谈》的报道导向正确和播出安全的重要手段。

作为电视解说评论节目,在创作中还须时时记住,电视解说评论,既是"听的"新闻,更是"看的"新闻。为了发挥其这一特性,所以,对于解说评论的内容,在表现形式上,还应努力调动各种手段,以增强视觉感。如:运用录像和影片资料、照片等再现新闻事件;利用地图明示新闻事件发生的场所;对复杂的新闻事件的背景,进行简单的图解;对经济问题等,利用统计图表、数据等加以显示。

总之,要善于将口头解说评论与形象感人、有趣的视觉图像资料有机地融合起来。要善于将抽象的解说评论内容化为形象的可见可视的屏幕内容。

在解说评论节目的主持者形式上,也应注意多样性,有利形成并体现权威性。既可是一人单独解说评论,也可是两三人对讲或讨论。必要时,可请有关方面专家、权威人士直接解说评论,或参加对答式、讨论式的解说评论。

第二节 广播电视新闻谈话节目

一、广播电视谈话类节目发展概观

1. 广播电视谈话类节目的定义

我们先从定义电视谈话节目入手。自 1996 年中央电视台《实话实说》栏目开播,不仅其自身受到了广泛好评,也带来了我国谈话节目的遍地开花。如今,不同形式、不同内容的电视谈话节目异彩纷呈,然而,对于电视谈话节目该如何定义,迄今尚没有一个公认的说法。在此,列举几家之言以供参考。

早在甘惜分教授主编的《新闻学大辞典》里就收录有"电视讨论"条目:"新闻人物或有关专家、学者等在一起讨论问题的实况录像节目形式。参加讨论者由电视台邀请、组织,讨论活动大都由节目主持人主持,一般围绕某一新闻事件、某个社会问题或国内外形势,发表看法,交流意见。或原样播出,或剪辑后播出。题材、内容比较广泛,适用于新闻性和教育性节目,并可设专门栏目。"[①]这里的"电视讨论",反映了我国电视谈话节目起步阶段的某些特征,已经十分接近"电视谈话节目"的核心内涵了。只不过,这一定义的时代局限性也是显而易见的。就今天我国电视谈话节目的实际情况而言,节目嘉宾不仅是新闻人物、专家学者,还可以是寻常百姓人家;讨论的主题可以上至国家大事,下至鸡毛蒜皮;至于适用范围,显然,现在不仅在新闻性和教育性节目领域,许多娱乐性、文艺性、专题性节目也正在广泛使用着"谈话"这一形式;并且,在制作播出形式上,也更多是采用现场直播而非录播。

也有观点认为,电视谈话节目是"谈话人(包括特邀嘉宾、现场观众),在演播室里就某一主题在主持人的引导下阐述和讨论观点的节目"[②]。这一定义突出了节目主持人在现场的"控制"作用,但限制了谈话的空间。现在已有电视谈话节目会根据主题需要走出固定的演播室,回归真实的生活空间,这种纪实情境有助于增强谈话节目的可视性和感染力。

还有观点认为,电视谈话节目是"由一位主持人、几位特邀嘉宾、一群现场观众参与,围绕一个确定的话题展开讨论的,面对面敞开的、即兴的双向交流,平等参与……的新式谈话节目"[③]。这一定义中,其实对主持人和嘉宾的数量限制既没必要,还显出局限,因为电视谈话节目实践中,已经出现两位甚至三位主持人的情况。还有,电视谈话节目设置现场观众的确能增强传播效果,但并不是所有类型的电视谈话节目都必须有现场观众。再有,谈话节目的话题既可以是一个确定的,也可以是不确定的,例如,凤凰卫视的《锵锵三人行》的谈论话题,常常就是变化不定的。

从传播学角度看,谈话是人与人之间进行信息交流的口语传播活动,是最基本、最普遍的人际传播。它是互动的信息交流,"对话式"的人际传播。传播学家

---

① 甘惜分主编:《新闻学大辞典》,河南人民出版社 1993 年版,第 252 页。
② 张泽群:《脱口而出——浅谈电视谈话节目》,《电视研究》1996 年第 5 期。
③ 周振华:《从〈实话实说〉看电视谈话节目的中美差异》,《新闻知识》1999 年第 3 期。

施拉姆认为,人际传播"就是两个人(或两个以上的人)由于一些他们共同感兴趣的信息符号聚集在一起"①。即面对面的亲身参与的传播。电视谈话节目是把"谈话"这种人际传播方式和"电视"这种大众传播媒介较好地结合起来。

根据以上分析,我们不妨将"电视谈话节目"定义为:以电视媒介为载体,以谈话为主要表现方式的节目形态,通常由主持人、嘉宾,有时还有现场观众,在演播室或某个特定场合,围绕大众普遍关注的话题,面对面地展开即兴、双向、平等的对话交流。

至于广播谈话类节目,与电视谈话类节目从内涵上说并没有什么不同,只是因为"广播"与"电视"这两种大众媒介的传播手段不同,从而引起谈话节目形式上的些许变动,最明显的是,广播中的"谈话"不一定是主持人与嘉宾在话筒前面对面的交流,有可能是通过电话等其他通讯方式进行交谈。

因此,广播谈话节目可以定义为:以广播媒介为载体,以谈话为主要表现方式的节目形态,通常由主持人、嘉宾,有时还有现场观众,在演播室或某个特定场合,围绕大众普遍关注的话题,展开即兴、双向、平等的对话交流。

2. 广播电视谈话节目的发展脉络

谈话节目起源于西方,在美国是一种非常风行并且影响力较大的节目形式。它的英文是"talk show",有一个形象直观的翻译为"脱口秀"。1921年美国广播已经开始播放脱口秀节目了,而大部分中国电视观众开始接触到"谈话节目"这一命名,是在1996年中央电视台制作了《实话实说》之后。

最早的广播脱口秀节目是1921年美国马萨诸塞州斯普林菲尔德的WBZ电台播放的,话题是为农村听众讲解农场经营。与如今的谈话节目大相径庭的是,当时的脱口秀节目几乎没有观众参与,大多是主持人的独角戏。直到1933年,广播谈话节目才开始考虑给观众提供参与机会。到了20世纪三四十年代,参与性脱口秀节目迎来了它的"黄金时代",为人们提供了一个交流的有效途径。人们利用这种节目平台,热烈讨论公共事务、流行信息、个人爱好、家庭生活等等,甚至包括烹调、园艺等琐碎话题,这个传统至今经久不衰。经过20世纪50年代电视的巨大挑战,广播放弃了无法与电视抗衡的节目,取而代之的是一种以音乐和新闻为主的新模式,大批谈话电台也悄然兴起。成熟的广播脱口秀,今天仍然是最受听众欢迎的节目形式之一。

---

① 董天策:《传播学导论》,四川大学出版社1995年版,第186页。

电视脱口秀作为一种公众节目样式,最早也是出现在美国。电视史学家一般都把 1954 年 NBC 推出的《今夜》看作是开电视谈话节目先河的栏目。在美国电视史上,脱口秀节目创造了很多个"第一"。第一个观众必看的电视节目是脱口秀节目,第一个连续几周播出的电视节目也是脱口秀节目,第一个连续几周播出的大型节目也是从脱口秀节目开始的。美国第一个早间电视节目是 1952 年开播,由戴夫·加罗韦、黑猩猩 J 和弗雷德·马格斯共同主持的《今天》;1954年,史蒂夫·阿伦主持的《今夜》开播,创下了电视节目从凌晨一直持续到午夜的首次纪录;1970 年,菲尔·多纳休的节目带动了日间脱口秀半带闲聊的风格,并引发类似节目的成功;1982 年,《与戴维·莱特曼共度午夜》在电视上首开冷嘲热讽的先河。至 20 世纪 90 年代,谈话节目已经发展为一个成熟的节目类型,占据播出总量的半壁江山。

国外谈话节目的兴盛自然也引起了我国传媒人的关注。经过认真琢磨,精心策划,中国谈话节目也迈出步伐。

首先,也是从广播开始。20 世纪 80 年代初期,各地广播电台的广播谈话节目兴起,80 年代中期,音响评论出现并逐步走向完善;1987 年 1 月 1 日中央人民广播电台《午间半小时》开播,强化了主持人在杂志型节目中的串联与评点;90年代初期广播谈话节目从"为说而写"向"以说为主"转变;1994 年 10 月 1 日中央人民广播电台创办了《新闻纵横》栏目,这种"以焦点类新闻事件为主要报道对象的新闻评论性节目"很快为大多数广播电台所采用;进入新世纪以来,随着传播技术的进步和频道(率)专业化的推进,直播式热线谈话节目逐渐成为广播评论类节目继音响评论后又一主要的节目形态[①]。1992 年 10 月 26 日,上海人民广播电台开播《市民与社会》节目,是上海广播史上第一个有听众参与的新闻谈话类直播节目。

电视谈话类节目在我国发展的状况则更令人瞩目。一般认为,1992 年上海东方电视台《东方直播室》是我国第一个新型的电视谈话节目[②]。1993 年中央电视台大型新闻杂志节目《东方时空》设立《东方之子》栏目,采用了主持人访谈这一形式。1995 年 5 月 4 日,央视播出纪念《东方时空》创办两周年的特别节目,其节目样式成为后来脍炙人口的谈话节目《实话实说》的雏形。但是,真正点燃

---

① 涂光晋:《新闻评论的历史性变迁》,《中国记者》2004 年第 12 期。
② 黄宝书:《谈谈我国电视谈话节目的发展及现状》,《中国广播电视学刊》2000 年第 1 期。

中国电视谈话类节目兴旺之火的还是中央电视台播出的《实话实说》节目。《实话实说》1996 年 3 月 16 日开播,吸引受众眼球的是,这个节目有谈笑风生的嘉宾,有相貌平常但机智幽默的主持人,有敲敲打打的乐队,而且还拥进了一大批现场观众。在这里,主持人和嘉宾的交流并不走一般的严肃或煽情路线,而是平民化的,就像百姓平时聊天一样。更重要的是,在这里,观众也可以说话,可以和主持人进行交流,和嘉宾平起平坐。受其影响,全国各地各级电视台也陆续推出谈话节目,掀起了电视谈话节目的发展浪潮。据《南方周末》统计,以 1993 年上海东方电视台开办《东方直播室》为开端,以 1996 年中央电视台设立《实话实说》为里程碑,到 2004 年,国内大大小小的电视谈话节目已达 180 余种[①]。

当然,需要指出的是,我国广播电视谈话节目虽然是借鉴了国外脱口秀的经验,但与国外脱口秀还是有很大的不同。对此,有必要比较一下谈话节目与脱口秀的区别。

从大的方面来讲,脱口秀和谈话节目都属于语言类电视节目,以语言为主要表现形式。但细分之下,脱口秀与谈话节目还是有区别的。具体体现在以下五个方面(见表 3-1)。

第一,概念的外延不同。从传播类型来看,谈话是我和他人、个人和个人之间的传播,属于人际传播的范畴。传播规模下限明确,要求至少两个人以上。因此,谈话节目要求至少有两个以上的谈话者(可以包括主持人在内),以语言为主要方式参与节目。唯有如此,谈话节目才能成立乃至顺利进行。脱口秀节目则有所不同。从实践操作情况来看,它有两人以上的谈话,也可以是一个人口若悬河的表演,并没有强调是两个或两个以上的人通过交谈来参与节目。由此看来,谈话节目无法涵盖单口秀节目和脱口秀节目中的单口秀部分。

第二,传播目的不同。脱口秀的目的很直接,就是娱乐观众,而且这个目的很彻底,所有其他目的都是附加的,都是为娱乐服务的。虽然有时候未必心想事成,但是目的是纯粹的。

谈话节目的目的在于为受众提供一个表达的平台,表达思想、观念、态度、情感等。虽然也会有娱乐手段,但是娱乐手段的目的也是为了吸引受众聆听表达。

我国的许多谈话节目,还有一种寓教于乐的目的。除了“谈话”以外,也希望谈话主题能有一些文化、精神层面上的承载。

---

① 于丽爽、宋茜:《脱口成风:谈话的力量》,中央编译出版社 2004 年版,第 132 页。

第三,节目主体构成不同。脱口秀的构成可以庞杂。除了单口秀以外,大型的脱口秀构成都比较复杂,常见的环节有单口秀、综艺时间、采访嘉宾、热场表演。由于脱口秀的目的是娱乐观众,所以只要能够达到这一目的的环节都可以自由地加入进来。谈话节目的结构是相对单一的,大部分谈话节目是一个完整的结构,然后按照中心话题的逻辑推进来设置层次,为了确保谈话语流的顺畅,任何人为设计的环节要事先进行策划,不能随意插入节目中。

第四,场不同。脱口秀和谈话节目的场不同主要表现在两个方面:首先,相对而言,脱口秀的场是开放的,谈话节目的场是闭合的。脱口秀的参与者,特别是主持人主要是面对电视机前的观众说话,通过不断与电视机前的观众交流,使脱口秀的场拓展到现场之外,节目现场和电视机前的观众组合起来才能形成一个完整的脱口秀场。谈话节目的参与者主要是在现场进行彼此交流,较少和电视机前的观众进行交流,谈话节目的现场相对闭合。其次,脱口秀强调即兴发挥,谈话节目强调逻辑。脱口秀要求现场有碰撞的味道,即使是事先的策划也强调现场发挥,营造突发灵光的气氛。谈话节目强调事先策划的程度,大部分的话题和表达方式在事先已经确定,即兴和碰撞是偶然的。

第五,主持人定位不同。首先,主持人在节目中的作用不同。在脱口秀节目中,主持人起主导作用,整个节目以主持人为中心。在谈话节目中,主持人则是起引导作用,引导嘉宾、观众围绕节目主题展开交流。其次,对主持人的要求不同。在脱口秀节目中,主持人必须会独说、采访、表演等技能,并且越多越好。而谈话节目主持人最重要的能力就是采访,从嘉宾口中挖出更多的料,其他能力则属锦上添花,而不是必须。再次,对主持人包装不同。脱口秀很注重对节目主持人的个性化包装。在美国,一个精心策划的脱口秀节目总是千方百计地包装自己的主持人,同时利用各种机会使主持人在媒介焦点中大出风头,提高社会知名度。而谈话节目虽然也重视主持人,但更以节目为中心,注重谈话节目本身的质量及其具有延续性的内涵影响力。

表 3-1　脱口秀与谈话节目区别简表

	谈话类节目	脱口秀节目
概念外延	至少要两个人才能构成"谈话"	可以是一个人的演说表演
社会角色	以教化为核心节目 定位于社教或新闻专题类	娱乐 大多作为娱乐节目运作

	谈话类节目	脱口秀节目
节目构成	主题谈话 具有逻辑性,条理性	话题导向,人物展示,娱乐表演,意识流
主 持 人	引导全场 注重采访能力	节目中的主导 越多才多艺越好
节目现场	平心静气,侧重"谈话"	强调冲突,侧重"秀"

3. 广播电视谈话类节目的分类

对谈话节目进行分类是研究谈话节目的一个有效途径。我国的谈话节目发展至今,对照美国,显然还不全面,但是其多姿多彩的节目形态,也足以令人叹为观止。并且,它还在实践中不断创新和发展。

下面,我们从三个角度对现阶段国内已有的谈话节目简要地进行分类。

(1)第一个角度是话题本身,也就是从谈话节目内容的领域特征角度进行划分,我国电视谈话节目有以下四种基本类型。

① 新闻信息类谈话节目。这类节目的话题带有鲜明的新闻性,话题覆盖面广、信息量大,新闻事件、新闻人物、社会热点、公共事务等都可以作为谈资。嘉宾多为政府官员、专家学者、媒体工作者和新闻当事人,他们往往能够发布第一手的、准确的信息和富于导向性的见解,满足观众对信息的需求。这类节目的特点是具有权威性、准确性和贴近性。谈话多在演播室进行,主要由主持人与嘉宾交谈,有时有现场观众与嘉宾进行交流。

② 日常生活类谈话节目。这类节目的话题涉及普通百姓的家长里短、方方面面,既有社会人际交往方面的困惑,也有家庭内部成员之间的调适;既有不同生活状态的展示,也有新旧道德伦理观念的碰撞。谈话基本上在演播室进行,现场观众是不可缺少的组成部分,谈话氛围比较轻松。其特点是贴近生活、贴近百姓、参与性强,因而深受观众喜爱。

③ 综艺娱乐类谈话节目。这是以愉悦身心、休闲逗乐为主要目的的谈话节目,它以谈话为载体,加入较多的综艺成分和滑稽的情境设计,充分展现话语中的幽默,达到戏剧化的效果,以娱人耳目。它的嘉宾主要为演艺圈明星和体育界明星,主持人大都与他们有密切的联系,甚至就是圈内人,观众主要是年轻人。这类节目的定位不容易把握,稍有不慎就会被真正的综艺、娱乐节目吞并了

市场。

④ 专题对象类谈话节目。这是针对特定的观众群体或某一类社会内容而专门开设的谈话节目。特点是对象性强,话题专一,有品位和内涵。常见的有以下几种:女性谈话节目,以女性关注的婚姻、家庭、社会地位等话题为内容,如体育谈话节目《五环夜话》,经济谈话节目《对话》,法制谈话节目《今日说法》等。随着频道专业化和市场小众化趋势,专题对象类谈话节目势必将茁壮成长。

(2) 第二个角度是从谈话节目主线的展开特征上看,也就是谈话内容是围绕人物还是事件展开的,分为以下两种类型。

① 人物性的谈话节目。这类谈话节目以人物为主体,以人物作为展开话题的主要线索。这里的"人物"主要是指参与到节目中的嘉宾,他们身上具有某种性质的典型性。这些东西是被大众所关注和关心的,对媒体来说具有传播价值。人物性的谈话节目的关键在于对人物特点的把握,只有抓住了人物特点,节目才有特色。

② 事件性的谈话节目。也称话题性的谈话节目。话题是一个谈话节目的核心内容,离开话题就无法讨论谈话节目。话题性谈话节目主要又分为单一话题节目和复合话题节目两种。顾名思义,即以讨论一个或多个话题来建构谈话节目。话题必须依附一定的事件才能得到反映,事件是话题性谈话节目的支柱。

(3) 从节目形式上看,主要有以下四种基本类型。

① 聊天式谈话节目。主持人根据话题需要,邀请带有不同社会身份、职业特点的嘉宾到演播现场交流。其特点是嘉宾代表面广,可以真诚沟通,各抒己见。气氛宽松、亲切、自然,娓娓如话家常,一般不会形成激烈的言语冲突与思想交锋。适用于讨论大众普遍关注又无重大分歧,经过深入交流、探讨可能达成共识的问题。这类节目在我国比较多见,也深受观众的喜爱,如央视的《聊天》。

② 访谈式谈话节目。这类节目类似于人物专访,是主持人与嘉宾之间的交流,不同的地方是主持人也要把自己的观点和见解亮出来参加探讨,而不仅仅是提问和倾听,否则他就成了记者。嘉宾人数不多,常常只有一位,往往是某领域的专家、权威或某事件的当事人,谈论的话题也相对严肃,能反映一定的品位和内涵。如凤凰卫视的《鲁豫有约》,通过主持人与重大事件的当事人、目击者的交流,揭示幕后的故事,反映时代的变迁和人的思想境界。访谈式谈话节目有时也采取聊天的形式,但与聊天式谈话节目仍然有细微的差别:总的来看,访谈式谈话节目多数情况下为两人对谈,聊天式谈话节目人数可多可少;访谈式谈话节目

话题、角度往往经过精心选择,甚至比较专业,聊天式谈话节目话题、角度比较家常,气氛更轻松,话题可以是确定的,也可以是不确定的。

③ 论辩式谈话节目。这类节目谈话各方的观点有重大分歧,在现场展开言语交锋,主持人以客观公允的态度引导他们充分陈述。其特点是紧张、冲突,适用于讨论社会上出现的新事物、新现象、新思潮,以及人际关系、民事纠纷等。由于矛盾冲突具有张力,现场富于戏剧性,比较耐看。

④ 综合式谈话节目。这类节目充分运用电视表现手段,利用外景录像、三维动画、宣传片花等丰富的电视手段,并吸取文艺、游戏、竞技等其他节目的成分,使谈话节目立体化,增强可视性。特点是活泼、谐趣,适用于谈论轻松的生活、情感话题。这类节目在我国电视谈话节目中占了较大的份额。

需要注意的是,广播电视谈话节目虽然有多种多样的分类,但往往有交叉的情况。例如,对新闻谈话类节目的区分,显然,首先是从谈话节目的话题本身来看的。既然是新闻类谈话节目,节目话题自然要以新闻事件为主,即以新近发生变动的事件为主。根据以上分类,毫无疑问,新闻信息类谈话节目是新闻类谈话节目,比如央视的《新闻会客厅》。《实话实说》是以讨论日常生活问题为主的谈话节目,总体上是属于日常生活类谈话节目,但由于日常生活问题中往往有许多是人民群众普遍关注的问题,有些更是新近发生变动的事件,所以有些节目仍然具有新闻谈话类节目的性质。再以《艺术人生》《超级访问》这样的综艺娱乐类谈话节目为例,这些节目邀请来的嘉宾通常是演艺界的名人、明星,他们本身就是新闻的基本要素之一,而主持人往往会在节目中挖掘他们较少为人所知的经历,这些也都是具有新闻性的事件。至于像《对话》这样的专题类谈话节目,也是可以归为新闻类谈话节目的。

不过,本书中所谈论的新闻类谈话节目主要是在严格意义上的新闻类谈话节目。

二、广播电视新闻谈话类节目的社会功能

一直以来,对于受众来说,新闻节目在新闻事件中都扮演着告知与评论的角色,满是正经与威严;然而,广播电视新闻谈话类节目却从高高在上的位置走了下来,用一种亲切、平等的方式与受众交谈,没有结论,有的是"谈话"式的叙述。这样的节目很快得到了受众的认可,并且这种"谈话"式的叙事方式也影响了其

他媒体节目,渗透进了人们的日常生活中。新闻主持人可以轻松地"说新闻",以区别于过去不苟言笑地"播报新闻";人们日常生活说话中那种轻松随意、流行时尚的形态、话语与氛围也一股脑儿涌进新闻的殿堂,构筑了一个新型的新闻话语空间。

事实证明,在当代社会中,"谈话"已不仅仅具有交流信息、沟通心灵等传统的功能;"谈话"更为重要的意义在于,它是一种让说话者全身心放松和纵情宣泄的方式,尤其是能随心所欲地漫谈已经成为人们获得放松和快乐的方式之一。"谈话节目"正是为现代人的这种需求提供了一个依托现代传媒的绝妙平台。

广播电视新闻谈话类节目已经形成为一股巨大的潮流,并因其特殊的内涵,发挥着特殊的社会功能。

首先,广播电视新闻谈话类节目切合了现代社会中意识形态世俗化的趋势。

任何社会中,意识形态的实现都是通过特定的文化产品得以贯彻实施的,而文化产品又与传播媒介相呼应。历史上,意识形态主要是通过冰冷的文告、法典等官方文件来实现的,因为在那个时代,广大民智尚未开启,受教育是贵族才能享有的权利,话语权牢牢掌握在统治阶级的手中。为了维护自己"君权神授"的形象,统治阶级刻意保持自己与普通民众之间的距离,这时候的意识形态是不可能世俗化的。即便到了大众传播时代,大众传播的规律也是传者向受众的单向传播,而且总是呈现着"从上而下的凌驾架势"。电子传播媒介的出现,尤其是网络媒介的出现,给予了受众也做传播者的可能,打破了一直依赖意识形态从上而下的传播方向。同时,人们也厌倦了新闻的正襟危坐,厌倦了被灌输的角色,渴望平等的交流,渴望话语权。在这种情况下,意识形态不得不放弃以往高高在上的面孔,而是借助大众传媒,通过大批量生产通俗文化产品来迎合受众的传受心理变化。

广播电视新闻谈话类节目正是适应这一趋势的一种传媒产品。它讨论社会焦点、新闻人物,但不做结论;它构建轻松、随意的氛围,消除紧张;它提供自由、平等的交流平台,没有强权。最初脱颖而出的新闻谈话类节目,尤其是电视新闻谈话类节目,都尽力打造一个平民化的风格,所以,这样的节目很快得到了受众的认可。当听到、看到自己的左邻右舍在广播电视里和主持人、专家学者、社会名流轻松平等地畅谈天下大事,老百姓觉得以往遥不可及的大众传媒走近了自己,这无形中也推动了老百姓向大众传媒的亲近。当然,广播电视新闻谈话类节目再怎么平民化,也是无力改变隐藏在背后的意识形态的强大控制的。事实上,并不是社会生活中的所有题材都可以作为话题进入广播电视新闻谈话类节目的讨论现场,广播电视新闻谈话类节目话题涉猎的范围及讨论的深度都会受到当政者意识形态的严格控制的,只是在不同的国家,谈话节目所体现的意识形态控制的强弱力度有所不同而已。

其次,广播电视新闻谈话类节目切合了现代社会中人们情感宣泄社会化的需要。

人们的理想和社会现实往往是不能吻合的,有时候由于种种原因,两者之间会存有巨大差距。这种差距引起的心理失衡,如果长期积郁得不到排遣,会导致心理发展畸形,乃至产生犯罪心理。因此,任何人都需要一个适当可行的渠道来疏通心理和表达情感。正如麦克卢汉在谈到人们如何缓解自身的压力时曾经说过:"我们常常利用受控条件下的运动和游戏去创造人为的情景,以抗衡实际生活中的刺激和压力。"[1]一般来说,人们凭借自己掌握的有限条件创造出精神文化产品,用以调节理想与现实之间的差距。在种种精神文化产品中,调节功能表现得最为明显的就是统治阶级为构建符合其利益和意识形态的需要所生产出来的各种文化产品,通过生产这些文化产品,统治者和文化产品的制造者们联手让社会受众沉浸于想象的空间,给意识形态蒙上温情的面纱。这些精神文化产品通常以构建理想国的面貌出现,电影就是这样的典型,通过曲折跌宕的情节和精心设计的镜头为观众构造精神"乌托邦",补偿对现实的心理缺憾。而且,我们看到,这些理想国构建得越是完整,想象的空间越是广阔,越是彻底投入于某种精神产品的人,越是可以得到全身心的放松和宣泄。

随着工业社会的发展、生活节奏的加快,时代的车轮在快速运转中也搅得人们日益浮躁不安,难以再像以往那样钟情于某类文化创作,沉浸于厚重的文化产品之中。精英文化在当代衰落了,取而代之的是大众文化的流行。而文化产品也被纳入了工业化运作的模式之中,越来越像工业产品一样被批量生产。人们情感宣泄的渠道也由此转向了大众文化产品。作为大众文化产品的谈话节目,很自然地成为大众情感宣泄的渠道。在中国,首先,中国人有着悠久的谈话传统。北京人的"侃大山"、四川人的"摆龙门阵"、东北人的"唠嗑",无一不透露出民间对交谈的喜好,在种种闲谈神聊里,说者和听者同样得到了放松和宣泄的快乐。而且,广播电视新闻谈话类节目涉及的话题广泛,有的直接契合当前的重大

---

① [加拿大]马歇尔·麦克卢汉:《理解媒介——论人的延伸》,商务印书馆2000年版,第75页。

新闻事件。我们知道,新闻传播具有议程设置的功能,因此,广播电视新闻谈话类节目也为大众"谈什么"提供了颇有价值的话题资源。同时,新闻谈话类节目也是首次将话语权给予了受众,虽然这些受众只是少数人,甚至有些是社会精英(比如在《对话》节目的现场观众中,往往会安排同样很有分量的观众),但是,从他们身上,大众能找到相同社会群体的认同感。

当然,也有必要指出,在"谈话"搬上荧幕,衍生为一种说话艺术和主持风格,借助大众传媒让更多受众分享其中宣泄的快乐时,这种快乐却又是"不彻底的、廉价的且又让人难以抗拒"①。因为在日益激烈的社会竞争、日益复杂的人际关系中,话语本身成为一种生存的策略,能敞开心扉说真话的环境本来就不多;即使在演播室创造了这样一个环境,说话的人说完这些话后还是要回到他那个大社会环境中接受折磨。由此可见,在日常的谈话中,这种快乐的实现完全是由说者和听者根据自己的心理需求主动设定和创造出来的,完全没有受到外在条件所强加的制约和限制,参与其中所能获得的快乐是任何一种被预演、被编排、被大规模生产的谈话节目都无法企及的。新闻谈话节目提供给人们的快乐是不彻底的,因为新闻谈话节目受到诸多方面的限制和约束,例如话题的选择,讨论的深度,现场的把握等;快乐是廉价的,因为这些新闻谈话节目都有着固定的播出时间、制作程序以及板块组合,制作者们往往是像制造工业产品一样对各个环节进行拼接和组合;但是,这种快乐又是令人难以抗拒的,因为它所凭借的是威力巨大、无所不在的大众传播媒体。

三、广播新闻谈话类节目的特征及要领

1. 话题与节目形态

广播新闻类谈话节目的话题,是适宜用广播媒介手段表现的新近发生的新闻事件和近期的社会热点,一般是通过节目的谈话形态介绍新闻背景、分析新闻事件、预测社会趋势、反映公众意见等。从我国近年来的广播实践来看,所选的话题及表现特征大致可以分为四类。

第一,官民对话,政要访谈。邀请政府各级领导来到直播室,就当时的社会热点问题和群众关心的话题,为广大听众提供了一个直接与政府高级官员对话、

---

① 于丽爽、宋茜:《脱口成风:谈话的力量》,中央编译出版社2004年版,第161页。

交流的可能,同时也使各级领导得以直接倾听群众的意见、呼声和对各项工作的建议。

第二,新闻事件评论与分析。针对某一新闻事件,在谈话中展开评论与分析,既有利于从主持与参与谈话嘉宾的不同角度反映情况与意见,又有利于使受众了解来龙去脉、前因后果,再通过自身的思考,做出应有的判断和决策。尤其是对一些突发性新闻事件,具有很好的传播效果。例如,1999年5月,以美国为首的北约用导弹悍然袭击我驻南联盟使馆,使正在发展的中美关系笼罩上一层阴影。上海"990"新闻频率《市民与社会》栏目对这一新闻事件迅速做出反应,在事件发生后的第一个工作日即组织节目进行了讨论。节目中既传递出了上海各界的抗议和愤慨心情,又请专家对中美两国关系的现状和前景为广大听众作了客观分析,有效地化解了群众中的激烈情绪。

第三,关注经济和社会发展。由于我国处于经济体制转型阶段,一系列经济和社会发展问题伴随产生,与广大民众的切身利益息息相关,避免不了会有困惑、失落与矛盾,所以也是历年来被节目较多谈及的话题,如再就业工程、医疗养老等社会保障机制、国有企业改革、科技成果向生产力转化、如何应对WTO的挑战、知识经济带给我们怎样的机遇和挑战、如何全面落实素质教育等。这些话题可能并不是由某一项特定的新闻事件所引发,但却是一个阶段全社会关心的重点和热点。从广义上讲,也是一类具有时效性的新闻谈话节目主题。

第四,生活方式漫谈。当今的社会正日益呈现出多元化的趋势,不同的人有不同的处事态度、生活方式和行为特征,对于一项新鲜的事物,人们的观点迥然不同。这种广泛的差异正好成为谈话类节目选题的有利因素,透过谈话节目的平台,不同见解的碰撞巧妙地形成一种交流和沟通,从而受到受众的青睐。

2. 节目运作的要领

要办好一个广播新闻谈话节目,首先要清楚,节目赖以生存的基础是什么,这就是"新闻性"和"时效性"。其次,在节目的具体运作中,要考虑怎样才能做到始终不偏离主题,始终不失思想性、严肃性。具体来说:

第一,紧扣新闻事件,把握社会和时代的脉搏。在很大的程度上,新闻传播应该做的是了解社会大众的心理诉求(人们想知道什么,他们关心些什么,他们有什么样的困惑),对于新闻谈话节目来说,把握好这一点尤其重要。

第二,心态开放,敢于包容多元观点。每天正在发生的大量新闻事件是我们节目取之不尽的话题源泉。然而并非所有的新闻都可以拿来议论一番,一档新闻谈话节目必须从中筛选话题、选取角度,从受众的心理和实际生活需求出发开题立意并展开讨论。好的话题必须具有一定的开放程度,至少不会让人一看就知道标准答案,其中应包含观念的冲突和思想的交锋,甚至具有一波三折的特征。

第三,驾驭谈话,善于引导。观点的开放和多元将使节目变得丰富多彩,然而作为节目的制作者不能仅仅满足于一时的热闹,更不能"脚踩西瓜皮",使节目显得七嘴八舌、不知所云,而失去导向。任何一个话题的争论都只是冰山一角,其背后往往有着深刻的社会历史和现实背景,因此节目的制作者事先必须占有大量背景材料,并且具有对我国国情和社情民意的深刻理解。"为什么要说"和"我们到底要说什么"应是节目制作人员把握节目制作意图的两个重要问题,而在直播过程中,主持人则要时刻考虑整个节目的谋篇布局,控制节目的起承转合,牢记"倾听而有立场、引导而不妄断",不断提高节目的水准和意境。

上述三条,对于电视新闻谈话节目来说也是相通的。

四、电视新闻谈话类节目的特征及要领

1. 电视新闻谈话类节目的叙述特征及要领

相对于广播媒介来说,除了声音符号,电视媒介还有很多自身独有的传播符号,主要有镜头语言符号与造型符号两大类。运用这些传播符号,电视新闻谈话类节目可以呈现出特有的叙述特征,具有不同的叙述方法,并相应产生不同的传播效果。电视新闻谈话类节目要善于灵活应用各种电视叙述技巧,使节目做得好看耐看。具体来说:

(1) 以主持人为引导的叙述。

这是一种充分发挥主持人引导作用的叙述方式。众所周知,主持人是谈话类节目中的重要角色,有时甚至是节目的品牌标志。一如提到《实话实说》,我们首先想到的还是它的首任主持人崔永元。要打造一栏好的谈话节目,制作人可以极力把主持人当作品牌,节目宣传的重点也可以部分转移到主持人身上。为什么? 除了主持人自身的魅力以外,还有几个重要的因素。

一是主持人在新闻谈话类节目的结构中发挥很大的作用,如开始时的引导,中间的串联,结尾时的总结,而在这个过程中,主持人也要为观众传达某些重要信息,比如嘉宾的背景信息,一些高度概括、高度浓缩与事件相关的信息等。例

如,《实话实说》节目对主持人话题的提出、主持人出场、嘉宾的介绍出场、节目的进程转换都作了设计,使谈话节目在一个轻松的状态下进行。主持人和嘉宾在节目现场的交流从容不迫,也体现了主持人的魅力。

二是有的新闻谈话类节目是邀请现场观众的,在这样的节目中,主持人的引导作用又体现在对观众的情绪调动和把握,这也是节目能否成功的重要环节。谈话类节目毕竟是人为营造的一个谈话氛围,一直作为旁观者的受众突然要参与到节目当中,紧张在所难免。因此,主持人在节目中的语言和姿态,对参与观众恰到好处的调动,也会影响到是否能平复观众的紧张,让观众在节目中能表现出生活中的常态,甚至最佳的参与状态。

三是在电视新闻谈话类节目中,主持人更为重要的任务是与嘉宾进行交流。更多时候是让嘉宾讲述自己的故事,从而保证叙述正常、充分地进行。因此,主持人尤其要善于引导和调动嘉宾,确保谈话的正常进行,能够充分挖掘嘉宾的故事。在电视新闻谈话类节目中,嘉宾和主持人通常是进行面对面交流。但是,谈话中因嘉宾的身份、知识水平、阅历的不同,以及主持人对话题把握的程度和方式不同,会直接影响叙述的效果。

(2) 以当事人为主的叙述。

在广播电视新闻谈话类节目的分类中,提到一种论辩式谈话节目,这类谈话节目有一种形式,就是请一个新闻事件的当事人双方都到场,依照各方当事人的叙述展开事件。当然,这个新闻事件往往是具有争议的,是可以争议的。比如,《实话实说》以前就"王海该不该打假"这个话题做过一期节目。

对观众而言,当事人到现场(演播室)能体现一种真实感;而且,能听到双方当事人对事件的不同说法,更能让观众体会到新闻谈话类节目意在平等交流的本质。只是,这种形式的节目要注意,由于双方当事人在现场交锋,谈论的话题以及话题进展往往难以把握,这就需要根据双方当事人的陈述、情绪、语言表达能力和思维敏捷度等因素,由主持人把握谈话进程,适时进行调整。

从受众的观赏心理来看,他们关心的是事件的过程,双方当事人的陈述,主持人在节目进程中对事件性质的调解。观众的兴奋点就在于当事人双方就事情过程的交代、双方当事人现场交锋的程度、主持人现场左右调解等,这些形成了这类谈话节目的收视亮点。

比如,央视二套每周日晚播出的《对话》,就是主要采用以当事人为主的叙述方式。《对话》这个节目最令人难忘的已不是主持人,而是它的嘉宾,个个分量十足：有左右经济的权威人士，有经历商海沉浮的企业巨头，还有见证热点事件的当事各方，等等。也许，有了这些举足轻重的人物，观众关注的已无他物，只是想靠近他们，倾听他们，听他们讲述成功背后的故事。

在这类谈话节目中，只要引领当事人"进入"真实的生活情景中，当事人会按照自己的生活逻辑，对事件的发展过程作条理的叙说。只要做到节目"不走神"，那么观众也会循着当事人的"神"往下看。因此作为节目主持人的技巧不在于提示当事人"你还有什么没有说"，而是要引领他"怎么说才能清楚地告诉观众"。也就是说，最终的结果是让当事人讲述的事件被观众接受和理解，而不要让主持人去裁剪当事人的叙述。

(3) 以画面辅助的叙述。

既然是电视新闻谈话类节目，电视媒介的一大优势——画面，不可不加利用。谈话节目，只是一味地谈话，也会让人，特别是旁观者觉得乏味，对于一向多变的电视画面来说也多少显得单一和冗余。

画面也有"说"的功能，因为电视的特征如此。在许多情况下，"无声胜有声"的画面能够唤起更多联想。例如，在央视《面对面》节目中"面对"执行"神舟"六号载人航天飞行任务的航天员费俊龙、聂海胜的一期节目中，在交谈之间会插入当时"神舟"六号升天的相关镜头，例如航天员出舱之时，出征仪式、发射前的准备等等画面，这些没有解说词的镜头运用，不仅可以令主持人对画面中的细节、画面背后的故事进行挖掘，而且让观众重温了当时那令人激动的场景，很容易受到谈话现场氛围的感染。这些令全国人民热血沸腾的画面，流畅地插入谈话节目中，对观众的触动远不是几句或几段描述性的语言能够媲美的。

总而言之，无论是主持人叙述、当事人叙述还是画面叙述，都要根据谈话节目的定位，甚至本期主题表现的需要，可单独也可综合运用这些叙述技巧，并在运用中考虑话题设置、主持人、被采访对象和观众，以及舞台、音响等各种因素，以真正凸显谈话节目的特色和效用。

2. 电视新闻谈话类节目发展待解的课题

2000 年以后，大大小小的谈话节目竞相登场，给国内电视屏幕带来红红火火的景象；然而，在种种繁荣迹象的背后，谈话节目已经透露出持续发展面临着一系列待解的课题。其主要表现在以下五个方面。

(1) 电视新闻谈话类节目的时段开发不足。

在分析这个问题之前，我们先来看看 2003 年央视的几个知名谈话节目播出

时间,列表如下:

表 3-2

栏　目　名　称	播出频道	首　播　时　间
《实话实说》(改版后)	中央一套	每周日 21:15
《新闻会客厅》	新闻频道	每周一至周四 20:30—21:00
《面对面》	新闻频道	周六、周日 20:10

由该表我们可以看到,央视对这几个新闻谈话类节目都给予了重视,将其编排在晚间,甚至说是黄金时间也不为过。其他很多省级、地方电视台对新闻谈话节目的编排也是如此。对于这种现象,我们暂且不做分析,先看看国外在电视谈话节目实践中的操作情况。

在美国,谈话节目是划分时段的,比如早间谈话节目、日间谈话节目、晚间谈话节目。时段不同,相应的收视群体定位不同,节目的形式、内容和制作方法也会有相应改变。而在国内,多数电视新闻谈话类节目基本不分时段,都集中在晚间,有的甚至是黄金时段,造成其他大段的时间没有自己的谈话节目。比如说,迄今为止,国内尚未有一个是定位于晨间的新闻谈话类节目。忽视对不同收视群体的定位,再加上制作方法相同,同一个新闻谈话类节目放到哪个时段播出,没有本质的区别。这样做的直接后果就是,节目形式雷同,内容重复,数量泛滥。据统计,自《实话实说》节目在国内取得巨大成功之后,这种模式被各地电视台群起效仿,截至 2001 年,全国有近 200 个谈话节目,大多数是"实话实说"式的[①]。最初来自谈话节目形式上的新鲜感消退了,而谈话节目的质量又没有明显提高,千篇一律的后果就是令人乏味。

一方面是新闻谈话类节目时段单一,尚未积极开发非黄金时段的谈话节目;另一方面,做得比较成功的新闻谈话类节目不顾自己的收视群体而转向黄金时段。改变播出时间对知名谈话节目来说,同样是一种危险的尝试。新闻谈话类节目在发展初期,常常试探性地编排在非黄金时段播出,比如,《实话实说》一开始是安排在星期天早上 7:20 分;随着节目的发展,反响增大,慢慢形成自身品牌之后,就转移到黄金时段试图吸引更多受众。然而事实是,《实话实说》于 2000年挪到晚上 9 点的黄金档之后,尽管栏目自身不断进行微观调整,收视情况却一

---

① 梁英:《从"实话实说"模式看谈话节目的发展瓶颈》,《视听界》2004 年第 6 期。

直不尽如人意。造成这种状况的主要原因有二：其一，一个新闻谈话类栏目播出日期和时段的固定有利于培养稳定的观众群。当观众对一个节目形成认可之后，栏目的稳定性，包括固定的主持人、固定的样式、固定的风格、固定的时间，成为一个成功的谈话类栏目的品牌标志和外部质量标准，也为观众提供了信誉保证。时段的改变意味着放弃了那些最欢迎这个节目的观众。另一个原因是，在国内，晚间，尤其是黄金时段一般是电视剧、娱乐节目、新闻节目的天下，与新闻类谈话节目相比，这些节目已经发展得相当成熟，新闻谈话类节目想和它们一争高下更是难上加难。

因此，国内的电视新闻谈话类节目想在日后有更大作为，首先就要摆脱黄金时段的"束缚"，勇于开发那些相对较冷的时段，避开娱乐节目、电视剧的播出高峰，也和那些已经成名的谈话节目错开。与其和其他电视节目争抢收视群体，不如通过自身节目培养观众的收视习惯。

（2）电视新闻谈话类节目缺乏现场直播。

目前，国内电视新闻谈话类节目绝大部分都是经过事先录制，然后经过后期制作播出，没有实现现场直播。因为现场直播对节目要求很高，主持人、嘉宾、现场观众乃至一个电视台的综合实力无一不面临考验。录播相对来说更节约，对演员和制作人员的压力都不大。而且，新闻谈话类节目一般话题是围绕新闻事件，虽然话题确定，但是节目中嘉宾和现场观众的反应是不确定的。所以事先录制，一方面可以通过后期剪辑以呈现给电视机前的观众一种热烈祥和的讨论氛围，另一方面也是审片的需要，只有通过评审的节目才能播出。谈话，尤其是论辩式的谈话，很容易产生激烈的交锋，而这对于电视台来说是难以驾驭的，也是无法容纳的，所以电视擅长的是一团和气、温文尔雅、客套节制，最好无关痛痒。录播的电视节目显然迎合了这种态度。

但是，在理论上，新闻谈话类节目是不能经过彩排这个过程的。因为在"谈话"中有很多即兴发挥的东西，不可能再来一遍。大部分谈话节目利用了彩排，限制了谈话的讨论范围，把一次谈话安置在主持人可以控制的范围之内，也要把制作人的意图充分地贯彻落实。谈话节目在确定选题之后，都有自己的意图归宿，通过彩排，制作人可以知道自己的意图归宿有没有达到。当嘉宾没有在制作人期望的思路上前进的时候，制作人就会指手画脚，将其拉回"正途"。即使有的谈话节目是一次录制的，比如《实话实说》，但是它们的后期编辑能起到相同的效果。

经过这样一番折腾,观众还能在谈话节目中期待什么呢?对于一个准备好答案的提问,人们并不稀罕圆满的回答。人们期待的是即兴发挥,哪怕这个发挥并不精彩——就如现实中的"谈话"一样,但那会让人感到真实。原本,现场直播的魅力在于充满了不可预知的悬念,而录播将这些乐趣和精华过滤掉,剩下一些媒体苦心设计的"谈话",千篇一律,令人乏味。

(3)电视新闻谈话类节目的储备不足。

储备不足包括诸多方面,而且谈话节目发生的很多问题,最终都可以归结到储备不足。首先就是人才储备不足,仅这一点,就可以导致所有的问题:策划问题,主持问题,选题问题,到最后就是视野问题。值得注意的是,我国电视节目每一次让观众眼前一亮的,不少都是改造自一些引进的节目。这说明我们自己的力量还十分虚弱。

策划人才的不足还反映在选题上。目前大部分谈话节目的选题都有表面化和无关痛痒的嫌疑。那些真正有挑战性的选题我们还不敢涉足,而传统的选题又做不出新意。打开电视,所有的新闻谈话类节目似乎都是主持人加小乐队,现场摆上沙发、清茶,下面一堆观众,加上一个可以播放资料片的大屏幕。经常明明是不同的谈话节目,却似乎在说着同样的话。传统的选题往往流于肤浅,徒具其名,文不对题。事实上,不管是国内还是国外,话题的选择一直是在走钢丝。因为想要区别于其他类型的节目,形式当然是一部分,它也许是召唤观众入场的必须,但是怎样能留住观众在场,展示话题的谈话过程才是关键。重复新闻中的话题是早期新闻类谈话节目的一个捷径,但是发展到今天,不能出其不意就等于放弃了竞争性。追新闻本身就是冒险的,因为一个重大的新闻热点可能提供的言说空间早已被那些处心积虑做《新闻调查》《焦点访谈》《东方时空》等这样节目的人给琢磨得无立锥之地了,除非谈话节目能发现新的角度和切入点。

而主持人的储备不足可以说是目前新闻谈话类节目面临的最为迫切的问题。谈话类节目的风险来自选题和对选题的把握,但就节目质量而言,更大的风险来自谈话节目对于主持人的依赖性。由于谈话节目本身独特的形态,决定了谈话节目的制作是一次性完成的,之后就只能做减法,或删减或放弃,不可能做加法,如果做了就不是原来的谈话节目形态了。这样的一次性决定于节目主持人对于节目录制过程的控制,而事后编辑修改的空间却很小。所以谈话节目比任何节目都依赖于主持人及其对话的嘉宾。一些谈话节目好不容易树起了响亮的品牌,然而,一旦主持人因故不得不换岗,却往往难觅新人承前启后。例如,

《实话实说》换了主持人以后难以为继，就充分暴露了这方面的问题。因为，崔永元的成功对于后任主持人来说自然是个莫大的挑战，但是《实话实说》并非"崔永元实话实说"，并非是按照西方脱口秀的模式为崔永元量身定做的，所以更换主持人并非不可能。

（4）回归真实传播本质，用真诚赢得受众。

新闻谈话类节目一个最大的成功之处在于它满足了大众对媒体讲真话的要求。因为长时间以来，人们都是在用别人的口吻、别人的声音，或者规定的口吻、规定的声音说话。而通过新闻谈话类节目，观众惊诧地看到，原来人们在电视上也可以像平常一样说话。电视新闻谈话类节目的魅力就是话语的魅力，它的力量就是来自真实话语的倾诉。"我认为谈话被忽略的一个重要原因是对'真实'的理解，是由于对观众的忽视。"[①]

谈话节目贵在真实。只有真实的话语、真实的说话过程、真实的人和事才能在荧屏上、话筒前呈现正常状态下的交谈，才能真正实现情感和观点的真诚交流，也才会以感人的力量赢得受众。真实体现在话语的表达上就是讲真话，忌说假话、空话、套话，突出谈、说、聊，切忌播、念、读。体现在谈话的过程中，就是要展现真实而轻松的谈话现场；体现在话题和采访对象的选择上，就是尽量表现或再现真实的场景、真实的事件、真实的故事、真实的生活、真实的人；体现在主持人身上，就是主持人应该鼓励和引导人们说话、正常说话和说实话、耐心倾听别人说话，营造出一个正常的谈话氛围和韵味，并尽可能为嘉宾、为现场观众提供真实说话的场所。当谈话节目将"真实性"视为灵魂和生命，并在制作过程中不断秉承"真实"的原则时，"谈话"也才能更接近电视媒体"真实传播"的本质特征。

新闻最本质的特征就是"真实"。一档优秀的新闻谈话节目首先要有强大的公信力，这种公信力是建立在对新闻事实的充分尊重和作为新闻传媒自觉的社会责任感基础之上的。不讲求"真实性"的新闻谈话节目，自然就没有生命力。

反观某些新闻谈话节目，或空话、假话、套话连篇；或避重就轻、避实就虚；让人看了生厌，听了难受。有些假，是节目策划者的职业品德差造成的，使新闻媒体的公信力受到质疑，甚至被否定。这样的节目尽管为数不多，但其危害却是巨大的。

新闻谈话类节目的虚假来自以下两个方面：

---

① 孙玉胜：《十年：从改变电视的语态开始》，生活·读书·新知三联书店 2003 年版，第 215 页。

首先,一些新闻谈话节目确定的选题来源于未经核实的猜测性新闻,谈话或者纠缠于新闻是否真实这个肤浅的问题,或者干脆就在假定真实的基础上展开讨论,如此,谈话节目的真实也就无从谈起了。而且,一个适当的选题也影响到后面的策划主持环节是否能恪守真实原则。如果节目的选题本身就不对受众的胃口,与现实生活相隔甚远,或是不值得一说的芝麻小事,那当然只能用空话、套话甚至是假话去填塞了。在新闻谈话节目中,最要紧的是注意话语权的平衡,不能让原本用来讨论问题的现场变为个人观点的发布平台,以个人观点来解读真实的新闻。主持人在新闻谈话节目中应该做的事情是把客观报道的新闻事实告诉大家,而不是用观点去代替新闻本身。这样才能够避免用片面代替全面、拿假象掩盖真实。

其次,有的新闻谈话节目为了达到所谓完美的效果,有的策划人员会提前准备好主持人的每一句台词,甚至设计好每一个动作和神情,甚至有的策划把嘉宾要说的每一句话都设计好了,还进行事先排练,这样的"谈话"无论是语气还是表情都让人感到机械、木讷甚至虚假,谈话的交流性无从谈起。

(5) 强调主持人包装,注重栏目品牌效应。

关于电视媒介品牌,已经不是一个新鲜的话题了。电视媒介品牌主要有两类,一个是频道品牌,一个是栏目品牌。电视媒介品牌的一个重要特征就是:主持人、现场记者既是电视产品的制造者,又是电视产品的传播者,同时还是电视品牌形象的主要体现者。电视品牌的形象由人与节目共同组成,电视人,特别是主持人是电视品牌形象的主要内容之一,也是品牌内涵最好的诠释者。目前国内有些电视栏目已经开始注重打造品牌节目和明星主持人,比如央视的《幸运52》和李咏、《开心辞典》和王小丫等,但是,新闻谈话类节目目前尚未有叫得很响的品牌栏目及令人难忘的主持人,一方面有新闻谈话类节目自身质量的问题,另一方面也有包装力度不足的问题。

在国外的电视节目中,很注重打造明星主持人,如《今夜》的主持人琼尼·卡森,被誉为"脱口秀皇后"的女主持人奥普拉·温弗瑞,他们不仅是一档节目的主持人,还是电视节目为观众打造的明星,他们的名字深入人心,因为他们的出现也带动了一档又一档的新节目。我们熟知的凤凰卫视就极为注重明星主持人的打造。从创办开始,凤凰卫视一直致力于通过打造"三名"即名主持人、名记者和名评论家,提升和凸显媒体品牌形象。而凤凰打造主持人的模式更接近于明星的包装,主要手段有:让主持人频频曝光,拉近与观众的距离,量身定造适合其个性、风格、特长的栏目。让栏目迎合主持人而不是主持人来迁就栏目。一旦某个主持人影响扩大,凤凰卫视就会为其新开专门的栏目来吸引更多的观众,进一步培养观众的忠诚度,扩大并巩固主持人的影响力。如陈鲁豫在主持《凤凰早班车》时以"说新闻"的主持风格得到观众认可后,又相继主持了《鲁豫新观察》《鲁豫有约》的节目。如今,凤凰的名主持人、名记者、名评论家已为观众所熟知,成为凤凰卫视的品牌形象代言人。

提到国内的新闻谈话节目,令人赞叹和唏嘘的还是《实话实说》和崔永元,一度人们提到《实话实说》就必然要提到这个长相普通、衣着朴素,总是眯眯笑的主持人。《实话实说》更换主持人后的困境,不仅让人们看到了国内谈话节目人才的匮乏,而且我们也应当看到国内电视新闻谈话类节目对栏目品牌的不够重视。一个固定的主持人,其实应该是一个成功的谈话节目的品牌标志之一。包装主持人,就是把自己的主持人像其他领域的名人一样在媒体中进行宣传,扩大影响;为了突出和张扬主持人的个性,节目的形式、话题以及对于话题的切入角度都可以根据主持人的特点而确定。在美国,一个精心策划出台的脱口秀节目总是千方百计地包装自己的主持人,同时也会利用各种时机让主持人在媒介焦点中大出风头,提高其社会知名度。当然,西方的脱口秀节目和我国的新闻谈话类节目有很大区别,但是在它们成功的经验以及现有的实践中,相信还有很多值得我们学习的地方。

对于已经小有名气的谈话节目,如《新闻会客厅》《面对面》《对话》等,则要维护栏目品牌,进一步扩大栏目品牌效应。具体来说,首先是要保持栏目的周期性,如果观众对栏目的主持人、样式、风格表示很大程度的认同,就不能随意对栏目进行大幅度改版。其次是要采取正确的品牌经营策略。对品牌的不同阶段,分别采取不同的策略进行经营,从而最大限度地实现品牌的价值。

第三节　广播电视新闻现场直播报道

一、电视现场直播报道——电视新闻传播的独家优势

现场直播报道是到目前为止,各类电视新闻中最充分运用与体现了电视媒介特殊的技术手段优势的报道形式。

前面,我们在论述电视媒介的特性时已经阐明,电视的特性是即时形声传播性。正是因这"即时形声传播性",所以,电视传播能"先睹为快盖电影,声画并茂胜广播"。同时,我们也已经阐明,只有当发挥电视特性的时候,电视传播才具有最大的优势。

现场直播报道最明显的特点,正是声画并茂地对新闻事件进行同步(即时)报道,所以,它最能体现电视报道的强大优势,能最有力地发挥和争取电视应有的传播效果。

对于现场直播报道的优势,不妨将其与实况录像转播等形式相比较来加深理解。

电视节目以制作、播出方式来分类的话,大致可分为现场直播、实况录像转播和录像节目播出(录像素材再编辑播出)三种。

先看现场直播与录像节目播出。后者是制作完成以后再播出,无疑在时效上与前者无法比拟。除此之外,两者在叙事特征上明显不同。前者的叙事时间(播出时间长度)与真实时间(事件过程时间)是一致的,而且,前者的叙事内在逻辑关系与事件真实的内在逻辑关系也是完全一致的,没有作过任何人为的改变。总体上,前者是一种和真实事件完全一样的完整时空的即时展示,所以,它有原汁原味的天然本色。后者则经过蒙太奇手法剪接,既缩短了事件的实际时间长度,也可能改变事件真实的内在逻辑关系,是一种经过了改变的与真实事件不同的时空的滞后展示。

再看现场直播与实况录像转播。后者也是制作完成以后再播出,无疑首先在时效上与前者是不可比拟的。现场直播报道处于电视媒介所具能力的最高境界,与新闻事件同步进行。除此之外,两者在叙事特征上,虽然都是完整记录同一时空内发生的事件,但由于播出时间的差异,两者所产生的传播现场感、新鲜感、真实感也是有差异的。实况录像转播是以前发生事件的事后播出,告诉观众的是曾经发生了什么。现场直播是同步展现,是此时正在进行的事件的播出。它消除了受众与"传"的行为之间的时间距离,"就在此时此地正在发生着的"现实感,无疑会使观众的接受心态与新闻现场更为接近。同时,由于现场直播不经过事后的剪辑加工,现场如何均是即时照样展示在观众眼前,观众丝毫不会怀疑有"修改"的可能,所以,报道的透明度最彻底、更能使观众感到真实可信。所以,现场直播报道比实况录像转播具有更强的现场感、新鲜感和真实感。

正因如此,现场直播报道比其他报道形式更能满足电视观众在获取信息时所具有的"先睹为快"的心理要求,更能把广大受众吸引到电视荧屏前。也正因为如此,对于那些重大的、广大群众非常关心而又特别需要先知、先睹的新闻事件,电视应努力进行现场直播,真正"扬独家之优势"。迄今为止的中外新闻传播史也生动证明,只要电视新闻传播运用了现场直播的特有手段,其产生的传播影响力的广泛度和震撼力,都是其他媒介所望尘莫及的。

二、现场直播报道的运筹

1. 台外现场直播的设备系统及运筹

(1) 转播车。

现场直播的"现场",如果不是在电视台内(如演播室)而是在电视台以外的其他地方,则必须将摄像机运送、安置到现场去,这就需要"转播"。承担"转播"工作的关键设备是转播车。也因如此,这类现场直播,又称为"现场转播"。

转播车的内部有一个相当于电视台内副控制室的控制室,其间装设有摄像机控制台、电闸、监视器等。导播、助理导播和录像技师就在其中工作。这个控制室是在车的前部,车的后部是仓库,装有摄像机、三脚架、镜头、摄像机电缆、微波发射机、话筒,以及控制声音用的器材等。

声音的混合,通常是将调音器置于能看见现场的地方,在现场进行。

摄像机摄取的画面和声音,使用微波传送到电视台内。无论图像还是声音,都要经过电视台内供转播专用的副控制室,在此经过调整,插入字幕、广告等,再传送主控制室播放。

转播车在现场的停车位置,首先应当遵循交通法规。此外,还应选择即使长时间停车也不至于引起麻烦的场所,如果不使用发电车,而是使用现场的民用电源,还必须考虑到电源的距离。一般来说,转播车距微波发射机的最大距离是200米,距摄像机的最大距离是300米,距电源的最大距离是100米。

转播车如果要使用电源车,电源车在现场的位置,应当注意电源车排出的声音、热量、废气等不给周围环境带来麻烦,同时,应与转播车距离50米以上。

(2) 微波转播机。

微波转播机是电视现场直播中的重要设备。所谓微波的这种电波,与声音和普通的电波不同,是与光同样地呈直线前进的形式。若有什么障碍物遮挡的话,在其背后就无法接收信号。由于微波接收机是安装在电视台的电视塔等建筑物顶上,所以,在直播现场的微波发射机,应安置在能够直视到电视台微波接收机的地点。1 瓦特的微波转播机的电波到达可视距离约为 60 千米。当微波发射机与接收机之间用眼互相看不见的时候,应当实际地检测一下微波电波的传送情况。

(3) 摄像机的位置。

选定摄像机在现场的适当机位,是一个十分重要的问题。甚至可以说,摄像机位置的确定,决定着整个节目的质量和进行方式。因此,应当首先决定节目实施的方针,选定能满足节目实施方针要求的摄像机位置。再就是须考虑不要因摄像机和摄像机电缆的设置影响周围环境,以及摄像机和摄像机电缆设置得方便与否。

(4) 现场直播日前的工作。

一旦计划了某一个现场直播节目后,节目负责人马上就应与节目导播与技术导播商量实施方案。如果是初次作为现场直播的现场,则必须同其他有关人员到现场去,对微波发射机的设置场所、现场的照明灯具、摄像机的位置、声音转播用和联络用的电话线的设置、转播车和发电车的停车位置、各路人马到达现场的时间,以及现场的诸种特殊问题,进行磋商,落实解决。

若是在剧场等的现场转播,演出及技术方面的全体人员则需在现场直播实施前的充分时间里,预演应当播出的节目,回到电视台后,商定摄像机的配置、照明、节目主持人及是否需插入字幕、广告等事项。

(5) 现场直播当天的工作。

转播车装好需用的设备器材,至少提前 3 个小时到达现场。按照确定的方案,设置好摄像机、微波发射机、声音系统及电缆之类。首先用联络电话同电视台内取得联系,调好微波发射机的方向。同时,打开摄像机的开关,确认有无故障。全部正常后才停止机器运转。然后进行正式播放的准备。至少在现场直播开始前半小时,微波发射机、摄像机等设备系统应处于马上能正式开始工作的状态。

摄像机在现场拍摄的图像信号,通过转播车内的摄像控制台可以监看。导播和助理技术导播一边监看摄像机在现场、拍摄的图像,一边通过转播车内的电视接收机注意本电视台内的节目进行情况,不断指挥摄像机在现场的拍摄活动,确定并切换传送给电视台内播出的画面。

转播车内,应始终用电话与本台的主控制室、微波接收室、转播用副控制室保持联络。

在电视台内,由铁塔上的微波接收机收到的信号,进入转播用副控制室。在这里,标题字幕、演出人员名单、录像再生画面、广告、播音报道等需要插入、混入的构成内容信号也从电视台的图像放映室传送过来。这一切信号从副控制室出来时,则已形成完整的节目了。然后,再经过主控制室进入发射机,被播放出来。

2. 现场直播报道的节目实施方案策划

在我国的电视新闻直播报道实践中,已经创造了不少经典的案例。尤其是1997年,更是对直播的认识和实践达到高潮,这一年因此被称为中国电视的"直播年"。1997年的"跨入'97""日全食——还尔波普彗星天象奇观""香港回归特别报道""小浪底黄河截流",以及后来的"澳门回归""伊拉克战争"等一系列现场直播报道,都给我们留下了难忘的印象。下面,我们以CCTV-4"连宋大陆行"的现场直播报道为例,来领悟和把握现场直播报道的节目实施方案策划要领参见①。

2005年4月26日至5月13日中国国民党主席连战、亲民党主席宋楚瑜先后跨越台湾海峡率团访问大陆,这是一个具有重大历史意义的新闻事件,中央电视台各套新闻节目全面出击,以少有的开放姿态和多元的报道手法对连宋的"和平之旅""搭桥之旅"进行了全面而深入的直播报道,其中CCTV-4的"连战大陆行"特别报道与"宋楚瑜大陆行"特别报道(合称"连宋大陆行")尤其引人注目,再次生动地显示了在突发性重大事件报道领域,我国现场直播报道达到新水平。

按照对重大事件的分类,以前国内重大事件的现场直播报道多侧重于对常规性、可预测性、有计划性的事件的报道,而对于突发性、不可预测的重大事件(无论是国际事件还是国内事件)却鲜有涉及,突发性重大事件的现场直播报道仍没成为电视人的自觉意识。

"9·11"事件之后,国内电视界开始认识到突发性重大事件报道给电视新闻媒体所带来的"可遇而不可求"的机会;同时也意识到增加新闻直播平台与播出空间的必要性。2003年7月1日,中国第一个真正意义上的国家级新闻频道诞生。随后,中文国际频道(CCTV-4)与英文国际频道(CCTV-9)也改版播出。再加上央视新闻一套综合频道原有的新闻播出职能,共同搭建成了央视新闻播

---

① 张国涛、范昀、杨奉涛:《电视新闻直播:从事件到核心竞争力——以CCTV-4"连宋大陆行"特别报道为例》,《中国广播电视学刊》2005年第7期。

出平台。由此,为我国电视新闻媒体在更高层次上同境外媒体展开新闻竞争,创造了物质和机制条件。同时,在传播理念和实践上,央视利用"非典"、伊拉克战争、东南亚海啸等重大突发性事件以及"两会报道"、港澳回归周年纪念等一系列常规性重大事件,加强对重大事件的报道力度与深度,尤其注重对直播的运用及时、准确、全面地报道事件的来龙去脉、原因背景,帮助全社会及时知晓重大事件,维护民众的知情权,有力提升了央视作为唯一国家级新闻媒体的权威影响力与核心竞争力。

而"连宋大陆行"特别报道再次证明,电视新闻直播对于电视新闻媒体(频道)提升影响力、构建核心竞争力的至关重要性。

按照惯例,国家、地区、党派领导人来访在新闻报道中只属于一般性常规报道,然而"连宋"身份特殊,历史背景与意义也都非同寻常,再加上近年来台海局势一直处于紧张状态,两岸的一举一动都牵扯世界的神经,所以"连宋访问大陆"这一事件无论从意义上还是从影响上,无疑应该列入重大事件的报道范围。另外,从4月18日国民党秘书长林丰正率团抵京磋商连战访问北京事宜,到26日连战正式到访仅仅只有一个星期时间,这对于一个持续18天、多达6个城市(南京、北京、西安、上海、湘潭等)、十几个直播点的电视直播活动来说,其准备工作的复杂与繁重程度可想而知。而且,连宋访问大陆的最终日程确定得比较晚,而直播报道方案迟迟未能最后形成,直到连战之行即将开始的前三天才最后确定下来。也就是说,央视从形成最终方案到最后实施只花费了三天时间。因此,将"连宋访问大陆"列入突发性重大事件也是可以的。

要对这样一个具有突发性质的重大事件进行全程直播报道,存在很大的风险。首当其冲的是政治风险,长期紧张的台海局势使得有关两岸的事件都备受世界注目,任何差错都可能带来不可估量的国际舆论的压力。而且,报道准备时间仓促,地点不但多而且变化大,多机位、多地点、多记者所带来的技术难度也随之加大。这些现实情况都给直播带来了相当大的困难。但是,央视经过精心策划、巧妙运筹,在最短的时间内、以极高的效率完成了多路共用直播信号的传送,同时还满足了北京演播室与前方记者连线报道的需要。

此次报道从4月26日连战乘坐的飞机落地南京开始,至5月13日宋楚瑜回到台湾机场结束,共持续了18天,其中单天直播时间最长为近10小时(4月29日),最低为4小时,平均每天直播时间6小时。即使在连战、宋楚瑜访问间隔期间,每天的直播报道也不低于4小时。此次"连宋大陆行"特别报道的规模之大、报道之深、反应之迅速、角度之多元、时间之长,都较以往有不少的突破。

这次成功报道的精心策划、巧妙运筹,具体表现有以下几个主要方面。

(1) 搭建全天候报道平台。

"连宋大陆行"期间,CCTV-4利用频道优势和灵活的运作机制,为"连宋大陆行特别报道"搭建了一个全天候报道平台:

《新闻60分》。在上午8:00开始的《新闻60分》主要承担"连宋大陆行"的当日行程安排、昨日要闻回顾的报道功能,形式上以大时段的消息报道和深度报道为主。同时以《新闻60分》为平台,适时将镜头伸出演播室,转向"连宋大陆行"的新闻现场,提前开启当天"连宋大陆行"的全程直播。

《中国新闻》。在中午12:00播出的《中国新闻》以动态消息为主,主要对上午"连宋大陆行"的行程与活动展开及时而深入的消息报道,帮助上午未收看直播的上班族知晓最新消息。另外一档晚间21:00播出的《中国新闻》则注重对"连宋大陆行"全天活动进行盘点,并对当日活动、讲话的重要片段进行回放。

《今日关注》。紧接晚间《中国新闻》之后,晚21:30的《今日关注·连宋大陆行》邀请相关嘉宾,对当天活动、讲话进行评点与解读,同时驻台记者张文静通过连线报道,把当天台湾媒体的反应进行汇总。如果直播是新闻的第一落点,那么晚间的访谈则是对新闻的第二落点的开发与挖掘。

现场直播。在三档新闻节目构成的整体框架中,CCTV-4派出任永蔚、陈轩石、于婷婷、黄越等记者全程跟踪,现场报道"连宋大陆行",在整体利用公用信号的过程中,及时插入出镜记者的画面或接通连线电话。北京演播室除主持人外还有两至三位直播嘉宾,及时对事态进展进行评点与解读。

(2) 全程直播。

全程直播是这次"连宋大陆行"特别报道的最大特点。与以往相比,此次"全程"直播名副其实:第一,时间长。直播时间长达18天,虽仅次于伊拉克战争特别报道,但是,此次直播全由中央电视台自主提供电视信号,前方随团跟踪采访的记者也颇多。第二,地点多。连战访问了国内四大城市,宋楚瑜访问了五个城市。而在每一个城市,活动地点除机场外至少还有两个,大会堂、会议间、宾馆、演讲厅、中山陵、小山村、大学、小学、博物馆等地点,甚至半天之内就要转换两个地点,地点转换频繁给直播带来相当大的难度。第三,内容丰富。会谈、演讲、祭祖、参观、接机、送行等,事事不落。第四,形式多样。在连续的现场直播过程中,以北京演播室为中心,事先准备的背景短片与实时的直播画面互相补充,配以直播嘉宾的点评、解读、阐释,增加了消息的准确性,丰富了新闻的信息价值。此外,大量而及时的电话连线报道、画面连线报道、游动字幕以及驻点记者发回的报道,也是此次直播报道的主要方式。

(3)理念先进、观念开放。

对于以"第一时间、第一现场、第一需要"为频道追求的新闻频道,CCTV-4"连宋大陆行"特别报道在某些方面也体现着一种新闻频道的总体追求。它以电视新闻直播构建报道的整体框架,以北京演播室为核心,以随行记者采访报道为辅,通过演播室主持人的调度掌握着特别报道的节奏;同时,嘉宾的点评与解读则把相关话题与重要观点引入直播。观众在第一时间接收到第一现场的画面与信息的时候,也能够知晓相关事件与话题的深层背景与动态,满足了观众知情权的第一需要。

此次新闻主管部门对"连宋大陆行"的报道政策也是宽松的,观念是开放的。媒体也充分意识到这一点对于自己大展身手的重要性,于是在新闻报道的广度、深度、速度等各个方面下足了功夫。特别是胡锦涛总书记在人民大会堂接见连战、宋楚瑜时长达十余分钟脱稿而且清晰的讲话,其透明度出乎众人的意料,而其精彩程度更是世人关注的焦点。在"连宋大陆行"特别报道的整个过程中,体现先进的新闻理念和开放的思想观念。

从"连宋大陆行"特别报道的成功案例中,对现场直播报道的节目实施方案策划与运筹,可以得出以下几点启示:

第一,现场直播报道,尤其是突发性重大事件的直播报道离不开周密的新闻策划与快速反应机制。只有在日常报道的基础上,加强对重大新闻事件的策划图谋,建立有效而快速的反应机制,才能做到"召之即来,来之能战,战之能胜"。

第二,在政策允许的最大范围内抢占报道制高点。政策可以限制报道,但也可以引导报道在政策允许的最大范围内寻求重大事件报道的制高点,力争理念、角度、手法、方式等的先进、开放、求新、求异,才能独具竞争力,取得最佳效果。

第三,直播应是新闻频道(或准新闻频道)的常态,只有直播,才能最大限度地保证新闻的时效性。

第四,电视直播过程应根据事件态势加以及时应变。策划方案总是预测性的,带有一定的主观性,电视直播过程中,后方导播要与前方记者保持充分沟通,及时了解现场的动态,不断修正直播方案,使直播更贴近事实进展的本身。

第五,扩充信息源挖掘过程的潜力,捕捉细节的张力,增强直播的魅力。直播在实质上是对一个事件过程的展示,把一个过程流畅而饶有兴趣地展示出来,需要整个直播系统的努力。同时在展示的过程中捕捉细节,充分发挥镜头的直观可感,增强电视新闻直播的魅力。

第六,影响公众、引导舆论要靠思想和观点。直播展示的是事件的全过程,而要真正影响公众、引导社会舆论,则需要有说服力的思想和观点。思想和观点的表达,一是主持人,二是嘉宾。主持人起穿针引线的作用,而嘉宾则是思想和观点的重要提炼者和权威意见的表达者。嘉宾的选择至关重要,它决定了电视新闻直播的一半成败。

下面,我们再从青藏铁路举行全面试运行盛典的电视全天大直播,感悟我国电视直播的创新智慧及达到的新境界。

2006年7月1号,正值中国共产党建党85周年纪念的喜庆节日,青藏铁路举行全面试运行的盛典。新华社和上海文广传媒集团将联合推出的《联通青藏 巅峰之旅》进入高潮,举办全天大直播节目,时间长达10小时,在东方卫视和上海电视台新闻综合频道两个平台上并机播出,独家支持巅峰之旅的门户网站新浪网也全程同步视频播出,使五湖四海在第一时间共同喜览第一列在世界屋脊"天路"上运行火车的飒爽英姿。当天的观众短信支持达到12 000条以上,新浪网全程视频直播的点击率超过了500万次。

这次直播具有如下特色。

一是"题材具有极限挑战性"。

众所周知,青藏高原因其特殊的气候、特殊的地形,成为世界上最艰辛的旅途。许多人把去往西藏的旅途称为"天路"。美国火车旅行家保罗·泰鲁在《游历中国》一书中写道:"有昆仑山脉在,铁路就永远到不了拉萨。"但是,青藏铁路今天成功通车了,这是开天辟地的大事件,再一次向世界展示了中华民族能够创造人间奇迹的伟大气魄。这一壮举牵动了全中国、全世界多少眼球的关注!节目的创作者们敏锐地认识到这一题材的重大价值,具有前瞻性地抓取了这一题材,并精心策划,使这一直播节目的成功有了坚实的内涵基础。

二是"大时空浑然一体的现场性"。

其一,通过技术手段(连线)实现的大时空浑然一体的现场性。《巅峰之旅七一大直播》具有直播点多,动用卫星设备多、传送时间长、野外条件差、不确定因素变化快等特点。为此,特别搭建了专用演播室,安排了新华社和SMG十路记者守候在青藏铁路沿线的格尔木、唐古拉山口、可可西里、那曲、拉萨等10多个关键站点,全程跟踪,通过卫星、海事电话和因特网,向观众即时报道首发列车行进的最新情况。当我们看到演播室内的主持人与前方各站记者潇洒自如连线报道的时候,我们也不禁油然赞叹报道者们在世界屋脊成功架设另外一条"天路"的智慧与气概!据了解,这次直播动用的人力物力财力,堪称上海广播电视新闻报道类项目历史之最。

其二,通过艺术匠心实现的大时空浑然一体的现场性。直播中在恰如其分的时机插播了一系列精心制作的专题片。如:在演播室,主持人与嘉宾谈论到穿越昆仑山到底有多难,难在什么地方时,插播专题《上天入地越昆仑》;谈到历经长达五年的艰苦奋战,十万筑路大军在青藏高原挑战生命极限,挥洒万丈豪情,攻克多年冻土,保护生态环境,创造出一个个雪域奇迹时,插播《雪域高原挑战生命极限　铺架天路锻造世界奇迹直播》,使我们生动看到每一寸铁轨上是如何凝结着千千万万建设者的奉献精神和牺牲精神;当列车行驶在美丽的藏北高原,主持人与嘉宾感慨地谈论到,铁道部在建设青藏铁路论证之初就把"建成一条生态环境保护型铁路"确定为建设目标。随着工程的结束,事实证明,青藏铁路建设实现了大规模工程建设和环境保护和谐统一的时候,插播专题《世界屋脊建起绿色哈达》;连线直播到记者正在世界上最高海拔的车站——唐古拉站为我们作现场报道后,又插播《青藏铁路的车站》;当列车驶到比邻美丽神湖纳木错的当雄站时,插播《纳木错旅游迎来新机遇》;在直播画面出现列车高原奔驰,向着青藏铁路格拉段的两端——拉萨和格尔木一路前行时,插播《问路青藏(青藏铁路大事记)》等,现场直播与专题的巧妙结合,把历史与现实的时空天衣无缝地融为一体,形成一种内涵深厚宽广的现场感。

三是"崇高精神的朴实礼赞性"。

直播不为简单记事,而是重在写人,尤其是善于用朴实无华的事实说话,传神描写、讴歌平凡建设者们的伟大人格、崇高精神。在整个现场直播中,我们不仅看到伴随时间的流动,列车在"天路"上的行进,而且,使我们更感奋地看到千千万万普通平凡的建设者们,为了青藏铁路的通车,克服千难万险,抛弃个人享乐,突破种种极限,默默奉献青春与生命的事迹。如,从1962年就开始奋战雪域,挑战冻土难关,奉献一生的第一代青藏铁路科技工作者王占吉,以及子承父业的今日青藏铁路监理工程师王耀欣;在海拔5 010米的冻土观察站不顾难熬的孤独、整整守候30年的观察员孙建民;敢想敢干,智勇双全,发誓"青藏铁路建不好,我就从青藏高原跳下去",带头闯开闻名世界的生命禁区,打通世界最高的风火山隧道的中铁十二局指挥长况成明等,都具有相当的震撼力。

同时,直播也用朴实无华的画面,展示了参加报道的年轻记者们,为青藏铁路的建设者们"缺氧不缺精神,海拔高追求更高"的人格魅力所感染并身体力行的可喜风貌。

四是"情趣盎然的互动性"。

这次直播还有机结合"神秘西藏"的文化特征,充分发掘"冻土""热棒""中华水塔""藏羚羊与可可西里""西藏的礼仪""高原反应"等这些与青藏铁路建设,与雪域高原观光探秘等密切相关、受众关注的知识点和兴趣点的内涵,通过借景抒情、嘉宾对谈、专题穿插、专家解说、有奖竞猜等多种方式,营造了知识性、趣味性、参与性高度融会的节目语境,使整个直播自始至终呈现了情趣盎然的互动性,而且,使十个小时的直播内容丰富充实。

在直播结束之际,我们的耳畔似乎还萦绕着"那是一条神奇的天路,带我们走进人间天堂……"的旋律,动听的歌声,蜿蜒在世界屋脊的青藏铁路,牵动着我们不尽的情思!

本 章 小 结

● 广播电视新闻解说与评论是运用广播、电视媒介手段开展的新闻评论,是由电台、电视台播出的针对某一新闻事实的解释、看法和态度。具有如下特征:明显的新闻性、强烈的思辨性、鲜明的立场性、广泛的群众性。选材上尤其要考究选题明确具体,论旨分明,密切联系现实,准确把握时代精神、时代脉搏,精心追求切入选题的独特视角,容易激起广大受众关注;在表现上,要注意发挥广播电视的感染力,营造令观众深度专注视听的氛围。

● 广播电视新闻谈话类节目是现代新闻传播的一种新体裁样式,切合了现代社会中意识形态的世俗化,以及现代社会中人们情感宣泄社会化的需要。要领是:第一,紧扣新闻事件,把握社会和时代的脉搏;第二,心态开放,敢于包容多元观点;第三,驾驭谈话,善于引导。

● 广播电视现场直播报道是最充分发挥广播电视媒介特殊的技术手段优势的新闻传播。特别是电视现场直播报道,是迄今为止各类新闻传播中最具独家优势的报道形式。我们在论述电视媒介的特性时已经阐明,电视的特性是即时形象传播性。正因如此,电视传播能"先睹为快盖电影,声画并茂胜广播"。只有当发挥电视特性的时候,电视新闻传播才具有最大的优势。所以,在激烈的新闻传播竞争中,要尽可能运用电视现场直播。

思考题

1. 广播电视新闻解说节目与评论节目的联系与区别。
2. 电视述评有何特征?
3. 广播新闻评论与电视新闻评论各有什么特点?
4. 电视特性与电视新闻现场直播有什么关系?

第四章

广播电视新闻类别（上）

　　广播电视新闻的类别主要是从广播电视反映新闻信息时的内容所属领域所作的区分。

第一节　广播电视时政新闻

一、时政新闻的概念

　　"时政新闻"从字面上可以解释为时事政治新闻。在《新闻学大词典》中并没有"时政新闻"或是"时政报道"的专门词条，但对"政治报道"有解释："政治报道是指对国家、政党和公民的政治思想、政治会议、政治事件、政治外交以及日常政治生活等方面的报道。"①

　　《中国新闻实用大辞典》对"政治新闻"所下的定义是："报道国家、政党、社会团体、知名人士在国内、国际方面的政治主张、言论、行为与活动，以及社会上的政治思潮、政治事件、政要任务更迭等方面的新闻。"②

　　随着新闻传播实践的发展，在现实的新闻实践中，"时政新闻"已是一个普遍使用的概念。

　　我们认为，时政新闻，简言之是关于时事、政治领域的新闻报道。具体来讲，是有关国家和政党最新的国务活动、政治活动、方针政策，及国内外新近发生、变

---

　　① 甘惜分：《新闻学大辞典》，河南人民出版社 1993 年版，第 151 页。
　　② 冯健：《中国新闻实用大辞典》，新华出版社 1996 年版，第 77 页。

动的重大事件的报道。

二、广播电视时政新闻的诞生与发展

1. 世界广播电视时政新闻的诞生与发展

可以说,自世界上广播事业的诞生之日起,就有了广播时政新闻,1920 年 11 月 2 日,在美国宾夕法尼亚州的匹兹堡市,西屋电器公司创办的历史记载的第一家正规广播电台——KDKA 电台利用美国总统竞选的大好时机,围绕选情通报这一公众关注的焦点,就展开了相关的报道。也就是说,从有广播事业的第一天起,人们就意识到了时事政治的重要性。

在电视开办之初,许多重大的历史事件也都在电视上得到了最初的反映,其中最著名的有:1936 年 8 月第 11 届德国柏林奥运会的电视实况报道(由于这是纳粹政府的电视机构,所以这一天并没有被世界上承认为世界电视的诞生日),1937 年 5 月 12 日英国国王乔治六世的加冕典礼和 1939 年对美国纽约世界博览会的实况报道。这些重大历史事件的播出,充分说明自电视出现以来,人们就十分重视将其运用于时事政治事件的报道。被世界上公认的第一次实况转播的新闻事件是 1938 年 9 月 30 日,BBC 的伦敦电视台播出的英国首相张伯伦从慕尼黑谈判归来的事件,节目的名称叫做"我们的时代和平",显然,这是一条时政新闻。

第二次世界大战期间,广播为战争服务,各国尤其重视对外的广播宣传,成为现代新闻传播的主要媒介,从时政新闻的节目来看,除了新闻节目以外,还出现了时政评论节目。在"二战"中,美国广播从为商业服务转向更多地为政治服务。美国第 32 届总统罗斯福 1933 年通过广播所作的四次"炉边谈话"就是很好的证明,谈话的内容全部涉及当时的时事政治。

"二战"对于新生的电视事业来说是一次极大的挫折。英国、法国和苏联的电视台在战争中先后停播,美国和德国的电视虽然维持播出,但美国的电视发展处于停滞状态,而德国的柏林电视台也在纳粹覆灭前的最后时刻被盟军炸毁。

"二战"后,广播电视的技术日趋成熟,广播电视媒介蓬勃发展,而节目类型和内容也逐步进入了黄金时代,各国政府和政党尤其重视广播电视的宣传作用,政治领袖纷纷通过时政新闻,在广播电视中频繁露面,不断强化个人及其政党在公众心中的形象和影响。

2. 我国广播电视时政新闻的诞生与发展

有学者认为我国时政新闻的源头可以追溯到古代"邸报"上发布的官方要闻。方汉奇所著《中国近代报刊史》总结了自唐代以来千余年的邸报内容为："一、皇帝的诏书、命令和皇帝的起居言行；二、封建王朝的法令、公报；三、皇室的动态；四、关于封建政府官员的升黜、任免、赏罚、褒奖、贬斥等方面的消息；五、各级臣僚的奏章疏表(中央和各级地方政府机关给皇帝的工作报告,各地驻军将领的战报,封建言官对朝廷措施的规谏,对失职官吏的弹劾等)和皇帝的批语,没有一般新闻和言论。"[①]现当代的新闻业尽管与封建时代的皇家新闻业有本质的区别,然而由于"政治家办报"的传统以及上层活动本身所具有的对于普通民众的吸引力,时政新闻一度被称为"报纸的心脏和灵魂",现今仍在各种媒体中扮演着重要的角色。

从我国的广播事业来看,中国境内最早的广播电台由美国人奥斯邦 1923 年在上海创办,内容除了音乐之外,还有美国、欧洲等地的国际新闻以及中国各地的地方新闻,以时事报道为主,只不过因音质不良,三个月后停止播音。早期外商在中国开办的广播电台中时间长、影响较大的是由美商开洛(Kellogg)电话材料公司于 1924 年 5 月在上海创办的开洛电台,该电台联合了《大晚报》《申报》《大陆报》等报纸来播报当日主要的新闻,以时事政治新闻为主。

第一座由中国人自己建立的官方广播电台是 1926 年 10 月 1 日开播的哈尔滨广播电台,以新闻、音乐、演艺等为主要节目。第一座由国人自办的私营商业广播台是上海"新新公司"广播电台,主要内容是播送商业行情、时事新闻及中国音乐。

广播事业真正开始重视时政新闻是从国民政府开始,1928 年 8 月 1 日下午"中国国民党中央执行委员会广播无线电台"正式开播,内容有新闻和演讲,注重时政和教育。到 1937 年 6 月,国民党创办的公营电台有 23 座,同时还出现了大量的私营广播电台。国民党当局规定,全国各地的广播电台均须转播中央台晚间一小时的新闻节目,这是中国广播史上新闻联播节目的开端[②]。

中国共产党领导下的人民广播事业 1940 年创始于延安,同年 12 月,第一座人民广播电台——延安新华广播电台开播,广播稿件由设在延安清凉山的新华

---

① 方汉奇：《中国近代报刊史》,山西教育出版社 1981 年版,第 1—2 页。
② 欧阳宏生：《广播电视学导论》,四川大学出版社 2002 年版,第 31 页。

社广播科提供,每天上、下午各一次,每次一小时左右,主要内容也都围绕着时政:有中共中央文件、《新中华报》社论、《解放》周刊重要论文、国内外新闻等。

"文化大革命"期间,广播事业遭受严重的摧残,林彪、江青反革命集团为了控制舆论,"统一口径",初期一度停止地方电台自办节目,责令其全部转播中央电台节目,中央台则照播报纸和新华社的稿件,假、大、空的宣传充斥于广播之中,严重损害了广播在群众中的声誉。

改革开放之后,广播节目内容丰富多彩、形式多样,呈现出勃勃生机。首先以新闻改革为突破口,广播宣传全面改革;其次用典型报道倡导时代精神,精心组织重大事件的报道,增加现场直播重大时政新闻节目的数量;第三,新闻性专题节目从内容上"贴近群众、贴近实际、贴近生活",从形式上逐步向板块化、栏目化、主持人化发展,丰富了新闻节目的形式。

例如,中央人民广播电台《新闻和报纸摘要》[①]就是一个与时俱进的成功时政新闻品牌栏目。《新闻和报纸摘要》栏目创办于1957年7月4日,是中央人民广播电台最重要的也是历史最长、影响最大、地位最高的新闻节目,在全国新闻界和全国听众中享有很高的威望和强大的号召力,固定听众数以千计。在1995年中央人民广播电台举办的《全国听众喜爱的节目》评选中名列第一。2003年,据央视市场研究股份有限公司所作的《中央人民广播电台第一套节目听众需求及收听状况分析报告》,《新闻和报纸摘要》的收听比例为24.4%,排名第一;满意度为5.82。目前《新闻和报纸摘要》栏目分国内要闻、今日天气、简讯、媒体介绍、国际新闻五个子栏目。其中,《国内要闻》及时、充分,常常是独家报道党和国家领导人的重大活动,宣传中央的大政方针,中央各部委的工作思路、部署,完成中宣部下达的重大典型宣传任务以及重大新闻事件的及时追踪报道;《国际新闻》常利用时差优势,率先报道北京时间当天早晨发生的国际重大新闻。

我国电视诞生初期,由中央新闻纪录电影制片厂摄制的《新闻简报》,是早期电视台长期的、经常的和大量的新闻节目来源,一部分内容就是政治性会议或国家领导人的外事活动,此外,大多是宣传性的先进工作经验介绍和模范典型人物报道。1958年10月1日,北京电视台首次实况转播了天安门广场的国庆游行。1959年4月18日,还首次进行了会议的实况转播,即第二届全国人民代表大会

---

① 《新闻和报纸摘要》栏目简介,参见张莉、张君昌主编:《中国广播名栏目》,新华出版社2005年版,第70页。

第一次会议上周恩来总理作政府工作报告的情景。

1958年11月2日北京电视台开始口播《简明新闻》，每次5分钟。稿件起初由中央人民广播电台提供，后来的节目主持人沈力成为第一位电视播音员。1960年元旦，北京电视台设立了固定的《电视新闻》专栏，每周3次，每次10分钟，专门播放新闻片和纪录片。对于重大的宣传任务，北京电视台更是高度重视，争分夺秒，每年"五一""十一"的庆祝游行，不仅实况转播，而且拍摄新闻片和纪录片。

"文革"期间，由于政治是压倒一切的中心，时政新闻更是成了电视荧屏上的主角。毛泽东会见外宾和接见"红卫兵小将"的实况经常出现在电视屏幕上。卫星上天、氢弹爆炸、南京长江大桥通车等重大事件的实况转播，都给中国和世界带来了巨大的震撼。当然，另一方面，由于林彪、江青反革命集团卑劣的政治目的和倒行逆施的干扰，电视时政新闻也受到空前的扭曲。

改革开放以来，我国的电视事业进入了迅速发展和繁荣时期。1978年元旦，中央电视台《新闻联播》正式开办，经过多年的努力，确立了在电视节目中的主体地位，而且在与同行的竞争中发挥形声兼备、时效性、现场感强、真实可信等优势，影响越来越大。1979年1月，中央电视台针对当时国际新闻报道面窄、消息零碎、片面性大、时间性差、片源单调、禁区太多等问题，决定今后凡是重大的国际政治活动和国际会议、各国的群众活动、重大的科研活动和现代化设施等都要酌情客观报道。1980年5月1日，采用卫星传送材料的《国际新闻》整个栏目并入《新闻联播》。

20世纪80年代以来，"四级办电视"的政策使一大批市县级电视台轰轰烈烈地开办起来，从新闻节目的内容上看，各地的时政新闻也纷纷成为当地电视台的重要内容。但随着各级领导干部都热衷于当"电视明星"，呆板老套、论资排辈出图像的会议新闻往往成了时政新闻的主要内容，以致引发了改革会议新闻的强烈呼声和创新实践(这在后面论述时政新闻报道的创新求变中还会具体谈到)。从播出方式上看，不仅仅局限于晚间新闻，各地出现了早新闻、午间新闻、第二次晚间新闻和整点新闻，口播也逐渐改为直播。从节目形式上看，新闻不再局限于原有的联播式节目，出现了各种深度报道专题和新闻评论类节目。对于国际时政新闻的报道也予以了空前的重视，比如2003年3月20日伊拉克战争爆发，中央电视台国际频道采用前方后方连线、演播室访谈、随时插播消息和屏幕文字滚动等多种形式，进行了长达20多天，超过400小时的"直播"战争报道。

三、广播电视时政新闻的特点和选题

1. 时政新闻的特点

从新闻实践来看,时政新闻报道具有以下几个方面的特点[①]。

(1) 鲜明的政治色彩。

时政新闻与其他比较"软性"的新闻相比,是政治性最强的"硬"新闻,充分体现"喉舌"功能。报道党的会议与决议,宣传党的思想与政策,传播党的路线与方针,歌颂党领导下取得的巨大成就,展示领导人物的风采,公布领导者的指示与讲话,等等,无不显示出鲜明的政治色彩。

(2) 严格的规范性和程序性。

特别是关于党和国家领导人活动的报道,在称谓、规格等方面都很严谨,具体报道内容要求有一定的统一性,不能断章取义,报道口径要一致。

(3) 具有"头条新闻"的优先权。

媒体最重要的新闻就是时政新闻,一般情况下"头条新闻"非时政莫属。如果当天时政新闻很多,媒体在排版时甚至不惜挤掉其他新闻,也要确保时政新闻的发布。

(4) 时效性更强。

时政活动往往在特定的时间内进行,不容许有任何闪失,记者必须准时采访、快速报道,错过了采访和报道的时机和时间,将是难以弥补的。

(5) 周密策划与随机应变。

时政新闻无论是常规性报道还是重大活动与事件的报道,都要有细致的计划,每一个环节都要到位。遇到突发性的政治事件,还要有随机应变的能力,按一定的宣传方针迅速投入报道。

2. 广播电视时政新闻的选题

广播电视时政新闻直接反映了广电和政治的关系,从题材上看,主要分为以下几种类型:

(1) 国家、政党最新的方针政策。

我国的广播电视新闻从诞生之日起,就把宣传党的路线方针政策放在了重

[①] 赵先权:《时政新闻略论》,中国新闻研究中心。

要的位置上。1948年4月,毛泽东在《对晋绥日报编辑人员的谈话》中指出:"报纸的作用和力量,就在它能使党的纲领路线、方针政策、工作任务和工作方法,最迅速最广泛地同群众见面。"1987年党中央又进一步规定了新闻媒介的政治方向和宣传方向,传播法令、宣传党和政府的路线、方针、政策是我国广播电视新闻为政治服务的具体体现。

(2) 会议报道。

广播电视会议报道涉及的面很广,从党政部门的政治性会议如"两会",到各社会团体、学科门类的专业会议,以及庆祝会、表彰会、追悼会等等都属于其报道范畴。

(3) 重大党务、政务活动。

党的十三大报告中提出,要通过各种现代化的新闻和宣传工具,增加对政务和党务活动的报道,这对广播电视新闻发挥服务政治功能具有深远意义。这类报道使公众迅速获知党和政府的重要决策,并形成一定的"共识",对维护国家和政治稳定有很大的促进作用。

(4) 领导人活动。

广播电视新闻,尤其是电视新闻人格化的特点,使它在推出政治领导人形象上比任何媒体都具有优势。广播电视消除了领导者在公众心目中的神秘感和陌生感,拉近了高层与基层的距离,是政治家塑造"亲民、亲政"形象的最佳媒介。在发达国家,政治领导人越来越重视利用电视树立个人形象。在我国,党和国家领导人答记者问,深入基层体察民情,深入灾区视察灾情,为群众排忧解难,这些都足以加深群众对领导人的了解,从而沟通思想感情。

(5) 国内外重大时事。

国内外重大时事通常指突发事件、灾难性事件或者有重大意义的某项行动,每逢重大新闻时事,通常先有消息类新闻作最快的报道,同时以现场报道和连续报道的方式,及时向受众作最新动态的追踪报道。

四、广播电视时政新闻报道的创新求变

如果说新闻报道是新闻媒体的核心部分,那么时政报道是新闻报道的核心部分。时政报道不突破,就难言新闻改革的成功。与国外媒体相比,我国新闻报道一度最落后的一块就是时政报道。所以,有学者指出,时政报道是中国新闻报道中最后一个堡垒,一旦时政报道能突破,中国的新闻传媒可以与世界任何媒体抗衡[①]。

1. 时政新闻报道常见的问题

时政新闻能在很大程度上满足人们"大事的知情者"的心理需求。有学者指出:"人们在社会交往的过程中,对重要时政新闻信息的知悉是进入交往圈、获得交往圈认同或在交往圈内建立威信的重要条件。无论在工作或生活中,人们交流的话题绝大多数会涉及时政新闻信息,因而对这类信息的关注和获取便成为人们自身的内在需要。"[②]然而,有着如此重要地位的时政新闻,一度却给大多数人留下的印象是内容空泛枯燥,形式老套陈旧,读者真正感兴趣的时政新闻媒体报道得少,而媒体大量报道的时政新闻读者又没有多少兴趣。

时政新闻尤其是会议新闻常常出现的主要问题存在于以下几个方面。

首先,从采编者角度来看,把罗列有关的时政事实当成了时政新闻报道。报道就事论事,看不到事情的来龙去脉,看不到新闻事件的发生原因和意义。一方面,党和国家领导人的重大国务外事活动由新华社一家发通稿,地方党政领导人的活动也由各地宣传部发通稿,各家照此刊登,形成"百台一声,千报一面"的局面。另一方面,由于思维中的惰性以及做此类报道手法上的"惯性",有的记者经常按照会议或活动程序记录下来,或从为领导露脸的角度出发,录下大量的领导活动镜头,摘录大段领导的工作性讲话。这样,记者省事了,但是受众却不满意了,因为传播的内容并非受众所需要的,是无效信息。然而会议报道往往在新闻节目中占很大的部分,受众厌烦,不少记者也对报道会议心烦,认为耗损了设备,荒废了功夫,结果观众又不爱看,因而把会议报道当成了甩不掉的"包袱",往往持敷衍应付的态度,造成时政报道的质量走向了恶性循环。

其次,从时政新闻的内容来看,大多数是仅表现领导对某项工作重要意义的说明、对相关工作措施的部署,套话连篇,与百姓生产生活关联不紧,许多关乎国计民生、公众关心的信息却没有。长篇大论地报道领导讲话内容的不在少数;重要一点的会议,更是必按原文、摘要播出。有时包括领导的同期声,都是领导照稿件念的缺乏个性的书面语言,没有表现力,从中感受不到人的思维、感情,不能起到同期声应有的作用。从画面内容来看,以会议电视新闻为例,其场景一般以

---

① 李良荣:《当前中国新闻改革的基本特点——纪念新闻改革 25 周年》,《现代传播》2004 年第 5 期。
② 何志武:《时政新闻的"结构性紧缺"现象》,《当代传播》2004 年第 5 期。

会议室、礼堂为主,有时几分钟长的新闻,全是不停地对同一个会场做不同方向的"扫描",没有其他镜头,没有明确的表现目的,缺乏可视性。

再次,从时政新闻的形式来看,"会议程序"+"领导人名单"+"领导讲话"成了惯常的会议报道模式,或者就是"领导走一路说一路"的活动报道模式,形式单一、僵化,成了现代版本的"新八股"。在新闻编排上,也是忽视新闻价值原则,习惯于按领导人职务大小而不是按新闻价值大小编排新闻顺序。党政一把手的活动不管重要与否都是头条新闻,而一些有重大价值的新闻,却因为没有领导或没有相当级别的领导参与,只能放在不显眼的位置。有时碰上这天领导活动多,重大新闻甚至只能放在一天新闻的最后一条。同样是领导活动,级别高的领导参与的活动一定要排在前面,哪怕有时这些领导只不过是礼节性地出席一下,不是活动的主角,稿件的"待遇"也会因此提高,而且,还要把领导的简短即席讲话作为重要指示长篇大论加以报道。甚至有时领导并没有出席,只是一个书面讲话稿,又并没有新的重要内容,也要郑重地进行详细报道。

会议报道过多过滥不仅受众厌烦,也会误导受众:他们会误以为党和政府就是天天开会,干部们就是这样工作的。这很不利于在人民群众中树立党和政府的良好形象,也不利于改进各级干部的工作作风和思想作风,因此,大力推进有关会议新闻报道的改革首当其冲成了时政新闻报道改革与创新的重点。

此外,一些时事类重大新闻报道中出现的问题,也有力促进了人们对时政新闻报道改革的高度关注。例如,有关21世纪初最重大的公共卫生事件"非典"前期报道的迟缓和信息闭塞,就引起了广大人民群众和媒体人士对时政新闻报道的强烈反思,并在很大程度上促进了我国时政新闻发生质的进步与提升。可以说,"非典"后期报道以及并辔而来的关于2003年3月20日伊拉克战争的报道,标志着我国时政新闻报道树立了一个新起点的里程碑,也标志着中国开始了新闻传播透明化的新时代。

2. 时政新闻报道创新求变的举措

2004年全国"两会"召开前夕,新华社新闻研究所组织的"两会"报道受众需求调查表明:受众非常关注时政。问卷调查结果显示:选择"非常关心国内外大小事"的被调查者占到了总样本量的50%,"关心与生活密切的时政新闻"的占31%,仅有3%的被调查者很少关注时政;33%的受众担心"报道没有好的方式,为广大群众所关注的'两会'内容没有通过好形式介绍出去";其次是担心"报道缺乏深度和广度",占29%①。由此可见,虽然时政新闻的总体数量并不少,但读者真正需要获知的时政新闻信息却严重不足,远远不能满足读者的需求。

2003年3月28日,胡锦涛总书记主持召开了中央政治局会议,讨论出台了《关于进一步改进会议和领导同志活动新闻报道的意见》,之后,中宣部还制定了《关于进一步改进会议和领导同志活动新闻报道的实施办法》,关于对中央领导同志活动和会议新闻的报道工作,提出了明确具体的要求,甚至对报道的新闻字数、版面安排、时段核定等都作了具体规定,各省迅速贯彻中央指示,明确会议报道不以出席领导职务的高低为新闻价值的取向,减少会议和领导同志活动报道,严格控制字数和时间,鼓励记者深入采访,善于从会议和领导讲话中挖掘新闻。新闻报道大量使用"直接引语"和同期声,从内容到形式明显改观,受到了群众的好评。

(1)重大时政新闻:信息公开、追求时效。

当重大事件来临时,公众首先会想到的就是向各媒体寻求信息,作为主流媒体的广播电视以其高度的时效性和可信度而被受众作为获取信息的首选,但在公众心目中,也一度产生了信任危机。

2003年上半年,中国人经历了"非典"的严峻挑战。早在2002年11月16日,广东佛山就出现了一例后来被认定为"非典"的病例,而媒体早期由于种种原因,受制于"负面信息封锁"理念的指导,一度"沉默",使人们无法从主流媒体上获知关于"非典"的充分信息。在疫情使社会公众担心时,媒体虽有所报道,但都是尽量轻描淡写。在最早发生疫情的河源市,当地报纸在1月3日刊登了当地卫生局的声明:"河源没有流行病在传播……类似咳嗽、发烧等症状是由于天气相对较冷造成的。"这是中国媒体有关"非典"的首次报道。2003年1月下旬,受到传染的城市之一的中山市的一份报纸刊登了来自省政府的一条简短消息:"这一病毒在广州出现已一个多月,这类传染病已经得到了有效的治疗和控制。群众没有必要惊慌。"2003年春节期间,"非典"在广州爆发,这种传染性很强的病毒已经导致大批医务人员被感染,但媒体对此仍保持沉默。

媒体的"失语"造成了几个后果:其一,由于缺乏正当获取信息的渠道,结果谣言、流言、"小道消息"满天飞,造成了社会恐慌,出现抢购醋和板蓝根的风潮;

① 新华网:《调查表明:受众非常关注时政希望了解修宪情况》,摘自新华网,http://news.xinhuanet.com/,2004年3月2日。

二是在人们不知情的情况下加快了疫情的传播速度,最终使一个地区性传染病迅速成为全国性甚至世界性传染病,丧失了最佳的治疗和控制时机;第三,从国际方面来说,《时代》周刊4月9日在自己的网站上发表了72岁的退休军医蒋彦永的公开信,信中称,仅他所知的309医院,就收治了60例"非典"病人,到4月3日已有6人死亡。"世卫"组织在第二天明确批评了北京的疫情报告系统,认为北京的"非典"病例远远超过官方公布的数字,其官员指出,在"非典"疫情暴发早期,中国向世界卫生组织提供的信息不够透明和及时。这使中国媒体乃至中国政府的国际形象在全世界受到了很大的打击。

2003年4月20日,由于防治"非典"不力,卫生部长张文康、北京市委副书记孟学农被免职。党中央、国务院明确提出要以对人民高度负责的态度,及时发现、报告和公布疫情,决不允许缓报、漏报和瞒报。卫生部决定,原来五天公布一次疫情改为每天公布。至此,我国媒体才开始大规模、充分地、全面地报道"非典",包括"非典"扩散、蔓延、防治的一切信息和知识,使全国人民都心中有数,感到不必惊慌,而且人们正是从信息的大量公开中,看到整个国家对"非典"的高度重视而信心大增,因此很快制服了"非典"。6月24日,世界卫生组织官员宣布:从即日起解除对北京的旅行警告,并将北京从"非典"疫区名单中删除。正因为如此,我国国际形象大为改善。中国向世界公开疫情,正是一个负责任的大国的表现。

在"非典"后期,我国媒体一直以积极的姿态,发布全面透明的报道。也正是由于经历了"非典"事件,我国媒体在面临重大突发事件时,都迅速及时地将信息传达到社会公众之中,满足公众知情权的需要,保持顺畅的信息传播通道,并在信息传达过程中进行正确的舆论引导,从而最大限度地减少突发事件对社会的不良影响,最终达到社会稳定的目的。在第二年接踵而至的"禽流感"便是明证。与"非典"前期报道的迟缓不同,这一次电视媒体的反应可谓迅速。

2004年1月23日,广西隆安县丁当镇一个体养鸭场发生禽只死亡。1月27日,国家禽流感参考实验室最终确诊为H5N1亚型高致病性禽流感。这是此类疫情2004年首次在国内出现。确诊结果出来的当天,中央电视台《新闻联播》即播出报道:"今日确诊广西隆安发生高致病性禽流感。"同时播出了记者对农业部总畜牧师贾幼陵的采访,就禽流感防治的关键问题做出解答。我国政府和媒体积极应对禽流感的举措得到了国际社会的认可。

2月5日,国务院新闻办举行新闻发布会,农业部副部长刘坚介绍中国高致病性禽流感的防治工作情况并答记者问,100多家新闻单位的记者参加了新闻发布会。2月8日,卫生部要求已发现禽流感疫情的地区必须实行禽流感疫情日报告制度,包括"零"病例的报告。从2月9日起,农业部在其官方网站上发布每日疫情。这些疫情被其他媒体转载,每天向社会公众公布,并且配上感染地区的分布图和动态图,各种数据翔实可靠。

联合国粮农组织顾问、动物疫病高级专家劳伦斯·格利森2月18日在对中国内地发生第一例确诊高致病性禽流感的疫区考察后说,当地政府在疫情发生后所采取的措施是"恰当的"。

如今,在我国的广播电视中,我们经常可以感受到政府信息公开所带来的新气象:550万天价医药费、各地矿难、包头空难、中国人质在阿富汗被绑架、西安宝马彩票案、青海鼠疫、山西襄浏花炮厂爆炸等,这些过去被定义为"负面报道"而严加控制,甚至有意"忽视"的新闻,在电视屏幕上都获得了及时报道的空间。

国务院新闻办、国台办例行的新闻发布会已作为常态在中央电视台新闻频道进行直播。"社保基金""国民经济运行情况""居民消费价格""高校收费""农民工工资"等关乎国计民生的信息透过电视直播传递给公众,在政府与民众间形成良性互动。

(2)领导人活动:突出现场、凸显真情。

一提领导人活动,人们往往会联想到领导开会、讲话、剪彩、会见、迎来送往等这种概念化的印象,与媒体长期以来程式化的报道分不开。事实上,领导活动的范围,远远不局限于这些场合,远远不是这么机械和简单。

首先,拓宽领导活动报道的视野。现在越来越多的领导干部走出机关、下到基层,进一步转变作风,真正把群众利益作为一切工作的出发点和归结点。群众看在眼里、喜在心头,非常乐意看到能体现领导干部立党为公、执政为民具体行动的报道。如果我们以这样的视野去扫描,那么,深入基层调查研究、解决实际问题是领导活动,关心弱势群体、访贫问苦是领导活动,在日常工作中为民办实事办好事是领导活动,创新思路推进当地经济社会发展也是领导活动,等等。这样搞领导活动报道,可以报道并且能够写出好报道的领域就很宽了。

其次,创新领导活动报道的视角。报道的关键是要找准领导活动与群众利益的结合点。这些结合点,通常比较具体、细微,我们往往不去留意、不以为然。但具有较强针对性、典型性、寓意深刻的结合点,足以以小见大。领导活动报道不是为了突出个人,不是为领导树碑立传。读者看领导活动报道,也不是为了看

"人"。因此,对领导活动不能有闻必录,也不能"妙笔生花",不能任意拔高,而要"见人见事见精神"。要善于把握领导活动的内涵,挖掘出有意义的背景,提炼出有新意的主题,反映出丰富的、有效的信息,让领导活动报道真正成为新闻而不是工作简报。

第三,少用套话、少走八股模式。领导活动报道,如果都用官话、套话来写,读者就会产生反感。并且,领导的语言并不全是"强调""指出""要求"等,现在有越来越多的领导用自己非常通俗和富有个性化色彩的语言来有感而发。这样的语言往往很生动、很精彩、很精辟。用这样的语言写领导活动报道,读者就爱看。

(3) 会议新闻:跳出程序、贴近群众。

在我国的政治生活和时政新闻报道活动中,一年一度的"两会"报道是典型的重要的会议新闻,从近年的"两会"报道中可以看到,通过广大新闻工作者的锐意改革创新,如今的会议新闻已经形成了更加多样、更加贴近民生、更加具有深度的报道。尤其是中央电视台作为我国最具有影响力的电视媒体,在 2005 年对于"两会"的报道更是力求推陈出新。下面我们就以中央电视台各栏目的两会报道为例,简要分析一下 2005 年"两会"电视报道的主要特点,以期从中获得有益的启示。

首先,有"平民"意识,以"平民"的视角来报道会议。

对于会议新闻,人们希望了解的是会议提出了什么问题,能解决一些什么问题,有些什么新的动态。要选择其中有新闻价值的内容加以报道,避免面面俱到。要敢于凭着自己的新闻敏感,对会议精神和领导讲话作综合概括性的报道,这比发报告全文难度更大,更富于挑战性,也更体现记者的能力和水平。一个会议多少都有一些关系老百姓的东西,如果记者能把这些内容挖掘出来,引起老百姓的兴趣,那么,枯燥的时政新闻就能变得情趣盎然,引人入胜。

2005 年的"两会"报道,以最通俗易懂的语言去阐释和分析"两会",使广大群众都可以了解"两会"在讨论什么,会给自己的生活带来如何的变化,不仅增强了公民的参与意识,更引起了广泛的关注。

其次,从"封闭式"的会内采访转变为会内会外立体配合的"开放式"采访。

记者采访会议如果仅局限于会内,就很难把视角延伸到会外,将限制会议报道的深度和广度。记者如能兼顾会内会外,围绕会议主题广泛了解相关背景信息,深入进行采访,将会议主题做深做足,这样就能超越就会写会的局限,既提高了自己的业务素质,也能赢得观众的信赖和认可。

　　比如央视经济频道的《春天的约会》发挥了"会外会"的重要功能,即收集民意,上交"两会",取得一举两得的效果。一方面,节目在代表委员中获得热烈的响应,另一方面由于这些热点来自普通群众,节目一开始就受到没有参加"两会"的普通观众的热切关注,成为连接观众和"两会"代表委员的一座桥梁。在节目展开的过程中,通过一个个具体实例来阐释政策,通过与主题相关的当事人、一般百姓、"两会"代表委员以及政府部门负责人的现场互动,就各类民生主题建言献策。在节目结束时,主持人把现场记录下来的"提(议)案"用红丝带扎上,亲手交给现场的代表委员,成功地塑造了"会外会"的"两会"节目形式。

　　再次,多种节目形式结合,使报道深入浅出。

　　"两会"期间,《新闻联播》在严格控制节目时长的基础上,积极改进报道文风,通过优化编排结构,在确保重点的同时,增大了节目的信息量。同时依据"两会"热点,大量采用新闻特写的手法,丰富了"两会"报道的信息量,抓住了党和政府关心、"两会"重视与人民群众普遍关注之间的契合点,以生动性和可视性营造看点,突出了报道的贴近性。

　　央视还在其他新闻节目中开设了相应的小专栏做配合报道。比如《新闻早8点》推出《"两会"早知道》,对当天"两会"重要内容进行预告;《新闻30分》推出"代表议案"和"委员提案",对关系国计民生的议案、提案进行集中解读;国际频道《新闻60分》开设《"两会"今日看点》,预告当天"两会"重要议程和重要直播;《今天》推出了《"两会"·人物》《"两会"·特写》等专栏,在对当天"两会"重要信息进行盘点梳理的基础上,注重从新闻视角挖掘"两会"看点。此外,在整点新闻中对"两会"最新动态的报道保证了信息的时效性。

　　特别栏目《"两会"之窗》则确立了"记者现场报道+背景短片+审议讨论现场+演播室嘉宾点评"的形式,极大地扩充了节目信息量,主题性的编排更强调了节目的导读功能。

　　除此之外,央视"两会"报道还以深度访谈、谈话、评论类栏目为重点,加强了新闻的深度解读。《焦点访谈》推出"两会"专题系列报道,从不同角度深入解读《政府工作报告》;《央视论坛》推出特别节目《岩松"两会"观察》,用媒体人的观点增强了新闻的深度和广度;《新闻会客厅》的特别节目《"两会"客厅》以"重量级、近距离、新语态"的节目特色,一改以往"两会"人物访谈一对一的形式,首次以带观众的演播室互动结构,增强了节目的互动功能和亲和力;国际频道的访谈节目

《今日关注》推出了《鲁健上"两会"》特别节目,每天围绕一个热点话题,主持人鲁健到大会或驻地采访代表委员,晚上在访谈节目中,鲁健邀请有关省长、市长、权威人士走进演播室进行更深入的探讨。

各种栏目中的"两会"新闻各有侧重,深入浅出,互为补充,既有时效性,又有深度,满足了观众对不同信息的需求。

第二节　广播电视经济新闻

一、广播电视经济新闻的概念及类别

1. 广播电视经济新闻的概念及内涵

经济新闻的定义,迄今尚无一致认同的表述。

我们认为,经济新闻是关于社会经济活动、经济现象、经济关系的最新变动及其发展趋势的报道。广播电视经济新闻是用广播电视媒介为载体的经济新闻。具体来讲:广播经济新闻是运用声音符号体系,以及广播媒介的综合优势手段,对社会经济活动、经济现象、经济关系的最新变动及其发展趋势的报道;电视经济新闻是运用画面与声音符号体系,以及电视媒介的综合优势手段,对社会经济活动、经济现象、经济关系的最新变动及其发展趋势的报道。

2. 广播电视经济新闻的类别

广播电视经济新闻的类别与传统报纸新闻学中经济新闻类别的区分一样,根据不同的角度,有多种分类方法。

从报道的体裁来看,广播电视经济新闻可以分为经济资讯、经济信息、经济通讯、经济评论、经济调查等。

从经济行业划分的角度来看,广播电视经济新闻又可以分为农工商新闻、金融证券新闻、财税新闻、商贸新闻、房地产业新闻、旅游业新闻、国际投资新闻等。

从报道的具体内容特征来看,广播电视经济新闻则可分为预测性经济新闻、宏观经济新闻、经济新闻述评、经济新闻大特写、诠释性经济新闻、人物经济新闻等。

下面对从报道的具体内容特征来看的经济新闻类别特征作简要解析。

(1) 预测性经济新闻。

是在充分把握经济活动内在规律与必然发展趋势的前提下,进行的前瞻性报道。此类报道尤其需要对经济现象有高度的洞察力、明锐的前瞻力、科学的分析、冷静的论断,因此,宜持审慎态度,超前有度。

(2)宏观经济新闻报道。

是对某些经济现象或经济活动做鸟瞰式的科学概括、总结。此类报道应有全局眼光,高瞻远瞩,善于把握和解析整个经济活动的宏观态势。

(3)经济新闻述评。

是对某一经济现象、经济事件或经济活动以夹叙夹议的方式予以评论。其基本特点是善于透过经济看社会,透过社会看经济,夹叙夹议,述评得当。切忌只述不评,或只评不述。

(4)经济新闻大特写。

是一种介于通讯与特写之间的经济新闻类型,有如在"放大镜"下透视与剖析某一特定的经济问题。往往针对一些广大群众格外关心的重大经济问题,进行特别细致的报道与解析。

(5)诠释性经济新闻。

是以诠释为主要特征的一种经济新闻报道类型。主要针对一些复杂的经济现象特别是新出台的重大经济政策,帮助人们了解新闻背景,答难释疑,并佐证其新闻主体的正确性。此类报道的关键在于科学准确,深入浅出,具体生动,有说服力。

(6)人物经济新闻。

是以经济新闻人物为核心内容的报道类型。此类报道要注意不仅善于"以事写人",通过写好新闻人物具体做了什么事的奋斗过程,来展示人物的风采;尤其要善于"以情写人",通过写好新闻人物为什么要做好这件事、如何做好这件事的内心世界的活动,来揭示人物的人格魅力。

二、经济新闻的发展脉络

1.经济新闻的滥觞与发展

考察世界新闻事业的产生,以1566年世界上最早的印刷报纸——《威尼斯新闻》的诞生为标志,就可以看出新闻传播事业产生的直接动因,可谓首要的动因,是人们对信息传播尤其是经济信息传播的需要。

资产阶级革命胜利后,经济新闻进入发展的成长期。从资产阶级革命胜利到 19 世纪末,资产阶级报刊先后经历了政党报刊—政党报刊和商业报刊并存—商业报刊三个阶段。与此同时,经济新闻也从单纯的经济信息的报道发展为多种形式的经济新闻报道。

19 世纪末期以后,资本主义国家的报业由近代报业进入现代报业。这期间,资本主义报纸的商业化、社会化得到继续发展。同时,传播技术的飞速发展,使资本主义报业在几次信息革命的浪潮中,经过几次重大的信息革新。现代传播技术的重大革命,极大地增强了报纸的信息功能,而经济新闻经过这段时间的发展也进入了成熟期[①],具体体现在以下四个方面。

第一,经济新闻在整个新闻报道中的比重不断加大。资本主义的商业机制,使经济成为国家和民众关注的头等大事,媒介对经济新闻的报道也越来越重视。

第二,专业性的经济类报刊相继出现。不仅综合性报纸对经济新闻重视,专业性经济新闻报刊也相继出现。1843 年,英国最有影响的周刊《经济学家》在伦敦创办。1888 年,英国全国性的经济金融报纸《金融时报》创办。该报主要报道金融、财政、工商业信息,同时也报道与经济有关的国内外政治动向。在美国,创办于 1889 年的《华尔街日报》也是金融专业报纸,20 世纪 30 年代末逐渐发展为侧重财经内容的综合性大报。在日本,五家全国性报纸中就有两家是经济类报纸——《产经新闻》《日本经济新闻》。

第三,大型媒介的经济信息服务日趋完善。19 世纪中后期,有人开始设立机构,专门收集经济新闻、金融行情,出售给公司、银行和媒体,充当经济信息的批发商,从而产生了最初的作为专业机构的新闻通讯社,如路透社。

第四,经济新闻的传播形态丰富多样。1920 年,美国的广播电台正式开播,它标志着世界广播事业的诞生。不久,世界电视事业也迅速发展。无论是广播还是电视,经济新闻都是其重要的传播内容。尤其是随着广播电视技术和艺术的日新月异,现在很多国家的广电媒介都设有专门的经济电台和经济电视频道,经济新闻的传播形态变得丰富多样,经济新闻传播的触角更加灵敏和广阔。

2. 我国广播电视经济新闻的发展

我国的广播电视经济新闻报道经历了从零散信息,到专门栏目,再到经济频道(频率)的发展历程。尤其是在中国经济体制改革的大背景下伴随着经济体制改革的推进而步步深入发展的。

---

① 苑立新主编:《现代经济新闻教程》,中国广播电视出版社 2001 年版,第 24 页。

在广播领域,1979 年,上海人民广播电台在全国率先恢复了广告节目播出,这是中国广播在经历了"十年动乱"后播出的第一个商业广告,"它是中国广播开始进入市场经营的前奏,预示着广播从单纯的财政拨款的投资局面开始向财政拨款和自我积累相结合格局的转变,也为接下来的广播专业化电台的出现作了理念的铺垫"①。1986 年 12 月,中国改革开放前沿地区广东创办了中国第一家经济电台——珠江经济台。第二年上海人民广播电台经济台正式对外呼号。此后,全国各地省市级经济广播电台如雨后春笋般涌现。

在电视领域,1989 年 12 月 18 日开播了专门的经济新闻栏目《经济半小时》。1992 年,中央电视台二套节目(CCTV-2)创办了《经济信息联播》,后来由于种种原因停播了一段时间。1998 年,中央电视台二套节目(CCTV-2)又推出了《中国财经报道》和《商务电视》栏目。在中央电视台的影响下,各地广播电台、电视台的经济栏目、频道、频率纷纷创立。各家媒体不仅纷纷推出能够吸引受众的品牌栏目,还千方百计地不断更新其报道内容和报道形式,以不断满足受众越来越多、越来越高的需求。2001 年 4 月,湖南电广传媒集团投资 8 600 万元,推出了每天 120 分钟的大型直播财经节目《财富中国》,在全国近百家电视台播出。2002 年,央视二套将频道宗旨定为"经济·生活·服务",重新起播《经济信息联播》,并且改版了很多经济栏目,开始朝着经济频道方向迈进。2003 年 10 月 20日,第三次改版,为国家级电视台办经济频道迈出了开创性的一步。这期间各省市电视台也纷纷开办经济新闻频道,比如 2003 年 7 月在上海成立的第一财经频道等。

三、广播电视经济新闻的特点及要领

1. 广播电视经济新闻的特点

广播电视经济新闻作为经济新闻的一个类别,在社会功用上与其他新闻相比较,也有自身的特点,具体表现在以下五个方面。

(1)实用取向性强。

这是经济新闻区别于其他新闻的最大特征。受众在接受并解读经济新闻时往往抱有强烈的功利目的,希望这些信息能够对理解经济大势、洞悉经济运转、

---

① 陈乾年:《跋涉与求索》,上海社会科学出版社 2002 年版,第 5 页。

改善经济生活有所帮助。尤其是在市场经济条件下,政府、企业和个人都需要作经济决策,这对自身的利益具有密切的实用价值。而复杂的经济决策需要有效信息的帮助,这就是受众对经济新闻的心理期待。实用性是受众选择经济信息的决定因素。受众对经济新闻最希望获取的就是实用信息,希望借助经济报道的政策解读、走势判断、问题分析等,增强决策理性,把握经济形势和市场机会。为此,经济新闻应把实用性作为自己的基点,努力为广大受众提供优质的经济信息。同时,提高经济报道的实用性,也才有利于经济新闻媒体增强影响力和竞争力。

(2) 具有较高的抽象性。

大量的经济新闻是抽象的,很难用直接的形象来表达[1]。经济新闻较多与数字和一些抽象的决策、趋向、预测等有关。经常使用数字,给受众理解经济新闻报道带来一种压力。此外,经济新闻还比较难以给受众以事实的立体描写性感受或者带来视觉冲击,如人们无法实在地看到利息率下降、股市上升、国民经济状况,只能通过图表、曲线、比喻、举例说明等方式来报道。

(3) 具有较大的不确定性。

各种经济新闻之间存在着密切而无形的联系[2]。特别是当下发生着的一切问题,都有可能与正在报道的经济新闻相关;还有一些因素是长期的、历史的。只报告一个给定的变化事实,是难以让受众理解的,必须要将相关的因素写进去,告诉受众由于什么而发生,将发生什么,或可能出现什么问题。同时,有些经济新闻(如预测性经济新闻)在没有被经济实践证实之前,会有多种观点、倾向和表现形式。有不少经济新闻在事后会被发现是不准确的。

(4) 具有前瞻指导性。

经济新闻中受未来意识的影响会较为强烈,这与经济新闻的实用取向性有一定的内在联系。因为受众在接受并解读经济新闻时常常是为了"之后有用",看清当前,决策以后。特别是在现代经济中,象征性资产的流通和交易在市场份额中所占比重越来越大,具有前瞻性的经济预测会在经济新闻中占有较大的比重。

(5) 具有更强的大众普适性。

除以上各点外,广播电视经济新闻还由于承载信息的媒介手段比报纸等印

---

① 参见陈力丹:《关于经济新闻的几个问题》,《新闻大学》2000 年第 2 期,第 7 页。

② 同上。

刷媒体具有更强的大众性、受众广泛性,文字阅读能力有限的受众也容易接触广播电视,所以,广播电视经济新闻在传播中也更注意表达形式的大众化和普适性。

2. 广播电视经济新闻报道的要领

随着市场经济的发展,经济新闻报道在内容和形式上都有了进一步的发展,在定位和服务功能上也有了明显的转变,更加适应新形势下经济新闻报道的要求,表现为服务指导性不断增强。尤其是加入 WTO 后,各项经济活动的国际化程度越来越强,经济新闻的社会需求量越来越大,受众对经济新闻报道的要求也越来越高,这同时也意味着,对我国经济新闻报道如何在更高的层次上探索适应新的形势发展,提出了更多新的课题。

例如,"外行看不懂、内行不屑看"的现象依然存在,重要新闻不是语焉不详就是背景模糊,缺乏起码的经济新闻解释和分析。在这一方面,与其他新闻报道相比,经济新闻有某些先天不足:较之政治新闻缺乏显著性,较之社会新闻缺乏趣味性,较之文化新闻缺乏人情味。加之自身有很强的学科交叉性、边缘性和综合性,专业性太强,所以使得经济新闻既难写又难懂。

广播电视经济新闻报道要注意以下几个方面。

(1) 专业性与大众性的有机结合。

由于经济是一个专业性很强的领域,同时,又是一个与大众生活、生产联系最直接、最密切的领域,尤其是广播电视又是特别具有大众性的传播媒介,所以广播电视经济新闻在定位上、在选题上、在表现方式上、在语言风格上等方面,如何做好专业性与大众性的有机结合,是一个具有较大难度的课题。除了专门面向经济学者和经济领域专家的经济新闻媒体外,经济新闻如果专业性太强,必然"曲高和寡",普通大众看不懂,只能望而生畏,敬而远之。但如果经济新闻专业性太弱,只触皮毛,肤浅笼统,甚至一知半解,普通大众又会感到寡淡无味,于己无补,于是不屑一顾。

解决这个问题,首先在选题及题材处理意识上要注意"大众视角,实用落点"。让经济新闻能从经济学家的专业殿堂上解放出来,成为广大人民群众的"日常生活经济学"。用大众的视角关注经济,从大众的关注热点看经济生活,加强对经济事件、经济现象的剖析和解读,将实用精神贯彻到每一条报道中,使我们的经济新闻都能让受众看到经济与日常生活的关系,对自身利益的影响。重点盯住财富的创造和流动、利益的分配和冲突。

其次要善于"硬主题,软表达"。将应有的专业深度深入浅出,像一个科普作家一样,用广大受众感到通俗易懂、乐于接受的方式、语言、风格,生动、形象地传播经济新闻。

例如,如何将深奥的政策变得通俗易懂?要想使经济新闻真正活起来,讲述一些有情节、有情趣而富深意的新闻故事,不失为一种最直接、最简单、最有效的方法之一。

根据《60分钟》的制片人唐·休伊特(Don Hewitt)介绍,该栏目成功的关键就是"把新闻当故事讲"。在新闻报道中运用故事化的表现手法是吸引观众眼球的有效手段。通过对新闻事件的故事化细节处理,可以增强电视经济报道的戏剧性,从而使报道更具有吸引力。由于电视是一门较强的视觉艺术,在讲故事方面具有天生的优势。比如,央视《经济半小时》曾经播出的《乐清:倒奶风波》,这个经济报道就是典型地运用了故事化表现手法,取得了很好的效果。片中以养牛大户王同荣倒奶为主线,讲述的是阜阳奶粉事件以后给浙江乐清市奶牛养殖业带来的影响。记者在讲故事时不断地设置悬念,养牛大户王同荣为什么倒牛奶?当地的两家乳品企业为什么突然停止收购王同荣等奶农的鲜奶?阜阳奶粉事件后这两家被查封的乳品企业是否有质量问题?正当奶农们一筹莫展时,一家名叫"小家伙"的企业表示愿意收购王同荣等奶农的鲜奶,这家企业能否打破乐清养牛业面临的僵局?本片通过化解这一个又一个悬念,精彩地讲述了乐清的倒奶风波,同时提出了脆弱的奶牛养殖产业链如何应对市场风险的这一经济课题。

(2)具有"实效信息观"与宏观洞察力。

经济问题十分复杂,经济现象瞬息万变,尤其是我国尚处于经济体制转型时期,经济问题与人们的基本生存利益息息相关,经济新闻由于其强烈的实用取向性,要求报道者不仅要能实时报道,而且要能实效报道。

"实效"分为短期和长期两种。所谓"短期实效"就是为观众提供具体的服务,比如市场信息、投资指南、出行指导等。看过这些新闻之后,观众可以直接做出决定甚至开始行动。"长期实效"则不同,它要为观众提供前瞻性和趋势性的报道。这样的新闻也许不会立竿见影,但能够帮助观众判断未来的危险或机会。这两种"实效"都应该重视。相比之下,"长期实效"在价值判断和新闻处理上难度更大。然而,具有前瞻性的超前预测、及时预测又是经济新闻的"拳头产品"。它可以指导受众及时把握经济良机,规避经济风险,所以,具有重大的经济新闻价值,既是读者最为渴求的,也是财经报道的亮点。要做好这种具有前瞻性的经济新闻,必然要求记者具备扎实的经济学专业知识,能以经济学家的眼光和思维进行思考,对经济发展的现实与趋势具有全局性的宏观洞察力,才能从纯客观的报道走向综合分析、深度揭示经济事实及现象背后的规律和原理,提炼其中的内涵和意义。当然,也要注意,对全局性、深层次的财经专题进行预测报道,含有较大的不确定因素,需要格外谨慎,采用动态性连续报道不失为一种明智之举。

(3) 树立人本意识。

缺乏人本意识在经济新闻中主要表现在三个方面:第一,经济新闻报道中,只见数字不见人,表达上数字罗列加抽象论述,运用"新闻语言＋财经专业语言＋数字＋图表"的模式写作经济新闻,刻板生硬、可读性差,给受众接受和理解经济新闻带来了很大的不便和困难;第二,从新闻的报道角度内容看,有些经济新闻从业人员缺乏科学严谨的专业精神和专业道德,把一些自己都没有搞清楚的经济原理死搬硬套到经济事实中去,使受众不明就里,甚至茫然失措;第三,不少经济新闻是只见事物不见人物,把人的作用完全淡化了,使得经济新闻完全没有了人文气息。

大家知道,人的欲望与需要是经济活动的出发点,也是经济活动的目的和归宿。人的发展是社会经济发展的一面镜子。因此,经济新闻不仅要反映物化的力量,而且要深入人的心灵,把人的发展与经济的发展有机地融合在一起。要重视探讨经济生活中的人的内心世界,透视经济与人的同步发展,揭示经济发展与人的发展的辩证关系,从新闻视野上把人放在突出地位。要注意关心经济主体人,特别是决策者的命运和生存状态,包括成功者、失败者。透过人的变化反映经济走势,从而为读者提供必要的借鉴和信息。同时要重视传播经济主体人的新的价值观念。挖掘经济新闻背后的深层信息,传播新的价值观念,能够给读者带来更深层次的触动和思考。

(4) 善于"广播化""电视化"地表现经济新闻。

由于媒介手段的不同,广播是运用声音符号体系,以及广播媒介的综合优势手段,电视则是运用画面与声音符号体系,以及电视媒介的综合优势手段传播新闻,所以,广播电视经济新闻报道还要高度重视千方百计调动和运用自身特有的传播手段及优势,使自己的经济新闻传播具有独特的传播魅力和价值。广播经济新闻要从"可听性"上多下工夫,电视经济新闻则要在"可视性"上大做文章。

例如,对电视经济新闻报道具体来说:一是要注意发挥好电视画面的表意功能。要尽可能摄取、运用能反映揭示经济新闻事实、事件本质意义的典型画面,尽可能用画面说话。对抽象的心理思维、经济原理和统计数字等,除了以解说的方式补充画面之不足外,还可借助动画、字幕、图表和照片等形象化的材料去表现,尽力淡化电视经济新闻中专业术语、数字和经济原理的困扰。

众所周知,数字、数据是经济新闻中重要的组成内容,在一些报道中的"六率"——经济增长率、通货膨胀率、失业率、利息率、税率、汇率,以及 GDP、增长百分比和各类统计数据,甚至还是必不可少的新闻元素。同时这些专业性和抽象性的数字数据也是电视经济新闻的"老大难"。在一些报道中,往往只是把这些数字、数据简单地罗列、比较,加上画面和一些会议画面或者背景素材(如工厂生产画面),受众不仅听着累,看起来也枯燥乏味。如何使这些抽象难懂的数据概念变得生动易懂,都需要不断地探索和创新,真正发挥出广播电视手段的优势。

四、中外广播电视经济新闻的品牌媒体

1. 中国中央电视台经济频道

中国中央电视台经济频道(CCTV-2)正式创建于 1973 年 5 月。开播以来,其覆盖率和入户率一直在全国名列前茅,仅次于中央电视台一套(CCTV-1)。

在 20 世纪 90 年代以前,由于技术上的"开路"优势,CCTV-2 一直作为 CCTV-1 的辅助和补充,是中央电视台仅有的两大综合频道之一。

从 20 世纪 90 年代中期开始,随着频道化建设的推进,开始了逐步确立经济频道定位的发展历程。1996 年 7 月,CCTV-2 在原有的《经济半小时》等经济类栏目的基础上,集中推出了《中国财经报道》《生活》《企业家》《金土地》《商务电视》《世界经济报道》等栏目,形成了以经济为主体框架的综合频道格局。

2000 年 7 月,中央电视台正式亮出"经济·生活·服务"的频道定位。新的频道整体风格更加大众化、多样化,节目的服务性、娱乐性增强,为观众构建了全方位、便利的经济生活服务信息网络,成为受众了解、从事经济活动的参谋。2002 年,中央电视台更加注重品牌节目的延伸,不断提升频道形象。《中国经济年度报告》《中国经济年度人物评选》节目的推出,进一步凸显了专业频道的定位。经济类节目比重的大幅度增加,初步确定以"大经济"为主的基本特征。

时至 2003 年,中国电视发展逐渐显现出一种新的态势。多频道时代不容置

疑地到来了,频道资源已经不再稀缺。而与此同时,一直困扰 CCTV-2 的难题是"频道定位模糊,频道形象含混"。于是在 2003 年 10 月 20 日,CCTV-2 再度全面改版,以更鲜明的"经济频道"的崭新定位取代原先的"经济·生活·服务频道",着力打造国家级的经济频道。新版推出的 CCTV-2 并不是完全专业化的财经频道,而是以经济资讯为核心内容,具有专业特色的服务频道,即"大经济观"。所谓"大经济观",是以"大众、综合、实用"作为频道定位的核心理念。

在节目内容上,新版 CCTV-2 精心打造了五大节目板块:

资讯板块:覆盖早间、午间、晚间三大时段。早间栏目《第一时间》、午间栏目《全球资讯榜》与晚间龙头栏目《经济半小时》《经济信息联播》构成经济频道的主线,经济资讯一网收罗。

服务板块:包含《生活》《前沿》《健康之路》《为您服务》,使对受众的生活服务无微不至。

财经板块:《中国财经报道》主打财经评论;《中国证券》实时连接市场,财经、证券讯息同步传递;培育《艺术品投资》《鉴宝》等新兴栏目。

深度资讯板块:涵盖《对话》《经济与法》,透过人物,深入解读经济事件;展开话题,多方阐释背景观点。

益智娱乐板块:全新设计两档娱乐竞技栏目《非常 6+1》与《绝对挑战》,与《开心辞典》《幸运 52》共同营造都市观众的周末快乐时光。

新版 CCTV-2 在频道编排上也做了一些调整,运用"观众流"的编排原理,顺应目标观众的收视习惯和收视规律。在频道包装上,新版 CCTV-2 启用全新的频道整体包装:以大胆的"蓝灰"为频道包装的主体色调,显得现代、时尚、高级;以象征信息的"方块"为频道品格演绎的主体元素,富于质感、富于内涵、富于想象;以核心元素而成的新版频道形象宣传片:由"方块"组成的信息流从夜空中急速俯冲,在楼群中电视遥控器顺畅地承接和开启,长镜头的实景拍摄与高科技的电脑特技完美融合,LOGO 流畅的翻转和意外的变形,最后圆满地落版在"CCTV 经济",旁白是浑厚的男中音:"更多机会,更多选择,中央电视台经济频道。"①

作为国家经济频道,CCTV-2 确立了一个长远的志向——"与中国经济一同成长"。经济频道希望达到的水平——能够为最广泛的观众提供"更多机会,

① 参见珠江网,http://news.zjw.cn/news/WORLD/20031020/14591.shtml。

更多选择"。用经济信息创造价值。

2009 年 8 月 24 日,中央电视台经济频道正式更名为财经频道,定位为"全球视野、全球市场、全球资源、全球智慧",并大量使用全球多点连线直播,让观众与全球市场同步。

2. 上海"第一财经"频道

2003 年 7 月 7 日,"第一财经"频道在上海宣告成立。虽然创建时只是上海的一个地方频道,但其创办理念及宗旨目标都是一个志在"跨区域"的电视财经媒体。而且,还以其为核心,同步规划创办"第一财经频率"、《第一财经日报》,是电视、广播、报纸互相呼应,成为中国第一个跨媒体、跨区域的专业财经资讯平台。

"第一财经"的问世,不仅反映了传媒对经济新闻发展现实空间与前景的乐观判断和信心,同时也反映了中国社会随经济转型中经济生活的活跃状态,以及社会大众对经济新闻的进一步期待。随着中国经济的发展,城市居民的消费需求得到满足之后,投资、理财的需求就日益强烈,经济从政治层面上、公共领域内的问题转变为与民生息息相关的话题。

"第一财经",全天播出 19 小时,直播节目近 12 小时,滚动播报财经时讯、时事新闻、上市公司最新消息,时刻追踪全球主要股市、汇市、期货等的最新交易情况。先后推出了《财经早班车》(早市评股,与广播同步)、《早市导航》(与卫视同步)、《实盘追踪》、《午间论市》、《财经开讲》、《周末专题》、《实盘追踪》、《财经空间站》(尾市评股,与卫视同步)、《环球高尔夫及 ATP 杂志》、《谈股论金》、《今日股市》、《行业报告》、《周末赢家》、《大话熊牛》、《今日汇市》、《第一地产》、《环球第一财经》、《财富人生》、《决策》、《公司时间》、《财经夜行线》、《第一财经深度热点访谈》、《英语新闻》等栏目。

作为地方媒体进军跨媒体、跨区域的专业财经资讯平台,其难度可想而知。"第一财经"采取了一系列富有开创性的积极措施,选择了更灵活的战略合作形式来拓展节目覆盖面。例如,"第一财经"频道首先争取了在长江三角洲部分城市进入数字频道,透过和中国网通的合作进入浙江地区,在江苏则实现全网模拟落地。然而又让两档"第一财经新闻"借助东方卫视的网络在全国及日本、澳洲落地[1]。

---

① 韩斯霞:《从"第一财经"看频道专业化发展》,《中国记者》2004 年第 1 期,第 72 页。

同时,"第一财经"频率的区域间合作同步进行。2003 年 7 月 28 日,江、浙、沪三个城市地区正式联建"长三角经济联播网"。"第一财经"频率还联合广东、香港的经济新闻电台,形成对珠江三角洲的传播呼应,并透过与北京经济电台的合作,覆盖渤海湾。

在 2003 年 10 月第七届四川电视节期间,"第一财经"、浙江电视台经济生活频道和四川电视台经济频道,在成都宣布结成战略合作伙伴关系。三方将可以收看对方的财经节目,此外,三方还共同制作一档记录中国优秀经营者成功足迹的节目——"中国经营者"。

2005 年 4 月 14 日,"第一财经"与道琼斯指数签署协议,合作推出基于道琼斯第一财经中国 600 指数的行业蓝筹股指数系列:道琼斯第一财经中国 600 行业领先指数。该指数系列于 2005 年 6 月份正式面世。这不仅如上海文广新闻传媒集团总裁、第一财经公司董事长黎瑞刚所讲的那样,该指数的发布对于第一财经拓展产业链、开发衍生产品具有重要战略意义,而且,对中国经济界也是一件富有创建中国经济"晴雨表"深远意义的壮举。

经过不懈的有效努力,"第一财经"迅速形成了鲜明的特色及专业优势,在全国脱颖而出。

3. 美国 CNBC[①]

1997 年具有全球影响力的道琼斯公司和美国国家广播公司 NBC 走到一起,联合推出专业财经有线频道 CNBC。CNBC 采取 24 小时新闻频道的操作方法,全天不断地报道全球主要证券交易所、市场、期货和汇市的动态信息。目前该频道同在亚洲和欧洲开设了相关的针对性洲际报道,被全球金融、证券专业人士和投资者认可,成为有相当影响的专业财经频道,目前拥有约 1.5 亿家庭用户。该频道在内容、编排、运作理念上具有以下三个特点。

(1)频道内容特色。

CNBC 针对财经特别是金融、证券报道的特点和观众的特殊需要,设立栏目和栏目内各种小板块,强调所提供信息的专业新闻性和服务性。整个频道的节目设置以专业的财经新闻节目为主,辅以背景性节目、专题性节目、谈话节目和周末特别综述节目。一周内,财经类节目播出比重达 70% 左右,其中 90% 的节目采用直播形态。从节目安排可以看出,财经色彩贯穿着其节目设置的始终。

---

① 参见徐琦:《CNBC 的专业财经频道特色》,《中国记者》2004 年第 4 期,第 57 页。

(2) 频道编排特色。

第一,定位为世界财经信息的报道者。CNBC 的报道内容不存在国内经济和国际经济的界限。华尔街股市指数具有世界经济晴雨表的性质,CNBC 突出报道华尔街股市,兼及欧洲、亚洲股市的动向。利用股市开市、闭市的天然时机,推出热身类早间节目、跟踪类日间节目,以股市一天的运行规律为基准,实时反映各市场的动态。抓住了华尔街股市的报道,就抓住了世界经济动态的中心所在,也就抓住了关注华尔街股市动态和财经新闻的现实观众,有可能吸引更多的潜在观众。

第二,重新定义"黄金时间"。一般的美国电视网对观众收视黄金时间的定义都是在晚上 8:00 到晚上 11:00,电视台精心制作或是从节目市场购买的重点节目都会在这一黄金时间推出。但是对于 CNBC 这样一个服务于股市投资者的专业财经频道来说,追逐瞬息万变的股市交易动态和提供及时深入的股市分析才是重点。CNBC 明确提出:"与其他广播网不同,我们的白天时段是黄金时段。"它紧紧追踪华尔街股市开市、闭市的进程,依据目标观众的密集程度再加细分,力争各个时段的收视率最大化。日间时段早上 10:00 到下午 5:00,推出的四档重点节目《早安呼叫》《午间充电》《与泰勒·马西森一起开始交易》和《收市钟响》,无一不是紧跟着华尔街股市进程,从不同的角度在第一时间做出报道和分析,从而赢得了不断增长的高收视率。即使在美国有线电视新闻收视率普遍下降的 1999 年,CNBC 白天的新闻节目仍然保持了增长态势。

第三,大时段的通栏节目构成规模效应。CNBC 的节目以股市为中心可以大体分为三大板块:开市前(5:00 AM—10:00 AM)、黄金时间(10:00 AM—5:00 PM)、闭市后(5:00 PM —10:00 PM),其余时段则是重播节目。工作日白天推出的节目除了下午的《CNBC 检查点》时长是半小时以外,其他都在 1—3 小时之间。较长时间的节目便于更快地报道和分析股市行情,利于对股市变化和个股所涉及的公司进行深度报道。同时这样的节目安排也便于观众随时获知想要知道的信息和背景资料,有利于投资者做出正确判断。在节目编排上的通栏型编排手法,不仅给观众提供便利,使他们能很方便地根据节目时间表找到自己感兴趣的节目,而且能够使得观众通过栏目和节目来加深对频道整体的认同。

第四,节目内容的层次感强。CNBC 栏目以时间段划分:早上 5 点到 7 点是《起床呼叫》,分析可能对股市产生影响的新闻;开市后是《七嘴八舌》,有交易经验的新闻工作者和分析师们讨论市场动向和个股情况;接着是股市动态;闭市后是《商情总汇》,回顾当天的重大新闻。每档节目都会插入实时从交易所和其他新闻现场传来的市场新闻。CNBC 不仅在栏目设置上有层次感,内容的横向划分上也同样具有层次感。每个栏目中的行业新闻、公司新闻、宏观经济新闻也很清晰。

（3）频道运作理念。

第一,直播与互动意识。CNBC 白天的节目都采用直播的形式,新闻中穿插大量的现场报道、演播室嘉宾访谈和交易动态实时播报,并配以主持人和记者的对话。一条新闻可能在每个栏目中都播放,但随时间的推移、事件的进展以及不同主持人对题材的把握,增加每次播报的附加值。主持人现场记者（挖掘新闻事实）、当事人和专家（求证观点）的提问,体现了电视的互动性和参与感。CNBC 有一个包含上市公司、金融市场和国际大公司各种背景的专用字幕数据库,可以随时调取适用于新闻报道及节目话题的资料,保证直播的顺利进行。每个栏目有一个或两个总主持人在主演播室进行报道,实时切入分演播室主持人和现场记者的现场报道。

第二,专业精英意识。CNBC 把目光锁定在一部分专业精英阶层,把报道重点仅局限在政治与经济（特别是金融）方面,形成自己的特色和独家的卖点。

第三,成本意识。CNBC 具有很强的成本意识,不断力求在不影响节目质量的情况下降低成本。比如,它的节目没有大批的现场观众参与,一般都是在演播室中主持人和几个嘉宾对谈,注意高效利用现有资源。作为节约成本的手段,CNBC 还采取选用兄弟台 MSNBC 的新闻播报员,得以重新给本台的播报员和相关编辑分配其他工作。

第四,明星意识。CNBC 非常重视采用专家型主持人,使主持人真正成为栏目专家类型的代言人,使其个人魅力充分融于栏目的整体影响。

4. 美国 Bloomberg[①]

总部设在纽约的 Bloomberg L. P. 是全球知名的"财经帝国",在世界各地的100 多个分公司中拥有 8 000 名雇员。其客户包括遍布世界各地的中央银行、投资机构、商业银行和政府机构、公司及新闻机构。作为一个 24 小时全天候播出的财经新闻网,Bloomberg 的电视节目无论在内容上还是在形式上都体现了专业化、权威性以及它所不断宣称的最先报道、快速报道的及时性。

---

① 参见樊燕卿:《简析 Bloomberg 财经频道》,《国际新闻界》2003 年第 1 期,第 51 页。

Bloomberg L. P. 除了为客户提供专业化服务(数据、分析、电子贸易)外,还提供全球新闻,从事杂志、广播、电视、网络、书籍出版等业务。Bloomberg 在全球用 7 种语言制作和播出。Bloomberg 的对全球直播的英文节目周一至周五共包括三大部分:(以北京时间为标准)下午 6:30 到次日早上 6:00 是美国交易日跟踪报道;早上 6:00 到中午 1:00 是亚洲股市新闻;中午 1:00 到下午 6:30 是欧洲股市新闻,中间会分两次插播半个小时的亚洲股市最新动态。周六和周日的节目除了凌晨 2:00 到早上 8:00 的一周新闻集萃外,都是美国和欧洲一周新闻综述的滚动播出。由此可以看出,Bloomberg 的电视节目在安排上遵循了时差规律,并体现出了节目受众群的层次差异。它的节目安排使得身处这三大洲的人们都可以在早上了解到自己所在地区的最新股市行情和经济动态。其节目长度和总量的不同又反映出 Bloomberg 对世界经济格局、节目侧重点和主要目标受众的把握。美国地区的节目无疑是 24 小时中节目数量最大的,虽然每天的报道中,亚洲区和欧洲区的时间相当,但周六、周日没有亚洲区的节目,总体上讲,欧洲区的节目要多于亚洲区。

另外,Bloomberg 所采用的其他语言广播也主要是面向德国、法国等欧洲国家。作为当前世界经济的三大支撑点,美国、欧洲、亚洲的节目安排恰当地体现出了这三大洲在世界经济中的地位和影响力。亚洲区的节目以对日本的报道为首,澳大利亚、新加坡、韩国、中国香港、中国台湾、中国大陆、马来西亚、泰国等依次排列的报道方式也是出于以上考虑。对日本、澳大利亚、新加坡的报道远远超过对其他国家和地区的报道。

下面,我们对 Bloomberg 在内容定位、节目形式的特点作具体解析。

(1)精确、规范的频道内容定位。

精确、规范的频道定位是 Bloomberg 成功的关键所在。具体表现在两个方面。

第一,以数据为本。人们会发现,Bloomberg 电视屏幕上闪烁不停的是各种数据和图表。这就是 Bloomberg 的一大特色。Bloomberg 的新闻节目主要是由对股市、外汇市场行情的追踪报道,对一些大公司的并购、重组、投资的最新动态报道,以及对某些公司的中长期绩效,或对某一行业、某一地区和国家的宏观经济形势的分析等内容组成。无论是在动态新闻还是在分析性专访中,Bloomberg 的节目都充分注重了数据的作用,专访通常也是从某一数据的变动开始切入的,体现出了以数据为本的报道理念。

分析是 Bloomberg 的内在特点,Bloomberg 的分析性报道和专访能够帮助客户更清楚地认清市场。一个专访一般是从某一数据(如公司股价)入手,然后分析该公司的近期业绩,接着会从行业走势方面分析该公司的长期业绩,行业走势分析大致包括该行业的全球状况、地区形势、影响因素、竞争对手以及政府方面的措施等多个角度。

对于宏观经济形势和走势,Bloomberg 的分析报道一般包括确切信息发布前的预测、对发布的信息的报道以及信息发布后的分析。也就是说,针对一个即将公布的数字,有可能做出四五个长短不同、角度各异的节目。经过以上种种分析,枯燥的数字就具有了丰富内涵,每一个数据都有着深刻的市场含义,每一个数据的微小变动都可能意味着经济生活中各利益方的重大结构调整或政策变动。

第二,规范化的运作。精确定位不仅体现在对市场的认识上,还体现在能否规范化地实施执行定位宗旨上。Bloomberg 无论从内容或形式上,都注重自觉体现出服务于证券业、与市场共振动的特质,严格执行一种系统化、立体化的制作和操作模式。即:以数据为核心,微观、中观、宏观分析层层发散的围点打圆的系统化、立体式制作方式。这有效加重了信息的含金量,使新闻厚重起来,这对于专业频道来说是非常必要的。这样,才有能力被高层次的受众群接受,蜻蜓点水、缺乏独特的角度和深度的方式是行不通的。

(2) 单一中寻求变化的节目形式特点。

从报道体裁上看,Bloomberg 的节目较单一,除了即时的股市行情报道和动态新闻,就是专访。但 Bloomberg 在进行节目组合时却很好地避免了形式上的单一,在单一中寻求变化,锤炼成了一种简练、明晰、充实、快速的报道风格。Bloomberg 节目形式的策划主要有以下七个特点。

第一,把数据信息用直观的图表表示出来,并注意采用图表形式的多样性。

第二,专访有演播室访问、现场采访和电话采访等多种形式,并注意穿插一些反映公司的画面或图表。

第三,Bloomberg 利用其在全球的庞大分支机构,在股市行情报道方面也实现了多种形式传播。Bloomberg 的市场行情追踪有主持人直接播报股市升降、分局记者现场报道、分析当日股市走势,以及某位财经编辑在演播室内结合 K 线具体分析几只个股的涨落。组合节目时,这三种形式交织在一起,使单一的内容具有多样化的形式、来源和内涵。

第四,用不断变化的小标题提示谈话主题的转换。在制作一个内容丰富、囊括了众多层面的专访时,Bloomberg 会在谈话角度转换时,以简短的词语标示出谈话主题,使专访的结构和层次一目了然。

第五,Bloomberg 在节目编排时很注重组合。它的一组节目一般时长六七分钟左右,通常在播两组财经新闻后,是一组国际新闻和天气预报。每组节目之间插播有频道广告。与节目的平实相比,频道宣传广告制作得非常具有动感和抢眼功效,有助于调动观众的兴奋点,宣传广告中各个主持人对频道定位的介绍和推广也有助于吸引更多的观众。Bloomberg 通常在第一个财经新闻组内安排股市行情,来自某一分局的现场报道和动态新闻等。第二组财经新闻中在报道完股市行情后,会有一两条动态新闻,然后是专访。Bloomberg 在衔接每组新闻时,是通过一组报道结束时的节目预告来实现的,既节省了观众的选择时间,又能不使他们错过自己想看的节目,使节目对观众具有了特定"约会力"。

第六,色彩的搭配和使用也是节目形式的一个重要部分。Bloomberg 的数据、图表或电话采访等经济报道的画面底色都是以蓝色为基本色。蓝色代表了理智与冷静。Bloomberg 的演播室和其他动态新闻的画面则大多以明亮的浅色调为主,一方面使画面显得干净、利落,同时也有助于平衡财经话题的严肃和沉重。

第七,Bloomberg 的主持人语速快也是其节目风格中的重要一环,与整个财经新闻的即时、快速和变动相吻合。主持人不仅要熟悉财经,还要机敏,要能对被采访者穷追不舍,直到回答清楚自己的提问。虽然内容比较严肃,主持人也不乏调侃。主持人的沟通、协调和传递信息的功能得到了淋漓尽致的发挥。

第三节　广播电视民生新闻

一、民生新闻的概念与特征

1. 民生新闻的概念

民生新闻是进入 21 世纪后,我国新闻界蓬勃兴起的一股新闻潮流。关于民生新闻的概念,众说纷纭,尚无定论。

我们认为,民生新闻是以关注民众生计、民众意愿、民众立场为主要价值取向,并致力于以民众视角、民众喜闻乐见的形式,对与民众生计、民众生存、民众日常生活、民众切身利益密切相关的新近变动事实的传播。

2. 广播电视民生新闻的概念及特征

广播电视民生新闻是以广播电视媒介为载体的民生新闻。具有如下的特征。

(1) 价值取向上的民众接近性。

美国著名传播学者威尔伯·施拉姆曾指出:"我们深深地需要一种附属感,要有一种属于我们的文化和我们的社会的感觉,感到在我们的周围环境和生活方式中有一定程度的稳定和亲近。"[①]这一论述实质上也揭示了接近性在传播中的重要意义。接近性也是民生新闻制胜的法宝,但民生新闻的接近性与传统新闻理论中所讲的接近性相比,已经具有一些更新的内涵和鲜明的特征,这就是价值取向上的民众接近性。

众所周知,随着现代媒介的发展,人们对世界上发生的一切,似乎无所不晓,然而,另一方面,近在咫尺的交流有时候却反而变得遥远。一些社会学者们忧虑地指出,模糊的地域认知和松散的人际联系正在淡化着人们对身处其中的族群的记忆,进而解构着人们对所在地域的认同。地域认同和族群认同的丧失直接导致了某一群体团结感的淡化以及群体中的个体对自我认知的模糊。

再有,正如《南京零距离》栏目的创始人景志刚所指出的:"长期以来,电视人的新闻视角本质上是贵族化的,是居高临下的,我们总是自觉不自觉地把自己看成是精神贵族,用贵族的视角俯瞰众生,这使我们的新闻充满了教导,充满了导师的影子。在这种身影的笼罩下我们的平民是被矮化了的。"[②]

民生新闻的选材着眼点正是本地域广大民众关注的、喜闻乐见的新闻,注重这些新闻题材能适应本地域广大民众的心理需求,能表达本地域广大民众生存现状的切身感受和情绪。这有两层重要的含义,一是新闻题材所属空间的本地域性,二是新闻题材对广大民众切身利益的密切相关性。本地域性又能加强对广大民众切身利益的密切相关性。民生新闻关注社会微观新闻,所报道的正是一些本地域内的百姓的日常生活事件,以平民的视角洞察百姓的生存状态,着眼本地百姓的根本利益,尽量从普通百姓的生活、生存角度发现和提炼选题,包括

---

① [美]威尔伯·施拉姆、威廉·波特:《传播学概论》,陈亮、周立方、李启译,新华出版社 1984 年版,第 34 页。

② 景志刚:《我们改变了什么——〈南京零距离〉及其民生新闻》,《视听界》2004 年第 1 期。

关乎百姓生活的微观领域的变化和动向、宏观政策在百姓生活当中的运用和反响等。这些新闻内容植根于普通百姓的日常生活,以普通百姓为核心角色,以平凡事件为叙述主体,力图呈现这些普通而真实的人们充满质感的生存状态和心灵体验,在一定程度上体现了本地域的文化,使广大民众真切地感觉到自己与世界的联系。

价值取向上的这种民众接近性是民生新闻的一个重要特质,也是它吸引受众眼球的最具魅力之处。

2000年世纪之交时,成都电视台《生活新视点》栏目做了一期特别节目《别样新年》,报道的是终年在某桥边拉二胡谋生的老人,由于他长期席地而坐,给本来不宽的人行道的交通带来一定阻碍,加之其衣衫破烂的形象,一些人难免在心里会认为他是有损文明城市脸面的人。记者关注到了他,通过采访得知他幼时就落下眼疾,80年代初就流落到此地。如果我们的报道仅仅停留在这个层面,观众不会有太多兴趣。但是经过我们采访发掘后还知道,老人年轻的时候学习优异,曾进过当地文工团搞专业演出,他通过拉二胡卖唱,不仅养活了自己和母亲,还要供养着他40多岁的单身弟弟,他不仅仅满足于目前的生计,还为自己的今后买了保险。这些鲜活的信息伴随着老人如诉如泣的琴声,在城市的夜空回荡,在千万个幸福家庭的年关回响,不仅紧紧地抓住了电视人的心,也抓住了观众的眼球,继而打动观众的心。关于这位老人的命运,牵动着观众的心,《成都新视点》在此后的节目中曾多次涉及,人文关怀的魅力由此得到了具体的体现[①]。

(2) 传播形态上的平民可亲性。

在相当长的时期中,新闻传播媒体在传播意识上、表现形态上都是习惯于将自认为重要的信息内容灌输给受众,而且摆出一副传者高高在上的样子,媒体也似乎是一般民众难以登堂的圣殿。民生新闻不仅在传播观念、价值取向上强调贴近百姓生活,在表现形态上也注重平民视角、平民参与,营造体现平民风格。

第一,在节目主持上,广播电视民生新闻的播报方式摒弃了传统的播新闻的方式,已经接近于说新闻的方式。新闻主播用平易近人的语调将发生在老百姓身边的故事说出来,仿佛老百姓在说自己的故事。一些明星主播,或是看上去憨厚可靠的百姓代言人,或是有血有肉敢爱敢恨的鲜明形象。如江苏电视台《南京

[①] 杜树人:《浅谈"民生新闻"的精神品质》,中华传媒学术网,http://www.syrtv.com/gg/data/1098687991453－3.doc。

零距离》的名主播光头孟非和福建电视台《现场》的杨建刚。《南京零距离》的主播孟非谈道:"作为一个民生新闻主持人,应该是真诚的、公正的,具有人文情怀的,懂得辩证法的,还有点幽默感的人。"[①]

随着当前短信业务的兴起以及互联网的普及,各民生新闻节目还积极开展了与观众的互动。如《南京零距离》中设有现场电话连线,以及现场电话投票调查、现场电话投诉的固定板块。福建电视台的《现场》也是每期节目都会提出一个主题,对观众进行短信调查,并在节目中穿插播出短信调查的结果。福建经济生活频道的《热线777》的新闻来源本身就是百姓打热线电话提供的。

第二,在新闻源的开拓上,各广播电视民生新闻节目部门也广泛发动民众参与。一是开通新闻热线,许多民生新闻栏目开通了24小时新闻热线,随时倾听观众的声音。事实证明,发动观众向栏目提供报道线索,不仅能解决新闻来源的问题,还可以倾听到市民真实的声音,调动了观众参与节目的热情,也提高了节目的贴近性。2002年春节期间,福州侯旗山突发森林大火,正是由于附近一位村民的电话使得新闻频道的《现场》记者及时赶到了现场,拍到了独家新闻,淋漓尽致地展现了武警官兵和村民共抗火魔的场景,因此受到省市有关领导的表扬。

二是招聘信息员,建立信息网络。《南京零距离》选拔了1 000位南京市民作为栏目信息员,他们遍布城市的大街小巷,及时把身边的新闻通报给栏目。有些信息员还向栏目推荐报道选题,为记者拍摄制造了有利条件。岁末,民工讨薪难的问题屡屡发生。《零距离》的记者在一位民工信息员的配合下,以民工亲戚的名义住进工地,了解了民工的艰辛和部分工头拖欠民工工资的黑幕。由此制作了三集系列报道《民工兄弟,你怎么了?》,一经播出引起较大的社会反响,有关部门介入此事,民工最后得到了被拖欠的工资。南京市劳动部门还专门出台了严禁拖欠民工工资的文件,组织了专项检查,有效地维护了民工权益。

三是招募百姓摄像师。这样使节目与百姓的贴近性和互动性都大大向前推进一步。不仅有利于提高新闻及时性的效果,更及时地捕捉到新闻的第一手画面,同时也获得了百姓认为重要的新闻,也就是注意受众的感受,从受众的角度选择新闻。福建新闻频道的《现场》拥有数百位注册百姓摄像师。据统计,2004年5月到8月的《现场》,共播出70条百姓摄像师送来的节目,其中不乏现场感

---

① 阿灿:《民生新闻主播的冷暖人生》,搜狐网,2004年10月18日。

强、新闻价值大的好素材,又由于报道及时、画面冲击力大,受到了观众的好评①。

第三,在荧屏形象上,也尽量让普通民众成为主角,注重将话语权交给广大的观众。广播电视民生新闻实现了话语权的转移,即从传统上以传者为中心向以受众为中心的转移。当然这不是简单地从上到下的转移,由于受知识水平、语言表达能力、自身利益渗透其中等因素的影响,每个人对新闻事实的表述、理解都不同,通过这些人所反映出来的新闻的价值取向也会大相径庭,这就要求媒介在话语权向下转移的过程中,一定要界定出符合社会大众而不是某个当事人的价值标准。在南京和成都地区几档具有代表性的民生新闻节目中,市民的出镜率都超过了50%,有的甚至还高达80%以上。在这些节目当中,记者和解说词退居到了次要位置,市民的同期声被大量运用,生动的画面、鲜活的市井语言创造了一种清新平易的市民话语语境,使媒体与市民实现了零距离的贴近。

市民话语是改革开放之后形成并透过新闻传媒(尤其是以都市报和城市电视台为代表)走入社会前台的一种话语体系,它反映着市民阶层的思想意识,以及思维和表达特征,而且,随着市场经济和商业文明的发展,逐步成为富有时代特征的大众文化的主要话语形式。所以,西方的一些社会学者、传播学者把我们今天所处的社会阶段也称之为市民社会。与传统的新闻传播范式相比较,民生新闻无论是从题材到叙述形式上都发生了转变以适应这种市民话语的要求,实现了话语权的社会下移,把话语权从党政官员、文化精英手中转移到了普通市民手中,赋予了全体市民参与公共决策的权力。在把握住正确的舆论导向的基础上,节目为普通老百姓提供了平等交流的话语空间,并且百姓的话语权得到了极大的尊重和维护,让民众的意见最终上升为政府意志,最大限度地实现了民意的公共价值,彰显民生新闻的大众价值取向和草根情节。在这种角色转换和模式颠覆中,百姓也提升了自我的"参与意识"和"公共意识",更积极主动地参与到节目制作和社会问题的讨论中来。

这种话语权的转移在实践中也带来了明显的角色转换,正如河北电台品牌民生新闻节目《百姓30分》的新闻工作者所倡导的"记者也是百姓,百姓也是记者"。在民生新闻的运作中,一方面传播者深入实际,心系百姓、体察民情而不是高高在上的俯视、指导;另一方面百姓也不再是被动接受,他们提升了自我的"参

---

① 余铁平:《互动性——民生新闻的追求》,《中国广播电视学刊》2005年第5期。

与意识"和"公共意识",有机会积极主动地参与到节目选题、制作、传播过程中来,提出他们的意见,解决他们所关心的现实问题,从而实现了节目的良性运作传播者和受众的良好沟通,这也是民生新闻的成功之处和实践价值所在。

第四,在语言表达风格上,民生新闻的主持人与以往的新闻播音员有了很大的不同。他们一改"播"新闻的惯调,吹拂"说"新闻的清风,用市井民众习以为常的语言风格,娓娓讲述新闻"故事";同时,还不时以真性情、个性化、短小灵活、幽默调侃、寓庄于谐的点评,为新闻传播倍增妙趣,让受众感受到主持人的个人魅力与媒体对新闻信息的独特解读。而且,"说"新闻不仅使受众产生"拉家常"的亲切感和收视愉悦,拉近了栏目与受众之间的距离,在受众心目中树立了栏目的"亲民形象",还由于这种富有亲和力且风格独特的"说"新闻的方式,使受众对主持人产生了极大的宽容度和亲切感,使主持人在说新闻时也可以有更为宽松的心态和放松的状态,偶尔出现一点咳嗽等瑕疵受众也不会在意。

第五,在编排上,以前,《新闻联播》作为中国电视新闻栏目的传统范式,其分类编排理念长期规范着地方台新闻栏目的结构,一般是先中央后地方再各行各业,从时政新闻到社会新闻,从国内到国际。而民生新闻节目大多从地缘特点出发让反映百姓生活的内容做主角,政府活动、会议新闻等习惯上认为重要的内容常常被压缩为滚动字幕,并依"地方新闻—国内重大新闻—国际重大新闻"的次序编排新闻,并且新闻栏目为了追求时效性,通常把最新发生的重大事件作为"今日头条"放在栏目开头首先播出。

如《南京零距离》在节目编排上改变传统板块模式,取消了"从今日头条开始,按时效性的强弱等级依次编排新闻"的习惯做法。其最重要的编排理念是:它的结构形式是"节",即根据各新闻信息之间的有机联系和观众收视心理曲线,把一个小时节目内容分成三到四节。每一节里面都必须有头条,或者消除头条概念,让每一条新闻都引人注目。这样,每一节里面都有亮点。

安徽电视台的《第一时间》在整体上采用了一种开放式的编排手法,即依时段而不是内容划分板块:以10分钟为一时段单位,用导视、宣传语、广告等作为间隔,起承转合。将新近发生的重大新闻放置在每段的头条,一方面充分体现直播的优势,另一方面又不破坏节目的整体结构。整体结构虽然是开放式的,但在细节上仍然体现出编者多元和谐的组合意识。

以上一系列措施,使广大民众在心理上觉得民生新闻和自己亲切无间、息息相关,从而更加关注,并有力加强了传者与受众的深度互动。

(3) 舆论监督性上的公众平台性。

舆论监督性上的公众平台性是广大民众青睐民生新闻的重要缘故之一。在现代文明国家,新闻媒介被视为推动社会进步、承载社会责任的重要舆论监督利器,处于全体公民据以窥视社会和自然环境、讨论公共事务的公共领域之中。

能否或敢不敢于对一些职能部门的腐败现象、官僚主义进行批评,是衡量一个媒体公信力的试金石。批评的力度常常成为受众衡量媒体实力的指标,也是媒体号召力的来源之一。在很长一段时间,媒体舆论监督有其名而无其实,在现行体制下,媒体往往也很难找到很好的方法。民生新闻为媒体舆论监督寻找到了一个很好的突破口。这就是充分调动社会大众的"公议威力"。它匡扶了正义,泄导了民情,为社会稳定起到了一个"稳压器"的作用①。

民生新闻的舆论监督,首先是对社会的丑陋现象进行深刻批判与揭露。在日常生活中,与百姓最接近的是政府管理与服务部门,他们最直接地感受到这其中的是是非非。例如,政府管理部门的官僚主义、衙门作风令百姓深恶痛绝,城市中某些角落有人从事一些见不得人的勾当,歌舞厅中的色情表演、非法网吧对青少年的影响,商品交易、服务行业的欺诈行为等,对百姓利益构成了危害。记者通过暗访,对其中藏污纳垢的现象予以揭露,使观众感到大快人心,从而使各行各业的风气得以扭转。

其次是对政府某些管理职能部门的腐败与官僚主义进行监督,如在《南京零距离》上,市政建设中挖断水管、电缆的报道几乎每两三天就能见到一次。某公路收费站竟然在深夜强拦执行紧急救火任务的消防车,要收过路费。申报世界文化遗产的国家重点文物保护单位居然被出租给了个体户搞经营。有关部门的腐败、官僚使公众利益遭受损失等,观众在看到这些内容后,纷纷打电话表示愤慨和谴责,要求处置那些不负责任的领导。从这可以看出,由媒体引发的舆论监督已在发挥作用。

再次是批评市民生活中种种非文明行为。如《南京零距离》几乎每周都有报道某些南京市民因为喝醉酒引发的问题。如醉卧街头、醉卧下水道、酒后吵架等,这些新闻中人的不文明举止,经过电视曝光后,对广大市民都有警示作用。观众的道德良知在观看新闻的过程中被唤醒了,他们自觉去维护城市的文明形象,一旦发现违背道德、法律的行为就主动与电视台联系,自觉地充当城市文明

---

① 苑志强、张建利、祁进举、赵丽华:《中国电视民生新闻发展解读报告》,《电视通讯》2003 年 3 月。

的监督员。这就为舆论监督纠正百姓生活中某些不良习惯,改造恶习,树立良好的社会风气创造了条件。

毫无疑问,民生新闻是为公众搭建了一个舆论监督的平台,这个平台和以往其他新闻舆论监督平台所不同的是更为贴近民众,民众利益成了舆论监督的出发点,公众舆论成了舆论监督的语境。因此,备受民众的青睐、支持和信任。

二、民生新闻的源起与发展

1. 萌芽期

民生新闻的源头,最早可以追溯到19世纪西方大众化报业时期。当报业从充当政党宣传、党派论战的角色中渐次转化为盈利工具时,对民众日常生活的大量报道成为历史的必然选择。《美国新闻史》一书中对此有精辟论述:"任何时候,只要现有的传播机构长期忽视了大批民众,那么最终总会有人设计出新的机构来满足这一需求。这类大众报刊不可避免要被高雅的读者嗤之以鼻,因为这类报刊所刊登的内容往往是粗浅而又煽情的。然而,这种蔑视的态度并非总是有理。正如儿童读书一样,一般都是先从《鹅妈妈》或童话故事之类开始,而后才能读比较深奥的书。所以,当公众第一次接触到一家新的新闻机构时,常常喜欢被评论家称为煽情主义(sensationalism)的东西,即为追求轰动而追求轰动。这种情形可见诸于大众化新闻事业发展最迅猛的时期。在17世纪20年代、19世纪30年代、19世纪90年代以及20世纪20年代的时候,报界都曾为了发掘久受新闻界忽视的新的读者群,而掀起煽情主义的浪潮。""1832年,第一份成功的便士报发掘了大批被统称为'平民'的读者,最初发售的这种穷人报纸的内容大多是高度煽情的。然而,这仅仅是处于发展阶段,没过多久,便士报便吸引了不同经济和社会地位的读者。而平民百姓也随着他们文化水平的提高而要求报纸提高写作水平。"[1]

1833年9月3日,一张新颖的小报与读者见面,开创了新闻事业的新纪元。这张小报就是《纽约太阳报》(*New York Sun*)("它为人人发光"),由本杰明·H. 戴(Benjamm H. Day)创办。这份报纸报道的内容主要是当地发生的事情及

---

[1] [美]迈克尔·埃默里、埃德温·埃默里:《美国新闻史》(第8版),展江、殷文主译,新华出版社2001年版,第116页。

暴力新闻,取材大多是无足轻重的俗事,但读来却饶有趣味,"人情味"("human interest")是它新闻的专长,再加上售价低廉,在短短的 6 个月里,《太阳报》的发行量便达到了 8 000 份左右,几乎是与之最接近报纸的两倍。

美国学者曾指出:"便士报的出现与在杰克逊式民主之下平民百姓的崛起密不可分。"社会学家迈克尔·舒德森对这一说法表示支持。他认为,大众民主、市场观念及城市社会的发展造就了他所谓的"民主的市场社会",为了适应这样一种社会的需求,便士报便应运而生。他言简意赅地说,这些新报纸"通过组织销售、吸引广告、强调新闻性、迎合大批读者以及减少对社论的关注,充当起了政治、经济及社会生活中平等主义理想的代言人"[1]。在某种意义上可以说,在"便士报"时代,就已经孕育着"民生新闻"的萌芽。

"民生新闻"在我国,最初是发轫于报刊。早在 20 世纪 90 年代初,大众传播娱乐化蓬勃兴起,都市报、晚报的都市社会新闻、市井新闻作为民生新闻的雏形就广有影响。以《华西都市报》《成都商报》《华商报》《楚天都市报》《南方都市报》《京华时报》《新闻晨报》等为代表的都市报以彻底市民化、平民化的姿态成为报刊新锐,形成新一代报风,在媒介市场上纵横驰骋,所向披靡。

至于"民生新闻"口号正式提出,据资料显示,最早是创办于 2001 年的深圳报业集团的子报《晶报》。这份都市报当时明确宣称"以民生新闻为特色",只是操作者提出这一名词当时还只局限于一种概念,尚未能对其内涵给以明确的界定与阐释[2]。

从民生新闻发展的总体情况来看,民生新闻大潮中的主力军则是电视民生新闻。

电视民生新闻最早从电视动态新闻中的社会新闻发展演变而来,在 20 世纪 90 年代中期开始演进为都市新闻,之后又与都市新闻中的经济、财经、法制、娱乐等新闻题材相分离,渐成为具有独自特征的新闻类别。早在 1995 年,北京电视台创办的《点点工作室》(1998 年改名为《元元说话》,1999 年又更名为《第七日》),已基本带有了民生新闻的品质。1997 年北京电视台的《北京特快》与 1999 年成都台推出的《今晚 800》等,也呈现出典型的民生新闻特质。在以大众品位

---

① [美]迈克尔·埃默里、埃德温·埃默里:《美国新闻史》(第 8 版),展江、殷文主译,新华出版社 2001 年版,第 118 页。

② 罗锋:《后民生新闻时代媒体选择及困境》,中国新闻研究中心,http://www.cddc.net/shownews.asp? newsid=9561,2005 年 10 月 21 日。

为基础的文化消费中,由于这些电视新闻题材趋向市民生活,能以市民的眼光透视多数人的生活,用百姓的语言写百姓关心的事情,轻松活泼,因此受到观众的普遍喜欢。

但当时的民生新闻形态或者说新闻中的民生化倾向,还只是一部分敏锐于时代变化的电视工作者自发而非自觉的行为,从宏观看这样的节目也只是凤毛麟角。

2. 发展期

2002 年元旦,一档着力倡导"民生新闻"理念的新闻直播节目《南京零距离》在江苏电视台城市频道开播,面向省会南京,每晚直播时间为 6:50—7:50,节目完全自采,包括社会新闻、生活资讯、读报、观众热线、现场调查等内容。该节目第 28 周时进入 AC 尼尔森南京地区电视节目排行榜前 5 名,从第 36 周开始,名列 AC 尼尔森南京地区电视节目排行榜第一名,经久不衰,每晚锁定《南京零距离》,已经成为很多南京市民的固定生活内容。2003 年 7 月,《南京零距离》平均收视率为 8.3%,最高收视率达到 17.7%。2004 年该节目的广告时段以 1.088 亿元的价格被买断,成为国内身价最高的电视新闻栏目。

《南京零距离》倡导的"民生新闻"理念,也逐渐受到了业界和学界的广泛关注和高度肯定。各地城市频道纷纷举起了"民生新闻"的旗帜,民生新闻栏目在各省市频道中遍地开花。

上海新闻综合频道《新闻坊》(2002 年 1 月 1 日开播,2002 年 6 月底改版,每晚 18:00—18:25 播出)定位在主要报道"城市社会新闻",注重了新闻价值中的接近性与对百姓的重要性。

湖南都市频道的《都市一时间》(2004 年 2 月 2 日开播,每晚 18:55—19:55 播出),传播理念是"民生视角,本色表达"。

安徽经济频道的《第一时间》(2003 年 7 月 28 日开播),以反映百姓冷暖痛痒、喜怒哀乐为己任。

重庆电视台新闻频道《天天 630》(2004 年 4 月 20 日开播),强调"内容为王、时效为先、现场为重",以"突发事件、舆论监督、百姓情怀"为主要报道内容。

"民生新闻"热这一现象被中国广播电视学会城市广播电视(电视新闻)研究会确定为 2004 年第十二届新闻理论研讨会的主要内容,将此称为"以民为本"的理念,并据此提出第三次新闻改革。

2004 年,中国广播电视集团在全国范围内开展了最受观众欢迎的电视栏目评比活动,在全国 37 家电视台选送的 100 个电视栏目,新闻专题类栏目占到 30%,其中与纪实纵深类平分天下的是民生新闻栏目[①]。

此后,一些权威新闻传播机构评选年度重大新闻时,民生新闻也被列为专门类别,备受关注。如 2010 年 12 月 30 日,新华社就评出有"国内十大民生新闻"予以发布。内容有《30 个省份上调最低工资》《公立医院改革试点惠民多》《"新国十条"力遏"高房价"》《反思富士康之痛,让劳动者更加体面地劳动》《三聚氰胺"魅影重现"》等。

三、民生新闻产生及兴起的原因

"民生新闻"这种带有新闻改革性质的电视新闻类型的兴起并不是偶然的,对其兴起的原因,也引起专家学者们广泛的关注与研究,概括起来,大致有以下一些见解。

1. 社会格局演变,民众情感宣泄的需求

国际经验表明,一个国家在走出低收入并向中等收入国家迈进的时期,即人均 GDP 从 1 000 美元到 3 000 美元时期,各种矛盾就会凸显出来,如果处理不当,就可能引发社会动荡。我国正处于社会转型期,人均 GDP 已达 1 000 美元,同样也面临着种种矛盾与挑战,随着我国现代企业制度以及户籍、住房、医疗、教育等一系列制度的改革,加上农村城市化进程的加快,越来越多的农民离开土地涌入城市,社会关系变得更为复杂。从前单一的工农兵学商社会人的关系定位,又演变出了更多的社会角色,分工也越来越细,人的社会角色定位有了很大的变化。

社会的变革转型,不单单造成了人的社会角色的转换,更主要的是人们的思想道德观念和情感都会发生变化。随着经济社会的发展,民生问题的内涵会不断延展。这需要国家出台相应的方针政策加以调控解决,而传媒作为社会的瞭望者,肩负着沟通舆情、反映民声、为百姓牵线搭桥排忧解难的神圣使命,也有责任引导民众关心国家和社会的发展,维护和实现社会公平,营造良好的社会氛围,形成和谐相处的人际环境。通过媒体舆论来传播、诠释,是一条十分有效的渠道。

———————————

① 周小普:《民生新闻:内容与形式的创新表达》,《中国广播电视学刊》2005 年第 2 期。

2. 群众对知情权和话语权的渴求

知情权指的是民众享有通过新闻媒介了解政府工作情况的法定权利。随着公民社会的日趋成熟,市民会有日趋强烈的诉求冲动,媒介作为公民与社会平衡器的作用日益凸显出来,媒介意见表达平台的作用彰显。

话语权,是通过媒体发出的团体或个人的声音。以前,镜头前能够运用话语权的人必须具备相当的资格和严格的条件,普通百姓基本上没有机会上镜头发表意见,行使话语权。现在,随着民主政治的发展,群众表达意见相对自由,加上社会转型期尚存在的利益分配不公、群众利益遭受侵害、行业风气不正等社会问题,群众要求发出自己的声音,获得平等的话语权。而百姓自己在镜头前述说,不仅仅是个人的意见,更多的是代表群体的声音,这必然会吸引整个群体的关注[1]。

3. 政治文明发展,民本思想普及

国计民生历来具有不可分割的紧密联系。"民生"一词最早见于《左传·宣公十二年》:"民生在勤,勤则不匮。""民生"的含义是指民众的生计。从历史来考察,在我国历来就是将民生与国计相提并论的,尤其是"民惟邦本"的思想有着深厚的历史积淀,被认为是古代民本思想的端倪。《尚书·五子之歌》写道:"民惟邦本,本固邦宁。"《左传·庄公三十三年》写道:"政之所兴,在顺民心。"可见,在国计与民生的辩证关系中,自古就强调民生是国计的基础,国家的发展大计、国家的兴旺之策一定要建立在有利于固邦本、顺民心的基础上。在我国进入新的历史阶段后,党的十六大确立了科学发展观,建设"和谐社会"成为执政兴国的时代最强音,"坚持以人为本,树立全面、协调、持续的发展观,促进经济社会和人的全面发展"成为时代的主题,使国家的大政方针更加注重人与自然的和谐发展,在新闻传播方面,党和政府也号召广大新闻工作者要在"三个代表"重要思想指导下,以"贴近实际、贴近生活、贴近群众"作为深化新闻改革的突破口。这一时代特质必然有力地激励新闻工作者对"民生题材"倾注巨大的热情,对民生新闻进行大胆探索、努力创新,并且不断从更高的理性层次提升对民生新闻的认识。例如,南方日报传媒集团总编辑杨兴锋讲道:我们新闻从业人员只要扣住了"民生",实际也就是把住了"国计"的脉;而关注"国计"最好的途径就是紧扣住"民生"[2]。

---

[1] 方永明:《电视民生新闻兴起的背景分析》,《传播学论坛》2004 年 7 月。

[2] 杨兴锋:《既要小民生也要大民生》,《南方传媒研究》第一辑,南方日报出版社 2006 年版。

4. 电视改革创新需求的驱动

回顾电视改革历程,我们可以看到传媒自身态度的一个深刻变化:受众越来越从被动接受的客体角色,上升为整个传播过程中日益显要的主体角色。

向受众回归是中国电视改革10年来的大趋势,而以民为本、关注民众日常生活生计的民生新闻的出现是这一趋势的深化和发展。具体深入分析,又可以看出下面的一些因素。

(1)地方电视台的竞争策略。

就传媒竞争格局来说,中央台新闻节目一直在资源配置上占有极大优势,覆盖范围广,社会影响非同寻常,地方台的新闻节目一直难有较大的突破,在2002年以前,没有一家地方电视台的新闻收视率超过新闻联播在本地的收视率,也没有一家电视台选择将自己的新闻与新闻联播在同一时段播出,直到《南京零距离》的出现,才打破了这种格局。

地方电视台制作的民生新闻栏目关注群众身边的事情,贴近实际、贴近群众、贴近生活,有助于培养受众对媒介的亲和力及消费热情,所以,成为地方电视台新闻成功突围的一条通道。

(2)"新闻立台"战略的必然选择。

从理论上说,作为主流媒体的电视台应该以新闻节目为自己的生存根本。但实际上,许多地方电视台都是以电视剧立台,电视新闻节目缺乏市场竞争力。

"新闻立台"战略需要用高质量的新闻赢得社会效益和经济效益双丰收,树立电视台的品牌,才能支撑电视台的发展,民生新闻以本土化、贴近性、低视角、平民化的特点,受到了观众的欢迎。市场的认同,为电视新闻节目注入了新鲜的生命活力。

自从《南京零距离》成为中国身价最高的电视栏目后,一些电视人自豪地说:电视已经不再是单靠电视剧来吸引观众的眼球了。电视民生新闻的兴起,为"新闻立台"战略提供了有力的支持,因而迅速获得全国众多省市电视台的响应。

本 章 小 结

● 广播电视新闻的类别主要是从广播电视反映新闻信息时的内容所属领域所作的区分。广播电视新闻的类别主要有:广播电视时政新闻、广播电视经济新闻、广播电视民生新闻、广播电视法制新闻、广播电视文化新闻、广播电视体育新闻等。

◎ 广播电视时政新闻报道具有以下几个方面的特点：① 鲜明的政治色彩。时政新闻与其他比较"软性"的新闻相比，是政治性最强的"硬"新闻，充分体现"喉舌"功能；② 严格的规范性和程序性；③ 具有"头条新闻"的优先权。媒体最重要的新闻就是时政新闻；④ 时效性更强；⑤ 周密策划与随机应变。我国时政新闻报道创新求变要注意：① 重大时政新闻：信息公开、追求时效；② 领导人活动：突出现场、凸显真情；③ 会议新闻：跳出程序、贴近群众。

◎ 广播电视经济新闻具有实用取向性强、较大的抽象性、较大的不确定性、前瞻指导性的特点。报道要注意：专业性与大众性的有机结合；具有"实效信息观"与宏观洞察力；树立人本意识；善于"广播化""电视化"地表现经济新闻。

◎ "民生新闻"是进入 21 世纪后，我国新闻界蓬勃兴起的一股新闻潮流，以关注民众生计、民众意愿、民众立场为主要价值取向，并致力于以民众视角、民众喜闻乐见的形式，对与民众生计、民众生存、民众日常生活、民众切身利益密切相关的新近变动事实的传播。广播电视民生新闻具有如下特征：价值取向上的民众接近性；传播形态上的平民可亲性；舆论监督性上的公众平台性。

思考题

1. 广播电视时政新闻的概念及特点是什么？

2. 联系实际，思考广播电视时政新闻创新应关注哪些问题？

3. 广播电视经济新闻有哪些类别？各有什么特点？

4. 广播电视经济新闻有何特点？广播电视经济新闻报道应注意哪些问题？

5. 何为民生新闻？

6. 广播电视民生新闻有何特征？

第五章

广播电视新闻类别(下)

第一节　广播电视法制新闻

一、广播电视法制新闻的概念、内涵及发展

1. 广播电视法制新闻的概念及内涵

广播电视法制新闻,顾名思义,就是指以广播电视为载体,传播法制领域新近变动的事实。广播电视法制新闻对传播法律知识,即立法、司法、执法、守法及普法为内容,促进国家法制建设进程具有重要的社会功能。

由于法制建设是国家建设中涉及面很广的重要范畴,所以,即便不是完全意义上的法制新闻节目,在新闻时事类节目或焦点类节目中,也常有一些节目会从不同的角度涉及"法制"的内容。

2. 广播电视法制新闻节目的发展

中国的广播电视法制新闻节目起步于 20 世纪 80 年代,是随着国家社会主义法治和民主建设、增强国民法治意识的需要而出现的。80 年代初中央电台对黑龙江双城堡火车站野蛮装卸事件的报道引起社会强烈的反响,对改进有关方面的工作起到很好的舆论监督作用①。

1985 年,我国全面普法工作正式展开,1985 年 6 月,中宣部、司法部制定了《关于向全体公民基本普及法律常识的五年规划》,即"一五普法",要求"报刊、广播电台、电视台都要由专人负责,办好法制宣传栏目"。1985 年上海东方电视台

---

① 哈艳秋:《彩练当空舞电波传九州——纪念人民广播 60 周年》,《现代传播》2000 年第 6 期。

《法律与道德》栏目的创办,标志着我国电视法制节目的产生。

随着时代和社会的发展进步,法律已渗透到社会生活的各个领域。中国广播电视法制节目成为普法的重要窗口。

在电视方面,各种收视率调查数据表明,电视法制节目在收视率排行榜上名列前茅,深受广大电视观众的喜爱。1997 年进行的全国电视观众抽样调查显示,法制节目在观众收视频道中位列第五,前四位依次是影视类、新闻节目类、综合文艺类、新闻评论类。法制节目在所有专门题材的节目中,是观众认同度最高的节目[①]。

2004 年 12 月 28 日,CCTV 开播"社会与法"频道。截至 2004 年年底,全国已有 8 家地方电视台开办了法制专业频道,其中 5 家省级卫视,3 家市级电视。它们分别是 2000 年开播的山西台"法治·道德频道";2001 年开播的黑龙江台"法制频道";2001 年开播的河南台"法制频道";2002 年开播的陕西台"政法频道";2004 年开播的新疆台"法制频道"。市级法制频道有:1999 年开播的长沙台"政法频道";2001 年开播的太原台"法制频道";2001 年开播的烟台电视台"政法文体频道"。

在广播方面,从 20 世纪 80 年代法制广播节目诞生开始,法制广播节目就一直在广播节目中占有重要地位。目前,中央人民广播电台、各省台以及部分市台都开办了专门的法制栏目,并在节目的内容和形式上进行了有效的探索。山东人民广播电台专门投入不小的资金打造品牌节目《法眼看社会》,同时派生出新的节目;广东人民广播电台针对广东流动人口多的特点,开办《妇女心声热线》,有专门的法律、心理专家为特定的人群解答疑难,同时运用市场化的运作方式大办有影响的社会活动。不少市级广播电台也在节目时间、长度上,给法制节目以倾斜。包头台的《法制 30 分》、青岛台的《华金法制时间》、大连台的《法制经纬》、沈阳台的《法制新视野》等,都赢得了大量的受众[②]。

我国法制改革的鲜活实践为法制新闻节目的发展提供了丰富的内容源泉,法制新闻节目的发展又有力地促进了我国法制改革的不断深化。如,新世纪伊始的 2001 年,全国广播好新闻评奖中,送评的法制新闻节目就反映出我国的法制新闻节目水平已跃上了新的台阶。不仅是历年来参评作品数量最多、送评单

---

① 尹力、张小琴:《论中国电视法制节目的文类概念与文类特征》,传媒学术网,http://academic. mediachina.net/xsqk_view.jsp? id = 1322。

② 新浪新闻,http://news.sina.com.cn/c/20040914/17513665334s.shtml。

位最广的一年,而且稿件质量普遍提高,全面反映了各地发生的法制大事,宏观再现了新世纪第一年中国民主与法制建设的鲜活画面。而获奖的 37 件作品更是翔实记载了中国实施"依法治国"方略的历史进程。同时,也生动反映了广播法制新闻发挥自身传播手段特色及优势的可喜探索。获广播新闻一等奖的厦门人民广播电台送评的《思明法院响起祖国大陆法院第一槌》,这篇报道在两分半钟的时间里,记者充分运用广播优势,通过四段音响给听众强烈的听觉震撼,不仅生动描写了思明法院首次使用法槌开庭的场景,而且巧妙穿插了法槌的作用,以及与现代法制的特殊意义。最重要的是这篇报道所描写的法院是我国第一家自觉改革尝试使用法槌开庭的基层法院,在他们使用法槌 3 个月后,最高人民法院出台了《人民法院法槌使用规定》,9 个月后,也就是 2002 年 6 月 1 日,全国法院系统统一使用法槌。这篇报道自然成为反映我国审判机关使用法槌这项改革最好的佳作①。

2004 年 9 月 9 日,全国法制广播业务交流委员会召开,大会成立了全国法制广播节目协作网。协作网的成立是为了组织交流法制广播新闻工作的经验;评选优秀法制广播新闻节目;开展法制广播新闻理论与实践的研究;对法制广播新闻工作者进行培训;维护法制广播新闻工作者的合法权益;举办有益于法制广播新闻工作者身心健康的公益事业。对于法制广播的发展、广泛合作,都是一个历史性的进步②。

二、广播电视法制新闻节目的类型和特点

1. 电视法制新闻节目的类型和特点

一般来说,电视法制节目可以分为现场纪实类、以案说法类、举案讨论类、庭审直播类四大类。

(1)现场纪实类。

如中央电视台的《法制在线》、北京电视台的《法制进行时》等。这种节目形态具有很强的时效性,以现场纪实性见长,有时就是与事件的发生、发展同步,是现场目击式的报道,因而也具有很强的现实感染力。

① 参见李子顺:《改革使广播法制多佳作》,引自新浪网。
② 新浪新闻,http://news.sina.com.cn/c/20040914/17513665334s.shtml。

如在中国广播影视大奖 2004 年度广播电视节目评奖中,北京电视台《法制进行时》栏目组制作的《惊心动魄 22 小时——北京警方破获吴若甫被绑架案件纪实》,就是凭借精彩的现场同期录音和扣人心弦的现场画面,一举夺得优秀专题节目的第一名。大家知道,绑架案一般是不允许新闻单位随警采访的,特别是名人被绑架,就显得更为敏感。在办案的过程中,警方对媒体常常是避之唯恐不及,更谈不上让记者出现在现场。《法制进行时》栏目组凭借多年与首都警方默契合作和生死与共的采访经历,获得了独家采访的机会。栏目组派出了 5 组记者到达不同的侦破地点,在不同的地点从不同角度进行拍摄。当主犯手握手雷被侦察员按倒在地,到特警破窗而入解救出人质的关键瞬间,《法制进行时》的记者都是冒着危险紧随其后,从容不迫地记录下这一切。这样,大量的现场素材不仅为后期的编辑准备了充分的现场镜头,而且,使作品的现场感十分强烈,产生了让人紧张得透不过气的揪心感。这也正是一个优秀法制节目应当具备的特点和追求的境界①。

现场纪实类节目的地域性、接近性很强,在地方电视台尤有较大的生存空间。这种形态与国外的地方新闻中大量存在的犯罪新闻(crime news)有相似之处。

(2) 以案说法类。

如,中央电视台的《今日说法》《经济与法》都属于这一类型。这类法制节目有一定的时效性,是以法制新闻案件为由头,在对案件的报道中同时展开法理性的权威分析与揭示,作出符合法律法规的评判,达到普及法律知识、澄清模糊认识的目的。节目具有一定的深度。

(3) 举案讨论类。

就某个案件邀请嘉宾走进演播室进行讨论。所邀请的嘉宾往往并非法律专家,而是普通观众的代表。他们的观点也并不代表专家权威的立场,而是完全从观众的角度结合画面展示的案例有感而发。通过演播室嘉宾的讨论,引导广大观众对相关的法律和社会问题作出正确的判断,进而提高是非鉴别能力和法律意识。这类法制节目以山东电视台的《举案说法》为代表。

(4) 庭审直播类。

是指以法庭审判过程实况为内容的电视现场直播节目。例如北京电视台的

---

① 参见李丹:《展示评奖结果推动创优工程》,《中国广播电视学刊》2006 年第 5 期。

《庭审纪实》和河北电视台的《现在开庭》。这类节目形态以电视特有的技术手段,突出了纪实性和公开性,将原汁原味的庭审过程展现给观众,增加了透明度,给予了观众知情权,也满足了观众的好奇心,更有利于体现舆论对司法实施监督。

2. 广播法制节目的类型和特点

广播法制节目主要分以案说法类、访谈类、专题新闻类、辩论类等四大类。

(1) 以案说法类。

以案说法类广播节目和电视一样,都是挑选具有代表性的案件进行分析评论,再引申阐释法律事件的关键法律点,起到普法的作用。例如,"中国之声"的《重案调查》。

(2) 访谈类。

针对社会上重大或者热点案件,访问法律界专家,请他们进行点评。例如,"中国之声"的《现在开庭》。

(3) 专题新闻类。

以专题新闻的节目形态,以案情新闻播报为主,辅以对新闻现场的录音等广播特有手段,生动传播有关新闻事实。例如,北京新闻广播的《法制天地》和湖北人民广播电台的《法制园地》等。

(4) 辩论类。

邀请司法界和法学界人士作为节目嘉宾,以正反方的形式,对当前法律热点的法律问题展开辩论,并适当邀请听众参与辩论。这种方式不仅调动了现场参与者的热情,也拉近了媒体、法学专家、律师与听众的距离,受到了广大听众的好评。例如,天津人民广播电台"法制纵横"节目的《观点撞击》。

三、广播电视法制新闻节目的要领

1. 广播电视法制新闻节目的叙事特征

悬念叙事性是广播电视法制新闻节目最突出的叙事特征。一般来说,几乎所有的法制节目都会涉及具体的案例,而案例的本身往往都是包含着错综复杂冲突的事件,具有比较强烈的故事性。人们之所以普遍关心法制事件,不仅因为法制事件与广大民众的生存安全密切相关,也还因为人们在谈论交流这些案件的时候,那种故事般的充满悬念的过程,容易引起人们津津乐道。这正是一种传播价值的重要因素。所以,法制节目在叙事上,十分重视、强调保护、生发、强化案例本身包含的悬念因素,在对案情的叙述过程中,无一例外地讲求悬念的设置,巧妙运用倒叙、插叙、细节刻画等不同的叙事方式来吸引受众。可以说,法制节目尤其讲究"讲故事的方法",因为法制节目的题材内容本身,就为法制节目"讲故事"提供了得天独厚的土壤。

具体来讲,广播电视法制新闻节目在叙事时须注意以下两点。

(1) 巧妙设置悬念。

设置悬念的叙事手法在法制节目中被普遍运用。一般的叙事过程是平衡——打破平衡——新的平衡,但是在法制节目中,一开始呈现在观众面前的往往是事件的不平衡,即案件的悬念。为了吸引观众,电视法制节目总是在节目开始就提出关键性的问题,或展开关键性的环节,制造悬念,先声夺人,引起观众的好奇心,迫使他们想知道后续的情况。在节目制作的时候,要根据案件的情节和事件的推进去刻意设置悬念。

上海电视台新闻综合频道《案件聚焦》栏目在 2004 年收视率最高的一期《胸罩为何剪开》就是一个巧妙设置悬念的例子。它讲的是一起非法行医者为未婚女青年流产引发的命案。节目先是交代在河边发现女青年的尸体,其胸罩被剪开,把观众引向性侵犯犯罪的悬念。接着,道明死者身份及有男朋友的情况,观众随之进入男朋友发现怀孕欲抛弃死者而情杀的悬念。直到节目的最后才娓娓道来,是因为死者自行找非法行医者堕胎意外大出血死亡。死者的胸罩则是因为大出血时呼吸困难被非法行医者剪开的。节目的编导利用解说词,音响和视觉画面给观众带来极富悬念和视觉魅力的享受。片中没有让人恶心和血腥的场面,只有不断吸引人的悬念。虽然片名有少许猎奇意味,但整个片子取得了非常好的收视效果。

(2) 曲折的叙事技巧。

对于广播电视法制新闻节目而言,叙事技巧在于巧妙运用插叙,避免平铺直叙,强化情节起伏,以及精心刻画细节。

合理运用插叙,把案件的背景巧妙安排在叙事过程中,是设置、强化悬念的有效叙事技巧。穿插的叙述既能使观众明白事件的前因后果,又能够避免平铺直叙。有些节目还把一些法律专业概念和知识穿插在案件中,使普法的意趣也得到了更生动的实现。

复杂的冲突和事件中人物的情感都承载于情节。波澜起伏的情节能够不断激起观众关注的兴奋点,使观众在较长时间内对节目始终保持高度的关注。

具体生动的细节刻画能够准确快速反映人物的心理活动和情感变化。在法制节目中恰到好处地运用细节,会使节目显得更加立体和充实。例如中央电视台的《今日说法》有一期《谁在印制假发票》,在采访的最后,犯罪嫌疑人突然向记者请求把自己儿子的照片带来,说完,犯罪嫌疑人还流下泪水。记者不失时机地抓拍住了这个细节镜头,并把这个细节加进节目中。这细节虽小,却从人性的角度充分表现出犯罪嫌疑人悔恨的心态和对儿子的关切,让观众看到了犯罪给家庭和后代造成的伤害,有力地起到了警醒的作用。

2. 广播电视法制新闻节目的解说词用语

广播电视法制节目的解说词在用语上,要力求用客观、分析、描述、中性的词语来评述事件。解说词要求通俗化和新闻化。通俗化是指避免将解说词写成法律文书,要把艰深的法律术语化为一般观众能够接受和理解的词语。

广播电视法制节目解说词的新闻化,是指解说词应讲求法律语言的新闻化表述。法律语言与新闻语言之间存在着显著差异,要寻求最佳的结合点,即以新闻语言为主,掌握好法律语言的运用尺度。节目内容所涉及的基本法律概念在解说词中应准确明了,法律名称和法律条文不能任意篡改,司法程序必须清楚明确,不能任意颠倒等。而对于事件的过程性表述和概括性总结的解说词撰写,应主要采用平实的、通俗的新闻化语言,使观众容易理解和感悟。

3. 广播电视法制新闻节目的说理

法理阐释性也是广播电视法制新闻节目的一个重要特征。法理阐释性是指电视法制节目通过电视手段诉诸观众的理性,以形象的载体来论"道",从而使观众接受其观点的特性。

由于法制节目所依托的法制事件是具有鲜明是非观念的内容,法制节目在传播中有形无形地都在调动受众的法制判断。由于很多案件的复杂性,包括案件发生的缘由,案件发生过程、形态的复杂性,法理认定的复杂性,往往都超越广大受众的生活经验和知识积累,所以,法制节目所承担的法理阐释功能就尤显重要。

广播电视法制新闻节目要注意叙事和说理的有机结合。要做到叙事清楚,说理明白,并善于调动自己特有的表现手段来阐释法理。

4. 高度树立广播电视法制新闻节目的社会责任意识

广播电视法制新闻节目必须高度树立社会责任意识,把社会责任感放在首位。法律是人类基于公平、正义的理念来判断人类生活中发生的事件的理性规则,具有深刻的思想性。法制宣传报道担负着保护人民、打击犯罪、普及法律知识的重要责任,内容必然涉及犯罪等社会丑恶现象。揭露假、丑、恶,促进问题的解决是电视法制节目的重要目的,但不是越多越好,不能将电视法制节目做成"案例汇总、罪恶展示"。在"量"上要有限制,要有典型性和说服力。要把握好"度",报道时,必须考虑社会效果,要从维护大局、维护稳定出发,从人民的利益出发,从普法教育的需要出发,杜绝炒作案例。绝不能为了满足好奇心理而猎奇,更不能将之作为一种单纯的提高电视收视率的工具。对素材要进行精当的分析、判断、取舍。

要注意广播电视法制节目中容易出现的一些不良倾向。如,有些节目热衷于炒作社会的阴暗面来迎合观众的猎奇心理;有些节目表现的镜头过于残忍、血腥,易造成负面影响;有些节目对还未审结的案件进行报道,干扰了司法机关的侦查、审判工作;有些节目对法院的判决妄加评议,不利于树立人民法院公正客观的形象;有些节目热衷展示刑事侦查手段,过细暴露犯罪分子的作案手段,无形中反而容易为一些不法分子提供参考,等等。

同时,广播电视法制新闻节目还要重视用人文主义的视角去关注法制事件和案例,并把这个理念运用于广播电视法制新闻节目制作之中。这就意味着在叙述案情的基础上,尝试深入到事件和案例的背后,对人物的命运予以关注,力图给以理性见长的法制节目多一分感性色彩和人文关怀。

第二节　广播电视文化新闻

一、广播电视文化新闻的内涵及内容构成特点

1. 广播电视文化新闻的内涵

所有凝结着人类劳动的物质财富和精神财富的总和都构成并反映着文化,因此没有比文化再大的概念了。新闻是对整个世界的再描述,这样一来,新闻与文化的关系就显得异常贴近与微妙。一方面,新闻反映、构成并引导文化;另一方面,文化对新闻的报道模式、方法、特色又产生影响乃至决定性的作用。在广播电视领域,文化新闻一直是一个重要新闻类别。

联合国教育、科学与文化组织(UNESCO)在 1982 年《文化政策世界会议》中给文化下的一个全球化的定义：文化是一套体系,涵盖了精神、物质、知识和情绪特征,使一个社会或群体得以自我认同。如果按照这种广义的文化概念来确认,那么文化新闻则是对这一涵盖了精神、物质、知识和情绪等特征的体系的报道。这样一来,几乎所有的新闻都可以纳入文化新闻的视野。不过,一般意义上所讲的文化新闻,是从狭义上来把握,即文化新闻是对文化领域内新近变动事实的传播。

例如,"文艺作品的出版、演播、展出、评论和研究的信息;文艺工作者的创作、生活;文艺界各种活动的信息;群众文艺活动的信息;民间传统文艺的形式、兴衰、挖掘、研究及相关信息;民风民俗的信息;中外文艺交流的信息;文艺方针、政策和文艺改革的信息"[①]。等文化新闻形式更"软"更"活",更加注重知识性、教养性、艺术性和休闲性。

广播电视文化新闻则是以广播电视为媒介手段对文化领域内新近变动事实的传播。

2. 广播电视文化新闻的内容构成特点

根据对广播电视文化新闻传播内容领域从最核心到扩展状态的观察,结合各领域在实际中被播报频率的高低,我们发现,广播电视文化新闻的内容构成可以分为以下三个层次：核心层次、活跃层次和扩展层次(见图 5-1)。

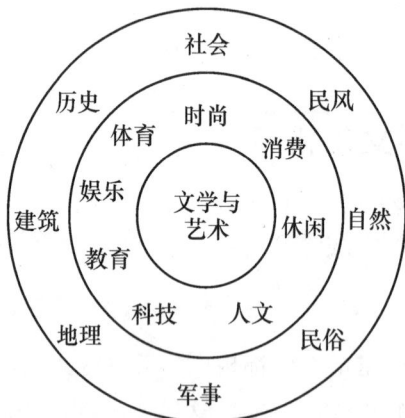

图 5-1 广播电视文化新闻的内容构成

处于最中心的文学与艺术是文化广播电视新闻报道的核心层次,也是初始意义上的文化新闻,其报道范围一般被认为包括了文学、影视、音乐、戏剧、曲艺、美术绘画、考古收藏等在内的代表了大众文化、流行文化、精英文化、通俗文化的文化产业领域和所有艺术形态。另外包括对文学作品、文艺现象、文艺工作者、文学艺术事件等的反映和报道。比如受众从新闻报道中了解到诺贝尔文学奖获得者马尔克斯最近出版了自传,从广播或电视中得知电影《断

---

① 张帆、王羚、盛启立:《把脉文化新闻》,《现代传播》2002 年第 3 期。

背山》获得 2005 年度威尼斯电影节金狮奖等。这类新闻不光报道文艺界动态消息、剖析文化现象,而且注意在满足受众对文化信息需求的同时引导和提升受众的文化品位,因此从本质上最为符合文化新闻的概念。

体育、时尚、消费、休闲、娱乐、科教这些领域属于文化新闻的第二层次——也是最为活跃的层次。它们给传统的文化新闻注入了新鲜的血液和活力,并且构成了整个社会大文化的图景与奇观。

最后,民风民俗、历史地理、自然人文、军事、建筑等方面属于文化新闻的扩展层次。也就是说,这类题材的"曝光率"不是很高,尤其以新闻的形式出现的次数相对较少。值得注意的是,它们大多以专题或纪录片的形式出现,其时效性新闻特性相对不够明显,但是很注重开掘作品的文化内涵,可以融入更多的主观成分,并以艺术的手法来强化作品的思想意识。

广播电视文化新闻的表现手法和形式也可以说是更为自由活泼,不拘一格。比如运用幽默的手法、拟人的手法、散文的手法、特写的手法等。

广播电视文化新闻表现形式大致可分为三类:一类是文学艺术类的,以 CCTV-10 的《读书时间》、综合频道的《艺术人生》为代表;一种是文化资讯类的,诸如 CCTV-3 的《综艺快报》和新闻频道新近推出的《文化报道》节目,它是对画展、歌舞演出、音乐会、图书资讯等国内外文化资讯进行的一般性报道;还有像《娱乐现场》、东方卫视的《娱乐星天地》、湖南台的《娱乐无极限》和凤凰台的《娱乐串串烧》等节目,是报道影、视、歌领域流行歌手、影星日常活动等内容的娱乐文化资讯;另外一类就是文化专题类,例如时尚、消费类的,旅游休闲的,吃穿住用行方面的,既能反映大众文化,又作为大众文化的推动者和积极建构者的专题报道。

二、广播电视文化新闻的社会功能

广播电视文化新闻不仅具备新闻一般的功能,由于它是对人类社会中关于文化生活、文化现象和文化人物的报道,这些内容又决定了文化新闻突出地表现为教育教养功能、休闲娱乐功能、文化交流功能和引导审美功能。

1. 教育教养功能

当人类步出洪荒时代走入文明的进程,人类就在不断为自己的生存环境以及所积累的成果创造一种延续和发展的可能性。这种延续和发展逐渐作为一种文化传统凝聚和沉淀下来。中国传统文化，是我们这个东方伟大民族历史性存在的见证，又是我们现代文化的根底。

传统与现代的结合、冲突、交融不断冲击和熏陶着现代人的心灵。马丁·沃克曾说，"一家报纸就是一个国家的文化的一部日记"①。我们的文化新闻，首先要记录现代文明，实现文化积淀；其次还要发扬传统文化，实现文明传承。因为文化发展具有历史的连续性，是人们在长期社会生产实践中经验和智慧的总结。从这个意义上讲，文化新闻的知识含量一般比较高，内容比较丰富。

与其他类型的新闻相比，文化新闻的教育教养功能似乎更为突出。我们现在通常说人文精神、人文关怀，可见人与文化是紧密联系在一起的。文化对人的感染力、影响力自觉融入文化新闻的传播之中。它的教育功能体现为知识的普及和文明的传承；教养功能则体现为人格的提升和精神的熏陶。总之，文化新闻以其独特的文化魅力征服听众、观众，使其受到智力的启迪、知识的启蒙、能力的完善和获得社会认同。

例如每到过春节的时候，过年的喜庆氛围和各地的民风民俗总是被媒体所关注。有的新闻在关注这一文化现象的同时不忘追溯历史，及时向人们传播有关年的各种风俗的形成和历史渊源，这就普及了知识；有的新闻在关注传统民俗的同时，又善于捕捉到新鲜的现象新鲜的事件，以传统反观现代，在传承文明的同时注意积极引导，取其精华，剔其糟粕，这就有了韵味；还有的新闻倡导一种健康的、时尚的消费观念和过年方式，并给处在欢快和放纵中的人们一个善意的提醒，以防乐极生悲，造成无法挽回的损失，这就把握了导向。这样的新闻，使人在潜移默化中感受到一种人文关怀和媒体专业精神，从而使人乐意去接受教育，而不是被动地接受说教、宣传。

一般来说，文化新闻能够反映我们主流文化的风貌，比较注重突出文化品位，有着浓郁的文化气息，引导积极健康的风尚，使人们的心灵得到净化。文化本身就具有社会教育功能，对主流文化的反映与引导，能够深刻影响人们的世界观、人生观，教育人们的价值取向。随着我们的广电工作者不懈的努力和探索，对于文化新闻的选题和制作有了更为纯熟和理智的把握，文化新闻"养人心志，育人情操"的功能被越来越充分地发挥出来。

---

① ［美］马丁·沃克：《报纸的力量》，新华出版社1987年版，第33页。

2. 休闲娱乐功能

广播电视媒体在传递文化信息、满足人们日益增加的精神文化需求的方面发挥了巨大的作用。人的本性是需要精神释放的,从这一点来说,休闲与娱乐是人类与生俱来的欲望。休闲是人体回归其自然状态、消除工作紧张疲劳、恢复其体力和智力(以及情感)机能的生活方式;而娱乐不仅使个人体力得以恢复,还使兴趣得以满足、身心得以极大的愉悦。

广播电视文化新闻由于形声并茂的传播手段优势能很好地适应人们休闲娱乐的本能需求。如北京电视台的《每日文化播报》节目,它从当前文化圈和娱乐圈中发生的事件入手,在报道的角度上,从偏重教化向交流与信息共享变化,从偏重"私闻""花边新闻"向传递知识、引导"文化消费"和较深层次文化思考变化,这样的新闻既有新闻性又具娱乐性[①],堪称把握了文化新闻的精髓与灵魂。

大家知道,近年来,交通广播频率成为业界的一笔亮色,它以传递丰富、实用、轻松的信息和明确的受众定位崛起于视听界。而其中一个最突出的现象就是,文化新闻几乎成为交通广播报道的主流。它使司机和乘客在繁忙的驾驶和旅途中能够放松身心,同时获取最新最快的文化信息,而这些信息既是人们所津津乐道的,又是可以满足人们休闲和娱乐需求的。

3. 文化交流功能

在文化互通领域,广播电视文化新闻对于促进不同文化之间交流的功能是显而易见的。例如从国际方面来讲,广播电视媒介已成为不同国家之间相互了解的一个窗口,人们争相从这个窗口窥探与了解着与自身不同的文化。就国际文化新闻报道而言,它主要报道世界各地重要的文化活动,如著名电影节、重要展览、评奖活动,以及世界范围内的文化名人、新人的事业发展情况,当然也包括带有浓郁民族和区域特色的民族文化。广播电视这个窗口给我们呈现了一个无比绚烂多彩的世界图景。通过这个世界图景,人们仿佛置身于同一时空,互相学习,交流知识,真正使人类文明和智慧的结晶成为全人类的共同财富。许多名作和大师都是通过媒体的介绍才为人们所熟知,在推荐文学新作和各类艺术人才新人方面,媒体也起着很大的作用。每年的诺贝尔文学奖、奥斯卡金像奖、格莱美颁奖盛典经过电视媒体的转播已成为世界级的文化盛宴。这一点,是其他媒体所无法达到的效果。

----

① 参见张帆:《试论电视文化新闻的品性》,《现代传播》2003年第4期。

从人类历史发展过程来看,随着民族的产生和发展,文化具有民族性,并通过民族的形式发展形成民族传统。不可否认的是不同民族的文化之间存在一定差异,这就需要相互交流,增进了解,消除因文化差异带来的偏见和误解。文化新闻的传播就是在不同文化背景的人们之间架设沟通的桥梁,增进彼此的了解,促进人们对文化多元化的理解和尊重。这种理解和尊重很重要的渠道之一就是源自媒体客观、全面的报道。

人们常说"音乐无国界",事实上任何一种优秀的文化艺术作品都会在不同地域的不同民族之间,在不同年龄和不同职业的人群中找到知音,找到欣赏者。传播优秀文化,让世界各地的人们分享人类精神财富是媒体的职责之一。理解和了解不同的文化,是广大受众对广播电视文化新闻的期待。

4. 审美引导功能

随着人民生活水平的提高,全社会表现出日益高涨的文化需求,同时,这种需求出现多层次、多方位、多品种。从普通百姓到文化精英,从大众娱乐到艺术精品,各种不同层次文化的消费者,表现出对不同档次、不同品位、不同类型文化产品的强烈需求。从文化与需求的互动原理出发,人民日益增长的精神文化需要不断刺激广播电视文化新闻向更高层次发展。

广播电视文化新闻除了具备教育教养、休闲娱乐、文化交流的功能外,还具有审美引导功能,既提高人们的审美鉴赏能力,又引导价值取向。在这里,审美有两层含义:一层是感官层面上的,包括视觉和听觉;另一层是心灵上的。

广播电视文化新闻由于其传播内容的特征,所以不仅具有新闻性,还具有艺术性,使得它同时兼具了新闻和审美的双重功能。电视文化新闻对影视歌舞戏剧、文学、绘画、雕塑等艺术门类的人和事进行报道,不仅传播的是新近变动的事实,而且这些新近变动的事实往往还带着艺术的元素,浸润着审美价值和审美意识。受众在接触文化新闻的时候,心灵也在潜移默化地接受着审美活动规律的影响,不知不觉地在分享屏幕上的生活方式以及所具有的文化体系,并与新闻——我们身边和外面无时无刻不在变动的世界发生着互动与交流。著名美学家李泽厚将审美的愉悦性分为三个层次:即悦目悦耳、悦心悦意、悦志悦神。这三个层次也是广播电视文化新闻所追求的最高境界。一条好的新闻,不仅有赏心悦目的外观、喜闻乐见的形式,更有好的内涵,能让人们感受到一种积极的、健康的文化氛围:倡导精神文明,颂扬真、善、美。这个过程本身就是优秀文化的再构。

　　随着经济建设步伐的加快,文化新闻在弘扬优秀文化和人文精神方面所起的作用越来越受到重视。通过媒体的介绍、传播,优秀的作家、艺术家的作品以及他们的道德风范深入人心,作品中所包含的人文精神、价值取向、审美意识也滋润和影响了广大的受众。

三、广播电视文化新闻的要领

　　1. 以审美规律为纲,精选题材

　　文化新闻,一是尤其要善于报道符合美学精神、富有审美情趣、积极向上、反映社会文明风貌和鼓舞人心的文化事物。善于指正偏离精神文明建设轨道的不良行为,揭露败坏社会风气的不良现象,善于发扬优秀的文化传统,自觉抵制西方个人主义、享乐主义的价值观;同时,对于广播电视媒体来说,不仅要做到导向正确,还要善于充分发挥广电媒体形声并茂的传播手段优势,达到正确舆论和宣传艺术的统一,正确的内容和丰富形式的统一,才能做到引导有力。

　　2005年中央电视台春节晚会上的舞蹈"千手观音"成为春节前后媒体文化版报道的热点。正如"千手观音"的影响超出舞蹈本身一样,关于"千手观音"的报道也带给人们更多舞蹈以外的东西(自强不息的精神,追求梦想的执着,传统文化的觉醒,对于艺术精品的饥渴等)。这些作用无法量化,但它们在很多人的心灵深处激起了层层波澜,并且会影响到一些弱势人群和未成年人的成长。

　　二是要报道富有内涵的文化新闻。凡是坚持"二为"方向和"双百"方针的文化活动、现象、事件以及处于其中的人物,都应纳入我们的报道视野。富有内涵指的是作品弘扬主旋律,表现时代主流与时代精神,表现中华文化的精华,具有文化艺术创新的前沿性和指导性,有较高的思想性和教育意义,既能使人获得美的艺术享受与陶冶,又能获得对社会、对人生的真知灼见与启迪。这样的文化新闻报道更要求记者具有高度的职业敏感,对社会保持高度的警觉和清醒,才能从浩瀚的生活海洋中掇取珍珠。而达到这个境界的途径,就是"三贴近",只有贴近实际、贴近生活、贴近群众,才能挖掘到源源不断的珍贵素材。

　　三是要报道特色浓郁的文化新闻。越是具有民族性的作品,越是具有世界价值。越是具有地方特色和乡土气息的作品,越是能激发起普通民众对作品表达内容在灵魂深处的共鸣,扩大文化新闻在民众中的宣传力和影响力,也就越能具有民族价值,在繁华浮变的文化交流与融合中获得新的生命、带来新的启迪!

所以文化新闻的创作者要努力突出地方特色、民族价值,在向世界展示中华传统文化精髓的同时,努力推陈出新,摒弃糟粕,化腐朽为神奇,在深度和品位上下功夫。只有这样,才能真正做到多样化,做到"百花齐放、百家争鸣",满足观众多层次的文化需求。

四是要报道格调清新的文化新闻。广电工作者不能为了在某一个时期适应某一部分受众的口味而降低文化新闻清新、精致的格调,降低新闻的品格要求及内在价值。格调清新,指的是文化新闻所蕴含的特有的艺术感染力能撼人心魄,能够陶冶道德情操,塑造美好心灵,能够加强受众对文化的理解力、提高读者的精神境界;格调清新,指的是那些用心制作,力求其作品在每一段解说、每一段声音、每一帧图画中都能感受文化的高雅脱俗的韵味,可以通俗,但一定不能庸俗、媚俗和低俗。不可否认,当今社会中有一些低级庸俗、荒诞离奇的东西,打着文化艺术的幌子,污染着社会空气,扰乱了人们的艺术审美视野。因此,我们必须要用格调清新的文化新闻来洗涤被侵蚀的思想领域。文化新闻的报道者一定要坚定正确的理想信念,坚持先进文化的传播,为中华民族的物质文明和精神文明建设不懈努力。

2. 由表及里,深化揭示内涵

对广播电视文化新闻来说,就事论事报道发生了什么还不够,还应该深入揭示它的意义和内涵。比如介绍一部艺术作品时,应该增加一些对作品的价值、成就的分析;用艺术行家的眼光来评介一场演出和一次展览。这种分析往往能起到总揽大局、画龙点睛的作用。

具体来讲,我们可从以下三个角度来深化揭示广播电视文化新闻的深度。

(1)从横向上看,要把握宏观和微观的交汇点。

文化作为人类物质世界的精神反映,历来与政治和经济有着密切的联系,并带有特定的时代特征。人首先必须吃、喝、住、穿,然后才能从事政治、科学、艺术、宗教等活动,这是一个非常普通的道理。正如马克思所指出,一个民族或一个国家在一定阶段的经济发展构成了制度、法律、艺术、文化以至宗教观念的基础。

人类进入 21 世纪后,经济全球化的趋势进一步发展,文化与经济、政治相互交融、相互促进的趋势更加明显,呈现了经济文化化、文化经济化、文化政治经济交融促进的特征。

这给文化新闻报道提出了更高的要求,即不应该仅仅停留在对文化事件和文化人物的报道上,而是应该通过"文化、经济、社会大合唱"式的视角对文化现象进行深入报道,揭示更深层次的问题[1]。

所谓把握宏观和微观的交汇点,就是从社会这样一个宏观的视角和背景出发,把微观的文化事件和现象放在大的经济、政治背景下进行观照,从全盘的角度考察,注重开掘其中的因果联系,善于从经济、政治的角度认识问题,而不单纯就现象说现象。只有这样,才能增加新闻报道的横向深度。

(2)从纵向上看,要紧扣历史与现实的契合点。

紧扣历史与现实的契合点,就是在纵向上注重文化报道的时间联系。比如在实际操作中,一条现实的新闻线索可能会导致记者挖掘很多的背景资料,这些背景包括在历史上曾经是怎么样的,对于现在有何影响,它们之间又有何关联等,通过这些历史的背景衬托出其价值和意义。所谓"以史为鉴",就是运用古今对比的手法,把时间长河中积淀的文化浓缩在瞬间的艺术展现中,让受众自己判断其具备的文化价值。

(3)从受众的需求分析,要探索雅俗共赏的契合点。

广播电视文化新闻应该追求雅俗共赏。广播电视媒体作为传播新闻的重要工具,既担负着舆论引导的责任,还承担着弘扬主流文化、传播精英文化、引导大众文化的重要使命。但是,目前广播电视文化新闻在报道内容上还容易出现以下两种失衡:一种表现为唯我独尊、曲高和寡型,以养尊处优的文化姿态自居,并自诩为精英文化,这种高高在上的心态引起受众的极大反感;还有一种是对于明星个人活动报道居多,不惜刺探明星隐私以吸引受众、故意炒作,甚至还出现一些打着艺术幌子的低俗、无聊的所谓"艺术"报道。

广播电视文化新闻报道的内容应该在大众文化和精英文化、民族文化和外来文化、传统文化和当代文化、主流文化和分众文化、高雅文化和通俗文化之间寻找一种平衡,探索和把握雅俗共赏的契合点。

大众文化是大众消费社会的特殊产物,其积极意义在于普及性、接近性,而高雅文化则承载着民族精神和民族性格的提升,决定着民族的基本价值观念和思维方式的演进,二者不可偏废。这方面央视新闻频道的《文化报道》和CCTV-9的"Cultural Express"作出了富有成效的努力。从可行性上看,大众传播的议程设置功能为引导、提升观众的欣赏品位提供了可能,只要"文化议程"的设置坚持"引导"而不是一味"迎合"大众的原则,高雅文化最终会潜移默化地对观众的审

---

[1]　黄荆:《开掘文化新闻的深度》,《新闻前哨》2005 年第 8 期。

美趣味产生深刻的影响。

　　广播电视文化新闻的特殊性以及特殊的社会功能,对我们的文化新闻报道者提出了很高的要求。广播电视文化新闻的制作者需要具备历史的眼光,学会站在中国和世界不同历史和文化的交汇点上,了解不同民族的文化、艺术。需要具备文化的眼光,深刻认识并努力把握、弘扬民族的文化精神、民族艺术特色以及文化艺术创新的当代价值和未来意义;需要具备艺术的眼光,学会大胆吸收、融合不同民族艺术的特长,努力创造新的艺术表现样式、风格。最后,还需要具备市场和经营的眼光,善于了解、掌握和引导中国百姓享有文化艺术服务和市场消费的着眼点以及审美关注点,学会利用艺术的方式去触及、打动人性情感中最敏感、最柔软的部分,进而培养起积极、健康的文化艺术消费市场。

第三节　广播电视体育新闻

一、世界广播电视体育新闻的发展历程

　　100多年前,美国报业先驱约瑟夫·普利策曾把"体育"与"绯闻"和"罪恶"作为媒介吸引受众接触的三大法宝之一。1882年他创办的《世界报》(*The World*)中首次设置了体育新闻部和专职的体育编辑,由此,体育新闻作为一个新闻分支正式确立。

　　自20世纪20年代起,收音机、电视机等一系列技术发明将体育新闻传播带到了一个全新的发展阶段,曾是报纸、书刊等纸质媒介的一统天下被打破,广播、电视的依次介入,逐步让许多重大体育赛事得以被形声并茂地真实记录和传播,人类只能靠文字调动联想思维欣赏体育赛事的历史一去不复返了。1921年夏天,被公认为世界上第一座广播电台的美国匹兹堡西屋电气公司开办的商业广播电台(呼号 KDKA),为听众提供了板球比赛的消息,成为最早的广播体育新闻。1932年 BBC 就开始利用贝尔德的机械电视系统转播英国传统的"达比"赛马,引得4 000人聚集在伦敦观看电视转播[①]。1936年8月,第十一届奥林匹克运动会在柏林举行,比赛实况通过电视向柏林的公众电视室和家庭进行了转播,

---

① 郭镇之:《中外广播电视史》,复旦大学出版社2005年版,第21页。

引起很大的轰动①。20世纪五六十年代,电视体育新闻获得极大发展,四年一届的奥运会和世界杯足球赛以及F1方程式赛车等规模庞大的高水平竞赛,成为体育运动全球化的重要标志,同时ABC、CBS、NBC美国三大广播电视网相继确立富有个性的体育报道风格。如1961年ABC创办的《疯狂的体育世界》(Wild World of Sports)备受欢迎,该公司发明的"即时重放法"技术于此时开始应用,慢动作重放成为体育直播中的精彩亮点。在这阶段,以竞技体育为主的重大赛事转播开始成为电视台重点报道项目。

新中国成立后,我国体育事业欣欣向荣发展,体育新闻事业也逐渐复苏,体育新闻的传播形式开始由纸制媒体向多元媒体转变,广播、电视等电子媒介成为重要的传播渠道。1951年12月,中央人民广播电台开始定时播放广播体操节目,并从此开始对国内重大比赛和国际比赛进行实况转播。1978年中央电视台和中央人民广播电台联合转播第十一届世界杯足球赛,成为我国第一次利用通讯卫星转播体育比赛。此后从中央电视台到各省级电视台都开办体育节目。20世纪中叶起,"体育热"开始风靡全球。在我国,体育新闻报道也在20世纪的最后10年里快速发展。以中央电视台为例,1982年中央电视台体育新闻播出总条数仅300余条,平均每天不到一条,到1986年超过1 000余条。1989年体育新闻年播出量1 500分钟。经过10年,则翻了近10倍,1998年达到14 000分钟。1989年元旦,周一到周六播出的《体育新闻》栏目设立,1995年中央电视台体育频道(CCTV-5)正式成立。中国体育新闻报道水平显著提高,呈现出报道范围广泛化、形式多样化,并朝多频道、多时段、多内容的体育报道体系和网络方向发展。

与此同时,欧美等发达国家已经开始进入电视体育新闻多元化阶段,有线体育频道、卫星体育频道、数字互动体育频道、网络体育频道纷纷亮相,体育传媒的全球化竞争时代到来,目前,全球体育传媒均呈现出繁荣之势。

大众传媒与体育的结缘,为体育插上了超越时空的翅膀,尤其是数字技术、卫星技术、网络技术的出现,使现代体育报道与体育产业在双向互动中共同发展,到2001年世界体育产业年产值突破4 000亿元,并以年20%的幅度增长。现代广播电视体育新闻报道日益多元化、数字化、细分化,成为现代新闻事业中尤为重要的行业报道分支。

---

① 张骏德主编:《当代广播电视新闻学》,复旦大学出版社2001年版,第49页。

二、广播电视体育新闻的定义及其主要特征

1. 广播电视体育新闻的定义及内涵

广播电视体育新闻是以现代电子技术为传播手段,以声音或者以声音画面为传播符号,对新近发生的体育运动和与其相关事实的传播。

随着体育事业、新闻事业、传媒技术的快速发展,现代体育新闻的报道方式、报道范畴,以及对新闻从业人员的专业要求都发生着重大变化,尤其是 20 世纪 90 年代后期电视体育报道领域面临的挑战和要求极为明显。正如美国体育新闻学者布鲁斯·加里森和马克·赛伯加克在《体育新闻报道》一书中所说,当代体育新闻报道与传统的体育新闻报道相比,已经发生了革命性的变化。当代体育新闻的概念,已由传统的体育赛事报道与活动报道,演变扩展为"体育运动及其相关的一切人或事的报道"。这种"后现代的体育新闻"的特征是,以传统的体育赛事为中心,体育新闻报道的对象、内容和范围日趋边缘化,除了体育赛事与活动外,凡是与体育有关的政治、经济、商务、司法、娱乐以及社会事件等,也都成为现代体育新闻的报道内容。体育新闻报道实际上已经成为一个内涵丰富、外延模糊、影响广泛的复杂体育报道体系[1]。

2. 广播电视体育新闻的价值追求

在我国,体育新闻报道同样追求双重价值,既要有新闻价值又要有宣传价值。

首先,广播电视作为大众传媒,必须定期、连续地向受众传递具有及时性、趣味性、重要性和相关性的体育运动信息,以满足大众的精神文化需求。比如,中央电视台的《体育新闻》《体坛快讯》《体育世界》三档新闻类节目基本上是以国内外体育赛事消息为主,以满足受众信息需求。

其次,新闻机构作为党和人民的喉舌,必须坚持以建设社会主义物质文明与精神文明的宣传需求作为选择事实的标准。体育新闻报道必须展示和挖掘体育的丰富文化内涵,发挥大众传媒的舆论监督功能,对体育运动的健康发展和推动社会全面进步产生积极影响。比如,中央电视台体育频道(CCTV-5)《体育今日谈》是一档新闻性体育评论栏目。它重视新闻事实背后的前因后果,剖析新闻事

---

[1] 郝勤:《体育新闻学》,高等教育出版社 2004 年版,前言。

件的内涵及走向,坚持作为媒体的独立声音而存在。2005 年 8 月 26 日《十运会裁判提高公信度》就以十运会裁判为切入角度,挖掘出长久以来困扰体育界的裁判问题,及其背后的体育体制问题等深层次原因。同样,《足球之夜》等具有调查性的体育栏目也将舆论监督的使命贯穿到节目制作中。体育新闻报道既反映现实、传递信息,又引导舆论,坚持新闻规律,尊重平等、友好的体育精神,最大限度地为广大人民群众服务,为改造社会的需要服务。

体育新闻是现代体育的重要发展动力之一,尤其是借助电视转播、大众传媒已经深度介入到现代体育的运作环节中。在大众传媒商业化、体育运动国际化、传播技术复杂化、受众素质普遍提高的背景下,体育新闻报道必须坚持新闻价值与宣传价值的统一。

3. 广播电视体育新闻的主要特征

体育运动本身是现代文明的产物,这种社会行为是人与人、人与组织、组织与组织间参与交流、沟通的过程,体现了人类文化中追求健与美的陶冶、平等与愉悦的最高精神。体育运动为人类创造了一种公平竞争的文化典范,建立一种身心协调发展的生活方式,推动着人类文明的进步和社会的发展。体育新闻报道的特征,从根本上说,取决于报道对象即体育运动的特征。体育运动所具有的互动性、娱乐性、多样性等特性决定了体育新闻报道区别于其他新闻品种的特征。由于广播、电视等电子媒体的出现使体育传播发生了转折,凭借生动直观、色彩丰富、声形并茂的视听觉传播优势,取得了现代体育传播的主导地位,尤其是诸如 F1、NBA 等商业观赏性体育运动对电视媒体更为依赖。与传统纸质媒体的体育新闻报道相比,广播电视体育新闻的个性特征更突出地表现在四个方面。

(1) 大众性。

在大众传媒的作用下,关心、观赏体育的人口激增,体育新闻的受众群体已经不分性别、年龄、肤色、种族和政治信仰。依赖于体育运动内容的多样性和受众需求的分众化、大众性的体育新闻成为大众文化消费的重要对象。电子媒体为大众提供了可供交流的文化空间,这种间接观赏体育的行为,意味着体育的实践主体被极大地扩展,不再是运动员个人而是由观众与运动员共同构成,观众在观看的过程中获得了不同于阅读体育报纸的参与感,因此,语言风格大众化、报道题材大众化的广播电视体育报道往往成为收视率最高的节目。有数据显示,1998 年美国世界杯足球赛决赛直播观众达 30 亿人,2000 年全球观看悉尼奥运会开幕式电视直播的人数达 50 亿人,2002 年韩日世界杯期间通过电视观看比赛的观众超过 400 亿人次,这意味着全球每四个人就有一个人看世界杯。电视体育新闻报道在媒体分众化时代是拥有最庞大受众群体和强大影响力的报道种类之一。

(2) 娱乐性。

广播电视体育新闻的娱乐性是由体育运动的休闲娱乐性质决定的。体育人文学者在体育史的研究中得出这样一个结论:体育从它产生的时候起就是一种鼓励的社会现象,它与社会其他各种活动都有密切的联系,在人们的生活意识状态,尤其显现出来的是与休闲娱乐之间的联系[①]。还有的人将参与体育运动看作自我实现的途径,所以说参与和观赏体育活动始终都与人们的休闲娱乐需求联系在一起。

作为体育新闻报道主要内容的竞技体育本身就具有娱乐功能。当电子媒介借助电视特技、实况转播等媒介手段向受众传递体育活动的场景、赛事结果、介绍体育运动中的人和事,甚至是赛场内外的花边新闻时,都表现出体育新闻的娱乐性特征。通过体育新闻的传播,将人们潜在的能量引向积极健康的运动游戏和休闲状态,让人们在情感的宣泄中获得补偿,产生一种幸福感和满足感。可以说娱乐性是体育新闻报道的本质特征。

(3) 全球性。

体育本身具有最大的广泛性和社会性,不同民族、不同地区、不同性别和不同年龄都可能在统一的规则下进行各种不同层次的比赛,这就为各民族之间的平等文化交流创造了条件。20 世纪以来,伴随着经济全球化,存在于一定的民族、地域文化之中的体育运动也开始超越国界和地域,并且随着现代体育的蓬勃发展,以迅猛的势头在世界范围内推进。

以奥运会为代表的国际体育赛事就是不断从各国、各民族体育文化发明中汲取精华。民族体育和区域体育共同促进世界体坛的繁荣与融合。英国的网球、韩国的跆拳道、中国的武术都在从一国走向世界。现代体育运动的全球化决定了体育新闻报道的全球性特征。广播电视媒体的介入,更让体育运动全球共享成为可能,广播电视体育新闻报道拥有了全球范围的信息资源和全球范围的受众市场。对奥运会转播的全球性自不待言,再以美国 NBA 为例,目前转播

---

① 黎莎:《对体育新闻基本特征的探讨》,《成都体育学院学报》2003 年第 4 期。

199 个国家和地区的该比赛涉及语言达 41 种。除了全球性的各种杯赛、锦标赛之外,还有洲际的竞赛、区域性的比赛,虽然本地媒体要关注本地体育信息,但是诸如意大利足球甲级联赛、澳大利亚网球公开赛等区域性重大赛事,往往成为各种传媒的报道重点。目前,中央电视台《体育新闻》就是以国际报道为主,在国内的体育比赛旺季,国际新闻占 2/3,国内新闻占 1/3,淡季的时候国内的新闻就更少些[1]。

(4) 情感性。

体育运动所具有的竞争性和不确定性,使参与者在运动过程中获得胜利的喜悦或者失败的悲伤,而体育运动的观赏者也参与其中,倾注深厚的感情,共同分享这种情感体验。体育新闻报道正是对这种高情感体验的活动进行的报道。比如,1994 年世界杯巴西对阵意大利的半决赛中,巴乔射失关键点球后意大利痛失进入决赛的机会,现场摄像机以欢腾的巴西球迷看台为背景,用一个全景镜头定格在黯然神伤、低头不语的巴乔身上,热爱巴乔和意大利的观众悲伤情绪也被这一镜头渲染到顶点。体育新闻的情感性表现在拍摄的细节化、编辑的故事化、语言的人性化等方面。

广播电视体育新闻应该坚持"以人为本",关注体育事件中的具体人物,揭示新闻背后的人物内心,重视赛事细节重现,这既是对受众情感需求的尊重,也是检验体育报道品质与水平的重要指标。

三、广播电视体育新闻的主要报道形式及要领

广播电视体育新闻的报道形式和体裁丰富多彩,可以说,广播电视新闻的各种报道形式和体裁在广播电视体育新闻中都有运用。这里,针对广播电视体育新闻的个性特点,侧重介绍几种主要的报道形式及要领。

体育新闻按报道内容可分为赛事新闻和非赛事新闻两部分,赛事新闻正面描述比赛,是体育新闻的主流报道形式。赛事新闻报道胜负比分及比赛过程,其最重要的报道形式又推体育消息和赛事转播。在报道胜负比分动态及结果方面,广播电视由于其传播手段的即时性、同步性,消息体裁短小精悍,抢时效,争"第一报",具有明显的优势,所以是赛事新闻中最重要的报道形式之一,这在本

---

[1] 黄炜:《五魁首:CCTV-5 十年纪实》,上海文艺出版社 2005 年版,第 30 页。

书前面讲述广播电视新闻消息体裁时,已经阐明,这里就不再赘述。

1. 体育赛事转播及要领

体育赛事转播,也称赛事现场直播,或赛事现场报道,是体育新闻最重要的报道方式。由于受众观看比赛主要通过视觉和听觉,实现对体育运动的感悟和需求,电视媒体能最恰当地满足这种需求,而以竞技体育为主要报道内容的体育新闻十分强调现场报道的使用,尤其是对重大赛事的现场直播既能最大化发挥电视媒体直观、快速等传播优势,同时赛事转播也成为检验媒体实力的一个重要标准。

(1)电视转播与体育赛事的互动发展。

随着电视技术的发展、商业体育和职业体育的产生与发展,电视深度介入到体育运动中,体育节目包装和比赛转播技术、转播权等问题甚至直接影响到了体育运动的发展。1996年当选的国际体操联合会主席戈兰蒂曾打出了"电视决定体操运动未来"的口号,宣传将电视和体操紧密结合在一起才能让体操运动不断发展。正是在电视媒体和其他媒体的共同推动下,类似于欧洲足球联赛、美国NBA、环法自行车大赛等顶级赛事被推广至全球。四年一度的奥运会是全人类的体育盛会,从首届雅典奥运会的13个国家311名运动员,发展到今天的200个国家和地区的11 000多名运动员,大众传播的影响力使奥运会成长为全球最具影响力的公众项目,也使得奥运会从小到大、从弱到强。奥运会吸引了全球人民的注意力,奥运会转播在20世纪成为电视史上观看人数最多的电视节目之一。奥运会电视版权通过电视对奥运会各种比赛项目进行转播,开始于1936年柏林奥运会。当时电视共播出138个小时,有16.2万观众。短短12年工夫,到1948年伦敦奥运会,英国广播公司播出的电视转播就达64小时,仅伦敦周边50英里范围就有约50万人收看了奥运会的转播。1960年罗马奥运会首次对欧洲18国实况转播,1964年东京奥运会开始卫星全球实况转播,从此改变了人们观看奥运会的方式。电视打破了旧的时空概念,使人与人之间的时空距离骤然缩短,整个世界紧缩成一个"奥运地球村"。作为中国体育报道水平最高的中央电视台奥运会报道口号经历了从最初的"让你看到的和赛场上的一样",到1996年亚特兰大奥运会上的"让全国观众和你一起在亚特兰大",2000年悉尼奥运会报道口号发展为"让观众看到比赛场上还多的东西",这种口号的变化直接表现在奥运报道方式上的进步与创新。

(2)赛事现场直播优化。

体育赛事现场直播涉及采、编、摄、播等诸多部门,必须经过周密安排、统一部署、不断演练磨合后才能稳步进行。首先,制定报道计划和筹备工作是一个关键性步骤。在"策划为先,直播为王"的电视时代,电视媒体必须掌握详细的体育赛事背景资料,熟悉重点人物,对于赛场环境、气象条件、突发状况等因素都要做好充分估计,由直播总指挥统一部署,拟定详细的实施方案,各播出环节都应至少准备一套备播方案,保证节目总体布局合理,报道重点突出、悬念迭起、层次分明。例如 2003 年度电视新闻奖现场直播节目二等奖获奖作品《首届金茂大厦国际高楼跳伞表演》,由于此次低空跳伞过程仅有二十几秒,直播难度相当大,上海电视台为此动用了 16 台摄像机,在不大的场地内安排远、近、高、低等几个角度记录 20 秒跳伞瞬间,这一瞬间要求导演、摄像、解说、传输、安全保障实现瞬间完美协调,保证直播出奇、出新、出彩。这种小规模直播更加考验电视直播人员技术水平和实战能力。其次,现场要以稳定的技术支持为基础,灵活运用高科技手段,努力实现突破。在一定意义上,可以说现代体育新闻现场报道就是技术的比拼。例如 2003 年度电视新闻奖现场直播节目创新奖获奖作品《2003,站在第三极》,攀登珠峰的现场直播正是有了可靠而先进的技术保障才成功的。本次转播中,央视分别在 6 500 米前进营地和 7 028 米的北坳山口建设了两个转播基地,实现了卫星、微波、光缆以及人工传递的信号综合传送手段,将很多关键镜头画面及时传送给北京后方转播基地,保证直播顺利完成[1]。

"单边注入点"是现代体育赛事现场报道的全新模式,所谓"单边注入点",就是记者以新闻现场做报道点,通过电子媒介和光纤或者微波作直播报道的一种现代电视节目制作方式[2]。目前为奥运会、世界杯等赛事直播经常采用,这种全新的报道模式不仅将比赛和电视报道全方位地呈现给观众,而且使信息的生成、采集、传播和接收同步进行,最大限度地缩小赛场、运动员、记者和观众间的时空距离。在我国,体育现场报道经历了使用公共信号转播比赛与采集主体新闻的初级阶段—引入演播室概念—主持人引导、公共信号和主体新闻三者合一的发展阶段,目前,加入"单边注入点"的体育现场报道让主持人和出镜记者互动,由记者直接报道主体新闻,这是现代体育现场报道发展的新趋势。例如,央视 2004 年雅典奥运会现场报道中就在很多重要赛事直播中设置单边点,由专项记者在比赛直播进行中或结束后立刻进行采访,此次除了央视派出担任奥运会公

---

[1] 《首届金茂大厦国际高楼跳伞表演》《2003,站在第三极》分析部分,均参考江欧利主编:《中国广播电视新闻奖 2003 年度新闻佳作赏析》,新华出版社 2005 年版。

[2] 张兴:《"单边注入点":一种新型的体育报道形式》,《电视研究》1997 年第 13 期。

共信号制作的人员之外,前方报道人员达160人,后方各岗位从事奥运工作的近400人,除了充分利用奥运会广播电视中心提供的公共信号做好各项精彩赛事直播、录播之外,还有十几个采访组将摄像头深入各个赛场[①]。前方记者、评论员同后方演播室对接,与赛场内外互动,形成了全方位、立体化的报道格局,使观众通过现代化的电视手段,感受浓烈酣畅的奥运氛围,这样,我们在直播中感受刘翔获胜后的喜悦之情,也听到了他令人感动鼓舞的胜利感言。单边注入点的应用让观众在第一时间看到了赛场中运动员的生动细节,听到了现场同期的真实话语,也使电视直播形式更为多样,使电视的魅力更充分展现。

(3) 体育赛事解说创新。

赛事解说是广播电视体育直播中的一个重要环节,虽然比赛画面相同,但是解说水平的高低往往成为受众选择转播频道的关键。赛事解说包括三个层次:第一个层次是解说员对比赛相关的背景资料进行简明扼要的介绍性解说,以提供事实性信息为主;第二个层次是对比赛中的战术、战况等问题作规则性和技术的解释性解说,以解释性信息为主;第三个层次是在比赛前后和进行中,由解说员综合各种资料对比赛战术、技术、赛事过程等情况进行选择性分析、评论,以意见性信息为主。解说的言语活动属于独白言语,担负着现场比赛与受众之间沟通者的角色,这种角色不同于主持人和播音员,广义的赛事解说既要客观再现新闻现场,又要适时适度地阐释主观评论,可见赛事解说具有很高的专业性和创造性。

广播解说的传播形式是一个由抽象到具象的过程。听众通过解说员对赛场场景的描述获得信息,广播直播的过程就是解说的过程,过程中断听众听觉就会中断,解说员的认知程度和语言表达能力直接影响受众认知过程,解说员必须尽可能详细描述赛场上变化的每一处细节,使听众对比赛有一个完整的概念。

电视解说不同于广播解说,比赛画面本身就是一种镜头语言,观众通过观看就可以将比赛信息直接传入大脑,进而达到对比赛的认知和理解。电视解说是对画面语言的补充,为了减少镜头本身的局限性,在不影响观众视觉欣赏的前提下,解说员通过对比赛场面的分析和背景资料介绍等,给观众带来更多的愉悦感和满足感。

赛事解说本质上是一个创新过程,"事实第一性,解说第二性",解说一刻也

---

① 周经:《CCTV之雅典奥运报道》,《中国广播电视学刊》2004年第9期。

不能脱离正在发生的不断变化的体育新闻事件，是一个对其进行加工创作、反映报道的过程。体育解说员如同身处实地进行现场报道的记者，应该迅速捕捉变换的场景中那些新亮点、新动态、新形势，把最鲜活、最具新闻价值的内容传递给观众。

NBC首席评论员马尔沃·艾伯特对体育评论的理解非常有代表性，"在他看来，一场体育比赛并非是孤立的，而是与社会、民族、文化、物质、精神、心态等因素有着密切的关联性，因此他的评论既能做到恰到好处，又能挖掘更深一层：探索人们的心态"[①]。

要做到解说创新，必须做到以下几点。

首先，强化解说员的专业性。专业型解说员必须符合以下几项原则[②]：① 通晓竞赛规则及裁判法；② 对技术、战术的术语表达准确；③ 熟知各项技术和战术的特点；④ 了解对技术和战术训练的方法和过程；⑤ 具有分析、概括比赛的能力。解说员不仅要遵循所解说项目的特点和规律，还要遵循广播电视的特点和规律。另外，解说员的点评是对受众思维的引导和启发，观众对比赛都有自己的看法，"点评"应该"点到为止""评述结合"。为了弥补解说员权威性和专业性不足的弊端，也可以邀请专家共同主持。

其次，丰富语言叙说方式特色。体育解说员要有深厚的语言素养，在体育娱乐化日益为大众接受的今天，更要求语言风格多样化。赛事解说要充分挖掘中国语言的丰富内涵，广泛吸纳生活化语言的精华，富有激情而不失冷静，机智幽默而不落俗套，节奏快慢结合，张弛有度，形成符合中国受众心态和社会现实的赛事解说风格。

再次，挖掘背景意义。体育比赛处于一定的时空之中，有着复杂而又多变的比赛背景，在及时抓住场面的同时，挖掘背景意义，既可以丰富解说的内容，又可以调动观众的收视情绪。这种比赛背景除了最基本的参赛者简介、交锋记录等信息以外还包括参赛者身心状态、技战术安排、后勤保障等比赛相关的所有信息。赛事解说透过背景，将新战术、新阵容、新动态等说出独到的新观点，能让赛事转播更加丰满，避免解说内容苍白无力。

2. 体育专题及要领

体育专题是广播电视体育新闻的又一重要报道形式。它是运用广播电视新

---

① 赵淑萍、王银桩：《美国电视纵横——美国电视圈方位透析》，华文出版社1999年版，第124页。
② 李强：《专业型解说——电视直播比赛的解说原则》，《中国广播电视学刊》2000年第1期。

闻的表现手段和报道技巧对体育领域变动的事实所作的较完整、较系统、较深入的及时报道。

目前专题类体育新闻可以分为赛事系列专题和综合类专题两种,前者如2002年韩日世界杯期间的央视体育频道《你好,世界杯》《我爱世界杯》,2003年欧锦赛期间的《欧陆快递》。这类专题是赛事报道中"以赛事转播为主线,以大板块专题为专栏"的杂志化设置形式的组成部分,以套餐形式为观众提供全面、精致的赛事信息。因为赛事周期的缘故,这种节目都具有临时性。此外还有类似央视体育频道《天下足球》等综合类专题,这种专题节目不强调时效性,报道目光不局限于赛场,更重视围绕重大事件中的热点、难点问题,选择最佳切入点,灵活驾驭背景资料,全方位解析新闻要素中的五个"W"和一个"H",通过带有逻辑思辨性的编排、评论,使观众产生共鸣和思考。因该类专题栏目固定连续播出,很受观众欢迎。例如,《天下足球》这档收视率较高的大型专题类栏目依靠对赛事背景资料的分析和数据的深入挖掘,还创作出"十大"系列子栏目,深受球迷欢迎,使无大赛的淡季仍能牢牢地吸引观众。

专题类体育新闻报道表现形式多样,可以将现场采访、演播室评论、现场互动等形式结合起来,以期达到拓展和延伸新闻事件,立体、直观地传递信息。

专题栏目是现在很多体育专题类栏目正在采用的一种节目构成方式。该栏目将赛事与典型人物结合起来,重视对赛事消息的补充、拓展和延伸,补充相当的事实和背景材料,让观众在有限的午间时段内对新闻事件和新闻人物有了全方位、深入透彻的认知。例如,在刘翔进入110米栏决赛前,该栏目播出了他赛前接受采访和各种日常训练镜头的专题,当刘翔夺得冠军后又快速反应,播出一档反映他成长历程和各大国际比赛表现的专题,既保证了时效性,又发挥出专题类节目的深度优势。让观众在"情境化的状态"中感受体育,让观众更清楚地认识赛事的过程与意义,亲身参与到比赛中,体会体育人物的精神与情感,从而将体育运动的深刻性得到全面展现。这也是专题类体育节目的目的所在。

3. 精确体育新闻报道及要领

精确新闻报道,是指运用社会调查、统计分析等社会科学研究方法和结果来报道新闻,分析新闻事件[1]。这种报道方式始于美国。体育精确新闻报道也随着近年来体育事业的发展和传媒技术的进步被引入中国。

---

[1] 胡森林、程范淦:《精确新闻报道中的"数字陷阱"及其规避》,《中国记者》2005年第5期。

　　体育运动的精髓是公平竞争。在考查赛事中,进行技术统计已经成为检验各种体育媒体水平的一条标准。

　　对于电视精确体育新闻报道应注意把握以下要领。

　　首先,加强精确新闻报道的技术统计和数据收集,以数据化字幕和图表丰富画面,增强信息含量,加快新闻节目的节奏。技术统计和数据搜集是体育新闻精确报道的基础工作。

　　其次,挖掘数据内涵,提高节目策划能力与制作能力,丰富体育节目资源,深度开发体育的娱乐功能。体育运动的数据不仅仅反映体验项目本身的事实,更具有深刻的故事性和娱乐性。国际比赛中的技术统计、比分排行往往突破国界、种族、文化界限,呈现给人们的是超脱于运动的感情,对于公平、自由的竞技精神的追求。数据资料本身是重要的节目资源,可以通过对数据整理二次开发,尤其是对于专题节目、大型赛事回顾等节目样态而言,通过量化的精确报道内容、富有趣味的制作手段,更能全面表现体育运动中的人物形象、赛事细节,凸显体育节目的娱乐功能。例如,2004 年 7 月,中央电视台体育频道在欧洲杯足球赛专题节目《豪门盛宴》和《足球之夜》的"欧洲杯盘点"节目播出了欧洲杯足球赛的总结片,其中来源于技术统计,以娱乐化手法制作的《最高瞻远瞩奖——法国足协》《最佳技术更新奖——英格兰队贝克汉姆》《最女性化防守奖——拉脱维亚赛罗湖伦科夫斯》《最不畏强权奖——德国队的巴拉克》等短片,既精确报道了有关技术统计分析结果,又讽刺了足球管理中的短视行为,足球场上"踢默契球"等不良风气,起到了寓教于乐的良好效果[①]。

　　再次,精确新闻报道与大型赛事转播相结合,在强化转播专业水平的同时提升整体知名度和影响力。大型赛事转播是电视媒体报道中的重中之重,但观众在观看体育赛事直播的同时,并不满足于现场表象的及时获取。以 NBA 为例,技术统计已经成为球迷最关心和最感兴趣的信息,技术统计成为球迷和相关体育机构评价球员的权威标准。而且,NBA 总部一直不满足于数据的电视渠道传播,还通过固定评选赛季 MVP、月度 MVP、年度最佳阵容等活动的随时发布,达到扩大联赛影响和媒体魅力的目的。这样,精确新闻报道与赛事转播相结合,让球迷有着强烈的期待参与结果评价,实现媒体互动,共同提升了媒体的影响力和知名度。

---

① 戴进、黄奇伟:《中国体育电视精确新闻报道研究》,《电视研究》2005 年第 5 期。

四、中国广播电视体育新闻报道的新特点

进入 21 世纪后,我国体育新闻事业在市场经济的推动下迸发出了无限的生机和活力。就报道主体而言,电视无可争辩地成为体育媒体中的主力军。此外,互联网、手机等新媒体的崛起也在不断对广播电视媒体的体育新闻传播提出挑战。总体看来,中国广播电视体育新闻报道表现出以下四个新特点。

(1)报道视野全景化,并向专业化方向发展。

体育报道突破了传统竞技体育的樊篱,开始关注群众体育、休闲体育等更广泛的体育活动,如央视《体育人间》栏目就将视角集中在报道社会大众的民间活动,还有小众化的攀岩、登山等极限运动也成为体育新闻报道内容。

此外,竞技体育报道在不断分化中向专业报道方向转变,各专项运动项目不仅有专业的体育栏目,甚至还有专业体育频道。如,F1 中国赛时央视推出《赛事时代》、上海台推出《急速时尚》;休闲类的网球、高尔夫栏目也都推出;《足球风云》等体育专业频道也已经出现。

(2)参与国际新闻竞争,在国际重大体育活动报道中走向世界。

在现代体育传媒发展历史中,西方国家的传媒一直处于绝对优势,尤其对重大赛事的报道、转播可见一斑。在现代奥运会的电视转播中,各西方媒体主要是美国的传媒机构占据着体育转播的统治地位。据统计,美国 NBC 自 1980 年到 2000 年,已经为奥运会电视转播权花费了 19.48 亿美元,它还另出资 28.45 亿美元买断了从 2004 年到 2008 年所有冬季和夏季奥运会的电视转播权。体育全球化过程中西方已经凭借传媒技术以及资本扩张等便利确立了体育霸权地位,中西方体育传播存在着明显的信息传输的不平等和传受地位的差异。尽管西方体育传播的主导权将进一步加强,但是,近年来我国电视媒体也通过对于奥运会、中国网球公开赛、F1 大赛等国际赛事的转播努力提升中国媒体形象,检验中国媒体实力。

(3)体育新闻报道向深、快、精方向发展。

电视体育新闻不断追求新闻的时效性和有效性。如央视体育新闻的播报全部采用现场配音,并配以飞字幕报道,不仅包括早间(7:00 首播、9:00 重播)、午间(12:00)、晚间(18:00、21:30)直播多档体育新闻,而且对不同时段进行有针对性编排。随着精品意识的增强,各地方电视台也开展各种形式的合作,联合制作

体育栏目或者共同购买转播权。例如,很多地方体育频道就通过购买 ESPN 比赛转播权丰富频道内容,还有广东电视台、上海电视台等合作的《中国体育报道》就备受好评。目前,除央视体育频道外,各地方大多开办了体育频道,以制作适合地方特色的本地化、特色化体育节目为宗旨,在资源整合和竞争下提高了中国体育报道的整体水平。如上海电视台制作的《G 品 NBA》《篮球风云》两档集赛事、人物、评论于一体的栏目,尽可能地满足了不同地域受众的需求。

(4) 体育新闻报道风格日益多样化、个性化。

报道角度更加集中在与赛事相关的人、事、物的层面上,表现形式上更突出语言的故事性和趣味性、镜头的叙事性和情感性。但也出现个别地方电视媒体在处理体育新闻过分随意的情况,所以,在正视体育娱乐功能的前提下,需要防止体育娱乐化过度而流于庸俗化。

本 章 小 结

⬤ 我国的广播电视法制新闻节目起步于 20 世纪 80 年代,是随着国家社会主义法治和民主建设,增强国民法治意识的需要而出现的。悬念叙事性是广播电视法制节目最突出的叙事特征。法理阐释性也是广播电视法制节目的一个重要特征。法律是人类基于公平、正义的理念来判断人类生活中发生的事件的理性规则,具有深刻的思想性。所以,广播电视法制节目必须高度树立社会责任意识,把社会责任感放在首位,要注意广播电视法制节目中容易出现的一些不良倾向。同时,体现高度的人文关怀。

⬤ 广播电视文化新闻涵盖的内容十分广泛:包含了社会文化、自然文化和人文文化中所有的文化现象、文化人物和文化事件。除具有一般新闻功能外,其社会功能还突出表现为教育教养功能、休闲娱乐功能、文化交流功能和审美引导功能。其形式更"软"、更"活",更加注重知识性、教养性、艺术性和休闲性,以人为中心,突出人文精神。

⬤ 当代体育新闻的概念,已由传统的体育赛事报道与活动报道,演变扩展为"体育运动及其相关的一切人或事的报道"。由于广播、电视等电子媒体的出现使体育传播发生了转折,凭借生动直观、色彩丰富、形声并茂的视听觉传播优势,取得了现代体育传播的主导地位,尤其是诸如 F1、NBA 等商业观赏性体育运动对电视媒体更为依赖。广播电视体育新闻的个性特征更突出地表现在:大众性、娱乐性、全球性、情感性。体育新闻按报道内容可分为赛事新闻和非赛事新闻两部分。

思 考 题

1. 广播电视法制新闻的概念。

2. 广播电视法制新闻节目有何叙事特征?

3. 如何把握广播电视法制新闻节目的要领?

4. 广播电视文化新闻的内容构成有何特点?

5. 广播电视文化新闻应把握哪些要领?

6. 体育赛事转播有何特点及要领?

7. 精确体育新闻报道的要领是什么?

8. 进入 21 世纪,中国广播电视体育新闻报道有何新特点?

第六章

电视新闻采访

第一节　电视新闻采访的定义及特殊性

一、电视新闻采访的定义

电视新闻采访是电视记者运用摄像机采集、记录新闻事实的过程。由于电视技术及电视新闻传播水平的发展,现在的电视新闻采访已经普遍实现记者直接进入现场的采访,所以,在一定意义上,现场采访也成为电视新闻采访的同义语,但两者在内涵上还是有一定的差异。

电视现场采访是指电视记者(包括主持人)在新闻事件发生的现场,面对摄像机所进行的采访活动。

二、电视新闻采访的特殊性

1. 镜头前的采访

电视新闻采访的特殊性,简而言之,可以用一句话来概括:"电视新闻采访是镜头前的采访。"

众所周知,采访是新闻报道的基础,也有说是新闻报道的起点,所以,自从人类诞生了新闻传播事业,早从报业时代开始,新闻业界、学界都对采访的实践及理论研究给予了高度的重视。但是,电视新闻采访虽然与报纸、广播的新闻采访有若干的共性,却也具有自己相当的特殊性。关于新闻采访的普遍原理及规律,我们就不再赘述,这里主要探讨阐述电视新闻采访的特殊性。

"电视新闻采访是镜头前的采访"这一概括,也可以成为我们研究把握电视新闻采访特殊性的起点。

电视新闻与报纸新闻、广播新闻相比的最大优势,就在于形声并茂,能满足"眼见为实"的受众需求。毫无疑问,要达到这个要求,摄像机参与采访,就成了不可或缺的必要条件。然而,由于摄像机的进入,电视新闻采访除了对新闻事实、事件发展进程的外部情状单纯记录之外,只要接触到对新闻人物的采访,所有被采访的对象实际都会感到一种压力——一种在摄像机前表现并会被立马记录下来当众展示的心理压力。这种压力的强度,以及被采访对象对这种压力千差万别的抗压和应变能力,是在报纸新闻采访、广播新闻采访中都无法比拟的。因此被采访的对象极易在摄像机前呈现非日常的状态,或紧张拘束,或本能地、自觉地调整自己的心理及外在行为,尽可能呈现自以为容易为公众认可的状态。这就会对电视新闻采访提出一个严峻的挑战:镜头前的新闻事实、事件发展的进程是否还能客观真实?因此,电视新闻采访能否在这一潜在的难题条件下圆满完成采访应有的使命,成为检验一个电视记者采访能力甚至报道水平的重要标准。尤其是当记者也要出镜,在镜头前采访的时候。

2. 采访即新闻

由于电视新闻采访是镜头前的采访,因此是采访过程公开化的采访。客观上,采访者也罢,被采访者也罢,都在镜头前表现。这种表现,伴随新闻事件的发展过程,不自觉地也成为可视性的要素之一。甚至,采访的成功与否,决定着整个新闻报道的成功与否。受众看新闻的过程,实际已和看采访的过程交织在一起,采访的智慧、机趣,都会成为调动受众观看新闻的有机组成部分。有学者曾颇有见地地讲道:"电视采访是'面对面'的沟通,是心灵的碰撞,思想的交锋。……采访是新闻报道的基础,而电视采访还可以成为报道的表现手法、节目形态的突出特征;在报道方式中起到结构作用;构成特有的节目样式。"[1]

所以,在一定意义上甚至可以说,就电视新闻采访而言,"采访即信息""采访即新闻"。

---

[1] 叶子、赵淑萍:《电视采访学》,北京师范大学出版社 2000 年版。

第二节　电视新闻采访的艺术

普遍意义上新闻采访的艺术无疑也是电视新闻采访艺术应当汲取的营养。鉴于普遍意义上新闻采访的艺术已有较多专著论及,故本书不再赘述。这里仅就最能体现电视新闻采访特殊性,并应予以较多关注的电视现场采访、电视隐性采访的有关问题加以讲述。

一、电视现场采访

在现场报道中出镜采访的记者,是整个现场报道活动的核心,也是决定一个现场报道成功与否的关键所在。现场报道绝不是只要有记者在新闻现场、出了新闻图像、拿着话筒,随便向新闻现场的新闻人物提几个问题这样的形式就行了,就堪称现场报道了。名副其实的现场报道,必须是真正能在现场感、生动性、接近性、深入性等方面发挥出其他体裁无法比拟的独特优势。而这一切,均与记者在新闻现场,把观众的视线引向何方,把观众的思维引向何方,记者对新闻现场如何把握,对发展着的新闻事件如何认识理解、如何展开采访报道等,有着密切的联系。

新闻实践的历史经验足以证实,一个能胜任现场报道的记者,无疑能胜任一般记者的工作;然而,一般的记者,却未必都能胜任现场报道的工作。现场报道,由于其报道形式的特殊性,对于现场采访记者的业务素质有着一些特殊的要求。

1. 敏锐的临场判断能力

除了突发性新闻的现场报道以外,对于任何一次现场报道,都应当像进行任何其他形式的报道一样,要充分做好报道前的准备。这对现场报道的记者来说,自然也是分内的要求。但是,由于现场报道要求记者的采访报道就在现场,与新闻事件的发展同步进行,刻不容缓,而新闻现场的情况常常处在变动之中。这时候,就要求记者当场就能从对新闻现场的迅速观察中,敏锐地发现、判断、确定出最有新闻价值的现场情景、人物、细节等。一句话,对现场报道的记者,更要求具备对新闻价值的当场迅捷判断能力。在此基础上,记者才可能做到,自觉地"靠近"新闻价值"重心"所在,不失时机地让观众看到最有新闻价值的现场情景、人物、细节,才有可能通过对最有新闻价值人物的现场采访,使观众比较深入地了解蕴藏于新闻现场现象之中及背景深层的东西。

2. 主动的临场控制能力

没有现场采访记者的新闻现场,一切运动均循自身的内在力左右而进行,尤其是现场的新闻人物,不会因有记者的采访而改变自己在新闻现场的原来存在形式。记者一旦介入新闻现场,由于活动性质、目的的不同(记者是为着采访与报道,故决不会消极地为新闻事件的发展所左右,而是会主动地去寻找自己需要的采访报道目标及对象),采访活动本身(如记者如何靠近新闻价值的重心所在,选择了什么样的新闻人物作为采访对象,如何提问等)无形中也成了新闻内容的一部分。这一部分,虽然照理说并不是对某一新闻事件所作现场报道的要害所在,但是,却对新闻事件本身的传播接受行为及效果,有着较大的影响。

在非现场报道中,记者在新闻现场的采访活动因不出现于屏幕,记者省却了采访活动中"亮相"的顾虑。即便在现场报道中,对记者在采访活动中的不理想部分,也还有机会经过后期编辑环节加以弥补。但是,在现场直播报道中,一切可能"事后弥补"的机会荡然无存。记者在采访活动中的所有表现,均会在瞬间呈现在亿万观众的眼前。记者精彩、得体的现场采访表现,会使整个现场报道增色不少;反之,则会因观众对记者的抱怨、不满,影响对报道的接受。

现场报道的记者要赢得观众的接受,很重要的一点就是要让观众感到自己不是新闻现场多余的介入者,不是被动地、简单地隶属于新闻现场,而是主动地去创造一种态势——一种使新闻现场的运动既按其本身逻辑发展,又有利于自己报道的态势。从某种意义上来说,就是要能"控制"报道现场。

这一点,最明显的是体现在记者对采访对象的选择与接触上。

新闻现场的人物形形色色,修养各异,有的愿意接受记者采访,并颇有接受采访的水平;有的则不愿意接受记者采访;有的虽然愿意接受记者采访,却因本身的知识文化水平乃至当众言谈能力等局限,并不具备较好的接受采访水平。如果某一采访对象当场表现不予配合,而记者又不能用巧妙方式以避免陷入尴尬境地,那么,传播的效果和新闻的影响力会大打折扣,有时甚至出现场面失控的状况。

不仅如此,作为现场报道的记者,特别是在现场直播报道中,容不得慢慢来协调同被采访者之间的关系及相处的状态,必须要善于当场迅速地准确判断新闻现场的人和事,对必须采访的对象,能迅速使其采取乐于合作的姿态。对其他的采访对象,则会从众多的现场人物中挑选出可能乐意而且有能力接受采访的人。同时,要使对新闻现场的视听引导也罢,对各新闻人物及采访对象的连贯选择与采访实施也罢,都能随记者的意图发展,呈现出自然而有章有序的结构,完善地实现报道构想。

3. 机灵的即兴采访能力——恰到好处的提问与议论

无论何种记者,起码的素质之一,是要善于与人交谈,并通过交谈成功地获得欲采访到的内容。电视现场报道的记者,更是如此。但是,同其他记者相比,电视现场报道的记者还要善于"迅速"地采访到重要的新闻信息。

在电视现场报道中,记者的口才已不是他独自讲演、谈话或在日常生活中一般交谈时的状态,而是要在"同时被广大观众观看"的特殊条件下的"竞技"。他的口才如何,是体现在如何当场机智灵活地与被采访者交谈、应对,乃至即兴发表自己的议论,也就是人们常称之为的"即兴采访能力"。

作为电视现场报道,尤其是现场直播报道的记者,其即兴采访能力应该包括以下六点。

第一,提问应是广大观众感兴趣的内容,应切中新闻报道的要害与重点,且具备为观众赏识的提问技巧与方式。

第二,提问应能引起被采访者回答的兴趣,马上呈现乐于回答的状态。

第三,提问应能使被采访者感到易于回答,为此,问题应该是具体的、简短的、明了的。

第四,应巧妙得体地引导被采访者始终不游离交谈的中心话题,直截了当、简明扼要地回答出实质性的内容。

第五,在需要的时候,能不失时机地、精当地插入自己的议论,使话题更为深入,并活跃采访交谈的气氛。

第六,能恰到好处、自如地结束话题,改变话题,或改换采访的对象,以及结束采访。

要做到这些,无疑要求记者能在现场迅速通过直感及观察,判断出各类被采访者的大致情况,以便根据被采访者在年龄、性别、阅历、气质、修养、口才等方面的不同情况,用不同的语言以及不同的交谈方式来提出合适的问题,创造和谐的采访气氛。

4. 沉着的临场自控能力

生活经验早已告诉我们,人在各自的日常生活乃至工作环境中,言谈举止轻松自如。然而，一旦置身于另一种环境或气氛之下，往往手足无措。即便同是采访，有的记者在个别对象采访中，倒是语带机锋，侃侃而谈，一旦到大庭广众之下，仍难免面红耳赤、语无伦次。生活中，我们常看到这种例子，不常拍电视的人，一旦让他面对摄像机，尤其是在演播室，灯光一亮，简直紧张得面部肌肉都在一阵阵痉挛。在电视报道中，镜头前的采访与非镜头前的采访，对记者来说，同样有这样的问题。面对镜头与不面对镜头，心境与感受确实大不相同。

在我的教学中，就曾遇到过一个实在的例子。有一个女学生，来自省级电台，已当过多年的播音员，对于播音，可谓已处变不惊。在这方面，她自然堪称班上一花独秀。有一次，我给她所在的班上电视口播新闻练习课。由于是初次实际演习，其他同学不少紧张，自在意料之中。然而，轮到她的时候，在耀眼的碘钨灯下，在眼睛一般注视着她的摄像机镜头前，她也因紧张不安未能沉着控制住自己，连一篇不过200字的口播新闻稿，也未能顺畅、不出差错地播读。事后，她颇有感触地说：电视播音与电台播音太不一样了！太不一样的地方，就在于电台播音不是在镜头前的播音，电视播音却是在镜头前的播音。

电台播音因其不在镜头前，虽然也讲求播音员心中要有听众，但毕竟没有"当众"的心理压力，是一个人在播音室里播音，只要控制好声音，面部神情如何、举止风度如何，是不必担心的。但是，电视播音就不同了，由于摄像机的"直视"，使电视播音员更直接感到亿万观众眼睛的注视，内心承受着"当众"的心理压力。他不仅关注到自己的声音，也关注着自己的容貌神态、举止风度会在观众心中留下何种印象。因为这些都是他传播效果的综合构成因素。

在现场报道，尤其是现场直播报道中，记者的"当众"程度比电视播音员更甚。可以说，记者的一切均在众目睽睽之下暴露无遗。无论现场出现何种情况，记者都要能沉着地控制住自己的一言一行，使自己的一言一行均呈现出自如得体、为观众所乐于接受、赞赏的形态。

作为电视现场报道的记者，要适应在大庭广众下"当众"面对摄像机开展采访报道活动。他应是一个在新闻现场善于保持沉着的人。没有沉着，可以说，敏捷、主动、机灵等也就无从谈起；在人的素质上，还可以说，正是沉着，有力地体现着一个人修养的程度。如果记者在现场报道中失去沉着，连自己的言行也不能加以得体地控制，他在观众心中的信任指数必定顿时骤减无疑。

沉着与自信密切相关。唯有自信，方能临阵不虚、不慌，从容镇静、胸有成竹地去力争主动，夺取成功。唯有自信，也正是保持登临现场报道最佳状态的催化剂,使人精神饱满,思维活跃,充满积极主动把握现场报道的欲望。

总的来说,现场报道的记者应该使广大观众乐于接近、乐于信任。使广大观众感到这位记者真正有水平、有见解、有修养、有感情、有正义感、有魅力。

5.“大象无形”采访境界的践行能力

老子的《道德经》里,有“大音希声”“大象无形”的妙语,意味着博大精深的内涵,各家各派不知有过多少独具特色的领悟与阐释。其中一种意蕴,是指事物发展达到极致的境界时,人为的一切痕迹都已经消失无踪,高度呈现自然的状态,无形胜有形,无声胜有声,浑然天成,不假人工。前面我们已经讲到,电视新闻采访最大的特点是镜头前的采访,电视新闻采访真实性最大的障碍也在于镜头前的采访。电视记者(主持人)在镜头前采访的艺术与技巧,无论千条万条,归根结底,最重要的一条,是要能迅速营造出采访与新闻事件浑然一体、天然玉成般的真实感及和谐氛围。正如肯·梅茨勒所说:“最好的采访是那种忘记了布景、摄像机和所有一切,完全沉浸于谈话及所有敏感的问题之中。”[①]

下面,我们来鉴赏一两个精彩的电视新闻采访案例。

案例一:水均益采访联合国秘书长加利[②]。

1996年3月27日,中央电视台《焦点访谈》节目主持人水均益采访联合国秘书长加利。

如何切入话题,是一个关键。水均益准备用中国老百姓的问题提问而展开采访话题。

于是,在正式采访前,水均益等节目组成员先到街头去采访,希望捕捉到有价值的新闻素材。但最初不断大失所望。因为许多人对联合国以及加利并不了解,提不出什么问题。有些人还反问:“加利是谁啊?”“加利是干什么的?”“联合国? 联合国没什么作用吧?”

后来,在外交学院门前,他们遇见了一队小学生。水均益问一个小女孩:“假如你见到联合国秘书长,你想不想问他什么问题?”小女孩想了想说:“我想问他:联合国有多大,你的官有多大?”另外一个小男孩在一旁插过来说:“叔叔,我想问他,现在很多国家都在打仗,能不能让他们别打了?”

孩子们这些天真的问题给了水均益很大启发。他感到,对于大多数中国观

① [美]肯·梅茨勒:《创造性采访》,中国人民大学出版社2003年版,第102页。
② 参见叶子、赵淑萍:《电视采访学》,北京师范大学出版社2000年版,第87—90页。

众来讲,对联合国及其国际事务还比较陌生,为此,对加利的采访应该由浅入深,并且,要尽可能增强与中国观众的接近性和情趣性。在此基础上,他进一步敲定了细致的采访计划。

为了创造和谐的气氛,有利于采访的顺畅进行,水均益同加利刚一见面,就用阿拉伯语问候他,自我介绍道,曾经在开罗当过驻站记者,并采访过加利。加利听后,脸上的表情由惊讶变成了亲切。

在正式采访时,水均益用小女孩的话作为切入点,他对加利说:"秘书长先生,请允许我告诉您,今天在这里采访您的除了我本人之外,还有许许多多关心联合国、关心您个人的中国人,因为我也带来了一些我问观众的问题。现在我想先从一位北京的小学生给您提的问题开始我们今天的采访。这个小孩子请我问问您,联合国有多大? 你的官有多大?"

加利听后脸上布满了笑容,他首先表示,在回答这个问题前,他要向这个小姑娘说上一句话。加利用中文说:"我们都是朋友。"在场的人全都笑了。

笑声过后,加利说:"联合国就像是一个大家庭。就像这位小姑娘的家有父亲、兄弟姐妹一样,联合国这个大家庭共有 185 个成员。联合国就是这 185 个成员的家。联合国秘书长的权力并不是很大,他不过是这个大家庭的仆人。他就像一个大管家,负责保护这个家,每天早晨开门、打扫卫生……而且他要努力让这个家的每一个成员彼此和睦相处,如同亲兄弟一般。因为这个家里经常会出现一些争论,秘书长的作用就好像是个调解人,他的角色是解决争论,平息争吵……"

加利慢慢地叙说着,他身后的背景是黄色的墙壁,身边放着一杯热茶,茶杯里冒出的热气在他脸旁慢慢散发着。这样的气氛就好比在温暖的房间里愉快地谈天说地一样。

这时候,水均益作为采访记者,不禁油然产生出这样的感觉:"在我看来,此时的画面就像是冬日里壁炉旁的一幅图画,一位祖父在向自己的孙女讲述一个童话故事。他是那样地耐心,那样地循循善诱,那样地投入。加利真正进入了一个我们为他设定的角色。此时此刻,我无法想象坐在我面前的这个人就是当今联合国最高行政长官,是一位全球知名的'国际法学专家'。他虽然享誉全球,满腹经纶,但是他却如此慈爱、如此平等地对待一位中国首都的小学生。"①

① 水均益:《前沿故事》,南非出版公司 1998 年版,第 184 页。

在接下来的采访中,加利十分坦率地谈到了联合国的改革、目前的处境、未来的前景、中国在联合国中的作用等重大问题。水均益也不失时机地借观众的问题问了如何制止某些大国利用联合国干涉其他国家内政、联合国在台湾问题上的态度等问题,最后还问了加利的家庭生活和今后的打算。采访自始至终都沉浸于谈话和交流之中,无论是轻松的话题还是敏感的话题,都给人以不做作、不紧张、不生硬的印象,在十分自然和谐的氛围中取得了较好的收视效果。

案例二:香港《凤凰卫视》节目主持人吴小莉采访江泽民①。

1998 年 11 月间,亚太经合会在马来西亚首都吉隆坡举行。中国国家主席江泽民的专机,是 11 月 15 日晚上 10 点多落地,但是遇上大雨,到了 11 点多一行人才抵达饭店。许多媒体已在饭店内守候,江泽民微笑而过,但一言不发。这个结果,事实上并不令人意外,因为中国外交部早就言明,江泽民此行,不接受采访。第二天,行程紧凑的领袖双边会开始进行。中国第一个双边会的对象,是美国。副总统戈尔更是一下专机,就直奔双边会场。由于采访人员数量管制,香港电视台采取轮流进场拍摄、画面共享的方式,凤凰卫视轮派为第一场。

吴小莉和摄像在会场外,等候江主席入场,上午 11 点多,江泽民步出电梯,吴小莉只轻声问候:"主席早,睡得好吗?"江主席听到人群中的声音,转头微笑说:"很好!谢谢!"随即步入会场。没多久,戈尔率美国代表团成员进场,媒体被允许入场拍摄,彼此寒暄的前 5 分钟画面,戈尔再把美国代表团成员贸易代表白茜芙等人介绍给江泽民,双方准备落座时,江主席突然对着吴小莉站的方向看去,笑着说,有香港媒体在,然后指着吴小莉说:"是你吧!是你吧!"吴小莉回应:"是的,主席!"中国代表团成员喊出吴小莉的名字,江主席接着说:"吴小莉,吴小莉,现在成了有名人物了!"吴小莉轻声回答:"谢谢主席。"

江主席随后才转头,开始和戈尔展开中美领袖双边会。这场双边会历时两个小时,比原定时间延长了一个多小时。因为时间所限,吴小莉必须赶到车程需一个小时的新闻中心,先处理完中美双边会这则新闻,再赶回吉隆坡市中心,江泽民下榻的香格里拉酒店,因为按照安排在一连 6 场双边会里,最后一场和泰国总理川立派的会面,又轮到凤凰卫视入场,6 点 40 分,吴小莉和摄影队即时赶到会场,在等待川立派时,江泽民走到了门边做礼节性的迎接,这给了吴小莉一个亲近他的机会,吴小莉抓住时机轻松地问:"会谈得如何?"江泽民笑着说:

---

① 参见吴小莉:《足音》,华艺出版社 1999 年版,第 226—232 页。

"很好,Everything is great!"吴小莉接着问:"一天会谈下来,您的精神很好呀!"江泽民兴致高昂地说:"我精神抖擞,应该这样说,以我的年龄来说,我这样的精神状态很好了,棒,你听得懂吗? 就是好耶(广东话)的意思!"说着,说着,泰国总理来到了,双方握手寒暄,江泽民又进入正式的外交活动中。

等到所有媒体退到门外守候,这天最后一场会谈结束时,吴小莉几经思考,觉得江主席今天的兴致很好,或许有机会,问问他关于这次中国参加 APEC、大家比较关心的几个问题。由于事前已知道,江主席是不轻易开口的,吴小莉就多次和媒体同业商量,有没有什么方法能采访到江主席,一位中国内地的同行给了她很好的启示,决定用最实际的方法,去问实际的问题。人民币过去一年币值的稳定,是避免金融风暴进一步扩大的重要力量,未来,人民币的走向关乎市井小民的荷包肥瘦,也关乎各国的经贸发展。为此,吴小莉决定问人民币币值的问题,并考虑用一张人民币作为提问时的道具。但吴小莉从香港飞往吉隆坡时身上只有港币、美金和马币,后来终于在一位热心的内地同行身上找到一张崭新的10 元人民币。11 月 16 日,江泽民在完成当天最后一场双边会,见完泰国总理川立派后,步出会场,很讶异地看着还在门外等候的记者们,歉然地说:"很不好意思,你们还在等呀!"就准备离开,此时吴小莉赶紧扬起手中早就准备好的 10 元人民币,高声地问道:"江主席,我们都很关心,我手中的 10 元人民币,明年是否还值 10 元?"江主席听到后,立刻回头,转身走向吴小莉,坚定地说:"当然,人民币不贬值!""到明年为止,都是吗?"吴小莉追问。江主席心中有话要说,又满脸笑容地走回来,对着记者们说:"我说人民币不贬值,是很科学的,任何事都不是绝对的! 这要讲scientific(科学性)。"说罢,中国代表团的成员,在笑声中步入电梯离去。

之后,凤凰卫视加订了一段卫星时间,把这段访问送回香港,这段采访在当晚的凤凰卫视节目中出现,第二天,香港《苹果日报》和《明报》在报道亚太经合会的政治版中,刊登了一则花絮,题为"吴小莉访江泽民出新招",内文说道:"素以乖巧机灵见称的吴小莉,昨日以一张面值 10 元的人民币,居然使已明言不接受访问的江主席开腔,发表明年人民币不贬值的言论。"

二、电视隐性采访

1. 隐性采访的概念及特点

隐性采访是记者不暴露自己的身份或以其他假身份,采用各种不被采访对象知情的手段与方式获取信息的采访活动。

隐性采访捕捉新闻的真实性、鲜活性是公开采访所无法比拟的。特别是在电视新闻采访中,由于隐性采访回避了镜头前采访会给被采访者带来的压力,新闻事实毫无掩饰地、十分真实地呈现在广大受众面前,会产生格外强烈的现场真实感染力。尤其是在一些揭露性报道中,惯常会隐蔽很深的、不好见人的情景场面,通过隐性采访而被曝光,充分满足了群众知情权的需要。所以,随着新闻竞争的日趋激烈,以隐性采访获取新闻事实材料进行报道的手段,在我国电视新闻界也盛行起来。

2. 电视隐性采访的要领

(1)恰当设计采访身份。既要有利于隐蔽自己的真实身份,又要有利于接近被采访对象,并展开实质性采访,不至于被引起怀疑。

(2)巧妙隐蔽摄像机。摄像机是电视隐性采访中最重要的工具,也是最危险的工具。稍有不慎就会露出破绽,导致采访失败,甚至给记者带来人身危险。摄像机的隐蔽既要不露痕迹,又要有利于灵活适应采访意图及现场需要进行拍摄。

(3)有关采访的计划及实施方案事前应得到主管领导同意,必要时,还应与有关部门沟通。

(4)注意遵循有关的法律法规。对此,下面还将有比较详细的阐述。

3. 隐性采访的法理原则

由于隐性采访涉及众多法律问题,尤其是涉及公民隐私权等合法权利的保护问题,隐性采访的大量运用也引发了一系列新的课题,值得关注与思考。现在,关于隐性采访尚无正式的法律条文,但已有不少专家学者对隐性采访应该遵循的法律、法规、道德、程序等问题进行了有益的探索和论述,提出了一些可供参考的见解。

(1)隐性采访应遵守法律法规。

在法治社会中,一切社会行为皆要纳入法治的轨道。隐性采访自然不能例外。法律赋予新闻工作者采访的权利,但采访权不能超越法律的特权。在采访内容和对象上,法律是有明确禁止的,新闻记者在隐性采访时应该自觉回避。如:不得涉及国家机密;不可泄露和侵犯商业机密;不得涉及与公共利益无关的各种公民的隐私;不可侵害未成年人和妇女的合法权益;不得干扰法庭审判活动等。

隐性采访的一个重要特征是，记者隐去身份或假借其他身份进行采访。但是，记者所扮演的社会角色不是随意的，而是要受到限制的，不能想装扮什么就装扮什么。

例如，记者不能装扮成国家公务人员借行使公务获取新闻。国家公务人员是代表国家行使公共权力的人员，他们有法定和特定的身份、职责，不是任何常人都能顶替的。记者也不例外。记者装扮成国家公务人员采访亦属"招摇撞骗"，是法律所不允许的。

又比如，曾有记者假冒嫖娼者、卖淫者、吸毒者进行采访，这种行为也许确实得到了一些内幕新闻，但不宜提倡。违法犯罪之徒不是正常的社会角色，装扮成这类人极易卷入违法犯罪的漩涡，人身安全也得不到保障。这跟政法机关人员执行特定任务、装扮成违法分子打入犯罪团伙内部破案是两码事。那是执法机关的特定职能，记者不是警察、执法人员，记者的工作是采写真实的新闻，不是破案、侦查。

在采访手段上，记者不得非法使用窃听、窃照等专门间谍器材。《国家安全法》第二十一条明确规定："任何个人和组织都不得非法持有、使用窃听、窃照等专用间谍器材。"对公民使用侦查手段和器材，是法律赋予司法、安全等部门的职权。即使是为了隐性采访的需要，如果未经特别许可，记者使用属于"专用间谍器材"范围内的偷拍、偷录设备，其行为仍构成违法。

有人认为，只要对方有犯罪行为，不受法律保护，记者的偷拍、偷录就是合法的。实际上，这是对法律的一种误解。只有司法部门才有这种权力，法律并没有赋予记者可以采用这种方式获得信息的权利。即使对方犯了错、犯了罪，他还有法律赋予的作为一个公民、法人的各种权利。如果警察抓他的过程、记者采录他的过程存在违法现象，他同样有权利起诉[1]。

隐性采访时常会遇到这样的困惑。记者出于善良的目的，以隐性采访的手段对某种非法或非道德行为进行曝光。从受众的角度看，不管其手段是否合法，由于其目的良好，所以往往会给予较多的掌声和宽容。但是，从法律的角度看，如果记者在采访过程中有违法行为，从本质上讲就必然是一种非道德行为。因为记者的非法采访行为尽管为了道德的目的，但却因其违法而破坏了道德得以

---

[1] 参见冯结兰：《隐性采访的法律和道德约束》，《今传媒》2005 年第 6 期。

立足的根基。马克思说："要求的手段既是不正当的,目的也就是不正当的。"①

我国新闻界的自律性文件——《中国新闻工作者职业道德准则》规定:"要通过合法的正当手段获取新闻,尊重被采访者的声明和要求。"所以,记者一定要依法采访。

(2)隐性采访应遵循公众利益为上的原则。

法律现在还不能解决隐性采访的所有问题,它更多是一个道德问题。

我们注意到,社会在评价隐性采访运用是否合理、得当的时候,除法律准绳之外,还有一个普遍的、似乎是约定俗成的原则,就是看其是否为了公共利益。可以说,"是否为了公共利益",这也是隐性采访运用的道德底线。

隐性采访虽然存在着道德评价上的先天不足,但并不影响我们为了保护更大的公共利益、公共道德体系而宽容它的存在。

大家都有这样的经验,当人们面临某种两难的道德判断时,决策的标准往往是"两利相权取其重,两害相权取其轻"。公共利益是由个体利益组成的,从理论上讲,对个体利益的伤害,也必然导致对公共利益的伤害。但我们必须注意到这样一个事实:并非所有的个体利益都是组成公共利益的积极因子,对个体利益中非积极因子(非道德行为)的"伤害",只会有利于公共利益的保护。换句话说,对公共利益整体的保护更有利于对合情合法的个体利益的保护,这是我们对隐性采访给以宽容的一条最基础的原则。不管在何种情况下,公共利益是衡量是否必须使用隐性采访方式的一个主要依据。一般新闻事件都与社会公共利益有关,当常用的采访手段无法获取相关信息时,隐性采访甚至就变得别无选择了。例如,某药店在采用隐蔽手段销售假药,在这种情况下,不采用隐性采访手段就会令公共利益受损,这时,隐性采访的及时运用是对公共利益的最好维护。隐性采访对社会上的欺诈、腐败、违法乱纪等丑恶现象的曝光所涉及的内容,大多是严重侵害公共利益的人为行为,因而受到公众的欢迎和肯定,这是隐性采访合乎道德要求的基础。隐性采访无论任何时候都必须把社会和公共的利益放在首位。

正如有的研究者所指出:"只有在涉及公众利益时,媒介舆论监督较之于名誉等个人权益才可获得某种优先。"②

---

① 《马克思恩格斯全集》第 1 卷,人民出版社 1985 年版,第 74 页。
② 庄临强:《隐性采访的力量与控制》,《现代传播》1998 年第 4 期。

类似的规定在西方国家也有反映。美国学者认为,"有些可以不用隐性采访方法的,如果做了,'除非你说明自己的身份;否则你实质上是在别人不知道的情况下刺探他们的生活情况——这样做是否道德,是大可怀疑的。'……另一位作者引证美国《新闻周刊》的话说:'一个记者必须掂量一下,他所寻求的事实的重要性是否值得他采取下策去把它弄到手。但是这样做既有道德的也有实际的限度。从长远的观点来看,新闻工作毕竟不能建立在习以为常的欺骗手段之上。'不论具体情况怎样,多数人都认为公共利益是衡量是否必须使用隐性采访方式的一个主要依据。曼切尔写道:'记者也许要慎重考虑,既要反对又要坚持这种方法。一个方针:对属于私人的活动,要慎重从事;对秘密进行的官方活动,要按照公共利益办事。'"①

英国是具有悠久法律文化传统的国家,也是媒体自律机制较为发达的国家。英国独立电视委员会是受英国政府委托,管理除英国广播公司(BBC)以外的所有商业电视台的机构,它为全英商业电视机构制定的《节目标准》充分体现了英国法律和媒体自律机制的优点,其中,在"使用隐蔽麦克风和隐蔽摄像机"一节的规定对我们不无启示:只有当隐蔽采访能够确立内容可信度和权威性,只有当内容本身重要而且有利于公共利益时,才被允许使用隐蔽的麦克风和隐蔽的摄像机去获取未被告知人的声音和图像。当制片人认为有必要这样做时,必须获得持牌人即持有开办传媒执照的法人的最高节目负责人等的明确同意,才可以录制这些内容(无论是否准备播出)。在这些秘密录制的内容播出之前,必须再次获得持牌人的最高节目负责人等的明确同意才可以播出。无论该素材是持牌人自己录制的、委托制作的,还是从外部得到的,本规定都适用。持牌人必须对每一次向最高负责人等咨询的过程及对录制和播出的此类任何内容进行详细记录。独立电视委员会将定期查看该种记录。如果持牌人没有能够随时进行记载,独立电视委员会可以因此进行处罚②。中国中央电视台《新闻调查》栏目就此给自己确定的信条是:无论如何,秘密调查都是一种欺骗。新闻不是欺骗的通行证,我们不能以目的正当为由而不择手段。秘密调查不能用作一种常规的做法,也不能仅是为了增添报道的戏剧性而使用。

只有同时符合下述四条原则,才能采用秘密调查。

---

① 陈力丹:《试论隐性采访的法律意识和行为规则》,《现代传播》1999年第5期。参见顾理平:《论隐性采访实施过程中必须遵循的道德原则》,《中国广播电视学刊》2005年第3期。

② 参见徐迅:《运用偷拍方式采访应当确立程序》,《电视研究》2004年第2期。

第一,有明显的证据表明,我们正在调查的是严重侵犯公众利益的行为;第二,没有其他途径收集材料;第三,暴露我们的身份就难以了解到真实的情况;第四,经制片人同意[①]。

本 章 小 结

●"电视新闻采访是镜头前的采访",这一概括,是我们研究把握电视新闻采访特殊性的起点。由于电视新闻采访是镜头前的采访,是要依托镜头表现的采访,是采访过程公开化的采访。客观上,采访者也罢,被采访者也罢,都在镜头前表现。这种表现,伴随新闻事件的发展过程,不自觉地也成为可视性的要素之一。甚至,采访的成功与否,决定着整个新闻报道的成功与否。同时,电视采访还可以成为报道的表现手法,节目形态的突出特征;在报道方式中起到结构作用;构成特有的节目样式。所以,在一定意义上甚至可以说,就电视新闻采访而言,"采访即信息""采访即新闻"。

● 现场采访记者的业务素质有着一些特殊的要求。主要有:敏锐的临场判断能力;主动的临场控制能力;机灵的即兴采访能力——恰到好处的提问与议论;沉着的临场自控能力。

● 隐性采访则尤其要遵循两条:隐性采访应遵守法律法规;隐性采访应遵循公众利益为上的原则。

思考题

1. 电视新闻采访的概念及特殊性。

2. 何谓电视现场采访?

3. 对现场采访记者的业务素质有何特殊要求?

4. 何为隐性采访?

5. 隐性采访应把握哪些要领?

6. 隐性采访的法理原则主要有哪些内容?

---

① 参见徐迅:《运用偷拍方式采访应当确立程序》,《电视研究》2004 年第 2 期。

第七章

电视新闻拍摄

第一节 电视图像的景别

一、电视图像景别的划分

电视图像的景别,也有人称为电视画面的景别、电视镜头的景别。由于"镜头"一词在电影、电视乃至照相摄影理论中具有多种含义,因此,这里有必要先简略地加以说明,以便在"电视镜头的景别"这一表述中明确"镜头"一词的含义。

"镜头"一词的含义包括:① 摄影用透镜组(物镜)的假称,是电影摄影机、电视摄像机和照相机上的重要光学部件;② 影片和电视片的组成单位之一。一部影片是由许多不同的镜头衔接组成的。而一个镜头是指电影摄影机或电视摄像机从开拍到停拍的这一段影片。其间,不管拍摄对象走动或变化,摄影机或摄像机作什么样的移动,以及画面、图像的景别如何变化,只要机器不停止,都算是一个镜头;③ 仅指影片的一个画面。它是电影片、电视片的最小构成单位。

所以,当人们谈到"电视镜头的景别"时,其意仅是就第三种含义而言,故与"电视图像的景别""电视画面的景别"是一致的。

电视图像的景别,一般可以划分为:远景(及大远景)、全景(小全景)、中景、中近景、近景、特写(及大特写)等。

远景(及大远景):表现全身人像及人物周围广阔的空间、环境、自然景色或广大群众的活动场面。当表现十分广阔的场面、浩茫的自然景色和大范围的背景时,为与一般远景相区别,有人又把后者称为大远景。还有人再将介于大远景与远景之间的景别,划分出中远景,或半远景。

全景（及小全景）：表现人物及其最接近的周围环境，或专用于表现一定范围的自然景色，表现一个景的全部，相当于我们在剧场里所看到的舞台框内的那种景别。在表现人物时，为便于更准确地传达、再现摄影意图，又把刚好能完整表现人物全身的图像景别称为小全景，或全身景。

中景：表现人物膝部以上范围的景别，又称七分身景。

中近景：表现人物腰部以上范围的景别，又称半身景、腰景。

近景：表现人物胸部以上范围的景别，又称胸景。

特写（及大特写）：表现人物两肩以上的头部，或在银幕、荧屏上只突出表现某一物品的图像景别。当在整个银幕、荧屏上仅表现人脸的某一局部（如眼睛、嘴巴），或某一物品、某一拍摄对象的细小局部时，为与一般特写相区别。又被称为大特写。还有人将介于特写与大特写之间的景别，划分为中特写。

此外，在电视摄影实践中，还有"满镜""松镜""一人景""三人景"等景别概念，以便于具体明确一些景别在构图上的细微差别。

所谓"满镜"意味被摄的形体完全充满画面，上下左右不留空间。"松镜"则与"满镜"相对。"一人景""三人景"是说电视拍摄时，尽管摄像机前表演人员很多，但在画面构图上，只要求出现一个人或三个人。

二、电视图像景别的意义

电视图像的景别在电视片的构成中，绝不是可以随心所欲地滥用的。电视图像景别的意义，从总体上说来，是通过不同的景别，表现和强调物质世界在不同范围内的存在和运动形式及其特征，从而寄寓特定的表现意旨。

如，对同一处乡村的春景，当我们用近景或特写只表现一束新柳或一条嫩枝时，它会使我们想起"不知细叶谁裁出，二月春风似剪刀"（唐·贺知章《咏柳》）的诗句；当我们用全景或远景来表现时，恐怕看到的又是"千里莺啼绿映红，水村山郭酒旗风"（唐·杜牧《江南春》）或"夹岸垂杨三百里，只应图画最相宜"（杜牧《隋堤柳》）等景色。

又如，同样是对草原的景物，若我们只用近景或特写，画面上可能就只是出现一丛小草，孑然孤立，或许引人吟出"天意怜幽草，人间重晚晴"（唐·李商隐《晚晴》）的诗句；而当用远景或大远景展现我们目力能收的场面时，感受到的可能却是"天苍苍，野茫茫，风吹草低见牛羊"（北朝·齐·民歌《敕勒川》）的意境。

由此,可以看出,不同的景别确有不同的意趣所在。而且,结合后面的相关论述,还会更深入地看到,在电视的摄影中,对景别的抉择,确应贯注体现有意的匠心,而绝非是可以随便滥用的。

就一般的情况说来,对具体的不同电视图像景别的意义,分别论述如下。

(1) 远景(及大远景)。

这一景别的图像能全面、完整地展示人物活动的环境;通过广阔的时空与人物实体、人物心理的相互关系,寄托某种寓意,渲染某种气氛,表达某种情绪,从而创造、形成某种特定的意境。

例如,电视剧《乱世风尘》(编剧吴信训、吴信详)上集末尾,秀姑送心上人梁竞凯和父亲路镇江上路去复仇时,用了这样几个不同景别的镜头:

(全景)梁竞凯和路镇江背着包裹,踩着鹅卵石跨过一道小河。梁竞凯停下脚步,回头望去。

(特写)秀姑眼里噙着热泪,右手紧捂住嘴,举起左手,轻轻地挥着。

(中近景)梁竞凯也挥手告别,神色严峻。少顷,他猛转过身,毅然地继续赶路。

(近景渐拉成远景)镜头透过秀姑挥手的背影,我们看到路镇江和梁竞凯愈去愈远,消失在天边。同时,随着此景,画外漾起深情、忧郁的歌声:

> 路漫漫,情悠悠,
> 离别方知愁。
> 豺狼当道天地暗,
> 报仇雪耻送君走,
> 又怕旧恨未消,
> 更添新仇!
> ······

毫无疑问,这最后的远景,渐愈扩展的时空,对刻画和表现秀姑胸中愈益浑沉的情愫、愈益强烈的怅惘,是颇为有力的。

又如,有时利用远景来造成"大环境"与"小人物"的强烈"反差",来表现人物的渺小、孤独,或表现一种幽默、嘲讽等,也是行之有效的。比如,我国故事片《月月》中,有一段情节。月月的父亲和月月的对象才才,思想意识保守,不愿和青年门门合伙租用抽水机来解天旱之苦,甘愿翻山越岭到山脚去挑水来浇地。影片先用全景、近景等表现了门门使用抽水机浇地的轻松、欢快,接着用了较长的远景镜头来展现月月和父亲、才才三人艰难挑水的情景。有力地嘲讽了月月父亲和才才的落后保守意识。又如,外国影片《步兵》中,表现20世纪初一个军人奉命打扫军营作为劳役,此时,镜头用远俯角度拍摄他拿着扫帚手推小车出现在巨大的操场中心。他那渺小的形象象征着他要完成的任务是多么艰巨。

(2)全景(及小全景)。

主要强调、表现人物全身性活动的情状,或一定单元空间的完整环境。例如,日本的相扑比赛、中国的散打比赛等实况转播,对双方运动员正式的关键竞技场面,就最宜用全景或小全景加以表现。因为运动员技巧的发挥,是由全身性的高度综合、协调、一致的动作来体现的。若用中景、近景等,会使观众不能看到应看的全貌。若用远景,虽对人物全身的活动能完整表现,但却会因令人看不清楚而削弱意义。

(3)中景。

主要强调表现人物以感情交流为主的活动。它能给人物表演以自由活动、突出再现自我的空间,同时,又以"兼及式"的方式,反映出人物与周围气氛、动作地点的联系。另外,从人的视觉生理及心理来看,中景比较接近人们平时正常看物方式的状况,再加上电视屏幕较小,太小的景别容易令人观看不清,故中景在电视中经常大量使用。

(4)近景。

主要强调人物的表情,揭示人物的内心活动。在面积有限的电视屏幕上,近景的人物、景物,与观众的交流比较亲近。在电视中经常大量使用。

(5)特写(及大特写)。

是获得电影、电视艺术效果的强有力的镜别表现。旨在细致入微地强调表现人物的面部表情,透视、洞窥人物的心灵深处,或者是突出物体的局部或事物的细节,揭示这一局部、细节在物体或事物整体中的特殊意义。

对于特写,我们尤其应当给予极大的重视和审慎的对待。

法国电影理论家马赛尔·马尔丹写道:"至于特写镜头,它是电影具有的最奥妙的独特表现之一。"[1]

我们知道,电影电视的艺术史早已表明,一切伟大的演员,都是非常重视并

---

① [法]马赛尔·马尔丹:《电影语言》,中国电影出版社1980年版,第19页。

且善于通过面部表情的细微的、复杂的变化,来揭示内心世界,表达戏剧含义的。

匈牙利电影理论家巴拉兹也指出:"各种各样的思想和感情通过面部表情的变化而综合成一个和谐的整体,恰如其分地表达出人物的心灵。"[①]他并且把电影表演及表现艺术中的这一特征归纳成"微相学"。他还指出,正是因为有了电影、有了特写,在同一张脸上,才第一次有了表现"多音部"面部表情的可能性。例如,苏联影片《列宁在十月》中,有这样一组镜头:列宁同小女孩娜塔莎谈着话,突然,秘书进来向列宁报告,说他的亲密战友乌里茨基被暗杀了。本来列宁脸上是充满对小女孩慈爱、亲切的表情。随着他默不作声地回过头去,镜头成为特写,让我们清楚地看到,列宁脸上的慈爱正在让位于逐渐浮现出来的悲痛,接着悲痛变成愤怒,继而愤怒又转化成为毫不留情的憎恨:"要无情地镇压反革命!"

所以,马赛尔·马尔丹又曾归纳道:"特写镜头适合于表现(除非它只是单纯被用来描述,通过放大进行解说)一种思想意识的全面暴露,一种巨大的紧张心情,一种紊乱的思想。"

至于特写镜头对电影、电视观众产生的效果,安德烈·马尔罗在《电影心理浅说》中提出了一个有趣的论断:"一个舞台演员,那是一间大房间中的一个小脑袋;一个电影演员,那是一间小房间中的一个大脑袋。"

在绘画、雕塑等作品中,是不能指望也并不指望作品中的每一个造型细部一下子就能引人注目的。这些作品结构上的安排,是让观众首先注意主要的形体,只是在长久地仔细观看以后才会把握住细部。细部中不会表现内容中的主要东西,它也不会在同整体的紧密联系之外而存在。

然而,在电影、电视中,由于特写镜头,却创造了引人注目于被表现对象细部的可能,创造了让细部来表现内容中的主要东西并且会在同整体的紧密联系之外而存在的可能,特写"指挥"并"迫使"了观众的视线,去注意、集中于所表现对象的细部、细节,让你从中领悟其丰富的含义,把握其与整体的紧密关系。正如苏联电影理论家查苏里扬所写的:"电影中的细节——不仅仅是整体的一部分。依靠银幕空间和时间的假定性,它在一定程度上还具有独立的意义。在电影中仿佛有可能把细节从银幕上的空间和实际的时间过程中突出出来,用个别的景和特写来表现它,从而不仅可以把注意力集中到它身上,并且还可以通过它去揭

---

① [匈]巴拉兹:《电影美学》,中国电影出版社1979年版,第55页。

示内容中的主要东西。"①

例如,苏联著名影片《战舰波将金号》中,有一个特写镜头,表现战舰军医的那一副夹鼻眼镜钩住缆索在水面上晃动。这个细节不仅报告了物主的命运——他已被革命的水兵们抛到海里,并且,依靠联想,它仿佛能够代替他本人,从而淋漓尽致地表现了一个卑鄙龌龊的官僚的形象。

综上所述,电视图像景别大小的选用,是由事件或故事所必需的明确性决定的。景的规格应当同它的具体内容和戏剧内容相适应。景越大或越近,能看到的景物则越少,个别强调的意旨越强烈。景越小或越远,能看到的景物则越多,总体强调的意旨越强烈。

还应当指出,景的大小与镜头的长度是有密切关系的,景的大小一般决定镜头的长度。而镜头长度又必须受这样一条视看规律所支配:即镜头的长度必须适当地留给观众足够的时间去看清镜头的内容。因此,一个全景一般总比特写镜头的时间长。当然,如果导演想表达一种具体的思想,体现一种特定的艺术意图时,特写镜头也可以是较长或很长。因为,这时的镜头运用旨趣已不仅在于让人看清楚镜头的内容,而更在于让观众去领悟、玩味镜头深处潜藏的情思与底蕴。

三、电视图像景别的特性

一幅绘画、一帧照片,一旦摆在我们的面前,让我们观赏的时候,它的景别就是以确定不移的方式,在静止的状态中存在的。它的内容、它的意蕴,也都是由这不变的景别中体现、透射出来。

但是,电视图像的景别却是在运动中存在的。它只有相对的稳定性,没有绝对的稳定性。尽管在理论上人们清晰地划分出了远景、全景、中景、特写等景别,也明确了它们各自的含义,而且,在实践中,导演也是明确规定用某某景别来拍摄表现某一场景;但是,即便摄像机的位置不变,光学镜头及取景均不变,由于画面中人物的运动,景别也在随时发生变化。比如,中景中的人物,前跨一步则可能成为中近景或近景。近景中的人物,身位略变则可能成为特写。而且,正是由于电视图像景别在运动中的变化,才能最有力地表现镜头内容在某一相对稳定

---

① 〔苏〕格·巴·查苏里扬:《银幕的造型世界》,中国电影出版社 1983 年版,第 178 页。

景别时的含义。马赛尔·马尔丹就曾写道:"特写镜头……是推镜头的自然结束,这种推镜头又时常能加强并突出特写镜头本身所含有的戏剧性。"①这也可以使我们理解到,特写镜头也正是时常有赖于从中(景)推特,或近(景)推特等景别的运动变化,才能强烈体现本身所含有的戏剧性。

电视图像的景别不是静止的,而是在运动中相对稳定地存在着的这一特性,是与电视摄像本身是一种运动的造型艺术的特性密切与共、一体相存的。电视图像景别的变化,从一个方面直接体现着摄像机的运动(摄像机的运动体现的方面更多,如不变景别内的角度变化等)。认识电视图像景别的这一特性,是为了使我们从运动中去把握、认识电视图像景别的意义,并善于通过在运动中改变图像景别来更好地反映生活、体现匠心。

第二节　电视图像构图的基本美学原则

电视的构图是指电视画面内容的结构形式。

在实际生活中,当我们观看外界景物时,眼前所出现的,总是尽我们的视野所能包容的,而且是无明显边界的广阔场景。但是,由于取景器的作用,它只让我们看到一个长方形框内的景物,因此,当我们举起摄像机、摄影机对着外界景物的时候,就决定了画面构图的存在。当摄像机、摄影机在摄录外界现实以便将这种现实变为艺术素材时,人们在这种创作中最早看到的,就是画面构图。

凡是稍有绘画、照相、摄影常识的人都知道,对于同样的景物,在同一个长方形的图框内,却可以呈现出无数种画面的结构形式,并由此产生出不同的视觉效果和意蕴。它使人感到好看或是不好看,以至有韵味或是没味道。

电视构图的美学,就是要研究电视画面的构图怎样才能使人感到好看一些、有韵味一些的问题。

我们知道,电影银幕、电视屏幕的画幅结构首先就是为美好的构图精心设计的。人们通过探索的实践已经证明,无论正方形或圆形轮廓都不如长方形这样受人欢迎。电视机制造商曾一度试图推广圆形屏幕,但由于它不适应好看的构图,不能吸引观众。美国著名电影导演唐·利文斯顿就曾指出:"长方形银幕本

---

① [法]马赛尔·马尔丹:《电影语言》,中国电影出版社1980年版,第21页。

身,就体现了构图最重要的原则之一——黄金分割。"①电影的银幕,现在已是 4∶3(35 毫米普通电影)和 2.2∶1(70 毫米宽银幕电影)以及 1.65∶1 和 1.85∶ 1(一般宽银幕电影)等几种长方形形式。电视的屏幕,至今仍呈 4∶3 的长方形, 自从高清晰度电视、数字电视开发以来,又增加了 16∶9 的形式。

因此,电视构图的美学,也就是要研究如何在这个 4∶3 或 16∶9 的长方形 轮廓中,来结构电视画面的内容,才能使人感到画面好看一些、有韵味一些的 问题。

总的来说,电视构图的基本美学原则,是必须适合人们的视觉生理和心理状 况,使观众感到乐于接受其构图形式。

具体说来,有几条原则是必须把握的。

一、和谐与协调

这一条是从完整形体构图(或称规则构图)的前提下来进行探讨的。可分两 种情况。

1. 就合乎正常视看习惯的规律而言

除漫无目的的情况以外,人们观看外界景物,总是站在一定的位置(并且是 一般可身处的视点位置),将主要视线集中于主要想看的景物,并本能地将想看 景物的重点置于自己视野的中心位置。同时排除其他景物对主要视线的干扰。 除了特殊的情况以外,人们是决不会用眼睛的余光去观看主要想看的景物的。 可以说,正常构图的基本原则,首先是由人的这一视觉生理特性所决定的。但 是,由于电视画面具有一个长方形的边框,所以,电视的构图必须处理好人的正 常视看习惯与长方形边框的相互关系,使两者达到高度的和谐与协调。必须处 理好长方形图框内各种景物相互位置的关系,使其在画面结构中达到高度的和 谐与协调。

如何达到这两种高度的和谐与协调呢? 可把握以下几点。

第一,画面构图应当仅仅表现所要表现的东西,只包括为说明事件或故事所 必需的范围,以免冲淡或淹没对主体的表现。

第二,画面避免无意识分割。

---

① [美]唐·利文斯顿:《电影和导演》,中国电影出版社 1983 年版,第 59 页。

第三,应准确揭示被摄主体与环境的关系,完整表现主体的实际状态。

第四,应避免被摄主体与后景中景物的不恰当重叠,或易产生不良附会意念的构图关系。比如说,在一个生活场景中,寒冷的天幕下,一边是拥挤在一起的猪群。在附近的另一个位置,农舍屋檐下的门前,一个身穿黑色棉袄的农人蜷曲一团,蹲在地上呆想心事。若从正面拍摄,构图上猪群与农人本相距甚远,彼此无关。但从侧面拍摄,构图上则会出现农人恍若与猪群挤在一起的效果,从而使人感到这种构图具有某种隐喻的意念。而这种意念却又是拍摄构思中本不具有的。

第五,被摄主体置于画面中心位置,周围的空间分布应适当,使被摄物体与周围的空间比例协调。在拍摄人物时,视线方向的空间应较宽裕,从而使画面构图从几何构图到视觉心理都达到平衡。

第六,画面应力求紧凑,避免分散。

第七,构图注意景深,尽量发挥电视、电影摄影表现三度空间的特殊力量。表现人物对话时,应避免前景中的人物不必要地叠盖后景中的人物,以致有损后景中主体人物的表现。

第八,拍摄全景时,注意以前景形成框架,以便更好揭示画面中各景物在三度空间中的相互关系,同时可使画面获得很好的纵深感。

第九,黄金分割的原则。黄金分割指的是画面中突出的物体、群体或线条的配置。它的最基本的格式是指:最好不要把引人注目之处放在画面的几何中心,因为这种对称的平衡是不能使人满意的。

要注意这一原则,一般来说,可参考以下方法:在4∶3的屏幕长方形上,用垂直线和水平线平分出九个小长方形。那么,在任何画面上,如果有处于支配地位的纵横线条类景物出现,这些纵横线条(明显的或潜在的)都应处在与以上几条线基本相同的部位。而且大块的明区和暗区之间的分界线也应靠近这几条线。

黄金分割同样适应于区间的平衡。这里所说的区间是指特别亮的亮区和特别暗的暗区。在低调场面中,画面面积应有大约2/3是暗色调的,另外1/3是形成对比的亮色调。在比较高调的场面中,应有1/3是低调,而有2/3为亮色调。如果明区和暗区是一半对一半的平衡,则画面会使人感到索然无味。

2. 就不符合正常视看习惯的规律而言

在电视连续剧《秋海棠》最后一集中,有这样的情节和场面:梅宝姑娘应邀到了罗湘绮家中。经过谈话,梅宝方知罗湘绮就是自己的母亲。母女重逢,惊喜万分。罗湘绮更是恨不能马上见到朝思暮想的苦难爱人秋海棠。然而,她哪里知道,当她和梅宝东寻西找,最后赶到梅宝和父亲寄居的旅馆时,才发现秋海棠将寄寓着他与湘绮无限深爱的情物——湘绮亲手绣的秋海棠锦帕,以及浸透着秋海棠辛酸、悲愤血泪的遗书放在床上,怀着朝思暮想盼相见,待将相见时却黯然地难诉悲苦,去投黄浦江自尽了。

这时,画面采用了这样的构图形式:整个镜头是俯视的大全景,罗湘绮和梅宝跪在地上,(背身)扑在床沿抱头痛哭,这一切,仅在画面左上角占了很小的区间,画面的其他部分,均是靠墙的简单的家具和大面积的空旷的地面。这一构图可以想见大约是从门上方接近天花板的视点获得的。而这视点,无疑不是人们在正常视看习惯下所取的视点。即使有任何人当时作为旁观者出现在现场,也不可能专门爬到天花板上去观看眼前的这场悲剧。但是,艺术家却仍然让人们接受了这种不符合正常视看习惯的构图,而且通过这种形式上毫不平衡的画面构图,更强有力地表现了剧中人物内心无限的悲哀与惨痛。从观众方面来看,又能理解这种构图的意蕴,因而在视觉心理上感到了这画面构图的高度和谐与协调。试想假如罗湘绮和梅宝是聚在一起谈笑,然而却仍用这样的构图,那观众是无法接受的。

这个例子可以启示我们,画面构图在突破正常视看习惯规律的情况下,要达到和谐与协调,应该处理好人们的理解能力与特殊的画面内容结构之间的相互关系,使特定的画面内容结构形式与艺术意旨达到高度的和谐与协调。

二、形散与神聚

这一条是从不完整形体构图,或称不规则构图的前提下来进行探讨的。

在照相摄影中,我们很难设想只摄取某一物体的某一部分,并且让这一部分随意置于画面的任何部位,却能成为被人们理解并接受的构图形式。

在"和谐与协调"一节中,所讲的构图,虽然有时也只是摄取了物体的某一部分,然而却都具有相对的完整性,并且都能让人由此及彼,由局部窥见、联想至全体。比如,人物的特写虽仅摄取头部,却是因此刻的面部表情能最有力地表现人物的内心世界,而且通过和谐、协调的画面构图,成为受看的人体部分。

但是,在电视电影摄影中,却还有这样的构图情况:从单一画面来看,都只表现了某一物体的残缺不全的某一局部,画面内各物体的位置配列也极不规则,似乎根本不成其为构图,有时候却能给人以一种特殊的、强烈的美感。例如:

日本故事影片《远山的呼唤》中。金辉灿烂的夕阳下,草香弥漫的牧场上,面对民子含情脉脉的注视,田岛耕作意气飞扬地跨上骏马,为小武志(自然也是向民子)示范骑术,这时,影片用了一组画面构图别具匠心的高速镜头:逆着夕阳的辉映,画面上一会儿是昂扬的马头,一会儿是腾越的马蹄,一会儿是飘舞的马尾,一会儿是沉浮的马身……如果单独来看,没有一个画面的构图是规则和谐的,然而,观众却感到了一种极为强烈的和谐感,并从中感受到田岛耕作和民子内心深深潜藏着的奔涌的爱的激情。

又比如:我国故事片《归心似箭》中,魏得胜在矫正院的采煤坑道里,打死日本监工犬口,聚众越狱。在追捕的枪声中,有这样一组镜头:

(近景)横跟飞速奔跑的脚,摇起,魏得胜跑进树林。

(中景)急速横跟,魏得胜边回击边疾跑。(前景)树木频频闪过。

(中景)魏得胜跳到树后。(急推近景)他扣机回击。追捕的子弹射中了前景树干。躲闪动势。

(中景)正面,摄影机紧随魏得胜,他跳进苇塘,在苇丛中狂跑。

(主观镜头)摄影机冲开苇丛,带着喘息的节奏急速前进。

(重复出现前面两个镜头)魏得胜狂跑镜头。主观镜头。

在这组镜头中,实际上不仅没有了完整的画面,甚至摄影机也随着脚步和呼吸在不断地晃动它的主观感受形式,但是,观众却没有对这组镜头的画面构图感到难看,反而感到其构图是具有匠心的合理形式,更好地符合了表现事件和主题的需要。

在意大利故事片《伦敦上空的鹰》中,英军从法国战场战略转移,渡过英吉利海峡,撤回英国。表现渡海过程的一组镜头,用了各种不同形式的多银幕手法。每一小画面上的构图均只是某一场面的任意局部切割,完全谈不上什么均衡、协调、完整等,都是不规则的,但是,却能渲染当时渡海的战乱场面,使人获得身临其境、目不暇接的现场感觉。

为什么这种不完整构图、不规则构图在电视、电影摄影中得以存在,并能产生特殊的美感力量呢?因为电视、电影摄影是一种运动的摄影,它是以一幅幅连续的活动画面来反映生活。它不是记录运动的一瞬,而是表现运动的过程。因此,电视图像的构图原则,既应考虑单一画面、瞬间画面的因素,又应考虑连续画面、运动画面的因素。

也须注意,尽管由于运动摄影的特性,电视图像的构图可以是不完整的、不规则的,但是,这并不意味着电视图像就可以不讲构图,并不意味着电视图像的构图就可以任其不完整、不规则。运动摄影中构图的不完整、不规则,实际上是在不完整中求完整、不规则中显规则的。它只有在符合形散神聚规则的前提下,才能体现出存在的价值。也就是,看似残缺不全的画面,看似不完整、不规则的构图,却必须在画面的连续运动中,使人实际获得异常完美的画面形象,给人以完整规则的心理视像,创造出美的环境、美的肖像、美的气氛、美的节奏,从而使观众感到眼前出现的不是杂乱无章的画面,而是符合观众美感要求的美的画面构图。

三、诗意的运动

电视图像的景别和构图不是孤立地、静止地存在的,是在运动中存在的。由于电影、电视摄影是运动摄影的特性,如果电视图像的景别在运动中得体、巧妙地变换,可以创造出独特的景别节奏,萌发出别有意蕴的诗意。

例如,日本故事片《典子》的结尾,有这样一组镜头:

(全景)宝石般湛蓝的大海上,典子和美知子的哥哥尽情地畅游着。

(近景)美知子的哥哥挥动着壮健的手臂,击起朵朵浪花。

(近景)典子则用她的双腿,奋力剪开片片绿波。

(中景—全景)典子和美知子的哥哥并肩奋进,你追我赶……

(镜头渐渐升高,景别越来越大,由全景渐拉成远景、大远景)大海愈加广阔,搏击波涛者的身影变成了两个白色的小点子,直至渐渐地隐在画面之外……

这一组镜头的景别变化同表现影片主题、揭示人物内心世界的要求,真是珠联璧合、浑然一体,很好地产生了比兴、映衬的艺术修辞效果。在全景、中景、近景中,着力以清晰可见的、突出的人物形象,真实、强烈地展示典子这位没有双臂的姑娘,却具有同大海搏击的能力。这样的景别,也有利于展示典子矫若游龙的身姿。在俯摄的远景和大远景中,渺小的人影与苍茫大海在构图中形成强烈的对比,造成一种"鸟瞰"人生的浩然气势。使人油然想起苏东坡的名句:"寄蜉蝣于天地,渺沧海之一粟。"然而,我们此刻却不会面对宇宙的浩大与无穷,怅然感叹人生的渺小与短暂。相反,我们从典子的身上,却看到了比宇宙还要伟大的人的精神。

早在1919年,苏联电影理论家阿·切尔波塔列夫斯基就曾写道:"电影的基本元素是它的表现运动的能力……当我们谈到电影时,实质上谈的是在银幕上表现运动。'伟大的哑巴'的秘密和艺术魅力及其严肃的科学意义就在于这种能力。"①

几年后,德国电影艺术家鲁道夫·哈尔姆斯也说道:"电影是运动的世界……无论在个别镜头中,或在接连不断的镜头更替中,电影都不得不把运动提到首要地位上来。"②

埃德加·莫林又写道:"电影包含着各种各样的运动:摄影机的运动、蒙太奇节奏、时间的加速、音乐的变化。所有这些运动和节拍越来越增强,彼此结合又彼此对立。每一部影片,即使是最平庸的影片,也是运动的集合。"③

这些理论,对电视具有同样的意义。电视的一切——主题、内容、情节、人物等,归根结底,都将以各种各样的画面构图体现在屏幕上。电视画面构图的运动,也是电视所包含的各种各样运动的一种。而电视画面构图是在运动中存在这一特性,要求好的电视画面构图尤其须如爱森斯坦所说:"在于再现对银幕来说最富于表征意义的、其他艺术所缺乏的运动。"我们之所以将"诗意的运动"作为电视图像构图的重要原则之一,盖因于此。

当然,图像构图的运动与摄像机、摄影机的运动是密切相关的。摄影机一发生运动,图像构图必然发生变化。因此,图像构图的"诗意运动"原则及其表现手段,应当与摄影机的运动联系起来考虑。关于摄影机的运动,将在后面具体讲述。

这里,有必要指出的是,尽管上面讲述了三条电视构图的基本美学原则,也揭示了一些电视构图的规律,但是,电视摄影的实践却是异常丰富并且不断发展的。构图的形式很多,审美观和构思也因人因时而异。唐·利文斯顿曾说:"最好的构图常常是由并不精通理论和规律的摄影师获得的。可以说,他们对赏心

① [苏]格·巴·查苏里扬:《银幕的造型世界》,中国电影出版社1983年版,第11页。
② [德]鲁道夫·哈尔姆斯:《电影的哲学》,列宁格勒科学出版社1927年版,第28页。
③ [法]埃德加·莫林:《电影和想象的人》,巴黎米纽依出版社1956年版,第104页。

悦目的东西具有一种几乎是天生的直觉;他们具有所谓'构图的眼力'。对不幸尚未具备这种眼力的人来说,简要地论述一些关于构图的基本原理,可能有助于提高鉴赏能力。""有关好构图的各种原则和规律,充其量只能代替良好的审美观和机敏的眼力。一个画面就像音乐或诗一样,必须有形式、有平衡、有韵律。也正如音乐或诗一样,不同画面的构图在风格上又可能有所不同。……它可能符合所有的规律,也可能不符合任何规律,但只要达到了它的目的——不管是为了使你感到烦恼,还是为了使你感到满足,它便是好的构图。"[1]

四、电视新闻摄影构图的特殊美学规律

由于新闻的特性,使电视新闻的摄影构图与一般电视图像构图在某些方面呈现出不同的要求。特别是对一些突发性新闻事件,很多极为重要的现场景象转瞬即逝,因此,迫使电视新闻记者在摄像中要具有一种特殊的摄影指导观念。而且,无数事实说明,在很多场合,往往也容不得电视记者对摄影构图等问题稍加思索,然而,他们所摄下的一些构图杂乱无章的图像,却仍然能为广大观众所接受,并且不失其作为重要图像资料的珍贵价值。

这是由于,对于图像构图,人们对电视新闻,是具有与看电视艺术片不同的心理要求的。人们看艺术片的时候,美感要求是第一位的。看新闻片的时候,告知要求却是第一位的。人们看电视新闻时的心理程序:第一是要看见想看的新闻事实;第二是要看清楚新闻事实;第三是能以赏心悦目的方式看好新闻事实。英国新闻传播学者艾弗·约克就曾写道:"在重大新闻报道上,图像的完美质量从来不是电视新闻所最关心的。"[2]

因此,对电视新闻摄影来说,考虑其构图的原则,则须注意如下一些特殊的规律:

第一,要求画面完整抓住(框住)新闻现场的重点。这是最为重要的一条。在无暇顾他的情况下,只要能实现这一条,其他各种构图原则都降为次要的,甚至可以无须考虑的因素。

第二,将新闻现场的重点摄于画面中心位置。

---

① 〔英〕艾弗·约克:《电视新闻实用技巧》,新华出版社 2000 年版,第 105 页。
② 〔美〕唐·利文斯顿:《电影和导影》,中国电影出版社 1983 年版,第 59、62 页。

第三,突出新闻现场的重点,摆正画面。

第四,根据条件的许可,兼及考虑画面构图的其他各项美学原则,实现图像新闻性与艺术性的统一。

第三节　摄像机运动的艺术

一、摄像的正确姿势

摄像姿势的正确与否,直接影响到所摄画面的质量与效果。所以,作为一个摄像师来说,首先,也是最起码的,应当养成正确的摄像姿势。

其中尤为重要的,是要善于有效地控制摄像机在拍摄状态中的稳定。因为,在拍摄中,摄像机一摇晃,画面自然也就摇晃,从而使人看起来不舒服,影响观众对画面中被摄对象的欣赏。甚至还会因摄像机的摇晃,引起被摄体形象发生畸变,破坏观众应有的美感享受。当然,基于某种特定艺术创作目的而有意造成的摄像机摇晃及相应的画面摇晃效果,另当别论。

为了保持画面的稳定,使用三脚架自然是最可靠的方法。

在没有三脚架,或者是不便使用三脚架的场合,那就更需要我们记住摄像的基本正确姿势,而且是平时就经过了反复练习,以至成为下意识般的正确定型姿势。同时,还要能融会贯通,在各种拍摄条件下、环境中,善于利用地形地物等有利因素,便于摄像操作,拍出能准确体现创作意图的高质量的画面。

在拍摄中,保持画面水平的原则,是正确摄像要求的一个重要方面。采用正确的摄像姿势,也是保持水平原则的基本前提之一。

在拍摄中,只有保持画面水平的原则,才能正确再现被摄对象客观的存在形式,尤其是被摄对象客观的运动状态。如果破坏了水平的原则,就会使被摄对象客观的存在形式及运动状态都发生异变。例如,所摄的画面与现实状态相比呈现较大倾斜的时候,就会产生出强烈的紧迫感、临场感等。

二、摄像机运动的基本形式及拍摄要领

摄像机运动的基本形式有:推拉镜头、摇镜头、跟镜头、移镜头。

1. 推拉镜头

推拉镜头是指摄像机运动时,光学轴心同移动线路之间的角度不变,由大范围景别向小范围景别,或由小范围景别向大范围景别连续过渡的拍摄。

其运动可由两种方式形成,一是摄像机的外部运动,一是摄像机的内部运动。前者通过摄像机位置的改变来获得,即将整个摄像机沿轨道(或其他办法)正对被摄物前推或后拉来获得。后者则是摄像机的位置不变,通过摄像机上特种光学镜头——变焦镜头的内部运动,直接获得推拉镜头。

推镜头使场景变小,物像变大。拉镜头使场景变大,物像变小。

在一般情况下,推拉镜头要求动作要稳,运动匀速。由于推拉的运动速度直接影响产生不同的表现效果,故推拉的快、慢、急、缓,应当符合并适宜于电影或电视的节奏。

2. 摇镜头

是指在不移动摄像机的前提下,围绕着垂直轴或水平轴转拍。分上下摇(产生俯仰)和左右摇。

在一般情况下,摇镜头的运动应注意下列问题。

(1) 确定出好的起幅和落幅。

起幅是摄像机开动后所摄的第一个画面。落幅是摄像机停止前的最后一个画面。任何摇镜头都必须首先确定从何处拍到何处的问题。由于摇镜头在起幅与落幅处都有一个短暂的"静止"拍摄状态(往往是 3—5 秒),比起摇的过程中的其他画面在观众视野中停留的时间较长,可以说,起幅与落幅是摇镜头的"重心"所在。所以,起幅与落幅应注意选择最值得让观众多看一眼的画面,而且也是有利于表现值得观众多看一眼的画面。理想的起幅,应当能引起观众对摇镜头的即将"展示—摇"的兴趣;理想的落幅,应当能留给观众回味"展示—摇"的余兴。

(2) 精心设计起幅、落幅的构图。

摇镜头虽然从总体上说是摄像机的一种运动状态,但起幅、落幅处的拍摄,则往往相对处于静止拍摄的状态。由于景别的相对静止不变,所以,构图的好坏往往更易被观众所辨识,而且,构图的审美价值此时也更容易表现出来。因此,对起幅、落幅的构图务须重视,精心设计。

(3) 准确把握"摇"的速度。

对于摇镜头"摇"的速度,从根本上说,应当同电视片特定的节奏要求联系起来进行考虑。就描述性摇镜头来说,则近于人们日常的视线移动速度。日本的学者曾提出过以下的一些参考数据:起幅与落幅处各分别静止拍摄 3—5 秒。90°的摇镜头共需 15 秒左右。180°的摇镜头共需 30 秒左右。

(4)正确把握"摇"的方式。

摇镜头的运动宜避免往复摇,更不能毫无章法地随便乱摇。也不适宜像人们东看一眼、西看一眼那样缺乏节律地四处摇动。这些都会给观众造成不快的视看生理及心理感觉。

另外,尽管摇镜头是为了展示广阔的场景,但也不应忘记,它还具有一个重要的目的,即是要说明作为中心的被摄体在整体是居于怎样的位置。

再有,为了保证"摇"的平稳、匀速,应当尽可能使用三脚架。在使用三脚架时,应注意不要只是用手来摇动摇柄,而是运用身体的转动,使摇柄随体带动摄像机作摇的运动。还须注意保持摄像机的水平,尤其是在凹凸不平的地面上使用三脚架时,更须注意水平的调整。在手持摄像机摇时,不要只是运动支撑着摄像机的手腕来摇,而应回转上半身来带动摄像机摇。摇的时候,还应注意以吸气八分左右的状态屏住呼吸,按一定的速度平稳地操作。

3. 跟镜头

即摄像机追随运动主体拍摄,可以是摄像机位置不变,通过左右摇或上下摇来追随运动主体,也可以是摄像机改变位置跟着被摄主体一起运动。

对于前者来说,虽然是摄像机位置不变,通过左右摇或上下摇来追随运动主体拍摄,但仍不同于摇镜头。因为,摇镜头总是渐次展示不同的景物或同一景物的不同部分,画面内容不会重复。而跟镜头中,被摄主体却是不变的。它正是为了让那些快速运动、瞬间便会横越过画面而消失的人或物,始终被摄像机的镜头抓住。

在跟摄中,应注意的是,当被摄主体在疾速运动,特别是无规律疾速运动时,为避免其突然闯出画面,镜头景别不宜太满,画面周围应有适当空间,留出余地。同时,摄像时须密切注视被摄主体动态,反应迅速敏捷。

4. 移镜头

即摄像机沿一定路线移动,以拍摄沿线景物。如摄像机架设在船上,沿江行驶,拍摄两岸景物;或摄像机架设在汽车上,当街行驶,拍摄沿街风光等。摇镜头尽管也能渐次展开较大空间的不同景物,但因其摄像机的位置是不变的,所以给人的表现效果有如"眼随景移"的感觉。而移镜头给人的表现效果,则有如"步随景移"之感。

摄像机在运动时,由于与被摄物的距离、角度、方位都在不断地变化,因此,为了保持图像的清晰,还有一个重要的问题就是"跟焦",不断随摄像机的运动修正焦距。

移镜头与跟镜头经常结合使用,称为跟移镜头。在拍摄跟移镜头时,应考虑解决摄像机跟移的运动工具。

三、摄像机运动的意义

总的来说,摄像机运动具有四种作用：描述性作用、戏剧性作用(或称表现性作用)、节奏性作用、为静物创造运动的视像。

(1)描述性作用。

是指摄影机的运动并无特定艺术意旨,只是为了让观众看清,才出现运动。

比如,面对一个广阔的场景,由于摄影机镜头视角的局限,无论用怎样的景别镜头,都无法包容这一场景的全部,让观众看清其全貌。这时,自然必须要通过摄像机的摇移等运动,来逐一展示这一场景的全部。有时,为了让观众看清这一广阔场景中的某一局部或细部——一间屋子、某一两个人的面容等,自然又需要摄像机通过推镜头的运动,来实现上述目的。

(2)戏剧性作用。

是指摄像机的运动具有某种特定艺术意旨,其目的是通过突出这种运动,来强调和突出表现一种在剧情的发展过程中具有重要作用的物质或心理元素。

比如,电视剧《乱世风尘》中有一个情节：恶霸钱总经理及其打手杨利彪正与两个烟花女子聚在一起打牌调笑,忽然,一道寒光从窗外直插到牌桌中央。这时,一个急速的推镜头,表现了一把锃亮的匕首带着一张字条插在桌上,字条上写着"特来报仇,有种勿溜"几个大字。这一摄像机的运动,无疑是有力地展示了剧情的突变,表现了钱总经理等人视点的急速集中,以及惊慌失措的心理状态。

在呈现戏剧性作用时的摄像机的运动,无疑往往是改变了人们视看景物时正常的视点运动方式——视点移动的速度、视野变化的状态等,使人们获得了一种只有在看电视、电影中才可能有的"畸变"的视点运动及其相应产生的视看心理感受,从而领受到由摄像机的运动所带来的独具魅力的戏剧性表现旨趣。

(3) 节奏性作用。

法国电影理论家马赛尔·马尔丹曾经论述道:"摄像机不停地运动,每时每刻都在改变观众的视点,这就起着一种与蒙太奇相似的作用,最后使影片有了它自身的节奏,而这种节奏也正是构成影片风格的重要因素之一。"[①]实际上,关于节奏性作用,我们还可以进一步指出:特别是当摄像机按照某种特定的艺术意图,以某种特定的运动节奏来表现运动事物的时候,就会改变事物本来的运动节奏,而创造出一种新的运动节奏。

例如,当我们现场直播一台舞蹈节目的时候,一排女演员以 4/4 拍的节奏,舒缓地翩翩起舞于舞台正面,摄像机先以不变的全景展示,这样,观众所感受到的舞蹈节奏是与其本身一致的。继而,如果摄像机以同样的景别变化处理,如近推特—近推特—近推特……并以 2/4 拍的节奏来依次逐一表现演员容貌时,观众则会无形中感到舞蹈的节奏似乎加快,舞蹈的情绪气氛更为炽烈起来,获得一种新的节奏美感。恰如马赛尔·马尔丹在从另一角度谈到摄影机的节奏性作用时讲过的一段话:"人物宛如被带进了一种舞蹈之中(我们几乎可以在摄影机具有"舞蹈"姿势时,谈到摄影机的"舞蹈性"作用)。"

(4) 为静物创造运动的视像。

通过对节奏性作用的论述,实际上,对为静物创造运动的视像已不难理解。因为从根本上说,它们都植根于一个共同的理论基点,即:摄像机的运动能改变、会改变实际的运动,造成与实际运动形式迥异的屏幕运动形式。

苏联电影理论家格洛夫尼亚写道:"如果拍摄奔跑,用形象占满大部分镜头,而静态元素留在后景中,那就会产生动态的光学感。而如果这个形象是用移动摄影机拍摄的,那么动态感就会显得更加强烈。在用移动摄影机拍摄的镜头中,静态的和动态的元素可能产生不同的相互关系:尽管影像在镜头前景中的运动是很剧烈的,但对镜头的框格来说它是不变的,可是对于背景来说它却是迅速地移动的,从而产生运动节拍的幻觉……"进而,他更明确地指出:"运用动态摄影能使静态元素——建筑物、树木等产生运动的幻觉。"[②]

---

① 〔法〕马赛尔·马尔丹:《电影语言》,中国电影出版社 1980 年版,第 27 页。
② 〔苏〕格洛夫尼亚:《电影摄影师的技巧》,中国电影出版社 1980 年版,第 89—90 页。

第四节　电视新闻拍摄的用光艺术

电影、电视是用光作画的艺术。离开了自然光或者是人工光，电影、电视摄影（摄像）将一事无成。

一、电视照明的基本原理

马赛尔·马尔丹指出："照明是创造画面表现力的决定因素。"[①]英国著名电影艺术家欧内斯特·林格伦也论述道："照明是用来突出和塑造出他的拍摄对象的线和面，创造空间深度的印象，表达情绪和气氛，甚至于在偶然的场合下，加强某些戏剧性效果。"[②]正因为如此，在整个摄影造型领域（照相摄影、电影摄影、电视摄像）中，对照明都给予了相当的重视。

正如认识矛盾的特殊性是认识事物的起点和基础这一哲学基本原理所指示的那样，对于电视的照明，除了应当把握和继承与电影照明具有共性的经验之外，首先也应当从电视照明的特殊性上来加以认识与研究。

1. 电视照明的特殊性

（1）电视照明的特质。

电视照明必须考虑是以电视摄像机为直接对象，受到从电视摄像机直到电视接收机的光学体系、电气体系的制约，以此为前提来认识电视照明的特质。

自不待言，电视照明的根本目的在于要通过摄像机获得好的图像。而要获得好的图像，又取决于光量及光的角度。但是，又必须清楚，在电视演播室内的照明，即使肉眼看起来是多么美丽，而当通过摄像机摄像后，再现到各个家庭中的电视机上时，是否也是同样的美丽？是否能再现出令人满意的图像？这却是问题。

在电影摄影中，一般是用一台摄影机进行拍摄。而且，每一个镜头都可以按照能取得最佳效果的位置配置照明器具。但是，在电视照明中，尤其是在电视演

---

① ［法］马赛尔·马尔丹：《电影语言》，中国电影出版社1980年版，第36页。

② ［英］欧纳斯特·林格伦：《论电影艺术》，中国电影出版社1979年版，第105页。

播室中,需要有能让 3—4 台摄像机从各个不同的角度摄像的空间和地面,还有收录声音的吊杆麦克风等,所以,照明器具几乎都是从比站立的人还高的上方进行照明的。再有,在电视的摄像中,常是多台摄像机从多方向进行拍摄,因此,照明的设计方案必须考虑能对于演员及摄像机的移动,保证能持续获得最美、最有效果的图像。

(2) 电视照明的技术制约及技术要求。

电视照明的特质之一是受电视摄像机的摄像管的特性所制约的。因此,只有充分理解摄像管的特长与缺点,才能正确理解电视照明的方法。最首要的问题,是明暗的对比度。在明亮的东西和阴暗的东西进入同样视野的情况下,人眼的对比度适应限界与电影、电视比较,其对比度适应性分别为:

人眼	100∶1
电影(35 m/m)	40∶1
电视	20∶1

与人眼相比较,电影电视的照明对比度范围,无论是明或暗,两者都非常狭窄。在演播室内用肉眼看起来很美丽的照明,一通过摄像机,未必就能得到预期的图像。超过一定程度以上的白,几乎只能看到同一阶调的白;而某一程度以下的黑,也只能再现为同一阶调的黑。即使这一对比度控制在 20∶1 之内,若相邻接的被摄体的对比度小,两者也会变得难以区别。

在一个画面内,一旦相邻接被摄体的对比度变大,相对地,白的部分则更白,黑的部分则更黑。其影响程度是,对比度越大,白及黑的面积也越大。

电视的同时性、连续性也是电视照明的特质之一。用电视摄像机拍摄的图像常是直接按其拍摄时的情况连续地传送到各个家庭的电视机屏幕上。因此,电视照明不得不受这种同时性、连续性的制约,从而比电影摄影面临更多的难题。由于电影摄影不受这种同时性、连续性的制约,所以,无论摄影机怎样移动,对于各个场面,都有修正照明的充裕的时间。

再有,在舞台上,无论背对观众的演员脸部怎么暗,也不会成为特别的问题。但在电视中,则与电影及舞台不同。电视中,常是使用数台摄像机,一边自由地移动,一边切换电视镜头,所以,照明条件十分复杂。而且,即使照明相当好,还必须随时注视摄像机希望的场面以及麦克风的运动。何况正是在有演技的地方,也必然有摄像机、麦克风。所以,照明又必须考虑到适应并有利于演员表演、摄像机运动、麦克风运动三者协同发挥作用。

至于电视照明的技术要求,从大的方面来说,须满足以下两点:第一,技术上的要求;第二,美术的、心理的、艺术的要求。

就第一条来说,是必须把握作为媒体的电视摄像机的性能及其传送体系的诸种特性,再加视听条件等方面所要求的图像再现上的诸种条件,从而确立与之相适合的照明技术。

第二条则要求能充分表现节目制作意图、内容的照明技法。如在同一个场面中,表现昼夜的区别、天气、季节感等,很多地方都是有赖于照明技法。又如,仅仅是肉眼看到的黑暗,未必能产生出技术上、演出上都满意的夜景的画面。然而,假如利用逆光的心理效果,或活用付诸色彩照明的感情的效果,就能在画面上再现出在技术及美术的要求上来看都堪称美的夜景。

能够满足上述两种要求,这是作为照明设计者在节目制作中应有的职责。

2. 电视照明的基本要素及造型意义

光线的存在形式及作用,往往是不能简单划一的,电视照明对此也需有明智的认识。以我们在日常生活中不太留意的太阳光线来说,室外正午的光线虽然是顶光,但太阳光线除了直射光线外,还因反射光线,具有扩散的幅度和强度。一到早上和傍晚,成为主轴的太阳光线又变为斜光,产生出深深的阴影,使景物更浮现出雕刻般的立体感。再以室内的夜景来说,尽管只有与太阳无法比较的微弱的照度,但由于光源的质、位置、方向、照度的强弱、影与反射光的相互作用等,其呈现出的色调的变化,也是千差万别的。

电视照明的目的,是通过电视摄像机获得理想的图像,使观众能"看清楚",并获得美感。对此,可列出下面五项必要的条件。

(1)照度。

照度是光线投射到景物的照明强度。

对于布景来说,要求的照度需能说明其场所,从时代感、环境气氛,到景物、服装、小道具等。或是体现季节、时代的变化、昼夜的区别,以及天候,风、雨、雷、电、火灾等情景。对于演员来说,要求的照度需能让人明了其行动的方式及意义,易于看清演员的表情,并能让演员从背景上立体地浮现出来。

关于照度基准值的确定,有必要先确定是以演播室内哪一个部分的照度来表示。若以决定整体低照度限界的基调照度和主要被摄体所受照度来考虑,一般的基准是以主要被摄体来确定。关于基调照度,虽然首先是与画面内容相适应,但由于测定点及数值都有大幅度变化,因此,以主要被摄体的照度为基准值来确定。

在彩色电视的场合,由于观众对电视中人物肤色的微妙差异反应敏感,所以,在肤色的准确再现上,对照度的要求非常严格。现在,一般规定对主要被摄体的照度为1 500勒克斯。

(2) 阴影。

电视照明并非仅强调将场面照得明亮。如果场面仅是一片明亮,则失去了重心。正是由于有阴影,光才得到强调。正是为了强调应该强调的东西,必须造成消除光的部分,这就是阴影。正是阴影给予物体以立体感,产生明暗的阶调。

(3) 光的方向。

光的方向与照度相辅相成,对景物的表现与造型具有重要的影响。

一是顺光。又称"正面光",是指光线投射的方向与摄像机拍摄方向相一致的光线。

顺光的特点是光平,被摄体受到均匀的光照,反差小,无阴影,能较好地表现被摄体固有的色彩,有平涂色彩的效果。但不太有利于大气透视效果的表现,以及表现物体的立体感和质感。拍摄人物处于顺光,有利于隐没面部皱纹。

侧顺光,是指光线投射方向与摄像机拍摄方向成水平角45°左右时的光线。侧顺光能使被摄体产生明暗变化,很好地表现被摄体的轮廓、立体感和质感,并能丰富画面的明暗层次。

所以,在电影电视布光中,也常将侧顺光作为主光,能丰富和美化人物形象。它不仅有利于通过强化刻画人物面部有魅力的层次丰富的细微外部特征来揭示内心世界,也有利于可对某些缺陷,如鼻斜嘴歪,做出适当的弥补。

二是侧光。是指光线投射方向与拍摄方向成水平角90°左右的照明光线。侧光会使被摄体产生突出的明暗面和阴影,对被摄体的立体形状和质感有较强的表现能力。例如,当夕阳的余晖掠过地面时,大地上景物明亮的部分与长长的阴影形成反差鲜明、质感强烈的自然景观就是这种效果。

三是逆光。又称"背面光",是指光线投射方向与拍摄方向正好相反,来自被摄体后方的照明光线。由于处于逆光中的被摄物体实际上大部分都处在逆光造成的阴影之中,只显出发亮的轮廓,所以逆光又被称为轮廓光。

逆光能很好地表现大气透视效果,刻画景物的层次美感。在拍摄全景或远景时,往往采用这种光线。例如,纪录片《藏北人家》(编导:王海兵、韩辉;摄像:

王海兵)中,有大量运用逆光拍摄群山的镜头,千姿百态的山峰不仅被灿烂的逆光勾勒出错落有致的层次,而且呈现出格外迷人的绚丽多彩。在拍摄江河湖海的时候,运用逆光也会有利于强化表现粼粼波光,或创造出变幻万千的效果。逆光还有利于表现透明的被摄体(如玻璃器皿)或动物皮毛的质感。

当适度地让逆光进入镜头,摄像机并辅以适度的旋转运动时,画面上还可以产生出十分绚丽的光晕或光环。

当然,如果被摄主体是人物时,除非是特殊的表现意图,过强的逆光,会不利于人物的表现。

当光线投射方向与摄像机拍摄方向成水平角 135°左右时,称为侧逆光,又称"反侧光"或"后侧光"。侧逆光具有逆光和侧光的特点,它使被摄体一个侧面受光而另一个侧面不受光或少受光,突出了某个侧面的轮廓线。利用侧逆光拍摄人物近景或特写,一般要加辅助照明,以免人物背光脸部太暗。

四是顶光。是来自被摄体上方的照明。在顶光下拍摄人物,会产生反常而奇特的效果。如前额发亮、眼窝发黑、鼻影下垂、颧骨凸出,可丑化人物、渲染恐怖气氛等。传统用光一般忌讳用顶光,多限于特殊人物的灯光处理。在某些场合,顶光运用也能体现更广泛的表现意图,如,来自人物头顶方向的灯光或中午日光的照明,就能鲜明地反映出被摄人物与光源的关系和时间概念。

五是脚光。是指自下而上地照向人物或景物的光线。

在人物前方的称为前脚光。前脚光可产生自下而上的非正常造型投影,可用来表现画面中光源与人物的关系,如台灯、篝火等,或用于刻画特殊人物特殊的形象、特殊的气氛,也可作人物面部的修饰光。

在人物背后的脚光称为后脚光,这种光线一般用于照射女性的头发,有修饰和美化作用。

(4)光的分配。

即光的分布状态。正是通过适当地设计光的分配、交错,产生明亮的部分和暗的部分,从而形成鲜明的戏剧印象。

所谓光的分配,也可称为光的构成。比如,要成为主轴的光,是从窗户来的光线,还是从吊灯来的光线?具有方向性的要成为主轴的光,即主调灯,又如何与让被摄体从背景浮现出来的背景灯,以及与为消除因基调灯而产生的阴影的散光灯相适应?对这一切电视照明上必需的光线,究竟应当使用哪些照明器具,应当从怎样的角度、用怎样的光量来照明?作为光的分配来说,都要进行设计和计算。

为了科学地设计光的分配,有必要了解光的分类及使用规律。下面作简要的介绍。

一是主光。它是场景中主要的照明光线,起造型的决定作用。它造成景物的总体明暗对比,表现景物的轮廓、形状和立体感、空间感。主光的位置、方向一般是置于被摄对象的正侧面稍高之处,这样可以较好表现被摄对象的立体感和质感,但也不绝对。主光照射的方向、位置,应根据景物的特点、所要表现的主题,恰当配置。

二是辅助光。或称副光、补助光。其作用是弥补主光射线不及之处,使景物背光阴影部分有适量的光线,以形成适当的反差,丰富影纹层次,和谐明暗阶调,更好表现物体的质感。辅助光常采用比较柔和的光线,应比主光的照度低。辅助光与主光的亮度大小比例,影响画面的明暗反差。光比的通常使用范围是:灯光一般是 1∶2—1∶4。自然光,在阳光下一般是 1∶6—1∶8。但光比的大小也没有固定不变的规矩,应随表现内容的需要而寻找、设计最佳的方案。

三是轮廓光。是用来勾画被摄主体轮廓线条的光线。一般是从背面或背侧面射向被摄主体。它能使被摄主体与背景分开,增强层次感和主体感。轮廓光要比主光亮,往往是画面中最亮的光线。

四是背景光。凡是照明背景的光线,统称为背景光。背景光旨在丰富对背景的表现,增强对被摄主体与环境关系的揭示。在运用背景光时,应注意根据内容表现的需要,恰当处理背景光亮度与主光亮度的密切关系,以产生恰到好处的需要的艺术效果。一般情况下,背景光比主光暗。

五是装饰光。为突出表现某一重点部位使用的光称为装饰光。常用于装饰眼神光和服装等。也有将眼神光另列于装饰光之外。

3. 光源的配光特性和光质

在电视照明中,使用着多种的照明器具。其机能大致可以分为两种。一种是如太阳的直射光线或裸电灯的光线一般,具有能非常锐利地造出景物阴影的硬光性质的照明器具。一种是如阴天时的太阳光,或荧光的灯光一般,或如空中以及被其他景物反射的间接光似的扩散光一般,不容易造成景物的阴影,而是仿佛要产生出满溢整个场面的光,具有非常柔软的光的性质的照明器具。作为具有前者机能的照明器具,是使用聚光灯。作为具有后者机能的照明器具,是使用散光灯。

电视、电影用于照明的灯具,由于分类方法不同,可有不同的种类。

按用光方式,分为聚光灯、泛光灯和效果灯三类。

一是聚光型灯具。是一种硬光型灯具,它是对直射阳光效果的模拟。它产生比较狭小角度的光,射程大,光线匀。这种灯具可以造成明显的阴影,它常用作人物的主光、逆光、造型光等。它包括聚光灯、回光灯、柔光灯、束射灯、追光灯等。

二是泛光型灯具。是一种软光型灯具,它是对阴天时天空光的模拟。这种灯具可以减弱硬光型灯具造成的阴影,掩饰物体表面的起伏或缺陷,照射面积大,但射程较小。它常用来作人物的辅助光、底子光和天幕光。它包括散光灯、天幕灯、地排灯、新闻灯等。

三是效果型灯具。是用来形成各种各样的效果的,包括造型灯、声控灯、跑灯、宇宙灯、束射灯等。

这些灯具之间,有时并无明显的界限,例如,聚光灯在散光时也可当作散光灯用。还有一种无透镜柔光灯,它聚焦时可作聚光灯,散焦时可作泛光灯用。

在电视新闻领域中常用照明灯具有以下几种。

一是电瓶灯。光能散能聚。不受电源限制,体积小,重量轻,活动方便,且亮度高,色温较合适,故常用于电视新闻现场摄影,尤其在无电源的地方,作用更突出。但电瓶灯一般只能用 20 分钟就需要重新充电,照射面积也小,故多宜在较短时间、较小场景的拍摄中使用。该种灯分单头和双头两种。每个灯头功率一般为 350 W。

二是金属卤化物灯。是聚光型灯具,发出硬光,发光强度大,亮度高,能形成物体表面明显的阴影,常作人物或场景的轮廓光使用。金属卤化物灯是用于电视和电视剧拍摄的主要光源,在新闻演播室中也普遍使用。

三是三基色柔光灯。是散光型灯具,是荧光灯的一种,发出柔光。由于荧光灯的热量辐射很小(与卤钨灯相比几乎可以忽略不计),通常又称为冷光源。它的特点是:光效高、显色性好,可以提供柔和、平滑、大范围的主光和柔光照明。而且,温度低,几乎不辐射红外线和紫外线,使播音员可以在比较舒适的环境中工作,安全性也较高。在新闻演播室中普遍使用。

4. 画面的阶调和照明

前面讲了,照明的条件决定电视的画质。但是,对电视照明的最终的评价,是要看它在显像管、荧光屏上产生出来的效果。要在画面上表现出立体感、质

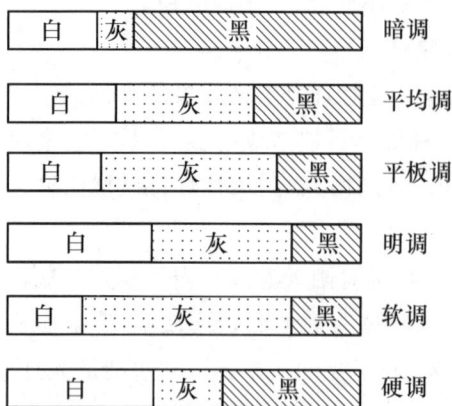

图 7-1　画面阶调明暗面积比例

感、美的效果,这是照明的重要的使命。而这又要通过明暗的对比、配列、配色的设计才能实现。所谓阶调,是指画面中明部与暗部的对比,及其构成的状况。可分为明调、暗调、硬调、软调、平均调、平(板)调等。其明暗面积的比例参见图 7-1。

（1）明调。

背景及人物等都是大片受光,暗的地方、人影、物体的阴影都很少的画面,常用于明快幸福的家庭电视剧,或表现午夜的寂静等。

（2）暗调。

留下画面的一大部用暗的照明,例如,夜间的室内,关掉灯,仅让从窗子的缝隙间,透进一束月光的镜头。或用于表现夜晚黑暗的街道。但暗调也不是单一的暗,作为电视照明的特质,是用加入约 25% 以上的白的成分,利用它们的对比,来表现暗。暗调常用于表现神秘性、思索的深邃性、犯罪感等,总之,适应于表现隐藏于画面表象背后的戏剧因素。

（3）硬调。

是黑白分明、灰色很少的调子。如果多用聚光灯,不用散光灯照明的话,画面的调子就成为硬调。这是因为聚光灯的投射方向限于一个方向,因其产生的阴影,又没有用别的聚光灯消除掉而形成的画面,没有中间调,所以是硬调的画面。这样的照明,常在表现芭蕾的群舞场面。电视剧中,则如强调盛夏烈日阳光的强烈,让明暗的对比更为鲜明,以便使人感到亮的地方更为亮,暗的地方更为暗时,作为照明技法被使用。一般来说,硬调给人以一种爽朗、豪放、激昂的感觉。

（4）软调。

又名柔调。它是能让阴影与没有阴影的部分自然融合的照明。在照明技法中,它与暗调相比,是一种比较困难的手法。尤其是想在使用因聚光灯而造成的被摄体内部产生的阴影,及投射在背景上的阴影等,与没有阴影的部分自然融合时,更需要巧妙地进行照明设计。软调常用于表现回忆的、童话的、诗情画意的、浪漫色彩的等题材内容。

（5）平均调。

又称中间调，是黑、白、灰分配得比较平均的调子。平均调比较常见。它富有安定、温和的含义，所以，需造成严谨、气势庄重的题材内容多用此调。

（6）平板调。

亦称平调，采用聚光灯的照明，就产生明显的阴影。而极力避免这种情况，采用散光灯照明产生的画面，则呈现为平调。这种调子黑白部分较少，灰的面积占了很大的部分。作为电视画面，它使人们不对画面哪一个特殊的部分更为关心，是一种并不明白焦点在哪里的照明。总体上给人一种平淡、平缓、平整、洁净的感觉。但在一些舞蹈节目中，使用一些华丽的服饰、小道具时，为了增强改善平板调的效果，往往增用装饰光，使人物形象更富有立体感。

5. 视觉生理与照明

（1）照明的四要素。

照明的第一意义是要让人能看清楚景物。而决定能否看清楚景物这一点的，主要有四个要素：明亮度；对比度；大小度（景物的大小，以及因视距离而决定的视角的大小）；景物的活动度及暴露时间。

上述四个要素中，如果哪一个要素保证不足，我们对景物就看不清楚，甚至于完全看不到。在电视照明及摄影中，无疑首先须考虑到这四个要素。此外，还应考虑下面的一些因素。

（2）刺眼度。

在人的视野中，一旦出现具有极高辉度的东西，或过强的辉度对比时，立刻就会产生不快感，有时还会造成可视度的低下。对这样的视知觉生理限度，被称为刺眼度，或耀眼度、眩目度。所以，对照明好坏的一条标准，就是要不刺眼，使眼睛感到观看舒服。

刺眼、眩目情况的产生，不少是因为光源而引起的。由于光源的辉度而引起刺眼，一般有下述四种情况：

① 周围很暗，顺应眼睛的辉度越低，刺眼越显著。

② 光源的辉度越高越刺眼。

③ 光源离注视线越近越刺眼。

④ 光源体的发光表面在视野中所占的面积越大（即光源体正面越逼近眼睛）越刺眼。

(3) 闪烁度。

当忽明忽灭的光射入眼睛时,眼睛就感到闪烁。而当光的明灭变得很快时,眼睛反倒又会变得感受不到这种闪烁了。这种境界的每秒明灭度称为闪烁值。闪烁值因辉度以及光源在视野内的部位等因素而变化。

因此,用断续的照明会使眼睛的接受产生不快感,根据明暗波形等的测试实验,这种不快感当每秒 5—15 次的明灭度时尤为显著。

(4) 明度变化和辉度顺应。

在人的视野内,如果骤然变暗,或骤然变亮,虽是短暂的一瞬之间,都会使人产生不快感,而且对物体的能见视觉随之变低。这是因为眼睛的辉度顺应不能赶上明度变化而造成的。人眼的辉度顺应具有从暗移向明时快而从明移向暗时慢的特征。所以,在照明中,为了适应眼睛的辉度顺应,宜采取让明暗变化缓和的手法,施以柔和的照明。

(5) 眼睛的疲劳和明亮度。

长时间从事需要精细注视的工作时,眼睛就容易疲劳。而这种疲劳在照明度暗的条件下会更严重,在照明度亮的条件下则会好得多。

根据科学的研究,从人的生理来看,能让人的眼睛少疲劳的照度是 1 000—2 000 勒克斯。而从人的心理来讲,则要求更高一些的照度。日本的学者介绍,像阅读简明辞典的文字这类极为精细的视作业,要求有 3 000 勒克斯的照度。至于像医院中做手术这类长时间的精细视作业,常用的是能产生 3 000 勒克斯以上照度的无影灯。

但是,也并非照度越高越好。决不能超过在视野内因非常强烈的对比、光源的辉度等而造成刺眼的程度。重要的是,既有充分的照度,又是质量好的照明——适应人的生理的好的照明。

对于电视的照明,除了前述的基本内容应当把握外,还有一个重要的问题不能忽视。由于电视摄像管同人眼的特性不同,虽然根据理论的学习以及实践的经验,可以大致把握各种布光的效果,但是,为了获得准确的、理想的画面照明效果,都必须利用监视器,看着监视画面,进行照明的最后调整。

6. 色温校正与白平衡调整

色温与白平衡是电视拍摄中,与摄像机的工作状态密切相关,对色彩、色调是否能够准确表现的重要因素。

（1）色温。

色温是表示照明光源的光谱特性的概念。在物理学中，将绝对黑物（能全部吸收可见光的物体）从绝对零度（－273.15℃）开始加温，温度每升高1度为1开氏度（K）。当温度升高到一定程度时，绝对黑体便辐射出可见光，并且，其光谱成分随温度升高发生相应变化。于是，将绝对黑体辐射一定色光时的温度定为发射相同色光光源的色温。比如：在电视节目摄制中用的新式卤钨灯的色温为3 200 K；标准日光的色温为5 500 K。

"光源色温度"是物理学家凯尔文制定的，因而用他名字的第一个英文大写字母"K"来表示。

色温只与光源的光谱成分相联系，与光源的温度无关。

实验显示，在色温低的光源中，蓝光成分少，红光成分多；在色温高的光源中，蓝光成分多，红光成分少。

色温对画面的影响主要表现在两个方面：第一，色温的高低直接影响物体颜色的明亮程度。第二，色温的高低直接影响画面的色彩还原。当光源色温高于摄像机的平衡色温时，画面将偏蓝；反之，当光源色温低于摄像机的平衡色温时，画面将偏橙红。只有当光源色温与摄像机平衡色温一致时，景物的色彩才能得到正确的还原。因此，拍摄时，要根据光源色温选择合适的色温校正滤色片，或调整白平衡。

用于校正光源色温的滤色片有两类：一类是降色温用的滤光片，其颜色接近橘色，型号有雷登85、雷登81系列。主要用于高于摄像机平衡色温的日光条件下拍摄时降低色温用。

另一类是升色温的滤光片，其颜色呈蓝色调，型号有雷登80、雷登82系列。主要适用于低于摄像机平衡色温的灯光条件下拍摄时升高色温用。

（2）白平衡。

白平衡是指景物在同一光源照射下，摄像机中红、绿、蓝三色电信号的比例与光谱成分的比例一致，它是保证画面色彩还原正常的基准。

彩色原理证明，红、橙、黄、绿、青、蓝、紫的色光可得出加色法的白色光。各色组合成白色的公式为：

$$Y = 0.30R + 0.59G + 0.11BY$$

是照度信号，R代表红色，G代表绿色，B代表蓝色。按照上述公式中三种比例的颜色相加,就可以得出白色光。

所以,如果彩色摄像机能够调整到拍摄出正确的白色信号的话,其他的色彩也就能正确地反映出来。这个过程就称之为调白平衡。

简而言之,彩色图像的色彩是由红、绿、蓝三基色组成,调白平衡就是调准这三基色的比例。白平衡若调整不良,图像就会出现偏红、偏绿或偏蓝。

在拍摄过程中,要注意每到一个新的环境都要重新调整一下白平衡。调节白平衡的方法有两种:粗调与细调。

粗调是根据光源色温选择相应的滤色片。通常摄像机备有 3 200 K、5 600 K、5 600 K + 1/4 ND 等几种不同的滤色片。可在大范围内调节色温。

细调的具体方法是:选择相应的滤色片后,将摄像机对准标准白色卡片或白色物体,使它充满画面,按下白平衡调整按钮"WHITE",此时,寻像器屏幕上会出现"WHITE OP"字样,约经一两秒钟,"WHITE OP"变为"WHITE OK"字样,即表明白平衡已调整完毕。

细调白平衡还应注意以下几点:第一,在阳光下进行拍摄时,应以阳光直照的白色表面为对象调整白平衡。在阴影处进行拍摄时,应以处于阴影中的白色表面为对象调整白平衡。第二,摄像机最好在预热几分钟后再调整白平衡。第三,即便在同一地方,较短时间的拍摄中,光线发生较为明显的变化时,也应及时调整白平衡,以便达到图像色彩的统一。

二、电视新闻拍摄的自然光运用

电视新闻的拍摄大量情况是在自然光中进行的,因此,掌握在自然光中摄像的用光规律,对于能否拍摄出好的图像,恰到好处地表现特定的环境、人物、事件、氛围等具有十分重要的意义。下面,我们对在自然光中拍摄新闻时应当掌握的一些基本规律,以及常用的艺术技巧予以阐述[①]。

1. 自然光的基本变化规律及造型特点

自然光是不假人工自然存在的光源。自然光包括太阳光与天空光,具有光照范围大,普遍照度高,光照均匀,并会随时间、季节、气候以及地理条件的改变而产生变化的特点。

---

① 参见徐桂珍主编:《家庭摄像实用技术问答》,京华出版社 1994 年版,第 217、233、317—324 页。

（1）随时间变化。

由于地球自转，太阳的高度发生变化，光照强度也随之产生变化。

太阳在一天内的光线变化可划分为四个时间段：

① 黎明与黄昏。只有微弱的天空光，普遍亮度较低。这种光线不易表现景物的细部层次，适合拍摄剪影效果。在黄昏时刻如果运用人工光补亮地面景物，可以拍出背景层次细腻的夜景效果。例如，拍摄城市的夜景，应该是华灯初上，人眼还能基本分辨城市景物的黄昏时分。

② 早晨与傍晚。阳光的入射角比较低（15°左右），处于顺光中的物体表面被照亮，并形成长长的投影。如用逆光拍摄，景物受光面与未受光面反差较大。当天边形成一层晨雾或暮霭，阳光被大量散射，光线较柔和，可在被摄体上构成富有表现力而又柔和的明暗变化。此时，景物的大气透视感与立体感都很好，被称为摄影的黄金时刻。

③ 上午和下午。在这两段时间中，阳光的入射角在 15°—60° 或 60°—15° 之间，色温相对稳定在 5 400—5 600 K 之间。晴朗天气时，光照充足，地面垂直面和水平面都能得到均匀的照明，能较好地表现物体的立体形态和表面结构。这两段时间是户外拍摄的主要活动时间。

④ 中午。太阳入射角在 60°—90° 之间。夏季时，太阳与地面几乎呈垂直照射，是高度的顶光状态。这种光线不利于表现面部造型及物体的质感，在一般情况下不宜拍摄。如有特殊需要，用外景灯或反光板对人物作局部造型处理，也可收到较好的效果。冬季的中午，太阳光在我国大部分地区的入射角仅在 40°—50° 之间，具有夏季上午和下午的光照特点，仍是户外拍摄的有利时间。

（2）随季节变化。

一年之中，夏季太阳距地球较近，自然光照度最强；冬季太阳距离相对较远，自然光照度较弱；春秋两季自然光照度居中。

（3）随气候变化。

气候的变化可分为晴、雨、阴、晦四类，此外还有雾、霾、雨、雪等。晴天，阳光照射，照度高，物体亮度大；阴天，云层遮住阳光，自然光照度减弱，色温升高；雨天，自然光照度更低，景物亮度也低，色温却相对升高。

（4）随地理条件变化。

纬度较低的地区自然光照度较高；纬度较高的地区自然光照度较低。海拔高度越高的地区，自然光照度越高，色温越高；海拔高度越低的地区，自然光照度越低,色温越低。

2. 自然光运用的技巧与艺术

(1) 日出、日落、晨曦、晚霞的拍摄。

最重要的是选择适当的拍摄时间。太阳升到0°—15°时,拍摄为佳。

在日出、日落时日光的色温约为1 850 K。太阳的色彩往往也呈现橙红色、红色或金黄色。拍日出、日落的最好时机是在太阳不刺眼时进行拍摄,拍出的太阳色彩格外鲜艳灿烂,能有利地表现出晨曦和黄昏的特征。

由于每天日出、日落的最佳拍摄时机只有一个比较短暂的时间,所以,拍摄之前,应事先向当地居民了解日出、日落的具体时间,以及太阳在天空中的方位,以免错过时机。当拍摄全景时,要注意多带天空少带地面,或者选择适当的前景,或者选择较亮的背景和水面等。如果为了突出太阳,使太阳在画面中占有很大的面积,可以使用长焦距镜头。

对色温的控制,如果使用3 200 K滤色片,就要对准蓝纸调整白色平衡。或者把滤色片调至5 600 K,在拍摄日出、日落时直接使用。

曝光最好用手动光圈,并以太阳周围的天空亮度为基准。这样可以同时有利于太阳周围富有特点的云层、霞光的层次表现。

(2) 夜景的拍摄。

夜景的拍摄效果最佳时机是黄昏或黎明天光尚存的时候。这时,天空有一定的亮度,能将地面景物的轮廓区分开来,不至于漆黑一片。特别是黎明时,天光存在时间长,给拍摄带来方便。如在月亮还当空的黎明更利于表现月夜景色的效果。

拍摄夜景,最重要的是保持好夜景的气氛。拍摄时,要注意拉开画面亮度的反差。一般要求画面中一定要有最暗的部分,占的面积要大,亮的部分占的面积要小。画面中最好要有发光体,如路灯、车灯、信号灯等,并用灯光来创造空间距离,加强夜景气氛。当拍摄以风景为主的夜景时,白色平衡在4 000—4 700 K的色温下调整,景色比较自然。拍摄夜景时,最好使用手动光圈,并使其曝光不足,这样可增强夜景气氛。

(3) 阴天的拍摄。

阴天时,地面景物所承受的是一种散射的天空光,明暗反差减弱,影调偏暗,主要靠物体本身的色调和反光率拉开画面影调层次,画面中缺少明亮物体。另一方面,天空光蓝紫光多,光线色温偏高,被照景物色调偏蓝。

拍摄时,应尽量选择反光率高或色彩明快的景物。调白平衡最好选择在场景中光线色温相对较高的地方,即阴影处,可减少画面中的蓝紫光线成分。

另外,"假阴天"却是比较理想的拍摄用光环境。所谓"假阴天"是薄云遮日的阴天。假阴天的光线既有部分直射阳光,又有部分散射阳光;既有一定光线亮度,又没有晴天中强烈的光照反差。在这种光线下拍摄人物景物,光线柔和,影调过渡层次丰富,物体固有色还原准确而饱和。

在阴天拍摄人物时应注意尽量避免以天空为背景,因为,阴天的天空是画面中最亮的部分。人物处在天空的背景中,天空往往会曝光过度,人脸会变得灰暗没有层次。景别最好多取中、近景,并选择暗色调背景,这样自然会减少天空透进镜头,在暗背景衬托下,脸部的亮度可相对提高,有利于较好地表现细部层次。最好采用手动光圈锁定脸部曝光。

(4)雨景的拍摄。

雨景的特点是下雨,雨水本身反光率很高,所以,雨景拍摄很重要的就是要善于表现好雨点、雨线的高光部分。

拍摄雨景时,由于光线亮度变化较大,因此,首先要掌握好曝光。曝光要视景别而定,可用手动,也可用自动曝光。背景应选择深暗色,以利于把明亮的雨丝衬托出来。要避免用大面积的天空为背景。

拍摄雨景最好选择逆光或侧逆光。雨夜,路灯下、车灯前、窗口外逆光下的雨丝格外明亮和清晰,有利于雨夜景象与情调的表现。当下大雨时,水面、街道上的积水表面等,雨点所落之处溅起的水花,流曳的水纹、玻璃窗上的水帘,以及雨中行人手中不同颜色的雨伞、身上不同颜色的雨衣、斗篷等都会衬托对雨景的表现。

(5)雪景的拍摄。

雪的亮度很高,反光很强,与周围景物相比,反差很大,对比强烈。拍摄时,尤其要注意前景、背景的选择,光线的运用。否则,拍出的画面会出现一片死白,或明处、暗处没有影调和层次,缺乏美感。

正在下雪的时候拍摄雪景,要用深暗色的景物为背景,才有利于衬托突出漫天飞舞的雪花。

前景要善于利用带雪或挂满冰凌的树枝、树干、建筑物等为前景。有利于增加画面空间的纵深感和层次的变化。

在光线运用上,当雪后天晴时,是拍摄雪景较好的时机。采用逆光或侧逆光来拍摄被摄物体,能使白雪的质感得到较好的表现。同时,景物的投影还可以使空旷的雪地上增添生气。

曝光要随被摄主体而定。当拍摄纯雪景时,主体景物是雪,曝光就要以雪的反射亮度为主,这样能表现出大部分雪的质感。如果主体是人物,曝光量就要依据人脸的反射亮度而定,适当注意衣服的亮度。同时,由于雪与人脸及衣服的亮度反差很大,要注意给人物适当的补光,以改善画面的影调。

(6) 雾景的拍摄。

雾气是能强调空气透视,并能赋予画面朦胧气氛,使之具有诗情画意的重要因素。

雾是由悬浮在大气中的许多细小的水滴组成的。当光线遇到雾时,有一部分光波较长的光线能穿过,而大部分光线都被散射,所以雾的颜色是灰白色或浅白色的。

雾气有浓有淡。拍摄雾景时,雾不可太浓或太淡,效果最佳要算是远处景物在雾的笼罩下,若隐若现时拍摄,才能使画面出现朦胧的气氛。在雾天阳光初露时,一束束光线穿过雾层射到地面景物上时,构成一种绚丽神奇的景观,此时是表现雾景的最好时机。

在画面构图的安排上,应尽量选择有远景、中景、近景的景物,以表现景物的纵深感。前景、中景应尽量选取深暗色调的景物。

在用光上,尽可能采用逆光拍摄,这样能加强雾的效果。

曝光不要过度,否则会使雾的形象"虚化"消失。曝光不能以景物的亮度为准,要考虑到雾的亮度,光圈略收小一些。

拍摄人物时,应进行人工补光,并注意采用柔和的散射光。

(7) 海景的拍摄。

海景拍摄要注意以下三点。

第一,把握好用光的方向。同一水域在不同方向的光线照射下,其水面的颜色及其深浅不同,海浪的造型效果也不同。顺光下,水面颜色湛蓝,色彩浓郁,波涛比较平缓;侧光下,水面颜色呈现深蓝色,波浪起伏;逆光下,水面显蓝灰色,光斑闪烁,富有诗意,海浪动感更为增强。

表现水面的最佳时机,不是阳光强烈直射时,而是选择较低的阳光入射角或者是带有散射光的假阴天拍摄,常常能获得较好的水面造型效果。

第二,控制好曝光。水面具有较高的反光率,比较明亮,曝光宜少不宜多。

通常,可以水面亮度为基准控制曝光量,采用手动光圈,同时收半挡光圈的方法。这样拍摄,会使水面形象生动,质感清晰,影调富有层次。

第三,拍摄海浪击打岩石的场面时,为表现飞舞的浪花,要注意海水涨潮时的风向。逆风时,海浪冲击岩石时浪花高、气势大;顺风时,海浪则显得平静。

(8) 沙漠的拍摄。

最好是在日出日落的时刻,可以很好展示太阳光投射沙丘时刻画出的阴影,刻画出沙漠的层次与质感。如果太阳方位一高,沙丘的暗影就没有了,拍出来的效果就会都是一片白,失去立体感。

(9) 逆光下主体人物的拍摄。

在电视新闻拍摄中,由于不能随意对环境中人物的行动状态予以改变,虽然知道逆光下拍摄不利于人物的表现,还是常常不得不在逆光下拍摄表现人物。有时候,尽管不是明显的逆光,但如果人物身后是一片白色的墙壁或景物,实质上,也相当于处在逆光之中。而这种情况是经常都会碰到的。

在这种场合,由于人物是主体,应以人物造型效果为主要考虑因素,所以,拍摄时的曝光应以人物脸部的亮度为基准。可用长焦镜头,让人物脸部充满镜头画面,先用自动光圈测定曝光值,然后锁定光圈,再拉开镜头,调整到需要的景别进行拍摄。比如,拍摄蓝天上的跳伞运动员,如果一开始就是用全景曝光,那么,画面上的运动员就会都成为剪影效果。但如果先用长焦镜头,让运动员充满镜头画面曝光,然后锁定光圈,再拉开镜头,调整到需要的景别进行拍摄,那么,运动员和蓝天的色彩及造型都会比较分明鲜艳。如果用自动光圈拍摄,尽量让画面上的人物形象饱满,减少白墙、天空等背景,也有利于人物形象和色彩的表现。

3. 自然环境中拍摄时摄像机的保护

在自然环境中拍摄电视新闻,由于会遇到各种各样的自然条件,有些是很不利于摄像机工作的自然环境条件,保护好摄像机,使摄像机能随时处于正常的状态,是完成好拍摄任务的先决条件。

(1) 在严寒中摄像。

一般摄像机的正常工作温度范围是 5℃—40℃。摄像机中的机械部分有很多零件的制造材料不同,还有润滑油等,在不同温度下的膨胀变化系数也都不一样。在过于寒冷的环境下拍摄,因低温造成的零部件以及润滑油等的膨胀系数的不同变化,可能会使摄像机中的一些机械部分比如机器轴承显得很紧,这样就无法正常工作。另外,随着温度的降低,蓄电池的容量也随之降低。因此,在严寒下拍摄时,要对摄像机、电池做好保温防护。首先要为摄像机缝制一个保温套。条件好的在保温套内还可以配备电热装置,也可在棉制的保温套内加用热水袋等。开机前,要有充分的时间使摄像机达到正常工作温度,然后,接通电源试用一下,看是否已达到满意的操作状态为止。电池的保温可以用布袋装好系在腰间,这样人体温度就可以维持其正常使用。也可把它放入有热源的箱子里等。再就是,在寒冷的环境下拍摄完毕后不能马上将摄像机带到较热的房间里,否则当再次拿到寒冷条件下工作就会使水分凝结,这对摄像机的损害很大。

(2) 在多尘环境中摄像。

摄像机除镜头外,各部分都要用布或塑料布遮盖好,防止灰尘进入机内而影响正常拍摄。更换录像带时,最好不要在多尘环境下进行。拍摄中,要不断地清洁摄像机。拍摄完毕后,要对摄像机进行彻底清扫。清扫的方法最好用气吹器吹拂,对镜头吹拂时,不要正对着镜头吹,而是从侧面吹,以免把灰尘吹向镜头里面而造成更大的危害。如果镜头前面使用了明胶滤光片,清洁时要先将其取下。

(3) 在海滨摄像时。

防高温、防海水、防沙尘。到海滨旅游通常是炎热的夏季,沙滩被太阳晒得烫手,而摄像机中有许多精密构件和半导体元件等,须防止受热,否则有被损坏的危险。所以不要把摄像机放在太阳光直射的地方以及沙滩上,以确保摄像机的安全。

海水及其水沫对摄像机的镜头和机件威胁很大。要避免摄像机在水沫乱溅的地方拍摄,特别不要拿着摄像机站到海水中拍摄。

在海滨拍摄,海风有时很大,吹起的沙尘自然也会对摄像机造成危害。所以,刮大风的日子拍摄时要尽量将摄像机包起来,最好是不要在大风中拍摄。

如要在水下拍摄,必须掌握专业的水下摄像技术,并配置专用的潜水装备。

三、电视新闻演播室布光

新闻播音员、主持人的形象魅力,是影响新闻传播效果的重要因素之一,而新闻播音员、主持人的形象造型,很多场合是在电视新闻演播室内完成的。电视新闻演播室是电视新闻人工用光的典型环境,而且,迄今为止,电视新闻演播室拍摄,也是电视新闻拍摄中的一项日常性的重要内容。在电视新闻演播室拍摄中,布光方法和技巧,以及灯光创作人员的技术水平、艺术修养、审美观念对播音员和主持人的形象造型起着十分重要的作用。一般来讲,电视新闻演播室布光应注意把握以下环节①。

1. 合理规划演播室布光空间

在设计灯光前要根据播音室的空间等实际条件,与美工商定新闻类节目的播音台和舞美背景,包括其形状、色调、大小比例及所摆位置等。因为画面主体是播音员,布光时要以景衬托人物,以不同的光线、不同的光比勾画出人与景的层次感。播音台与背景要尽可能拉开距离,留下足够的布光空间,一般不少于2 m,便于布光中解决容易出现的人物光与背景光相互干扰的问题。

2. 精心考虑灯光设计

在确定布光方案前,要详细了解所用摄录设备以及灯具的性能特点,尤其是电视科技发展日新月异,不同的设备以及灯具对光的敏感、再现的能力都在发生迅速的变化。同时,还要对播音员、主持人的面部特征作分析研究,因为,每一个人的面部特征不同,其面部的受光规律也不同。此外,还要考虑其他造型手段(如发式、服装面料和颜色等)对人物造型的影响,以便通过布光达到理想的画面效果。

现代新闻演播室里的光源主要有两种:三基色柔光灯和金属卤化物灯。

据一些电视台的实践经验,在实际应用中,将三基色柔光灯作为主光和辅光使用,而将金属卤化物灯作为顶光和轮廓光使用,取得了很好的荧屏效果。

三基色柔光灯在新闻演播室中使用,一般采用环形布光法,就是围绕播音台的一周布光。这种布光方法不但能完成主要人物的照明,而且能增加整个场景空间的密度。这种灯具发光定向性好,光斑焦点打到哪里,哪里的亮度就集中,灯多了也不会形成反光点,不会破坏电视画面,播音员也不会有炫目的感觉。

背景光也可以使用三基色柔光灯照明,因为它的功率小,又是一种密封式灯具,使用起来较为安全。但是此种灯具不适合给玻璃形状的物体布光,球形物体的透视感较差。在我国,新闻演播室用的背景大多是一些静止的画面,比如一条幕布、一块玻璃板等,所以在布光上要千方百计地突出立体感和透明度以提高画面的明朗程度。

三基色柔光灯对红色极为敏感,所以播音员最好不要把嘴唇抹得太红,宜用

---

① 参见郭树彬、李纯:《浅谈新闻播音员布光》,《世界广播电视》2003 年第 2 期;徐龙斌:《新闻演播室灯光的运用》,《世界广播电视》2002 年第 11 期。

紫色和茶叶色（咖啡色）的口红。脸部化妆不要过重，宜浅不宜深，宜细不宜粗。另外，播音员的服装，应穿色彩柔和、纯度较低、反差较小的衣服。服装不适合用强反光的面料或丝绒、天鹅绒之类的面料制作。另外，播音员也不宜穿花色图案太细小或太错综复杂、线条过密的衣服。

金属卤化物灯在演播室作为轮廓光使用，克服了三基色柔光灯逆光轮廓效果差、电视画面缺乏层次感的缺点，可以使播音员、主持人的形象具有立体感。画面清晰、透明，增强景深效果，使新闻播音员、主持人的形象更为突出。

3. 布光的程序和技巧

布光程序一般是，先布人物光，后布背景光，再布修饰光。也可先布背景光，后布人物光，再布修饰光。不管先布哪种光，都要将不同目的、要求的光控制在有效范围内，并把多余的散射光遮挡掉，避免不同角度的光相互干扰而影响整体效果。

（1）布背景光。

背景光又称"环境光"，是指专门用于照明背景、环境的光线。背景光的作用，主要是表现被摄体所处的环境特点、气氛，并以此烘托突出被摄体。

在电视照明中，背景光是一种大范围的光线，一般由多盏灯以散射光的形式照明整个环境，形成一种统一的影调，表现一种完整的空间感。

在正常情况下，背景光的亮度要低于人物光，与人物光的比例宜在 1：1.5—1：2 之间。如果背景比脸部亮，不仅会使皮肤显得比正常皮肤微黑，而且会使人的视觉感到疲劳。

布背景光时，要避开或修掉因布背景光而照射到播音员处的余光，不然会影响人物造型。布光时可进行分类照明，即先布面，后布点，区别布光，利用光比、淡色调突出景物的层次。要尽可能减少阴影，把多余的光控制在播音员背后。在色彩运用上不要过深、过杂，宜用浅色调或中性色，色彩过重会影响播音员的服饰和形象，造成喧宾夺主。

（2）人物布光。

背景光布好后，可先把背景灯关掉，进行独立的人物布光。人物布光总的来说，要根据不同的形体、脸型、发式、气质进行美化，还应根据播音员、主持人的形象，进行合理的形象造型。播音员、主持人经过其他方式造型后，灯光师要根据播音员、主持人形象特征进行灯光造型归类，以进行正确的灯光造型。如果发型的样式、长短及面部油彩的轻重、用粉的浓淡、服装的样式和色彩等不利于灯光造型,要提出修改建议,因为这些将直接影响到布光方式和灯光造型的效果。同时,还要考虑播音员、主持人合理的审美要求。有的胖、瘦或其他原因,需要用光准确地表现出比本来面貌略加美化的还原型,有的则需通过布光技巧重新塑造形象。要注意,无论采取什么方式、手段进行造型,都必须符合新闻形象的主体格调,正确选择灯具并确定布光方案。

第一,主光。是人物造型的主要光源。是塑造人物形象、体现人物轮廓和肤色气质的光。灯的方位角度要依据人物的面向和脸部特征而定。一般情况下,主光灯在播音员面朝向的一边。主光的位置一般在平行度的 30°—50°,高度以坐姿时鼻影在鼻夹偏下一点为佳。若播音员是线条型的高鼻梁,灯位就不宜过侧,光线也不宜过硬,可采用柔光纸柔化光线。要注意:人物布光尽量不要散射到背景上,不然会影响整体画面的层次。若灯位躲不开,可用扉叶遮挡,如扉叶有虚影,可在扉叶上加黑卡纸加长遮挡,或用挡光板。

在单人播音情况下,一般将人物摄于画面中间略偏于一侧;双人播音的坐姿是左右两人的外肩向内,即左面人物脸部向右,右面人物脸部向左。如果是男女双人播音,要根据男女播音员的脸部特征,确定主光灯位。若两人脸型差异较大,需分别设定主光,灯位的高低、角度要依脸型而确定。主光的定位要依据播音员脸部和视线的方向,脸及形体偏向哪一边,主光则置于哪一边。双人播音时,主光可交叉分别照射,即左边的光照画右的人物,右边的光照画左的人物,这样可使人物造型还原好、不变形,头影自然。有时会遇播音员的脸不对称的情况,主光要放置在脸形完美的一边,使这边经光线刻画而突出,以掩盖有缺陷的另一边;而脸部瘦小的一面经主光照射塑型后,看上去饱满,产生的过渡光影反差使另一边在视觉上比较暗淡,整体显得匀称。若遇脸部视线与缺陷相矛盾时,则需调整播音员的位置。

有些播音员脸型匀称,但鼻夹两边突出,或者三角区一边有鼻影,并有下眼袋,布光时,前者主光灯位不能过侧。若需要瘦一些,可将灯的高度相应提高。后者则要适当降低灯位,或者调整灯的侧度。如果主光调整到最佳位置还不能避免以上现象,可用一只小功率灯,单独补充下眼袋,并挡掉多余的光;也可适当调整摄像机的高度,使播音员的视线、脸型与灯光造型成最佳角度。特殊情况下,主光的侧度范围可以到 85°左右,这种布光一般多用于男播音员或脸型线条不明显的播音员。采用这种方法布光时,辅助光的侧度要小,并掌握光比,不然会使播音员脸部显得臃肿。

给女播音员布光时灯位不宜过高、过侧,否则会影响其面部肤质的效果。特别是对脸部有皱纹的播音员布光灯位的高度、侧度要掌握好。正常情况下,对长脸形播音员布光,主光灯位的侧度在 30°—45°,高度在播音员头部水平以上 35°左右,灯与人物间距宜在 2.5 m 左右。如要加强人物的线条或拍得瘦一些,则适当增大灯的高度和侧度,反之则减小高度和侧度,但必须处理好辅助光和面光。

第二,辅助光。也称副光,"补助光",是指补充主光照明的光线。副光多为散射光,照射主光照不到的另一侧,协助主光塑造形象,增加质感和面部过渡层次。常用来减弱由主光照明形成的粗糙而生硬的阴影,表达阴影下的细部结构。副光的亮度变化,可改变画面的亮度平衡、影调反差,形成各种不同的气氛。

副光的亮度不应高于主光,主光与副光的光比应根据具体情况来定,时间、人物、环境不同,主副光光比也不同。在一般情况下,副光与主光的光比应控制在 1∶2—1∶1.5 为宜。

副光的光位应低于主光,一般在靠近摄像机一侧 0°—5°之间,这样不会在被摄体特别是人物的脸上,再产生新的阴影,破坏主光的造型效果。有时,为了造型需要,也可取更大角度的副光照明。有时副光也可兼作眼神光。辅助光要采用柔光灯,最好是二次反射式柔光灯,若是聚光灯,可在扉叶上加柔光纸。根据亮度情况,也可加两层柔光纸,一层加于透镜口,另一层加在扉叶前,增加柔光度以避免产生新的阴影。灯位可根据主光的位置及播音员与主持人的脸型、发型而设置。一般辅助光的影子不要过鼻梁,不然会有蝴蝶形鼻影。

第三,面光。是用来照射人物正面的光。面光要帮助主光造型,使人物面部有层次并有眼神光。灯位一般在人物面部高度偏上,在机位正面上抛度的 30°左右。也可采用双灯面光,即先用柔光灯进行面部照明,再用小型灯加眼神光,眼神光以眼珠一点为佳,不可一片或多点。在有提示器或播音员有下眼袋的情况下,需分别采用面光照明,但要用挡光板分别挡掉不利于人物造型的光。如播音员有下眼袋,须单独用低角度的光进行局部补充,此时要挡掉鼻梁以下的光,否则会有蒜头鼻影,并影响唇齿的美观。播音员播音时,牙齿和舌头要看得清楚、自然,并要控制亮度,尽量减少新的阴影,特别是下颌阴影和背景阴影。

第四,轮廓光。也称逆光,是用来勾画人物线条和立体轮廓的光线。它能增强画面的纵深感,突出人与景物的空间层次,使之与背景相区别,产生丰富的影调层次,增加画面的纵深感。在人物造型上,轮廓光经常与主光、副光配合使用,对人物形象具有修饰和美化作用,能体现发饰、肩部服装的质感、立体感。

黑头发者需要较多的轮廓光;金黄头发者则需要较小的轮廓光;而秃头者不需要轮廓光。轮廓光往往比主光亮一些,它与主光的光比常在 1∶1—2∶1 之间。

轮廓光的入射角在 60°左右时,人物的头发、两肩和两臂的外轮廓光线效果较好。过陡的轮廓光会在胸前产生深暗的围嘴形阴影。低轮廓光只是偶尔用于薄纱服装、蓬松发型和宽边帽的内侧照明。

双侧轮廓光与被摄体的夹角在 60°左右时,可使被摄体两边都产生一道轮廓光,如与正面照明合用,可产生一种动人的双边轮廓光的效果。但如果角度过大,会造成脸部中间出现黑影,明显地夸大头部宽度和颈部粗细。

在新闻演播室中其灯位一般在播音员背后上抛 45°—65°,亮度须高于主光。光比宜在 2∶1 左右,但不宜过亮,否则会产生不自然的感觉。

第五,修饰光。也称流动灯,在特殊情况下临时用于局部修饰。如播音员着深色服装时,服装的颜色、质感不能体现,就要局部加强。要注意不要有余光散射到面部,要用挡光板把余光挡掉。有时播音员因睡眠不足或其他原因会出现双颊胖瘦不均的情况,可采用流动灯加柔光纸在瘦的一面进行细部补充。流动灯不宜过亮,一般在 1 kW 以下,灯位要视具体情况而定,角度要合理,光线要专一。

（3）人物阴影的处理。

在布光中经常会遇到因用光塑造形象而产生较明显的影子,有鼻影、颈部影、眼窝影及背景头影等,既影响人物形象,又影响画面的整体效果。布光时,首先应根据人物的形象特点、塑型意图,准确地置定主光灯位。最佳灯位选定后,如果出现上面所说的阴影,不可随便移动主光,可以寻找其他方法解决,要区别对待。如:主光的影子重而灯的高度最佳时,可以先在主光灯上加柔光纸以减轻阴影,或将灯的侧度减小一点,把影子置于肩上偏后,兼顾造型与光影,然后利用比主光还要柔和的辅助光冲淡,当用辅助光还不能解决且又影响塑型时,须调整辅助光灯位的高度和侧度,再用面光补充。须注意:主光、辅助光、面光三灯灯位的高度、侧度及亮度要密切相关。当出现一些阴影时,在主体光已定的情况下,如颈部因主光和辅助光造成交叉且一轻一重的阴影,可用一只小功率灯加柔光纸,放在辅助光一侧 20°位置,低于人物面部进行单独补影,但必须用挡光板或其他黑色板置于灯架上,挡掉下巴以上的光。又如背景头影的处理,造成背景头影的原因有两种,一是面光低,二是播音员与背景之间的距离不够。解决方法是：首先查看摄像机—主持台—背景三者间有无空余空间；其次，是把面光置于摄像机正上方或提高面光。如果因提高面光而有损播音员的形象和眼神光、口腔牙齿舌头无光等，则再加一只小功率灯加柔光纸，并用扉叶或挡光板控制散射光，不要影响其他景物的层次，灯要放在辅助光一侧的摄像机旁进行单独照射，但要控制亮度。

（4）背景光斑的处理。

除采用虚拟背景外，一般实际制作新闻背景的方法有三种：第一，用木材或钢材制作结构，主体内容采用有机玻璃制作不同的图形，再配荧光灯或霓虹灯之类的发光体；第二，采用塑料灯光布进行喷图，绷于框架上；第三，制作各种形状、图形的实景，再喷不同颜色的过渡色图案。

前两种背景布光时，经常会出现背景反光甚至多点光斑，给布光带来很大困难。为解决这个问题，布光时要尽量把人物光控制在有效的范围内把多余的光挡掉。在制作背景时可采用两种方法：一是把背景框架的底座装上滚轮，可以前后移动，以中间为界，如反光点在左边，则把左边框架向前移动一点即可消除光斑；二是在制作背景框架时，面框做成垂直平行的，把面框背后固定图板或喷图布的框做得比面框大一点，安装时上部向前紧靠面框上部，下部向后移约15—20 cm，呈平行前倾斜状，即可消除光斑。

灯光创作的效果涉及的因素很多，如摄录设备、摄像技术、环境、条件及与其他部门的合作，当然也离不开灯光创作人员的技术水平、艺术修养及审美观念等。

灯光工作是在技术基础上进行的艺术创作。不同的光线、色彩，表达不同的象征意义，给人以不同的感受、效果及影响，这就要求灯光人员认真观察并掌握光线的性质、规律和效果，发挥艺术创作灵感，塑造出各种美的艺术形象。

本 章 小 结

● 了解电视图像景别的概念、意义、特性，是电视新闻摄像的起点。电视图像景别的特性在于它不是静止的，而是在运动中相对稳定地存在，这与电视摄像本身是一种运动的造型艺术的特性密切与共、一体相存。认识电视图像景别的这一特性，是为了使我们从运动中去把握、认识电视图像景别的意义，并善于通过在运动中改变图像景别来更好地反映生活、体现匠心。

◎ 电视摄像构图有其一般的美学原则,但电视新闻摄像构图却有自己特殊的美学规律。

◎ 电视摄像的特性是运动摄影。摄像机运动的基本形式有:推拉镜头、摇镜头、跟镜头、移镜头。摄像机运动的意义在于具有:描述性作用、戏剧性作用、节奏性作用,为静物创造运动的视像。

◎ 电影电视是用光作画的艺术。离开了自然光或者是人工光,电影电视摄影(摄像)将一事无成。无论是在自然光或者是人工光(典型的如新闻演播室)环境中摄影摄像,光源条件与摄影摄像的成像效果之间都有特殊的规律与关系。

思考题

1. 电视图像景别的概念、意义及特性。
2. 电视摄像构图的一般美学原则。
3. 电视新闻摄像构图特殊的美学规律。
4. 摄像机运动的基本形式及意义。
5. 电视新闻拍摄自然光运用的常用技巧与艺术。
6. 在自然环境中拍摄时如何保护摄像机?
7. 色温校正与白平衡调整的内涵及意义。
8. 电视新闻演播室布光应注意把握哪些环节?

第八章

电视新闻编辑

第一节　电视新闻解说词写作

一、解说词与画面的关系

电视是以视听兼备、声画并茂的形象得宠于世的。因此,图像与解说是相辅相成、缺一不可的。电视新闻的传播尤其如此。如何将画面和解说协调统一,发挥最佳传播效果,则是需要深入研究的。

简单来说,实践中处理画面与解说的关系,至少应注意以下几条原则:

第一,尽量让画面说话。

第二,解说"言画面之所难言"。解说不应是对画面的简单重复,图解式的"看图识字"。观众能从画面上看到、感受到、明白到的东西,再解说则成了累赘。

第三,解说应使观众更好地沉潜入画面,不宜转移观众对画面的注意力,即不宜"喧宾夺主"。

第四,评价解说词的优劣,并不是看它单独存在时的文学欣赏价值,而首先要看它是否很巧妙地与画面配合,充分表达了画面所没有表达而又确实需要表达的内容。

在电视新闻报道中容易出现的一个问题,就是有的电视新闻解说,简单地沿袭报纸、广播的路子,把图像去掉就是一篇标准的广播稿,即所谓"形声两张皮"。解说词把时间占得满满的,播音员加快速度念,在图像内念完了事。但就电视传播媒介的优势来讲,凡是新闻事实发生现场的状况(图像)及声音、音响,都能加以传播、表现出来,所以,凡是观众能直接耳闻目睹的新闻事实因素,就不必再要记者或播音员解说了。这样,电视新闻稿(解说词)在文字上可能是不完整的、跳跃式的。

　　比如,电视新闻《邓小平同志会见香港基本法起草委员会委员》,开头一句交代了邓小平同志在何时何地会见了香港基本法起草委员会委员,然后就出现邓小平同志的图像。他绕场一周同委员们一一握手,坐下以后寒暄。他问一位代表:"今年 70 了吧?"答:"今年 75 了。"邓小平说:"我比你大,我今年 83 岁,明年 84 是个关。中国有个说法,73、84 是个关嘛!"然后他转入正题,谈基本法起草委员会取得的成就及其重要性等,上面内容花了三分钟左右,播音员一句话未说,观众已对新闻了解得清清楚楚。最后,播音员才加了一句话:会见在亲切的气氛中进行,参加会见的有谁。解说词就是第一句话和最后一句话。

　　又如,电视新闻《美国挑战者号爆炸》,导语是一句话,然后是火箭升空镜头、爆炸镜头,一系列爆炸物散落在大西洋,一分多钟,没有任何解说。接着讲家属在现场看到爆炸后惊呆了,又是一系列的镜头。紧接着讲看电视的学生由高兴到惊呆,又是一系列惊呆的镜头。然后是里根就此事举行记者招待会和宇航员的背景介绍,也用了许多镜头。在这两条新闻中,尽管解说词单独看来是不完整的、跳跃式的,但却因其与画面配合得相得益彰,赢得了整条电视新闻的完整与和谐美。

二、解说词的作用

1. 补足新闻要素,说明有关情况

　　比如,上面《邓小平同志会见香港基本法起草委员会委员》的电视新闻,如果只有画面,没有解说,观众就看不明白邓小平同志在何时何地会见了香港基本法起草委员会委员,甚至会见的是谁也不清楚。

2. 揭示画面内涵,阐明主题思想

　　例如,在本书前面第二章第一节中所举到的《天安门广场竖起"中国对香港恢复行使主权"倒计时牌》的电视新闻中,解说词讲道:"10 年前的今天,中英两国政府的首脑在北京正式签署了关于香港问题的联合声明,宣布中华人民共和国政府将于 1997 年 7 月 1 日对香港恢复行使主权。10 年后的今天,倒计时牌告诉我们,距 1997 年 7 月 1 日香港回归祖国还有 925 天","从今天开始,我身后这个倒计时牌开始进入读秒计时的状态,900 多天,7 000 多万秒,在历史的长河

中是短暂的,1997 年 7 月 1 日,中国人民翘首以待。"就不仅补充说明了有关情况,还有力揭示了本条新闻重大的思想内涵。

解说词揭示画面内涵,阐明主题思想的作用,特别是在一些借物寄情的电视专题作品中表现突出。例如,电视片《松》:

画 面	解 说
云雾缭绕的黄山、云海 各种状态的黄山松 国画松 黄山之松 ……	每当人们提起松的时候,总怀有一种倾慕之情;每当人们见到松的时候,心中总涌起一种崇敬之意。 这大概是松以它独具的品格、独具的素质,赢得了人们的心。 松,在诗人的意境中,总是那样的高洁而神圣;松在画家的水墨中,总是那样的雄奇而庄严。 松愿与明月在一起。 松常和白鹤在一道。 而我们在这里向大家介绍的则是松与石、松与云所结下的不解之缘。 ……

在这个电视片中,编导由松所开掘出的独特的主题立意——"而我们在这里向大家介绍的则是松与石、松与云所结下的不解之缘",完全就是通过解说加以"规定性"地揭示的。如果没有这种由解说所赋予的"规定性"的主题思想揭示,那么,完全就可能使观众在观赏一幅幅"松"的画面的时候,根据自己的独特感受和联想,"悟"出多种多样的主题思想来。

3. 抒情写意,增强艺术魅力

白居易有一句论诗写作的名言:"感人心者,莫先乎情。"(《白氏长庆集·与元九书》)真可谓一语道破把握传播效果产生规律的妙谛。所以,无论写诗作文,还是电视创作,都力求以情感人。刘勰在论及文学抒情的时候,曾写道:"情以物兴,故义必明雅;物以情观,故词必巧丽。"(《文心雕龙·铨赋》)说明人的主观感情如果的确是因客观事物所激发、兴起,那么,这感情的内在及含义必然明朗而雅致。如果本身带着感情去观察客观事物,所激发出的文辞也必然精巧优美。也可以反过来讲,精巧优美的文辞,也必然能较好地表达人在观察客观事物时所产生的主观感情。在电视创作中,我们不难看到,不少成功的电视片,都是很善于运用解说词抒情写意,很好地渲染、烘托画面,从而有力地增强了电视片的艺术魅力。

下面,我们不妨欣赏一下电视专题片《今日草地》(四川电视台)中的一些解说词。

画　　面	解　　说
茫茫草地 草地牛群 　　羊群 牧民、村庄 帐房 草地风光	半个世纪过去了。 这里有辽阔的牧场， 这里有肥壮的牛羊， 这里有勇敢彪悍的兄弟民族， 这里有别具一格的院落和村庄。 这是四川阿坝藏族自治州的大草地， 这是当年红军走过的地方。
草地上盛开的种种鲜花 茫茫草地	这是一片神奇的土地。它曾唤起我无穷的遐想。在我的心目中，这里是一片水乡泽国，是野狼成群的地方。今天，当我追寻着红军的足迹来到这里，她竟是这样的迷人。 啊，这就是草地，多么宽广，多么坦荡！
两河口会议等会址 …… 茫茫草地	川西北高原的大草地，在中国革命的历程中占有特殊的地位。长征途中，红军翻过雪山进入草地，党中央在这里召开了具有重大历史意义的两河口会议、毛尔盖会议和巴西会议。 …… 为了粉碎国民党反动派的围追堵截，当年红军战士就在这人陷不见头、马陷不见顶的沼泽地里，一步步艰难地前进。多少中华民族的优秀儿女，为了中华民族的胜利，默默地牺牲在这无边的荒原。 我想在这茫茫的草地上找到一座红军的坟墓，或者是一块墓碑。我终于失望了。
充满生机的马群、牛羊、鲜花 骑摩托的牧民，喂牛挤奶的牧民，各种欣欣向荣的生产景象 ……	但是，我在这洒满红军战士鲜血的土地上，找到了丰美的水草，找到了肥壮的牛羊，找到了撒满草地的格桑花，找到了无数草地的建设者。 50年过去，弹指一挥间。昔日荒凉的土地早已换了人间。世世代代的奴隶如今成了草地的主人。他们在这一望无际的草原上，发展了欣欣向荣的畜牧业、农业和工业。千里草原已经成为牧工农全面发展的好地方。
汽车在公路上奔驰	驱车飞驰在这笔直平坦的公路上，已很难体会出当年红军战士跋涉的艰辛了。但是，这里的一草一木，仍然在向我们诉说那遥远的过去。
草地风光，茁壮的红柳	在草地，至今流传着这样一个故事。一位红军老班长在草地牺牲了，伴随着他爬过雪山草地的手杖，插在他的身边，竟然生了根，发了芽，开了花，长成了今天遍布草地的红柳。 红军留下的红柳，已深深扎根在草地。 红军的革命献身精神，也在草地人民的心中扎了根，开了花。 ……

在这个电视专题片中,正因为解说一开始饱蘸深沉的激情、富有浓郁的韵味和诗意,强烈抒发了对具有特殊意义的大草地的深沉的挚爱,对红军和革命先烈的无限崇敬,所以一下子把我们带回到那值得回顾的特定的历史环境氛围中去,使我们的感情也变得深沉起来。而那些虽然是拍摄于今天,当然也是经过了精心选择和对色光、影调等艺术处理过的画面,也因解说的渲染和烘托,与解说交相辉映,迸发出更为丰富的形象含义。关于老红军班长的手杖和红柳的传说,则与画面上苗壮的红柳以及紧接的反映草地先进模范人物事迹的画面互为呼应,有力地发挥出"托物传情""借物言情"的修辞效果,更强烈地引起了我们同电视片思想感情的共鸣。

又比如,电视片《话说长江》中《洞庭天下水,岳阳天下楼》的开头一段:"红日从洞庭湖中水淋淋地升起,夕阳在洞庭湖里火辣辣地落下"。虽然旭日东升、夕阳西下的镜头画面观众一目了然,但是,却由于"水淋淋地升起""火辣辣地落下"等凝练生动的语词让人强烈地感受到了画面的艺术美感。

4. 串联贯通全片,发挥结构作用

在电视片创作中,镜头与镜头之间、画面与画面之间的场景、时空转换跨度很大,甚至看似彼此无关。在这种情况下,就需要解说词来揭示它们之间的内在联系,使段落、场面之间的承接过渡流畅自然,使全片的结构显得严谨完整。

比如,前面举到的电视专题片《今日草地》中,如果仅有画面,那么,不管记者怎样精心设计构思,也无法实现他要从对红军时代草地的回顾谈到今日草地这样一个历史时间概念的转换。然而,通过"但是,我在这洒满红军鲜血的土地上,找到了丰美的水草,找到了肥壮的牛羊,找到了撒满草地的格桑花,找到了无数草地的建设者。50年过去,弹指一挥间。昔日荒凉的土地早已换了人间"这样一段解说词,却很好地实现了一个漫长的历史时间概念的转换。

又如,电视片《泸沽湖风情》第一集《寻访世外桃源》(四川电视台)中有下面这样一段:

画　　面	解　　说
…… 　　西安半坡村博物馆,人们在参观母系公社议事的大型油画叠字幕:母系制已消失于远古之中。	…… 　　后来,在历史的征途上,大概这些女性跑累了,终于无可奈何地把接力棒交到了男子的手中,人类终于完成了母系制向父系制的伟大转变。

续　表

画　　　面	解　　　说
参观的群众 参观的人群从半坡村博物馆走出 考古工作者们在修复母系社会的复原房屋 ……	女性的功勋渐渐为时间的灰尘所湮没,以至于她们的子孙只能从小说《镜花缘》的"女儿国"中,才能一睹她们当年的风采。 　　当人们从远古的回忆中回到现实的时候,或许会同我一样,产生这样一个问题:今天,世上还有"女儿国"吗? 难道历史的浪涛竟把这一切冲刷得如此干净,连少许痕迹也没有留下吗? 　　我带着这个近乎荒唐的问题,向这些考古工作者请教。 　　……

从这个段落中,我们可以看到,从半坡村博物馆到考古工作者们的研究工作场所的时空转换,及上下两个段落内容的衔接,主要都是通过最后一句解说发挥了结构作用,使之流畅自然的。

以上,我们从四个方面揭示了解说的用武之地,归根到底,仅有画面难以尽意、难以独立之处,就恰是解说的用武之地。真正要产生出好的、值得称道的解说词,必须透彻理解和把握每一个具体电视作品的声画关系。

三、解说词的写作规律

解说词由于是与具体的电视节目的画面相依托而存在,不同于一般的独立存在的文学作品,所以,在其创作的规律上,也有自己一定的特殊性。具体说来,可从以下几个环节加以认识和把握。

1. 明确创作意图,把握作品主题

电视节目的创作意图及作品主题思想,是解说词写作的"纲",不仅确立解说词在电视节目中存在的"重心"所在,而且确定解说词写作的"走向"。因此,明确创作意图、把握作品主题这种理性的思考,可以自然地厘清解说词写作的思路,明白解说词写作的根本使命,并初步形成完成这一使命的总体构思。

一旦当我们的头脑中形成了能基本揭示作品主题的解说词的轮廓,那么,对尚未进行的拍摄工作来说,就有利于指导去摄取既能很好表现作品主题,又利于实现理想的解说词写作的画面素材。对正在进行中的拍摄工作来说,解说的"毛坯"又便于针对"既成"的画面素材,适当地"修正"自己,以及对画面进行选择、调整,较快寻找到比较理想的声、画"共存点"——能彼此辉映的相互依存点。

2. 熟悉已有画面,发掘画面内涵

在画面素材已经确定的情况下,对于解说词写作来说,则应熟悉已有的画面,明白对于主题表现来讲,现有画面已能完成哪些使命,尚留下哪些空白、缺陷,从大结构上把握解说与画面的相互弥补,使声画配合能完整表现全片思想内涵。同时,在熟悉已有画面的过程中,通过"触景"生情,激发解说词写作的新灵感,力求在一些"点"上,产生出解说词的精彩段落,加强对画面内涵的深入揭示。

3. 寻求与内容统一和谐的语言风格及表达形式

《论语·雍也》写道:"质胜文则野,文胜质则史;文质彬彬,然后君子。"意为一个作品,若实质、内容胜于文采,则仍嫌粗野。文采虽好,而内容实质欠佳,则会失于浮华。只有文质兼备,才堪称上乘。通俗一点说,就是内容和形式必须统一。所以,我们在进行解说词写作的时候,除了在"质"上,能说清楚、表达明白作品的主题外,还要力求通过对作品题材、内容特点的分析和认识,寻求和采用相适应的完美表现形式,这主要体现在语言风格和表达形式上。事实上,很多优秀的解说词之所以脍炙人口,都是以其鲜明的富有特色的语言风格和适应电视传播的表达形式脱颖而出的。

比如,同是电视片《话说长江》的解说词,在《金沙江畔》一集,编导抓住表现的主要环境对象"动"感强且运动方式极富变幻、落差很大的特点,采用了拟人的修辞手法及比较诙谐幽默的笔风。电视开始,把金沙江比作运动员:"如果说沱沱河、通天河、金沙江和宜宾以下的长江是四位长跑运动员,它们在 6 380 公里的跑道上举行着接力赛的话,那么金沙江这位运动员跑的路程真是够长的了。它从青海的玉树一直跑到四川的宜宾,一共跑了 2 308 公里,占全跑道的 1/3 以上。"随着金沙江的奔腾咆哮及缓流轻拍,解说又将其比作人人熟知的梁山好汉和三国人物,道:"金沙江已经暴跳了千百年,但是,它也和《水浒传》里的鲁智深一样,具有粗中有细,刚里怀柔的性格。你看,它来到石鼓这个地方之后,就像京剧里的诸葛亮一样迈着四方步,心平气和,温文尔雅。"

而在《太湖平原》一集,编导又针对所表现的主要环境对象浩渺淡远的特点,通过巧妙引用一些古代诗文,如,"古人曾这样描写苏州:'处处楼前飘花吹,家家门前泊舟船',还有:'君到姑苏见,人家尽枕河'。这里是唐朝诗人张继写的《枫桥夜泊》的枫桥了。'月落乌啼霜满天,江枫渔火对愁眠,姑苏城外寒山寺,夜半钟声到客船'。今天,苏州城西寒山寺仍在,但是,那种江枫渔火对愁眠的诗境却不会找到了。"从而形成了一种抒情、优雅的语言风格,为电视片赋予了另一种魅力。

4. 协调适应电视传播的特殊技术要求

写解说词还应考虑每一组画面的长度和时间的约束,以及播音员播读的速度。在一般情况下,播音员念解说词,每分钟大约是 200 字左右。

另外,解说词文句的结构安排,要考虑配合画面的需要。在介绍特殊事物的专用名称或需准确特指的人物姓名时,点名要对准画面。为此,宜尽量用短句,避免解说词充满画面长度。

四、电视新闻解说词的结构

1. 电视新闻的导语与结构

国内电视界曾就电视新闻(主要针对电视新闻消息)是否应有导语的问题进行过争论。多数的意见认为,由于新闻一般应有导语,电视新闻既是新闻,也应有导语;但不同于报纸和广播,它应根据电视新闻的特点,创造自己的形式,要求简练明快、生动准确、解说与画面应紧密配合等。为此,有的提出电视新闻导语有五种类型:图像为主的结合式;解说为主的叙述式;图像解说密切配合的描述式;突出形象的特写式;同期声导语。有的则按写法的不同,分出了叙述式导语、概括式导语、简讯式导语、背景式导语、描写式导语、提问式导语、议论式导语、参与式导语、图解式导语、混合式导语等形式。但是,仔细推敲起来我们就会感到,由于丰富多彩的实践所足以证实的,无论报纸、广播的新闻导语也罢,还是电视新闻的导语也罢,均没有固定的模式,正所谓:"兵无常形,水无常势。"所以,上述的分类罗列总难以尽善。

对电视新闻解说词结构形式的把握,我们可以从与报纸、广播(特别是报纸)新闻的写作结构的本质特征进行比较中获得启示。

电视新闻从其篇幅、容量等体裁特征上来看,是相近于报纸中的新闻消息的。但是,由于电视新闻"声画并茂"的特点,其解说词要求与画面有特殊的配合关系,最后以"声画"相得益彰、互为补充的统一形式,来完成报纸消息仅仅是以文字来叙述新闻事实的同一使命。正因为这样,电视新闻解说词的结构形式不能照搬报纸消息的写作结构形式。而且,报纸消息的结构形式也不能完全适应电视新闻的要求。比如,报纸新闻消息的写作一般有导语,即"倒金字塔"式的结构。在这种结构中,导语是对整条消息内容的高度浓缩。正因如此,在内容上,它与导语后的正文主体内容也必然是重复的。不过,这种重复对于读者来说,尚可以接受。因为,读者如果认为仅读了导语也满足了,不愿再"重复"去读虽然是更详细些的正文主体的话,也可以自择其便,来个"腰斩",仅取导语而已。但是,电视新闻由于篇幅更为短小,往往在一两分钟,甚至几十秒时间内就要告诉观众何时何地何人发生了何事,所以也往往容不得这种导语与正文主体的"重复"。再有,如报道某些突发性事件时,一出画面就正好是引人入胜的镜头,这一镜头强烈吸引着观众想观看事件发展的进程,了解事件发展的结局,这时候,若用导语先一语道破"天机",那就会大倒观众的胃口。

毫无疑问,我们并不排斥有的电视新闻的解说词也采用倒金字塔的结构形式,既然如此,导语当然也就可以七彩纷呈,各具情态。但是,这种电视新闻的倒金字塔结构形式,也并非是对报纸新闻消息中的倒金字塔结构形式的简单沿用,更非能对所有电视新闻题材"放之而皆准",而应根据电视新闻传播的特点,从电视传播效果,从电视观众而非报纸读者的心理接受特点来加以重新认识。同时,还有必要看到,即使是报纸导语本身,随着时代的发展、读者群情况的变化,其结构形式和写作技巧也在发生着变化。

美国新闻传播学者特德·怀特就曾写道:"过去有段时间,大多数报纸编辑要求每条导语必须六大要素齐备,而现在的报纸编辑已经很少坚持这个规则了,广播电视新闻工作者则从来没有严格遵循过这个规则。"①

总的来说,在电视新闻解说词的结构上,要突破报纸新闻写作的意识,根据电视新闻事件的内容特点,确定解说词的结构方式——最能迅速有力吸引观众的方式。

一般来说,消息类电视新闻解说词的写作结构方式可分为以下两种。

(1) 倒金字塔式。

采用导语开头,先用极简要的文句,概括电视新闻的精华所在,揭示新闻主题,唤起观者注意,使之在脑子里先有一个总概念,并愿意继续看下去。这种解说词结构形式,比较适合于最初的画面图像价值比较一般,画面吸引力不够强烈的电视新闻,以便通过导语的理性揭示,让新闻主题的内在重要度迅速引起观众继续视听的兴趣。

(2) 直叙式。

亦可称为"渐进式"结构,这种解说词的写作结构形式不用导语,紧扣新闻事

---

① [美]特德·怀特:《广播电视新闻写作与报道》,新华出版社 2000 年版,第 16 页。

件的客观发展进程直接叙述,让解说也同画面一样,逐渐展示新闻事件的客观发展进程、运动状态,"顺流直下"般地完成新闻主题的揭示。

直叙式的解说词写作结构比较适用于画面的图像价值从一开始就比较强,新闻事件的客观发展进程具有较强的悬念因素,且运动情状能直接见于图像的新闻题材。

直叙式的解说词结构之所以不用导语,旨在着意保护新闻事件发展进程本身所具有的"悬念性"魅力因素,颇利于渐引观众入胜。驾驭得当,尤其能收到曲终奏雅的强烈效果。

2. 电视新闻的标题

标题是电视新闻的眼睛。之所以这样讲,是要格外强调电视新闻标题的重要性,因为,在我国电视新闻史的早期,对电视新闻(尤其是电视新闻消息)的标题曾经一度是忽视的,即便文稿上有标题,完成播出的新闻上也是没有标题的。当然,这也与当时电视字幕技术的局限有关。大约从 20 世纪 80 年代中期开始,电视新闻消息才开始强调要有标题。不过,最初的电视新闻标题与历史悠久的报纸的标题艺术水平相比,却有相当的差距。

自不待言,电视新闻标题的写作不能照搬报纸标题写作的规律。因为,媒介手段的不同,影响标题呈现形式及受众接受规律也有所不同,这是我们把握电视新闻标题写作时首先要注意的。

电视新闻的标题一般是在画面开始后两三秒钟出现,在画面上停留的时间也不长,一般也就几秒钟;而且,观众在看标题的同时,记载着新闻主题信息的运动画面也在迅速变换。这些都是同报纸读者欣赏标题时的相对专注性、静止性截然不同的。为此,电视新闻标题的写作及制作要注意以下三点。

第一,简明扼要,通俗明了。要让观众一下看得明白。

第二,一"语"传神。眼睛是心灵的窗户,一目传神。透过眼睛,能迅速感悟心灵的声音。电视新闻的标题则讲究一"语"传神,短短一句话的标题应包含最核心的新闻信息。而且,尽可能做到文采动人。

第三,恰当的字体、色彩、叠现时间及方式。

五、电视新闻稿的形式

电视新闻稿的形式在我国尚无统一的样式。从国内国际的情况来看,一般有"图示三栏式""简易三栏式""简易两栏式"和单纯文字稿式几种样式。最简单、最容易普遍采用、也比较符合电视新闻规范的,电视新闻消息类比较短小的节目最好是采用"简易两栏式"形式。尤其是在"采摄分离"(记者与摄像共同完成采访)、"采编分离"(前期采摄与后期声画编辑分离)的情况下,"简易两栏式"文稿形式有利于记者对重要画面的构图、取舍、重要镜头转换效果的强调等意图,在画面一栏予以表达和说明(可参看本书第二章中的案例)。纪录片等篇幅较大、艺术表现成分较多的节目,最好采用"图示三栏式""简易三栏式"文稿形式。

图示三栏式

图　　　示	画　　　面	解　　　说

简易三栏式

音乐音响	画　　　面	解　　　说

简易两栏式

画　　　面	解　　　说

　　"简易两栏式"文稿形式的"画面"一栏,除写明有关画面的示意外,也写明新闻稿的标题,以及音响、音乐运用的示意,镜头画面使用的长度等。在美国,"简易两栏式"文稿形式也称为"分栏纸"①。

第二节　电视的音响与音乐

一、音响的作用

　　音响是客观世界和艺术世界存在形式的重要构成要素。在电视新闻中,音响是体现新闻真实性的重要构成元素。注意和揭示音响在客观世界和艺术世界中富有独特意义的存在形式,将给人以特殊的真实感和美感享受。关于这一点,古今中外的艺术大师们都给予了充分的重视。仅以我国的诗家词人来看,不少大师就正是擅长于通过对自然环境中音响的独具匠心的把握与表现,形成鲜明的艺术特色,产生强烈的艺术效果,留下了许多余音不绝、意韵深沉、千古不朽的佳篇名句。

　　例如,唐寅的题画诗——"山空夜静人声绝,栖鸟数声春雨余"——就完全是通过音响的反差,更强烈地让人们从对鸟声、雨声的联想中,去领略到恬静、安穆、空阔的山夜的气息。

　　宋代诗人曾几的诗句——"千里稻花应秀色,五更桐叶最佳音"(《苏秀道中,自七月二十五日夜大雨三日,秋苗以苏,喜而有作》),则是以五更桐叶滴雨声写

---

① 〔美〕特德·怀特:《广播电视新闻写作与报道》,新华出版社2000年版,第69页。

出了诗人的最佳心境。由于诗人心念久旱之后千里稻花喜逢一场透雨,该呈现出多么秀美的颜色,所以,静悄悄的五更天,梧桐叶上传来的秋雨之声,就更为令人神醉。在这里,"最佳音"既是梧桐叶上的客观雨声,也是诗人心理上"雨声"的艺术幻化。倘若在电视艺术中来处理这一意境,我们则不妨先配以真实效果的五更梧桐雨声,继而变幻为能更强烈表现诗人主观心理感受的艺术的雨声。试想,如果忽略对这"最佳音"的精心体味和再现,即使在拍摄得再美的画面上,意境也会荡然无存。

在电视创作中,由于电视是声画并茂的传播媒介,在迄今为止的艺术手段中,具有最逼真再现现实世界的能力,广大电视受众也必将会以这一客观存在为根据,要求电视创作能真实、丰富、生动地表现客观现实世界。所以,电视创作决不能忽视现实世界中客观存在的音响,决不能忽略发挥音响的重要作用。

由于电视中的世界毕竟不等同于现实中的世界,现实中的音响在客观世界中的作用,自然也不等同于电视中的音响在电视艺术世界中的作用。因此,要发挥好音响在电视创作中的作用,就应当在电视中音响的作用这一特定前提下来加以研究和认识。

一般说来,音响的作用体现在以下四个方面。

1. 描写作用(纪实作用)

通过客观再现人物及事件所处环境中本来存在的音响,可以更准确地体现环境、增强环境气氛的真实性。

比如,电视剧《新闻启示录》(浙江电视台摄制)中,有一个场面:在勤工俭学快餐食堂,李昌采访在这里当勤工俭学服务员的黎静,在声音、音响效果处理上,就不是从画面只发出非常干净的两人交谈声,而是让现场环境中就餐学生们嘈杂的语言,甚至轻啸的口哨声自然混杂其间,这样,就增强了环境气氛的真实性,有利于全片的纪实风格更好体现。

电视连续剧《一代风流》三部曲的第二部《苦斗》中,有一个场面:

(远景)夜,寂静的山林。画面深处,山凹间一间隐蔽、矮小的草屋,窗口透出一缕亮光。远处传来几声鸡鸣。

(近景)草屋内,胡柳凝神地倾听着周炳庄严地宣告:"现在纪念广州起义两周年,向在起义中英勇牺牲的兄弟姐妹们致哀……"

在这里,几声鸡鸣这环境中的音响,就进一步弥补画面描写了当时夜深的气氛。

再设想我们如果采访、拍摄万众欢腾、锣鼓喧天、庆祝新造的巨轮剪彩下水的现场;或是采访、拍摄机床欢唱、锻锤铮铮的工厂;或是采访、拍摄千里草原、扬鞭呼哨、放牧马群的牧民;或是采访、拍摄茶园中慢品清茶、聆听鸟语的退休老人等,如果未能很好注意并发挥现场音响所包含的特殊情趣,那么,我们的作品该会是多么乏味。

对音响的描写作用即纪实作用,电视新闻作品尤应给予充分的重视。由于新闻的真实性原则,也由于电视媒介所具有的真实反映生活的技术条件,电视新闻更应当准确地用新闻事实本身的存在形式来反映新闻事实。但是,在我们的电视新闻采摄实践中,常常容易忽视发挥音响的作用。有的人在思想上错误地认为,在电视新闻中,解说词是起"主角"作用的,而现场音响不过是偶尔短暂的附属品,是图像可有可无的陪衬,因此掉以轻心。

实际上,在一些情况下,现场音响不仅是一条电视新闻的"主角",甚至决定着一条电视新闻能否成立。如四川省有一条获奖电视新闻《雅安有一处会发马蹄声响的间歇泉——白马泉》,倘若记者没有真实地采录到并再现出白马泉发出的马蹄声响,这条电视新闻可以说就连存在的基础也失去了。所以,记者特别精心注意对声音的表现。在交代清楚了白马泉的大环境后,镜头慢慢向泉水口推成特写(有意引导观众去倾听),喷泉发出的马蹄声愈益清晰,很好地表现了新闻事实。

至于因缺乏现场音响而严重削弱新闻真实感染力的例子也不胜枚举。如,某市电视台曾播出一条新闻《我市出现爱鸟热》。这条电视新闻中,讲到有人喂养的一只大鹦鹉,会模仿几国语言,但却只有鹦鹉图像,没有鹦鹉模仿几国语言的现场音响,结果,真实感染力顿时全消。

因此,电视新闻要增强其真实感,在音响的真实再现上,尚有苦心经营的必要。这首先要求新闻记者在现场采访的当时,就能敏捷地把握与构思如何使现场音响再现并与解说词的总体布局合理,及时录取真实的、有感染力的现场音响。

2. 表现作用(戏剧作用)

音响的表现作用,不是对自然环境中音响的简单复现,也不是通过音响简单地增强自然环境的真实感,而是通过对音响独具匠心的运用,表现特定的艺术意蕴,直接强化主题。起表现作用的音响,有时仍以客观存在的形态出现,但更多则是不以客观存在的形态,通过音响的变形,更强烈地表现出特定的艺术意图和审美效果。

电视报告文学《雕塑家刘焕章》的结尾,其音响的艺术表现效果,就是十分深沉隽永的:随着画面摇向一条幽静深深的胡同,画外解说道:"你想找刘焕章的家,那容易得很。只要记住胡同就行。他家的门前,总是堆满了大树桩、大石块……"这时,镜头渐移推至刘焕章家门的近景,解说词停止了。画外渐强升起一串斧凿之声,越来越强烈地撞击着观众的心扉,经久不息。在这里,斧凿的音响无疑是独具了一种借代、寄兴的艺术修辞效果。它既形象地体现了刘焕章坚持不懈的进取与追求,让观众闻其声、想其形,比直接用画面表现刘焕章更为含蓄、深沉,有利于调动观众的联想,同时,也强烈抒发了编导者对刘焕章追求精神的歌颂。

电视剧《失落的梦》(贵州电视台)中,当吴恋被男朋友的母亲无情告知她所患的病是葡萄胎,一旦动手术后,她就将渐渐失去女性的特征时,在吴恋的充满痛苦表情的特写画面外,越来越强烈地震响起吴恋男朋友的母亲那无情的声音:"失去女性的特征! 失去女性的特征!! 失去女性的特征!!!"毫无疑问,这时的声音显然不是吴恋男朋友的母亲对她讲话时语音的客观形态了,但是,通过这种变形的声音,却更有力地揭示了这一宣告在吴恋心理上不断增强的冲击,表现了她对这无情宣告声音的主观心理感受。

这里,还有必要介绍和借鉴一下苏联影片《合法婚姻》结尾,对音响表现作用的出色运用:头班电车眼看着驶近车站,伊戈尔和奥利加更加难舍难分地拥抱在一起。电车那车轮沉重的轧轧声渐渐幻化为前线激烈的枪炮声,伴送着电车驶到伊戈尔和奥利加的身旁。伊戈尔毅然放开奥利加,跳上电车,透过后车窗望着跟跄前来的奥利加,天空中闪烁起一圈晨辉炫目的光环。画外枪炮的声响更为激烈了,枪炮声中,电车渐渐驶向远方。在这里,这种枪炮声不仅在其音响的强弱变化上明显表现出人工艺术的控制与调节,不是客观存在的形态,而且,这枪炮声也不是伊戈尔和奥利加依依惜别的电车站现场所客观存在的。它完全是电影创作者们主观性的添加,但是,观众却自然接受了这种主观的艺术处理,因为,它很好地揭示和表现了伊戈尔和奥利加这场别离的格外沉重的特殊含义,极为简练地预现了伊戈尔此去的命运前景。它遵循了音响的表现作用艺术创作规律,所以能收到预期的艺术效果。

3. 结构作用——音响蒙太奇

音响除了描写作用、表现作用外，还可以在电视片中起结构作用，从而使电视片的时空转换、情节变幻呼应与贯通，呈现出别具风采的艺术形式。

例如，电视剧《乱世风尘》中，开戏时，梁竞凯在佛堂行窃，不小心弄翻银烛台，烛盘上的钢珠滚落掉地，发出一串响声。这响声在梁竞凯听来渐次变为令人胆战心惊的巨响，果然立即招来一串木屐声，由远而近，直逼佛堂。美莲出现在梁竞凯的身后，演出了后面的故事。但是，这响声的作用并未到此完结。故事接近尾声，美莲为解开梁竞凯心中对自己一直存在的误解，讲述了梁竞凯行窃当夜被发现时的种种巧合。这时，电视片就是通过钢珠落地的音响，流畅地一下子将时空转换到了当夜美莲的卧室中。让钢珠的音响，成了梁竞凯行窃的情节线与美莲卧室中正发生的仇杀、情杀情节线互相贯通的重要"环扣"。音响的结构作用发挥得十分突出。

4. 音响选配的注意事项

音响所具有的三大作用，往往并不是孤立存在，而是互相交叉的。所以，在实践运用中，既可以意旨明确地谋求某一种作用，也可巧加运筹，以收"一石三鸟"的妙用。

在具体处理上，要特别注意距离感、空间感、运动感和真实感。也可以说，距离感、空间感、运动感都是统率于真实感之下的。音响效果要真实，就应注意到音响运动的规律。如，音响的大小随距离远近而变化，同一音响在不同的空间会有不同的效果，音响发生体在运动中会因运动状态的改变而引起所发出音响的改变等。

在电视新闻片中，一方面既要重视通过现场音响的真实再现来增强整条新闻片的真实感。另一方面，也要注意处理好音响与解说词的主从关系。如果运用音响比解说更能使观众了解、感受新闻事实，就应突出音响，让音响发挥独特的作用。相反，若用解说更有利于新闻事实的表现及新闻主题的揭示，就宜让音响居于从属、映衬的地位，不要因音响过强而妨碍观众听清解说。

在音响与音乐、解说的共同关系上，要注意三者的搭配比例适当，该重叠的地方重叠，该分离的地方分离。重叠处，主次分明、得当；分离的地方，出现与消隐和谐自然，使音响、音乐与解说在整个节目中的相互承接转换流畅、自然、和谐，相得益彰地增强节目的感染力。

二、电视音乐的特性

对电视音乐特性的认识,可以主要从把握电视剧音乐的特性与一般专题片或报道性短片音乐的特性来触类旁通地理解。

1. 电视剧音乐的特性

我们知道,音乐是通过组织的乐音所形成的艺术形象,表达人们的思想感情,反映社会的现实生活。音乐有抽象性与流动性的特殊性质。且不说无标题音乐,就拿有标题音乐来说,例如,贝多芬作的《命运交响曲》、苏小明唱的《军港之夜》,都有一种随意性。尽管贝多芬的《命运交响曲》是表现同命运抗争的主题,而且乐曲一开始的四个音就确定了这个主题,但究竟如何同命运抗争,具体是同怎样的命运抗争,是何等样的人在作这种斗争?都是抽象的、不确定的。同样,苏小明唱的《军港之夜》,具体是哪一个军港,哪一个夜晚,也都只有任凭听众自己去随意联想了。而且,对于一般的音乐、歌曲,除了思想内容方面的要求外,人们要求悦耳就行了。

但是,在电视、电影中则不同。电视音乐的特性与电影音乐的特性是颇为相近的。电视音乐、电影音乐都具有一种特指性、规定性。它必须是、也只是抒发电视电影片中特定人物特定的思想感情、情绪,渲染片中特定环境的气氛。它在观众心中唤起的也是同片中人物共鸣的思想情绪。比如,即使在今天,人们只要一唱起或一听到"九九那个艳阳天……"的歌曲,就会油然在心中回味起故事片《柳堡的故事》中,李进和二妹子那甜蜜纯真的爱情。并且,也绝不会因为这首歌曲动听悦耳,就觉得可以用来表现印度故事片《流浪者》中丽达与拉兹的爱情。同时,之所以这首歌曲深深地留在观众的心中,又是因为它恰如其分、淋漓尽致地表现了李进与二妹子之间那种令人荡气回肠的美好情愫。要表现这种特定的情绪,显然也不能用"向前,向前,向前,我们的队伍向太阳……"之类的旋律或歌声。又如,电视连续剧《霍元甲》的主题歌,它给观众的,也是比较具体的、紧紧围绕霍元甲的命运冲突而横溢的思想感情。这种思想感情尽管与电影《武林志》的思想感情有某种相近之处,然而观众或听众也绝不会将两者张冠李戴。

在故事片《三个失踪的人》中,解放军焦排长负伤昏迷过去了。女护士长忙着采取急救措施后,在他身边缝着军衣守护着他。没想到,在这种严峻的时刻,女护士长竟然"哼"起情歌,倾诉对焦排长的绵绵爱情,结果令观众大倒胃口。其实,这倒不是歌本身刺耳,而是此刻不该唱!它违背了电视、电影音乐的"规定性"特性,未能准确抒发片中人物特定的思想感情、情绪,也未能准确渲染片中特定环境的气氛。因为在这种时候,焦排长尚昏迷不醒,真正爱他的女护士长哪里还有唱情歌的雅兴!

2. 一般专题片音乐的特性

在一般专题片中,音乐主要是烘托画面,渲染情绪、气氛。与电视剧相比,其音乐的特指性、规定性相对来说,较为宽松一些。一般与情绪、气氛吻合即可。

一般专题片的配乐形式,有的是创作,有的则是选配——选择适合编导总体设计中所要求基调、主旋律的现成音乐素材,进行编配组合。

3. 电视音乐运用的基本原则

(1)电视剧音乐。

首先是要看音乐和歌曲能否准确地表现电视中人物特定的思想感情及特定的环境气氛。其次要看音乐或歌曲是否恰到好处地发挥了音乐艺术的独特魅力。

所谓"恰到好处",就是要看唱得是不是时候,是不是地方。电视歌曲应当是同电视片有机地结合在一起,决不能"戏不够,歌来凑",生拉硬扯,胡拼乱凑。要知道,人的一切行为总是受主观或客观的各种因素所制约的。事物的发展变化也有一定的逻辑性。两个青年谈恋爱,这中间不是不可能用情歌抒怀,但是要看地方、看情况。藏族青年在跑马山上唱《康定情歌》,可能;一对城市青年恋人在大街上、众目睽睽之下,唱《康定情歌》互诉爱慕,就不大可能。当然,这是比较极端的例子。

所谓发挥音乐艺术手段的独特魅力,就是说,电视、电影到了这个时候,非要音乐、歌声才能最强烈地抒发人物的思想感情,才能更好地表现主题,光用演员的形体表演、对白、画面都解决不了问题。另外,正因为音乐有流动性、抽象性的特殊性质,所以,对表达那些难以言传的复杂情愫,特别有用。比如,陆游《钗头凤》这首词:

红酥手,黄滕酒。满城春色宫墙柳。东风恶,欢情薄,一怀愁绪,几年离索。错,错,错!

春如旧,人空瘦。泪痕红浥鲛绡透。桃花落,闲池阁,山盟虽在,锦书难托。莫,莫,莫!

如果在电视、电影中来表现诗人吟诵创作此词时的思想感情,那么,在"莫,莫,莫!"之后,就正是应该由音乐大显身手的地方。因为,诗人还有不尽之意在于言外,还有无限深情包容在这有限的词句中。这时,可以用音乐来唤起人们不尽的联想、揣摩、神会、心领,从而让人们的感情产生无边无际的激荡。

在这里,我们欣赏一个电影中的成功例子。在故事片《啊,摇篮》中,中秋之际,为了孩子们欢度节日,已经受伤的保育员罗桂田爷爷忍着剧烈的伤痛,在大庙厨房里精心为孩子们做月饼。孩子们咂着嘴在窗外张望了一阵,一个个溜进来,问:"罗爷爷,做啥好吃的?"并且,一个个天真地争着要帮忙做月饼。罗桂田深情地看着孩子们一张张可爱的小脸,挚爱地笑着,挨个儿给孩子们擦手。但他的伤痛却更加剧了,痛得他不得不躺到柴火堆上。这时候,影片通过罗桂田的主观镜头,表现出他仔细地端详着每一个孩子。八九个孩子边揉面,边唱起了甜蜜清脆的《月饼歌》。歌声中叠化出孩子们变成了八九个生气勃勃的青年炊事员。他们看着罗桂田,愉快地揉着面团。但是,罗桂田的眼睛渐渐散了神,幻觉消失了。他脸上含着微笑,一颗晶莹的老泪顺着脸颊上的皱纹淌下来,在歌声中闭上了眼睛。孩子们以为罗爷爷睡着了,懂事地停住了歌声。一个孩子走过去摸摸罗桂田的脸,擦去那滴泪。亮亮说:"罗爷爷哭了。"院生说:"罗爷爷想妈妈了。"孩子们一个一个轻手轻脚地走出大庙厨房,掩上门让罗爷爷好好睡一觉。李楠提水回来发觉不对,推门进去,一看,顿时发出了撕人心肺的哭声。孩子们也渐渐明白发生了什么事,全都号啕大哭起来……

这一首《月饼歌》的运用就非常之好。它表面上由孩子们欢欣地唱出,然而却格外深沉、辛酸地揭示了罗桂田崇高无私、挚爱革命后代的崇高精神境界。最强烈地表现了罗桂田心中充满着的,但却没有说出来的对生活的挚爱、对人生的希望、对未来的憧憬。这首歌,唱得是时候。孩子们的唱和罗桂田的牺牲,在这两个感情外部形式的剧烈矛盾之中,爆发出更为悲痛的内在感情火花。这首歌,停得也是时候,它没有因顾及动听的歌曲而强求其完整的外部形式,舍得割爱,令其戛然中止,因为后面孩子们天真的言行,比歌声更能将这种对烈士的悲悼推向高潮。

可见,真正把握并体现了电视、电影特性的电视、电影音乐和歌曲,总是在影视片中具有不可取代的地位,并以其不可淹没的独特魅力,使影视片所包含的思想感情更为丰富、深沉、隽永、含蓄。

(2) 一般专题片或报道性短片的音乐。

在专题片、纪录片中,用音乐作为铺垫以增强感染力,是比较常见的。不过,在电视新闻中,最初,也较经常采用音乐铺垫渲染情绪,后来却又引发争议,有的认为电视新闻不可以加背景音乐,这样会破坏真实性。有的却持相反的意见,认为电视新闻可不可以加背景音乐不宜一概而论,如果加背景音乐显得生硬,有损观众获得对新闻的真实感,当然就不应该加背景音乐。如果添加背景音乐后有助于增强新闻的真实感染力,也可以采用。

例如,荣获 2002 年度中国电视新闻奖一等奖的电视新闻消息《有困难找政府》(湖南郴州电视台摄制),温家宝总理带着党中央和国务院的深切关怀,深入灾区,进帐篷,入农户。在重灾区北湖区月峰乡瑶族村,村民邱长文拉着温总理的手,流着泪告诉总理,他的弟弟邱长武夫妇俩都被洪水冲走了,只留下了 9 岁的女儿邱斐与 3 岁的儿子邱志豪。温总理执意要看看这对孩子。他一只手把邱志豪抱在怀里,一只手抚摸着邱斐的头亲切地叮嘱道:别难过,好好学习,伯父会照顾你。有困难的话政府会帮助你,把弟弟带好。又对邱长文叮嘱道:就委托你啦,有什么困难就找政府,不行就找我! 临别前,又依依不舍地抱着在邱长文怀里的邱志豪的头,深情地亲亲孩子的脸……这时候,画面外油然升起一小段深情的音乐,更加令人荡气回肠,强烈感受到人民总理与人民血浓于水的亲情。

一般专题片或报道性短片的音乐运用主要须注意以下三个方面。

第一,音乐应有利于增强真实感染力,应符合全片的情绪、气氛。在采用为人们比较熟悉的乐曲作为背景音乐时,其乐曲更必须与节目的意旨情调完全一致。因为人们比较熟悉的乐曲一旦与节目的意旨情调不一致,用作背景音乐时,给观众的不协调感会特别强烈。还会起到间离效果,将观众的注意从节目的内容岔开到音乐方面去。

第二,处理好音乐与画面解说的关系。一是要注意主次轻重的变化。什么地方音乐为主? 什么地方音乐为辅? 什么地方音乐强些,强到什么程度? 什么地方音乐弱些,弱到什么程度? 音乐与解说怎样才能不互相抵触,以致主次不分,混淆难辨? 音乐与解说又怎样才能不被对方淹没,以致形同虚设,毫无效果? 这些,都需要精心构思。二是要注意配乐的疏密分布与休止(空白)。不要不管需不需要,通篇将音乐灌得很满。三是要注意不伤害观众对节目内容可信性及新闻事实真实感的感受。在不宜配乐的地方不要配乐。

第三,赋予音乐出现与消隐以自然和谐的形式。从电视观众的视听心理及生理来说,音乐如果中途突然中断,会给视听者带来不快的感觉。比如,在国外的商业电视广播中,由于插入广告,经常把音乐中途切断,结果使观众非常反感。

所以,除非是因为有强有力的画面或强有力的效果音把观众的注意力实际上从音乐吸引开了以外,音乐的渐隐(或称淡出)应置于乐章或乐段的结束处。

第三节　电视画面的编辑

一、电视编辑的概念及内涵

在我国的电视业中,电视编辑是一个内涵比较广泛的概念。

一是指对电视画面剪辑这一环节的工作及工作者。在这一内涵上,是由于考虑到与电影业中剪辑的区别(因电影业中,画面与画面组接时,剪辑这一工作环节,确实需要对胶片处以"剪"的操作,而电视业中,由于画面的组接,是利用电子编辑器来控制进行,将素材带上的某一段画面编录到编辑带上去,实际已无"剪"的行为),所以,将电视业中相当于电影业中剪辑的工作及工作者,称为"编辑"。

此外,在电视业中,"编辑"这一概念最普遍的含义又另有所指。如,专题片中,担任文字脚本的撰稿人(常常还担负与摄像师配合,在拍摄现场为实现创作意图进行一定组织工作),也常常被称为编辑。在新闻部中,有的编辑既担负了画面剪辑的工作,又担负了配写解说词的使命。有的编辑,则除上述工作外,还要组织采访规划、指导记者进行采访等。而有的编辑,确实又专门操作编辑机,在编辑记者或艺术片导演指导下,从事画面组接的工作。

在电影发展史上,早期对于画面组接这一环节的工作及工作者曾经一度被称为"剪接",后来才发展为"剪辑"。电影艺术家、理论家们认为,电影剪接是电影艺术初创时期的名称,它偏重于技术性,是当代电影剪辑工作的初级阶段。电影剪辑这个名称,是电影逐渐成为艺术后形成的。它着重于艺术性,同时也包含着剪接技术。因此,剪辑中存在着剪接因素,而剪接一词则无法包括剪辑的全面含义。需要指出的是,电影和电视的实践证明,在电视画面组接的这一工作环节,实际上除了具体执行剪辑的剪辑师以外,常常总是包含着编辑、导演的劳动,包含着编辑、导演直接指示的通过画面组接的特殊技巧来体现的艺术构思,包含着画面组接的电视艺术因素。因此,本节在这里所论及的"编辑",主要针对电视画面组接这一整个创作工作环节。它不仅仅是剪辑师,也是编辑、导演在把握电视片的整体创作时,都应给予相当重视,并力求具有深刻理解的部分。

二、电视编辑的意义

电视编辑的意义,可以说同电影剪辑的意义在根本上是相同的。无论是电视片还是电影片创作,都离不开剪辑。这首先是因为技术手段的局限,不可能一气拍完一部电视片或电影片,极短的新闻片除外。即使在现代电视技术及电视艺术高度发达的今天,经过精心的构思,运用几台摄像机同时拍摄,可以在演播室内对某类题材及形式的电视片一次性拍摄完成,但实际上,导播通过对不同摄像机所摄画面的选择与组合,以形成贯彻着导播意图的全片画面组成结构,这中间也仍然蕴含着剪辑的成分。第二是因为艺术的要求。"电影是省略法的艺术"[①],电视同样如此。无数个镜头的电视素材,只有经过剪辑,才能将最合适的画面段落,按照最理想的方式组合起来。

电视和电影艺术发展的历史早已告诉我们,在画面与画面的组接关系中,蕴含着极有生命力的艺术因素。孤立存在而无意义的数个画面,按照一定的顺序及方式组接起来,则会产生出艺术的意趣。同样的几个画面倘若按几种不同的顺序及方式组接起来,则可能表现出几种迥然不同的含义。电影艺术史上著名的库里肖夫试验很早就揭示了这一奇特的奥秘。苏联早期的电影艺术大师库里肖夫曾用三个同样的画面,作不同顺序的排列组合,结果产生出不同的艺术效果。

第一种组合:① 微笑的脸;② 手枪对着他;③ 惊惧的脸。

第二种组合:① 惊惧的脸;② 手枪对着他;③ 微笑的脸。

第一种组合的效果,是使观众感到这人很怯懦;而第二种组合的效果,则使观众感到这人很勇敢。

又如,匈牙利电影理论家巴拉兹在《电影美学》中,曾举过下面这个例子。1925 年,苏联著名电影导演爱森斯坦拍摄了一部举世瞩目的影片《战舰波将金号》。该片描写战舰波将金号上,沙皇军官腐朽残暴,强迫水兵吃已经生蛆的腐肉。当水兵们有礼貌地提出抗议时,战地法庭就把他们的领头人逮捕起来并判以死刑,在甲板上执行。就在开枪前一刹那,枪手突然掉转枪口,向沙皇军官射

---

① 〔法〕马赛尔·马尔丹:《电影语言》,第 33 页。

击。忍无可忍的水兵们终于爆发了起义,在舰上升起红旗。

当时,北欧有个影片发行商很想购买这部影片,但检查官认为这部影片革命性太强了,严禁购买。北欧这位发行商出于赚钱的目的,绞尽脑汁,想了一个办法。他要求卖方允许他把片子稍稍重新剪辑一下,即可通过检查。卖方条件是不准作任何删减。发行商满口应承,说他只不过仅将影片中的一个场面调换一下位置而已。爱森斯坦知道后非常感兴趣,很想知道北欧商人究竟调换哪一个场面。

北欧商人的办法是,先不表现临时军法会议和执行死刑的场面,这样一来,水兵的起义、"哗变",就使人感到并不是因为沙皇军官要无辜地枪杀他们的伙伴,而只是因为在肉汤里发现了蛆就暴动起来。以下从起义到沙皇派军舰来镇压,毫无改动,再把剪下的一段胶片接上去,这样一来,起义水兵不是胜利地驾舰远航,而是以被处死刑成为结局。

影片的主题以及促成水兵起义的矛盾激化的本质原因均由这一"稍稍的重新剪辑"而被严重歪曲了。表现为军舰上的水兵们毫无必要、没有道理地掀起了一场暴动。但是,沙皇军官迅速掌握了主动,使"叛变"者受到应得的惩罚。革命的影片经这一画面段落的重新调整组合,竟变成了反动的影片。足见画面与画面的组接关系,有时是何等重要,不容随意处置。

无声影片时代的著名杰作——卓别林的《摩登时代》中,有一处画面的组接,给人以深刻的印象。上一个画面,是圈门打开,猪群蜂拥挤出。下一个画面,是厂门打开,工人们蜂拥挤出。这两个孤立看来风马牛不相及的画面,组接在一起,同影片整体上的主题意蕴相联系,有力地产生出隐喻的电影修辞效果,揭露了资本主义制度下,工人劳动者的地位和命运简直如同牲畜的社会本质。

所以,电视编辑的意义,一方面在于完成其最基本的使命,即将零散的、个别的画面素材按照电视语言规范和电视艺术要求组合成完整的全片;另一方面还在于通过画面的组合,迸发出艺术的火花,从画面与画面的组合关系中,产生出画面内部本身并不包含着的艺术意趣。

三、电视编辑的艺术

电视编辑的艺术,从根本上来说,可以从两句话来把握,即:要善于从上下两个镜头的内容中寻找建立连贯关系的因素;要善于在上下两个镜头的形式上寻找建立连贯关系的因素。

为了要做到这两个"善于",所以,又有必要从理论与实践的结合上,理解下面一些基本的原理及规律。

1. 影视艺术的特殊表现手段——蒙太奇

(1) 蒙太奇概说。

蒙太奇,作为电影美学理论的一个重要组成部分,从某种意义上甚至可以说,它最集中、强烈地体现着电影艺术表现手段独特的个性。在电影艺术的整个创作活动中,很难设想不懂得蒙太奇,不对蒙太奇理论有比较深刻的理解,就能在电影创作上取得出色的成就。同理,由于电视艺术在表现形式上与电影的基本一致,很难设想不懂得蒙太奇、不对蒙太奇理论有比较深刻的理解,而能在电视创作上取得出色的成绩。这一论断,对于电影电视剪辑来说,格外具有直接的、重要的意义。

蒙太奇,最初的词义是指构成和装配,将个别材料根据总体设计装配组合起来。针对电影创作在摆脱了最初的一景到底、一气拍完的原始拍摄状态,创造性地采用了前期分解拍摄出不同景别的画面,后期再对各个分解拍摄的画面重新剪接(剪辑)组合的创作形式这一特征,法国电影艺术家就很贴切地把蒙太奇这一建筑学上的术语,引进到电影艺术理论的领域,并随着电影艺术的发展,逐步形成富有十分丰富内涵的电影美学范畴之一。最初,蒙太奇的含义仅限于电影创作中画面组接这一环节,后经苏联电影艺术家爱森斯坦、普多夫金等的努力,又使蒙太奇在表现意义上升华到崭新的领域。到今天,蒙太奇已经不是只包含画面与画面的承继关系,还包括时间和空间、音响和画面、画面和色彩等相互间的关系。最充分地体现着蒙太奇已成为电影艺术(现在也包括同样是以运动画面视觉艺术为基本表征的电视)独特的表现手段。

所以,今天人们对于蒙太奇这一术语,应作这样的解释:"蒙太奇,是电影、电视构成形式和构成方法的总称。它是法语'montage'的音译,原是建筑学上的术语,意为构成和装配。引用到电影电视艺术中,系指剪辑与组合。电影电视创作中,按剧本或影视片所要表现的主题思想,分别拍成许多镜头,然后再按原定创作构思,把这些不同镜头有机地、艺术地组织、剪辑在一起,使之产生连贯、对比、联想、衬托、悬念及各种节奏等,从而组成一部表达一定思想内容,为广大观众所理解的影视片。蒙太奇,首先是指画面与画面的承继关系,也包括时间和空间、音响和画面、画面和色彩等相互的关系。"①

可见,体现蒙太奇的创作工作也不仅仅是存在于电影电视剪辑这一个环节,而是贯穿于编剧、导演、摄影、剪辑、表演等一系列重要创作环节中。所以,日本电影艺术家新藤兼人说:"我认为电影剧本也有蒙太奇……没有蒙太奇的剧本只不过是画面的罗列,情节的叙述而已。"彼奥特罗夫斯基则说:"蒙太奇这个电影中最重要的表现手段,与其说掌握在导演手中,毋宁说掌握在电影剧作家手中。"②巴拉兹在论述有关上下镜头连贯因素的问题时谈道:"具体的方法是在每一个镜头里安排一样足以承先启后的东西(一种活动,一个手势,一种形态)。"③其中"安排"二字,也足以让我们体味到,上下镜头得以连贯的因素,实则是应在剪辑以前的编、导、摄环节,就是有心地考虑的。所以,我国有的学者也指出,蒙太奇是诞生在艺术构思时,体现于导演的分镜头台本,最后定稿在剪辑桌上。

(2) 蒙太奇的基本结构形式。

蒙太奇的基本结构形式可以分为两大类:叙事蒙太奇与表现蒙太奇。

第一,叙事蒙太奇。又称"叙事性蒙太奇",是影视片中最基本的、常用的蒙太奇结构形式。马赛尔·马尔丹说:"所谓叙事蒙太奇,是蒙太奇最简单、最直接的表现,意味着将许多镜头按逻辑或时间顺序分段纂集在一起,这些镜头中的每一个镜头自身都含有一种事态性内容。"进一步说,叙事蒙太奇中,相互连接的上下两个画面,不因"组合"的关系而产生单个画面本身内涵以外的其他修辞性含义(例如隐喻、象征等),画面组合在一起的意义仅在于上下两个画面内涵上的叠加,是"a＋b"的关系,而不是"a×b"的关系。所以,叙事蒙太奇所形成的效果,是注重通过镜头的承继关系,揭示镜头所记录的客观事物的客观的时空、因果等关系,在表达生活事件的发展和运动时,也更符合现实生活本身的形式,使人感到头绪分明,脉络清楚,逻辑连贯,明白易懂。

叙事蒙太奇根据叙述方式一般又分为连续蒙太奇、平行蒙太奇、交叉(或称交替)蒙太奇、重复(或称复现式)蒙太奇等。

① 连续蒙太奇。就像通常讲故事、说评书惯用的方式,沿着一条单一的情节线索,按照事件的逻辑顺序,有节奏地连续叙述,表现出其中的戏剧跌宕。连续蒙太奇不包含不同于实际生活本身运动逻辑的时间、地点、场面的突然变换,

---

① 朱玛主编、吴信训副主编:《电影电视辞典》,四川科技出版社 1988 年版,第 3 页。

② 转引自《电影艺术译丛》1963 年第 4 期。

③ 〔匈〕巴拉兹:《电影美学》,中国电影出版社 1983 年版,第 38 页。

所以易造成平铺直叙的感觉。故很少有影视片全片均采用单一的这种蒙太奇结构形式，多与平行、交叉、重复等叙事蒙太奇形式综合运用，相辅相成。但不论一部影视片中，采用了怎样多种的叙事蒙太奇形式，在相对独立的一个情节片断中，占主导地位的总是连续蒙太奇的结构形式。所以，丝毫不可轻视。

② 平行蒙太奇。是将两条或两条以上互有关联的情节线索（不同时空、同时异地或同时同地）并列表现、分头叙述而统一在一个完整的情节结构之中。或将几个表面毫无联系的情节（或事件）互相穿插交错表现而统一在共同的主题中。例如，格里菲斯导演的美国名片《党同伐异》中，将四个不同时代、不同地域的毫无剧情联系的故事并列表现、交错叙述，而体现一个共同的主题：任何时代都有排斥异己的事情。又如，美国电视连续剧《神探亨特》第二集《复仇》中，女警官麦考尔去找马利安·拉沃尔的父亲（安全局的头子），控告马利安·拉沃尔强奸她，想看看马利安·拉沃尔的父亲态度怎样。就在其同时，亨特却已去拦截到了马利安·拉沃尔的轿车，将他挟持到郊外，为麦考尔复仇。这两条线索平行展开，互相呼应，更加强了故事的情节性表现。

③ 交叉蒙太奇。由平行蒙太奇发展而来。平行蒙太奇注重情节的统一、主题的一致、剧情或事件的内在联系。而交叉蒙太奇的特点则是它所并列表现的两条或数条情节线索的严格的同时性、密切的因果关系和迅速频繁的交替表现，其中一条线索的发展往往影响或决定另一条或数条线索的发展，互相依存，彼此促进，最后几条线索汇合在一起。它仿佛同时在向人讲述几个互不相关的故事，先东说一点，戛然而止；再西说一点，戛然而止；再回到东说一点上来。渐渐让人感到几个故事彼此间有某种联系，且互相推动着，最后随着几个故事结局的出现，汇成总的故事的结局，使人豁然开朗地明白先前分说的几个故事的内在联系。由于交叉蒙太奇较之平行蒙太奇在交替表现上更为迅速频繁，所以更能造成激烈紧张的气氛，加强矛盾冲突的尖锐性和悬念感。

④ 平行蒙太奇和交叉蒙太奇尤其为电影电视片的结构创造了无限自由的艺术时空，为电影电视剪辑提供了"重新安排素材，重新设计事件运动流程形式、顺序"的巨大创作可能性。

⑤ 重复蒙太奇。即让代表一定寓意的镜头或场面在特定时刻反复出现，造成强调、对比、呼应、渲染，以及某种特殊节奏等艺术效果，体现出鲜明的艺术匠心。例如，美国影片《霹雳舞》的结尾部分，先用男女主角三人舞的高潮瞬间画面定格，闪出片名，让观众骤然感到以为影片到此戛然结束的淡淡歉然的心理冲

击,不料,紧接着峰回路转,影片又用一系列在女主角命运发展过程中,有阶段代表性的短镜头逐一回述性重复再现,顿时又使观众的心理从"回顾"中得到了一定的安慰,同时加深了对女主角命运历程的印象。

第二,表现蒙太奇。是以加强艺术表现力和情绪感染力为主旨的蒙太奇结构形式。它不像叙事蒙太奇那样,在处理上下两个画面、镜头时,基本是简单的组接,两个画面镜头组接后,在意义上仅是各自画面、镜头内涵在"量"上的积累,不产生"质"的变化。表现蒙太奇则是以镜头的对列为基础,目的在于通过相连或相叠镜头在形式上或内涵上相互对照、冲击,来产生一种单独镜头本身不具有或更为丰富的含义,以表达某种情感、情绪、心理、寓意或思想。其美学作用在于激发观众的联想,启发观众思考,获得一种独具魅力的影视文化修辞的审美享受。

表现蒙太奇具有丰富的内涵和丰富的形式。可以说,各种文学艺术的修辞、表现手法,都可以在影视文化中通过表现蒙太奇加以体现。例如文学修辞表现手法中的明喻、隐喻、象征、夸张、讽刺、对比、排比等,无不可在现实的影视作品中找到出色的例子。一般来说,表现蒙太奇最大量、常见的形式有以下四种。

① 心理蒙太奇。它是通过镜头组接或音画有机结合,直接而生动地展示出人物的心理活动、精神状态。如表现人物的闪念、回忆、梦境、幻觉、想象、遐想、思索甚至潜意识的活动。它突破了生活事件客观的运动逻辑顺序,而且使其成为观众能够接受、理解的视觉表现形式——形象的片断性、叙述的不连续性、节奏的跳跃性,而且多用对列、交叉、穿插的手法表现。

例如,墨西哥电视连续剧《卞卡》中,当莫尼卡被关进监狱后,有一组特写镜头,莫尼卡的脸贴在铁栅栏上,眼睛射着呆滞的目光。画面上开始叠现出一系列画面:她与何塞米格尔接吻;儿子小鲁道夫活泼可爱的身影;她自己涕泪横流的面容。这一组镜头,就很好地揭示了莫尼卡在回忆中更产生无限悔恨的心理活动,以及通过画面上她前后生活的客观形象对比,表达了对莫尼卡自己不尊重自己、不珍惜美好生活行为的有力批判。

② 隐喻蒙太奇。它是一种独特的电影电视比喻。它通过镜头(或场面)的对列或交替表现进行类比,含蓄而形象地表达创作者的某种寓意或事件的某种情绪色彩。

例如,本书前面举到的《摩登时代》中,卓别林将猪群涌出圈门与工人涌出厂门两个镜头对列组接在一起,深刻形象地揭示了资本主义制度下,工人群众的社会地位与处境就形同牲畜一样,从而表现了对资本主义制度有力的批判。

③ 隐喻蒙太奇的美学特征是巨大的概括力和极度简洁的表现手法相结合,具有强烈的情绪感染力和形象表现力。在影视艺术中,运用隐喻蒙太奇应当注意:用以比喻的事物应是在情节发展中,尤其是借物托情、借物言情时,应是与情节展开的特定环境有机联系在一起的,不能生硬插入,强扭"亲家"。不要以为并蒂莲花可喻美好爱情,就到处使用,而根本不管特定的主人公所处的特定的环境中,是否有并蒂莲花存在(甚至有存在的可能性),应力求这一手法的运用贴切、自然、新颖、含蓄,忌图解、直露、落套、晦涩。

④ 对比蒙太奇。它是通过镜头(或场面、段落)之间在内容上(如贫与富、苦与乐、生与死、高尚与卑下、胜利与失败等)或在形式(如景别的大小、角度的俯仰、光线的明暗、色彩的冷暖与浓淡、声音的强弱、动与静等)上的强烈对比,产生相互强调、相互冲突的作用,以表达创作者的某种寓意或强化所表现的内容、情绪和思想。

例如,影片《七品芝麻官》中,通过透视和变焦效果,把唐成的身影同诰命夫人的身影造成强烈对比,而造成寓意双关的艺术效果。有力揭示了,就官位权势上看,诰命夫人确实是个庞然大物,唐成显然不能匹敌,但是,唐成自恃有"当官不为民做主,不如回家卖红薯"的信念与胆识,所以,从真理与正义来看诰命夫人却是极为渺小虚弱的,唐成才是伟大有力的。

2. 画面能合理连接的依据

有位外国电影艺术家曾说:"电影是删去平凡不爽的生活的艺术。"这一论断,可以说也十分透辟地概括了电影艺术在结构上的某些特征。尤其是就叙事蒙太奇来说,真可谓恰如其分。在叙事蒙太奇中,尽管这一叙述方法的一个突出特点是逻辑连贯,符合生活本身的时空次序关系,但它也并不是一成不变,完整记录着生活的流程和运动形态。在影视片中,我们常常看到大雪纷飞的寒冬,随着一个冰块在河面上松动、顺流而下的镜头的过渡,立刻变成柳枝吐翠的春天;主人公刚刚登上飞机腾空而起,紧接着的画面就是他(她)已身带行装走在异国他乡的街道上了。在这里,从冬到春漫长的时间推移过程,从此他到彼地遥远的旅途中的情形,统统被省略掉了,因为在电影电视创作者们的眼中,这些都是平凡不爽的、不值得让观众一看的生活过程。电影电视艺术的这种结构和表现形式,无疑是创造了另外一种迥然不同于生活本身样式的银幕或屏幕的时空。虽然这一时空是由"段落式组合"的不完整的时空,但是,观众看了却能明白,而且乐于接受,并在自己的脑海里"复原"为完整的时空,这是为什么呢? 这是因为人类具有连贯思维(逻辑思维)的能力。

根据对人类观察和认识世界的方法的研究,可以证明蒙太奇赖以存在的根本基础,画面能合理连接的根本依据,正是在于人类的连贯思维能力,正在于人类的连贯思维的心理状态。

具体分析起来,人类的连贯思维能力既具有依时空逻辑思维能力,也具有超时空逻辑思维能力。

首先看看依时空逻辑思维的能力。即人类可以接受依据事件发展的先后顺序、空间位置次序来反映生活的各种文学艺术的表现形式和手法。简言之,即顺序似的叙述方法。但是,人类这种依时空逻辑思维的能力,并不意味着要求文学艺术反映事件发展时作绝对完整的时空关系再现。它能接受省略,产生多级跳似的跳跃式联想,能接受删去平凡不爽、无艺术价值的片断的剪辑形式。

这种情况,在人们创作及欣赏具有悠久传统的文学作品中早就得到体现。例如,北朝乐府《木兰诗》在总体结构上,颇似电影电视的叙事蒙太奇结构形式。再试看下面的段落:

> 东市买骏马,西市买鞍鞯,南市买辔头,北市买长鞭。旦辞爷娘去,暮宿黄河边,不闻爷娘唤女声,但闻黄河流水鸣溅溅。旦辞黄河去,暮至黑山头,不闻爷娘唤女声,但闻燕山胡骑鸣啾啾。

很明显,其中,从东市到西市,到南市,到北市,均是场景、时空的直接切换。"旦辞爷娘……暮宿黄河……旦辞黄河……暮至黑山头",也是跳跃地组接着时空,省略了很多或许为作者看来是琐屑的过程。

至于:

> ……将军百战死,壮士十年归。归来见天子,天子坐明堂。策勋十二转,赏赐百千强。可汗问所欲,"木兰不用尚书郎,愿借明驼千里足,送儿还故乡。"
>
> 爷娘闻女来,出郭相扶将。阿姊闻妹来,当户理红妆。小弟闻姊来,磨刀霍霍向猪羊……

这一段落的时空跳跃跨度就更大了。上一个"镜头"还是在朝廷上接受天子的接见,下一个"镜头"转眼就是木兰的家门前,"爷娘闻女来,出郭相扶将"的情景。从京城到家门的万里之途,旅程中的诸般经历,全被省略掉了。但是,没有读者会对这样的时空大跨度跳跃叙述描写感到难以理解。或许,倘若在电影艺术刚刚诞生的初期,将《木兰诗》电影化,银幕上,前一个镜头:木兰朝天子深鞠一躬,拱手谢罢天子的诰赏,陈辞道:"木兰不用尚书郎,愿借明驼千里足,送儿还故乡。"天子以手拈须,略一沉吟,慨然应道:"好!"下一个镜头,紧接着就是木兰家门前,她从骆驼上翻身跃下,扑到出郭相迎的父母跟前的情景。有的观众面对此景恐怕真会有些莫名其妙。

正如电影史所记载的,当银幕上最初出现人的头部特写镜头时,吓得有些观众发生恐惧的惊叫一样。但是,对此又正好用得上马克思的一段名言:"艺术对象创造出懂得艺术和能够欣赏美的大众——任何其他产品也都是这样。因此,生产不仅为主体生产对象,而且也为对象生产主体。"[1]电影艺术不仅是人类创造的,电影艺术同时也在培养着、创造出懂得电影艺术和能够欣赏电影艺术美的观众。人们不仅是对"省略、跳跃"的依时空逻辑的电影结构形式很快就在自己的连贯思维能力中找到了对应的位置,而且,使自己的连贯思维能力在更广泛的意义上创造并适应了电影结构更为丰富的形式。这就又引出我们对人的连贯思维能力又一形态的认识,即超时空逻辑思维的能力。

人们的思维形态,最大量的是随着生活的客观流程、顺序式的、顺时针的思维,但还时常伴随有回忆、梦幻、闪念、遐想等。回忆相当于一种逆时针的思维。闪念有如思路中的插入。无论回忆、梦幻,还是闪念、遐想,一旦它们出现,就意味着人正常思路的暂时中断。但是,大家都有这样的经验,只要是一个头脑功能正常的人,都不会因为这思路的暂时中断,而忘记头脑中先前储存的信息。例如,你正在读小说,其中的某段情节勾起了你对某件往事的回忆,回忆完后,你不会就完全忘却了先前读过的内容,你只要继续读下去,先前的思路又会连贯起来。又如,一位富于幻想的青年坐在海边的礁石上,注视着冲浪的健儿出神入化地驾驭着海浪,在波峰浪谷间驰骋,不由沉入自己遨游太空的遐想,眼前呈现自己在神秘宇宙、月球世界探奇览胜的种种场面。一阵喧嚣的涛声突然使他眼前的幻觉顷然消逝,冲浪的健儿冷不防被卷入深深的谷底。这巨大的时空、场景变化或许会令他蓦然一惊,但是,他的思维仍会顿时适应到回复于现实环境的状态,明白先前自己的思维由现实—遐想—现实的超时空承继关系。

这些现象,说明人的连贯思维能力能承受某一思维的暂停,某一思路的暂时

---

[1] 马克思:《〈政治经济学批判〉导言(摘自 1857—1858 年经济学手稿)》,《马克思恩格斯选集》,第 2 卷,人民出版社 1985 年版,第 95 页。

中断。在欣赏文艺作品中,则体现为能理解、接受"颠倒事件的客观发展进程","合理地重新安排非客观的时空关系"的表现形式。前者如回忆、插入、闪回,后者如平行、并列、交替等。可以说,为什么在今天的文学艺术比较研究中,都可以找到许多互为印证、相类似的结构因素,比如电影从小说、诗词,小说、诗词从电影互为引证出若干蒙太奇"共性"因素,都在于它们均有意或无意地适应了人具有超时空逻辑思维能力这一依据,而非电影受启发于小说、诗词,亦非小说、诗词受启发于电影。要再使各种艺术的表现形式不断发展和丰富,从根本上说,都应该从对人类思维能力的形式与特点的深入研究中汲取营养。

3. 画面合理连接的基本原则

(1) 画面连接应符合逻辑。

符合逻辑,一是要符合客观事物运动发展的逻辑,一是要符合人的思维逻辑。就前一点来说,客观事物的运动发展,总是有其本身存在的、特定的逻辑的。在画面连接时,如果能体现出或让观众体会到这种逻辑,那么,镜头画面的组合就是顺畅的,观众就会自然地接受。相反,如果画面连接后的效果,违背了这种逻辑,观众就会感到唐突、别扭,而产生排斥的欣赏心理。

就画面连接应符合人的思维逻辑来说,有两层含义:一是要求探究和把握人是以什么思维规律来认识和理解画面的组接关系;二是要求探究和把握人的思维能力能在何种程度上理解因画面组合所创造的时空关系及内涵关系。

(2) 形式上具有可能连接因素——剪接点。

要使画面合理地连接,很重要的一个问题是要寻找好剪接点——编辑点,这是电影电视剪辑工作的主要内容之一。

所谓剪接点,是能使上下两个镜头自然流畅衔接的地方。在电影电视剪辑中,最大量面临处理的是动作剪接点、情绪剪接点、声音剪接点。

动作剪接点。在电影电视摄制过程中,往往要把一个动作分解成几个不同角度、方位、景别的镜头来拍。当这些镜头拍好以后,再在后期剪辑中把它们连接起来。拍摄这些镜头时不可能一下完成好最适宜作剪接点的起幅和落幅,所以都要在每个镜头的首尾相应地拍上一段与相连镜头重复的动作,便于剪接时做到精确。剪辑时,要在两个将要接在一起的镜头上找到一个点,在这个点上进行剪辑使该动作最连贯、最自然。这个点实际上是这两个镜头上最准确重复的动作瞬间。这就是动作剪接点。动作剪接点是单纯以外部动作即形体动作为依据的。

情绪剪接点。当以人物的内部动作即情绪变化为依据时,可产生情绪剪接点。即在人物激情的高潮处,利用前后两个镜头在情绪上的一致性来切换镜头,不必依靠任何形体动作或声音等,同样可以使镜头衔接得十分流畅自然。不过,在一部影视片中,有情绪剪接点的镜头是少数,因为人物不能经常处于激情的高潮中,这也是由剧本和表演决定的。

声音剪接点。即剪辑声带时,每段声带切断并和下一段声带衔接的交接点。各种声音都有其本身的规律性,不是在声带的任何地方都可以切断。只有结合画面内容,按照声带的特点找准声音剪接点,才能使声音转换得流畅自然,不露"剪接"的痕迹。影视片的声带(声道)基本上可分为语言(对白、旁白、独白、内心独白、解说)、音乐、音响效果三大类。语言的剪接点存在于声音的间隙处。不论语句长短,有间歇就有剪接点,必须在完全无声处进行剪接。如将尾声切断,就会影响真实感。同时,语言的间隙有长有短,若忽略间隙的合理长度,声带剪得过松过紧,都会影响到语言的节奏,从而影响到影视片中人物本身情绪的准确体现,所以必须结合画面所表现的情绪来恰当处理。音乐的剪接点应在乐段或乐句的转换处,否则会破坏乐曲的完整感。音响效果也应根据其本身的规律性,结合画面内容,找到正确的剪接点。

从普遍的规律上来说,要认识将要剪接的两个镜头是否在形式上具有可能连接因素,可从下面两个方面来把握和处理:

第一,画面形式因素。最主要的为"形相似,动相似"。即,利用上下画面主体在形态上或动感上的相似作为承上启下的因素,以使画面衔接顺畅,场景转换自然。

除"形相似,动相似"外,画面形式因素还包括一类中介结构因素,如利用特写镜头、"虚"镜头来承接上下两个镜头等。

第二,非画面形式因素。即以声音(对话、解说、音乐、音响等)为画面连接纽带。

在剪辑中,我们就是要善于在上下镜头中去寻找建立连贯关系的画面形式因素或非画面形式因素。而最高明的方法,则莫如巴拉兹所说:"具体的方法是在每一个镜头里安排一样足以承先启后的东西(一种活动,一个手势,一种形态)。"[1]

---

[1] ［匈］巴拉兹:《电影美学》,中国电影出版社1978年版,第38页。也就是说,"运筹、设计剪辑点于拍摄之前"。

4. 剪辑的基本技法

(1) 动接动。

两个在视觉上都有明显动态的相连镜头的组接方法。例如,奔驰的火车接腾空而起的飞机、车床飞旋的镜头接联合收割机飞速割倒的片片稻谷、游乐园中儿童欢快乘坐的转车接旋转搜索中的雷达车上全神贯注的战士等。

动接动应与动作剪接点严格区分。动作剪接点是同一主体的镜头切换方法。如表现同一个学生的起立发言,前一镜头是他起立的全景,后一镜头是他站起后开始讲话的半身景,再下一镜头是他讲话激昂时的近景等。而动接动则是不同主体镜头的切换方法,并且,上下两镜头中不同主体的运动节奏宜大致相同,这样才能符合观众的视觉心理要求。在剪辑处理中,要善于抓住各种动的因素,如人物的运动、景物的运动、镜头的运动等,借助这类因素来使观众感到上下镜头中某种内在的相似,从而给观众以镜头组接上的自然感,节奏贯通的协调感。

(2) 静接静。

两个在视觉上没有明显动感的相连镜头的组接方法。静接静是相对而言的。因为在电视电影的表现方法中,没有绝对的静态镜头。即使有些形式上看似处于完全静态的镜头,也由于其在整部影片的内在发展事件中具有某种特定的、推动故事发展的动态的能量,所以,它仍使观众在心理上感到其活泼的动态,那种潜藏着的内在的运动节奏。因此,静接静主要是指上下镜头在剪辑点前后的部分画面所处的状态。

(3) 静接动。

动感不明显的镜头与动感十分明显的镜头的组接方法。静接动是镜头组接的特殊规律。主要用于希图通过节奏上的突变来对剧情进行有力的推动。因为由上一个镜头的静止画面突然转换成下一个镜头动作强烈的画面,这本身在视觉上就对观众形成了一个冲击,实质上运用上下画面在运动节奏上的突变,向观众暗示了某种强调。

(4) 动接静。

在镜头动感明显时紧接静感明显的镜头的组接方法。这也是镜头组接的特殊规律,这种组接方法乍看起来,似乎是在视觉上和节奏上造成突兀停顿的感觉,实际上,却往往是获得让观众更强烈地去感受到运动节奏,去玩味余音绕梁般的"余动"韵味的特殊表现手段。例如,重庆电视台拍摄的电视专题片《倚剑玉龙,洗马金沙——虎跳峡记者生活散记》结尾,总体运用反复呼应的修辞手法,以快节奏选用了全片主体部分——一系列精彩片段的瞬间短镜头组接起来,把节奏越推越快,情绪越推越强烈,到最后形成高潮的画面,是漂流健儿乘坐的密封气垫船在漂虎跳峡时一下坠入深深谷底,又一下子被卷起在高高的浪尖的瞬间。也就在这最扣人心弦、动人心魄的瞬间,画面戛然而止,定格住了,随着延续的背景音乐,叠出片尾字幕。这时,画面虽然是静止了,但观众却从这强动到骤静的突变中,更强烈地感受到了一种由直接的强烈动感的画面所不能创造出的、具有更强烈内在动感冲击的激情的余韵。

(5)动作转场剪辑。

借助人物、动物、交通工具等在动作和动势的可衔接性以及动作的相似性,作为场景或时空转换的手段。

(6)特写转场剪辑。

用特写画面来结束一场戏,或从特写画面展开另一场戏的剪辑手法。前者指一场戏的最后一个镜头结束在某一人物的某一局部(如头部或眼睛)或某个物件的特写画面上;后者指从特写画面开始,逐渐扩大视野,以展现另一场戏的环境、人物和故事情节。这种手法的主要目的是让观众的注意力集中在某一人物的表情或某一物件的时候,在不知不觉中就转换了场景和叙述内容,而不使人产生陡然跳动的不适之感。

(7)语言转场剪辑。

利用后一场戏对白首句与前一场戏对白末句的有机联系(或衔接或重复)来达到场景自然转换的剪辑技法。

(8)音乐转场剪辑。

用音乐手段达到场景自然过渡的剪辑技法。它有两类处理技法:一是打破音乐与所配画面的起止处完全同步的传统格局,把音乐向前一场戏画面末尾或向后一场戏画面开始处延伸一定的长度。使观众由于音乐感觉上的连贯性而不太注意因画面时空较生硬转换引起的不悦感。二是利用上下两个镜头中所表现人物或时空内容对某一音乐共有的联系,来比较自然流畅地实现时空、场景转换。

(9)音响转场剪辑。

利用音响元素,借助两场戏首尾相交之处音响效果的相同、相似或串位(导前或延缓),以达到场景的自然转换。

(10) 运用特技机效果转换画面。

现代电视特技机已经可以很方便地实现丰富多彩的画面转换。如,可以实现"叠印""化出""化入""渐显""渐隐"和"划"等转换技巧。在一般情况下,用"叠印"表现回忆或同时展示。用"渐显""渐隐""化出""化入"表现较长时间过程和较大空间跨度的转换。用"划"表示一些内容单一、篇幅简短、快节奏的纯属交代性质的时空交替。

在运用特技机技巧转换画面和场景时,一是要注意根据表现的内容选择合适的技巧,二是要注意一部片子中尽量避免重复,保持给观众以转换形式上的新鲜感。

5. 画面的方向问题

在影视片拍摄现场,要体现导演的某种表现意图,使摄像机不断地变换机位来拍摄表现对象,以求得丰富多彩的方位视觉效果。但是,如果摄像机机位的调度不当,就会使被拍摄的运动对象的运动方向、交流方向等相互关系在屏幕上呈现混乱的状态,使观众产生困惑不解。因此,要使画面与镜头的组接保持流畅、连贯、自然,在摄影的场面调度中,导演和摄像都必须考虑到机位的变换应不导致画面上方向的混乱。而在剪辑的环节中,剪辑师也必须考虑到导演和摄像在画面方向上的种种合理考虑,以保持画面上方向的一致。

要正确处理画面的方向问题,首先应当弄清什么是"轴线"和"越轴"。

轴线——在画面中它是以动作中心为轴心的一条虚线。

由人物行动方向产生的轴线,称为方向轴线(图 8-1)。

图 8-1

由人物之间的位置关系产生的轴线,称为关系轴线(图 8-2)。

图 8-2

越轴——亦称"离轴"。即在拍摄影视片中,当移动机位,选择不同角度方位拍摄时,不能越过轴线,只能在轴线一侧的 180°内进行。这个 180°角叫做总角度,如违反这一规则,就形成"越轴"现象,会造成画面上动作方向的混乱或人物之间位置关系的混乱,产生相反的银幕方向,破坏影视片的空间连续性(图8-3)。

在电影电视的场面调度中,为了突出某个重点,充分发挥情节的戏剧效果,有的镜头需要从轴线的另一侧来拍摄,为保持画面方向在观众视觉心理上的自然连续一致感,通常采取下述过渡手法:

第一,在"不接"的镜头间加上一个骑在轴线上拍摄的中性镜头,或中性运动方向的画面。中性运动方向,是指主

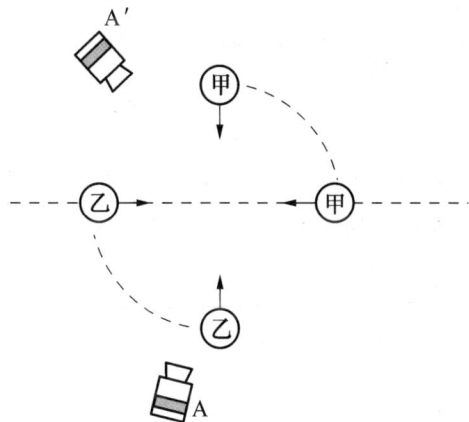

图 8-3

体运动由画面深处向正前方运动,或从画面正前方向纵深方向行进。这种垂直线运动方向之所以可用作前后两个方向截然相反的过渡因素,是因其无明显的左右运动感。如,先拍火车由画右向画左驰去。当接机位改在火车另一侧拍摄的火车变成由画左向画右驰去的镜头时,中间加一个正面拍摄的火车迎镜头开来的画面,就不会产生火车有向相反方向驰去的错觉感。

第二,在镜头的运动或人物行动中改变原来的轴线,形成新的轴线(图8-4)。

全景:甲乙两名拳击运动员紧张对峙,甲在画右面向画左,乙在画左面向画右,下欲接乙面向左的近景,则可在全景镜头中,调度场面时,令甲乙均向右侧摆步对峙呈现出原来轴线已被改变的动势,那么,下接一乙面向左的近景则不会使观众感到"跳"(画面不接)了。同理,在剪辑中,需接两个不同方向的镜头时,就应善于从现成的画面素材中,去寻找那种含有显示出原来轴线已被改变动势的合适的画面,作为插入其间的缓冲过渡画面。

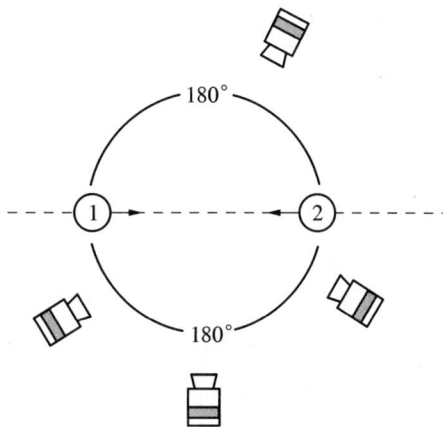

图 8-4

第三,插入空镜头、不同主体的特写,或另一方位镜头的人物作为过渡。这在时间概念上相当于一种间

隔,表示前后两个镜头在时间上不是连贯的。这样,也可以帮助克服"越轴"现象。

关于越轴的规则,在影视创作中,以往普遍被认为是铁一般的规则,但是,随着观众影视艺术修养的提高,视看心理承受能力的提高,铁一般的越轴规则在影视艺术的创新者面前,亦有所突破。如,法国著名导演、"新浪潮"电影的代表人物让·吕克·戈达尔导演的《筋疲力尽》中:镜头组接十分自由,不遵循传统的组接原则——包括越轴规则,在摩托车追汽车的一组镜头中,采用的就是越轴画面硬接的方法。一般认为会造成摩托车与汽车背道而驰的效果,实际上这种担心是多余的。《疯狂的比埃罗》这部影片,组接的时空按常规看来也是混乱的,故有人看不懂。然而却也有人赞之为是美好的诗。

为什么这种背离传统原则的做法仍有被世人接受的可能呢? 这启示我们,在影视艺术中,传统的越轴等定则并非是一成不变的。随着影视艺术家对影视艺术表现手法日益深刻的理解以及自身创作水平的日益提高,随着广大影视观众鉴赏电影电视艺术能力的提高,影视艺术的表现手法也具有更为广阔的自由。之所以戈达尔的越轴组接仍不会使观众感到画面上方向的混乱,这是因为他在画面组接中,很聪明地认识到,只要一开始就创造一种氛围,让观众的心中明确地留下了"是摩托车在追汽车"的印象,那么,越轴与否就无关紧要了。

6. 节奏

节奏问题,也是影视艺术创作中一个重要的问题,可以说,影视艺术家、理论家都对节奏相当重视,力求在实践中深刻地把握它,在理论上透彻地阐明它。但是,我国著名电影艺术家、理论家张骏祥说过的一段话,却颇有一番意味。他在《导演术基础》一书中写道:"从事艺术的人,没有一个不是时时刻刻说着节奏这个词,但是如果你问他节奏是什么的话,十有九回你得到的答案是张口结舌,再不就是啰里啰唆一篇若有若无的大道理,弄得说者听者一样的啼笑皆非。节奏的确是很难解释清楚的东西。……节奏不是我们的拙劣的语言文字所能解释明白的一种艺术的素质。节奏可以由视觉、听觉,甚或嗅觉、味觉、触觉来传达。然而节奏的感应与欣赏却似乎依赖这五觉以外的另外一种什么感官。一个导演在排演一出戏时,会向某演员说:'不行,这个地方有点儿别扭,你知道,节奏不对。'他凭了什么得到这个决定呢? 不只是他的听觉与视觉,更重要的是那个第六种感觉,节奏的感觉。我们常听说人之所以能够感应节奏是由于节奏与人的身体的机能——脉搏、呼吸——的关系,某种节奏可以唤起某种肌肉的伸缩。但是在科学家还没有能科学地指出这第六种感觉的组织与作用之前,要像说明眼睛如何看见事物一样地说明人如何感应节奏,那不免是一种妄想了。"[1]

事实确也如张骏祥导演所言。在影视创作中,可谓没有不谈及节奏者,但各家对于节奏的阐释往往又是各有一说。不过,仔细推敲起来,我们还是可以看到,尽管各家在阐释节奏时的思路不同,立论及论证的方法不同,侧重的角度不同等,有一些基本的内涵却仍是共同的。为了便于快捷明确地寻觅到理解节奏的入口,这里先就这些有关节奏的共同的基本的内涵作简明的阐述。

所谓节奏,是存在于一切艺术的结构组织和形象表现以及自然中的普遍现象,是不同矛盾因素(如动静、缓急、曲直、长短、强弱、轻重、张弛等)有秩序、有节度、有规律的运动变化。

一部影视片的总体节奏,是由镜头内部的节奏与镜头外部的节奏共同形成的。

镜头内部的节奏因素包含:

● 由不同题材、内容所决定的事件发展进程内在的运动节奏。如惊险样式、悬念感强的警匪片、功夫片等,其总体结构是紧张、快节奏的。一般言情片的节奏则比较舒缓。

● 镜头中主体运动的速度。

● 摄影机运动的速度。推、拉、摇、移、跟的快慢缓急等。

● 景别(画面大小)变化的节奏。

● 光影、色彩等画面造型因素所造成的节奏。

● 音乐、音响等声音所造成的节奏。

音乐所形成的节奏,如电视剧《末代皇帝》中,庄士敦经一番应对,被溥仪册封为二品,当上了溥仪的英文教师。他得意洋洋地走出宫门,坐上四人大轿。轿夫抬着他在宫内行进,镜头很长,步行舒缓,画面内主体的运动节奏看似很慢,但是,由于这时画外音乐的内在情绪比较急骤,却使人感到一种扣人心扉的急迫的节奏,使人感受到庄士敦行进时那种咄咄逼人的气势。

镜头内部的节奏,除后期配制的音乐、音响外,是一经拍摄即确定了的。它取决于导演对全片独特的理解,是在拍摄的现场调度、处理中所决定并形成了的。

---

[1] 张骏祥:《导演术基础》,中国戏剧出版社1983年版,第60页。

镜头外部的节奏是因镜头在组接过程中经剪辑后而形成的节奏。例如，对于同样的数个镜头，若将每一个镜头都保持稍长的尺数剪辑起来，与将每一个镜头都只取稍短的尺数剪辑起来，尽管反映的内容完全一样，但是，各形成的节奏却是不一样的，给观众的艺术感觉效果也是不一样的。前者的节奏较为舒缓，后者的节奏却趋于紧凑。

影响镜头外部节奏的因素主要是镜头的长短，以及镜头之间组接的技巧。

在时间大致有定的一部影视片中（如，放映一部电影故事片约长 100 分钟，一部单集电视剧片长约 50 分钟），每一个镜头越长，镜头变换的频率就低，节奏也就慢。相反，每一个镜头越短，镜头变换的频率就高，节奏就显得快一些。因此，在剪辑工作中，面对着已拍摄定的画面素材，欲从外部影响（加快或减慢）影视片的节奏，一个有效的办法是在镜头的长短上下功夫。这里，有必要对剪接率有正确的把握。

剪接率是影视片中镜头转换的速率。影视片中长镜头多时，剪接率必然慢；短镜头多时剪接率快，如果影片长度不变，则剪接率快慢和镜头数量多少成正比。换言之，剪接率快，镜头数量多，全片的总体节奏必然快；剪接率慢，镜头数量少，全片的总体节奏必然慢。因此，对容量大致相同的影视片，仅从镜头的数量，也可大体知其节奏的快慢。一般来说，长镜头往往是运动镜头或场面调度明显的镜头。短镜头则往往是画面内容单纯，同时又需要利用迅速切换的方法来加强节奏感的镜头。不适当地运用长镜头会造成呆板或冗长的感觉。而过多地运用短镜头会产生繁琐或仓促的印象。因此，影片的剪接率应当从影视片的总节奏出发，既有变化又有规律。

另外，镜头之间的组接技巧因其特定的形式也能产生其不同的节奏效果。如渐显渐隐、淡入淡出在时空上表现着较大的间隔，故易形成比较缓慢的节奏。划出划入因其形式上的简单明快，故易形成比渐显渐隐等快的节奏。切换由于场景的转换更为直接，毫无缓冲，故易形成更快的节奏。

当镜头长短的处理与组接技巧结合起来运用时，对节奏的影响则更为明显。例如在一些影视片的结尾，为形成高潮，就往往采用将一组颇具内在激情的极短的镜头硬接起来的方法。

对节奏的把握，确实主要是凭感觉——一种艺术的感觉。这种感觉虽然还难以透彻地解明是何以形成，但可以清楚的是，它取决于影视艺术家对影视片中影响于节奏的多种因素的把握，准确地去揣摩、体会，了然于心并再现出来的修养。这种修养来源于艺术家对各类生活事件运动形式的经验，对生活中各种运动节奏的感性的"记忆"，对他人成功处理影视作品节奏的经验的借鉴，以及对自己在作品中所处理的节奏能"跳在庐山之外"来客观进行的正确判断。只要一个影视艺术家具有这种修养，那么，或许他对节奏"难以言传"，但却是真能了然于心，仿佛具有一种直感似的正确地行之于实践。

四、线性编辑

1. 线性编辑的内涵、基本原理及方式

线性编辑指基于传统电视编辑设备，按照创作意图对录像磁带上记录的视频及音频信号进行处理的编辑。

线性编辑的基本系统一般由两台编辑机（一台放像机，一台录像机）、两台监视器（一台监看放像机的图像，一台监看录像机的图像）和一台编辑操作控制器构成。编辑操作控制器将两台编辑机连在一起，方便同时操作控制两台编辑机的动作。

线性编辑根据其处理视频及音频信号时的顺序特征，分为组合编辑和插入编辑两种方式。

组合编辑——从画面和声音编辑的外部形式上看，是一个镜头、一个镜头的依次接续。即按照编辑意图和拟编辑的镜头的顺序，依次将其在记录机上串联起来。从画面和声音编辑的内部技术要求上看，组合编辑方式可在没有记录信号的磁带上，同时录制视频与音频信号。所以，用新磁带作编辑时，如不事先录控制磁迹信号，则只能用组合编辑方式。

插入编辑——从画面和声音编辑的外部形式上看，是在已经记录的图像或声音中，拦腰插入某个镜头，以更换原位置上的镜头。从画面和声音的编辑的内部技术要求上看，则只能在已有记录信号（视频、音频信号或控制磁迹信号）的磁带上进行编辑。在下述情况时就应用插入编辑方式：节目需要准确地编进已录有节目的磁带中时；需要将音乐或解说录在已录好图像的磁带上时；在已录有音频信号的磁带上需要加上视频信号时；在已作组合编辑的磁带上需要更换某段视频或音频信号时。

2. 线性编辑的操作程序

以两台编辑机进行编辑为例，操作程序可分以下六大步骤。

（1）准备工作。

正确设定放像机与记录机上各开关的位置。

（2）确定编辑方式。

即确定是采用组合编辑方式还是插入编辑方式,同时选择相应的键控。

（3）确定编辑入点和出点。

编辑入点即拟编入的一段图像的起始点。编辑出点即拟编入的一段图像的结束点。所选定的编辑入点和出点之间的信号,也就是将记录在记录机磁带上所需要的节目部分。

确定编辑入点与出点,应先在放像机上确定拟取用的视频或音频信号的入点和出点,再在记录机上确定视频或音频信号的入点和出点。

注意:第一个编辑点至少应在磁带带头以后 10 秒(当预卷时间开关调在OFF 处时,此点则应在带头以后 5 秒);欲输入不同的编辑入点,确定新的编辑入点,则应同时再按 IN 与 ENTRY 键;编辑入点不仅可以在停止或静像状态输入,也可在重放、搜索、快进和倒带状态时输入。

（4）预演。

即将编辑好的节目情况预演一遍,实际让你看看效果满不满意,以便在正式编辑前修改。

（5）正式编辑。

（6）对录制的检查。

当一段图像(从编辑入点到出点)已经正式编辑记录后,可按重检键(REVIEW)放映一遍已编辑的图像片段,通过观察记录机的监视器以检查录制质量。

在编辑一段图像(从入点到出点)以后,可按前述程序再编下一段图像。并可将上一段图像在记录机上的出点作为编下一段图像在记录机上的入点,周而复始,直至编辑完整个节目。

五、非线性编辑

1. 非线性编辑的内涵及特点

非线性编辑指基于计算机设备,按照创作意图对光盘上记录的视频及音频信号进行处理的编辑。

非线性编辑可以随机任意调用存储的图像或声音,无论是用组合还是插入方式,实现任何位置的编辑,而且,信号反复、多次使用也不会衰减。非线性编辑高度灵活,简化了传统线性编辑的工作程序,并随着编辑程序软件性能的不断提升,为图像及声音的编辑创造了更加广阔自由的艺术空间。

2.非线性编辑制作的程序

非线性编辑制作的程序可分为采集素材、编辑制作、输出录制三大步骤。

(1)采集素材。

将摄录好的视频及音频素材分别从外部输入计算机,存储到计算机硬盘上。

(2)编辑制作。

● 打开计算机编辑软件程序,界面上会出现视频轨、音频轨(一般先编辑视频图像,再进行音频编辑)。

● 编辑视频图像,按照编辑意图,从计算机硬盘上调出需进行编辑的图像段落,确定好入点、出点,放置到视频轨上。如此周而复始。两个图像镜头之间如需要转场特技效果,可在转场效果库内选择一种效果,拖放在两个图像镜头之间。

● 音频编辑。同理,按照编辑意图,从计算机硬盘上调出需进行编辑的声音段落,确定好入点、出点,放置到音频轨上。如此周而复始。需要调整声音淡入淡出时音量强弱变化的时间及音量的高低,都可以在音频轨上十分方便地直接调整。

● 预览。检查编辑好的图像及声音,确定达到编辑意图要求。

● 生成存储节目。

(3)输出录制。

将完成的节目输出录制在光盘上或录像磁带上。

本 章 小 结

◎ 本章主要着眼电视新闻节目后期制作的主要环节。

◎ 电视新闻解说词写作首先应把握解说与画面的关系,解说词的作用,解说词写作的规律,掌握常见的"倒金字塔""直叙式"解说词结构形式的写作要领。电视新闻稿的形式一般有"图示三栏式""简易三栏式""简易两栏式"和单纯文字稿式几种样式。其中,"简易两栏式"是最为常用的。

● 对音响与音乐,在电视新闻片中,要注意运用现场音响来增强整条新闻片的真实感。对音乐的运用,则要从把握电视剧音乐的特性与一般专题片或报道性短片音乐的特性来触类旁通地理解和把握。

● 画面编辑则要把握蒙太奇的原理及艺术规律,同时,掌握线性编辑、非线性编辑的原理与技巧。

思考题

1. 电视新闻解说词与画面的关系。

2. "倒金字塔""直叙式"解说词结构形式的写作要领。

3. 如何用"简易两栏式"形式写电视新闻稿?

4. 现场音响对电视新闻的意义及运用原则。

5. 一般专题片或报道性短片音乐的特性及运用原则。

6. 何谓蒙太奇?

7. 画面能合理连接的依据是什么?

8. 镜头流畅转换的技巧有哪些?

9. 何谓线性编辑、组合编辑、插入编辑?

10. 非线性编辑的概念及特点。

第九章

电视新闻的播音与主持

第一节　电视新闻节目播音员、主持人的内涵

一、播音员与主播的内涵

播音员是广播电视节目播出者最初的称谓。电视新闻播音员的称谓无疑是由广播播音员沿用而来。在我国,1958 年 11 月 2 日北京电视台开始口播《简明新闻》,每次 5 分钟,稿件就是由中央人民广播电台提供的。后来成为著名节目主持人的沈力是第一位电视播音员。早期电视播音员给人印象的特征,是以播音技巧和端庄容貌见长。如今,随着电视新闻节目主持人的概念及职能被日益广泛采用与认同,电视新闻播音员的内涵及称谓也在发生演变。

近年来,在广播电视新闻节目中,又开始盛行"主播"这一称谓。广播电台、电视台消息类节目的播报人已有不少从"播音员"改称"主播"。据研究,"主播"这一称谓的语源,与"主持人"相同,都是译自英文"anchor",只不过,在亚太华人区被译做"主播"。现在流行的"主播"则专指新闻消息类节目主持人。需要指出的是,在我国,从实际细加考察,同称"主播",情况却还存在某些差异。有些属于轮班制的播音员,其职责与称"播音员"时并没有实质性的改变;有些是固定在一个新闻消息类栏目中,并能成为该栏目品牌形象的播音员,但不参与编辑工作;有些是代表栏目品牌形象的播音员,但是还参与编辑工作,并承担一定量的采访报道工作;有些则是主编兼主播,即既作为栏目主编全面统筹负责节目的内容采编及形式创意表现,还直接出镜面向观众播报新闻。

有学者认为,根据我国的国情,"我国的新闻主播,应是以消息播报为主(风

格不限),参与编辑工作,承担一定量的采访报道的新闻节目主持人,这是中国新闻主播的主流构成。没有必要也不应当以主播取代播音员,播音员的工作十分重要,是新闻报道中不可或缺的传播者。这两个相近岗位的业务职责有联系、有分工、有差异,这是广播电视节目传播的两大形式——主持人节目与非主持人节目各具特色、长期并存的现实需要。"[①]

二、电视新闻主持人的内涵

1. 电视新闻主持人的源起

作为最早发明电视机的国家,美国亦是世界电视新闻主持人的发源地。

世界上第一位电视新闻节目主持人当属美国著名记者爱德华·默罗。1951年11月18日,随着哥伦比亚广播公司(CBS)电视节目《现在请看》的开播,这位曾经在二战期间冒着生命危险以系列现场广播报道《这里是伦敦》赢得世界瞩目的新闻记者,在电视节目中评论当时最敏感的现实问题:朝鲜战争。由此开创了美国电视新闻播报方式的新纪元。

最早提出"新闻节目主持人"概念的人是哥伦比亚广播公司(CBS)制片人唐·休伊特。1952年,时逢美国第34届总统大选,唐·休伊特在激烈的总统大选报道中提议设置新闻节目主持人,即"anchor"。"anchor"一词来源于体育界术语,特指接力赛跑中跑最后一棒的运动员,也就是跑得最快、最具冲刺力的人。休伊特认为,为了改变那个年代的电视对重要事件呆板且又分散的报道,应该选择一个人将不同地点、不同侧面的报道组织起来,让观众系统而又全面地观看新闻。他强调这个人应当具有最快的速度和最强的冲刺能力,不但能承上启下串联节目,而且能够在关键时刻发挥记者的机敏才智。最终拥有丰富记者经验的沃尔特·克朗凯特担当了这一角色。

固定的电视新闻节目主持人出现于1956年。是年,美国全国广播公司(NBC)推出亨特利和布林克利二人担任《晚间新闻》节目主持人,报道民主、共和两党代表大会及总统竞选活动。这对伙伴各有所长,配合默契,在二人搭档的整整12年中,他们所主持的《晚间新闻》一直雄踞三大广播公司新闻节目收视率之首。

---

① 吴郁:《谁来做主播》,《电视研究》2004年第9期。

第一位固定的女性电视新闻节目主持人是芭芭拉·沃尔特斯。自 1976 年起,她负责主持美国广播公司的《今日》晚间新闻节目。沃尔特斯以善于提问、反应机敏的主持风格赢得了观众的喜爱和尊重。《时代》周刊曾盛赞以新闻节目主持人形象出现在电视屏幕的沃尔特斯是"智慧战胜美女模特儿"的典范。

自 20 世纪 70 年代起,电视新闻主持人逐渐成为一种固定职业,一批电视新闻明星开始活跃在美国电视荧屏。CBC 晚间新闻主持人丹·拉瑟,NBC 晚间新闻主持人汤姆·布罗考,ABC 晚间新闻节目主持人彼得·詹宁斯号称"三大巨星"。这些电视明星都曾是记者出身,他们所主持的新闻节目收视率甚高。至此,美国电视新闻节目主持人从出现、发展到兴盛,已越来越呈现出道德权威和智慧权威的姿态,电视网也享受着借助于新闻节目主持人的威望而带来的增加收视率和广告收入等诸多好处。

也是在 20 世纪 70 年代初期,加拿大、英国、法国、意大利等西方国家纷纷效仿美国,推出各自的电视节目主持人,改变传统的电视传播模式。英国 BBC 电视台于 1975 年推出该台第一位新闻节目女主持人安吉拉·里彭后,举国轰动,各种媒介竞相报道,BBC 收视率随之剧增。到 1983 年夏天,曾以传统正规新闻报道著称的英国电视机构,在推出新闻节目主持人方面获得标志性的巨大成功:英国商业电视台著名节目主持人阿拉斯泰尔·伯内特在伊丽莎白女王庆祝生日之际,被封为爵士。

1980 年以后,电视新闻节目主持人形式开始在世界上更多的国家普及。

2. 我国电视新闻节目主持人的成长轨迹

我国自 1958 年电视诞生起一直是采用电视播音员的播报形式,直到 1980 年 7 月 12 日,中央电视台创办《观察与思考》栏目,正式打出"主持人"字幕,才推出了我国真正意义上的新闻节目主持人。在这档"通过对某个新闻事件的深入调查、分析,说明某一个道理,并引起受众的思考,以发挥舆论导向的作用"新闻评论节目中,记者出身的主持人庞啸作为核心人物,集采、编、播于一身,并通过主持使节目融评论于新闻之中。当天庞啸所主持的新闻节目《北京居民为什么吃菜难》播出后引起了强烈的反响,从而掀开了我国电视史上新的一页。有学者指出:"从播音员到主持人,是电视传播史上的一场巨大变革,其意义绝不仅仅是形式的转换,更重要的是突出了人的作用。"①

① 赵淑萍:《电视新闻节目主持艺术》,北京广播学院出版社 1998 年版,第 150 页。

20世纪80年代中期,电视新闻节目主持人逐渐更多出现在全国一些电视台的荧屏上。1987年7月,上海电视台推出了全国第一个杂志型电视新闻专栏节目《新闻透视》;福建电视台推出的由记者主持的《新闻半小时》,在当地颇有影响。1988年下半年,中央电视台首次举办历时半年的"如意杯"电视节目主持人评选活动,全国有22个电视台的61位主持人参加了专业节目主持人评选。通过观众投票和评委评议,评选出了"十佳节目主持人"。20世纪90年代,电视新闻节目主持人的数量和质量得到较快发展和提高。1993年5月1日,中央电视台成功地推出早间新闻节目《东方时空》,从此改变了中国人早晨不看电视的习惯。5月10日,《一丹话题》开播,这是首个以主持人名字命名的新闻节目。1994年4月1日,新闻评论类节目《焦点访谈》开播,这档每期为时13分钟的晚间栏目从此在中国观众中家喻户晓,每晚收看这个栏目的观众达到3亿人,节目主持人敬一丹、水均益、白岩松、方宏进等也以自己诚挚、稳健、深邃的主持风格受到观众喜爱。

值得一提的是,在1995年开赛的"金土明杯"主持人大赛角逐过程中,新闻节目主持人的表现引人注目,他们以庄重、冷静、客观的报道风格赢得了观众的认可,由此电视新闻节目主持人和其他类型的主持人在人们的印象中产生了明晰的分野。

1996年4月28日,中央电视台推出了电视新闻谈话节目《实话实说》,主持人崔永元以其幽默的谈吐、机敏的应变以及平民化的调侃塑造了中国第一代脱口秀主持人的独特形象。整个90年代后期,各省市电视台纷纷仿效中央电视台,开创新闻评论栏目,单一灌输式传播模式渐渐远离电视荧屏,节目主持人开始在各个新闻栏目发挥能动作用。

世纪之交,激烈的电视竞争使得媒体纷纷拼尽全力追求新闻的时效性和现场感,直播成了电视新闻的播出常态,各地电视台在中央电视台带动下,不断改版,推出一批新节目、新形式和新面孔。在演播室直播、演播室访谈、新闻现场连线、突发事件报道等一系列报道中,中国新闻节目主持人经历了前所未有的考验和成长。以南京城市电视台《南京零距离》主持人孟非为代表的新一代电视新闻节目主持人的轮廓渐渐清晰。与此同时,一批电视新闻明星主持人在年轻的凤凰卫视崭露头角,施展才华,并以"鲶鱼效应"撼动着中国内地新闻节目主持人的生存格局。

新闻节目主持人作为其中的一部分,为提升电视台和栏目知名度、塑造和深化电视新闻节目、有效传播新闻,作出了巨大贡献。

下面,对我国电视新闻主持人的来源、年龄、知识构成等方面情况的简单梳理,使我们对电视新闻主持人素质的基本特点有所把握。

(1)来源。

我国电视新闻节目主持人一般来源于有过一线采访经验的记者和播音员。比如:中央电视台以咄咄逼人的"质疑"风格著称的《新闻调查》和《面对面》主持人王志,在1996年成为《新闻调查》主持人之前,曾经在地市、省、中央电视台做过7年记者。作为《面对面》栏目的制片人和主持人,王志以冷静沉着、饱经沧桑又睿智机敏的采访和主持风格,成为深度报道类电视新闻节目主持人的榜样。中央电视台另一著名新闻节目主持人敬一丹在走上电视荧屏之前,曾经在黑龙江人民广播电台做过5年的播音员,这段经历使敬一丹的主持风格散发着端庄质朴的气息。此外,白岩松在《中国广播报》曾做过4年的编辑和记者工作;水均益在新华通讯社,担任过9年的编辑和驻外记者;崔永元在成功主持《实话实说》之前,曾在中央人民广播电台《午间半小时》做过9年记者,两次获得过中国新闻一等奖。可以说,这些著名新闻主持人的成功和他们早年的记者生涯密不可分。

(2)年龄构成。

电视在中国的全面普及至今也不过20多年的历史。应该说,我们的电视有多年轻,我们的电视新闻节目主持人就有多年轻,我们的主持人观念也就有多年轻。当然,这种青春激昂的"年轻"带给人们更多的是不信任和忧感感:"纵观目前活跃在电波与荧屏里的中国新闻节目主持人,年龄普遍年轻,缺少经历和过程感;阅历上不来,人生体味便出不来,有点给人以坐不住台的感觉,因而只能通过文字游戏和思维形态来施展拳脚;让人普遍对他们提供的新闻缺乏联想,他们的真挚往往力不从心,不能令人感同身受。所以,'渴望年老'一时成为一些可以算得上优秀的新闻主持无奈的感慨与改变自我的积极诉求。"[1]这种状况与美国电视网强调电视新闻主持人要具备权威感,选择资深年长、阅历丰富的人担任新闻主播形成鲜明对比。

美国传播学者对三大商业电视网历任晚间新闻主持人的年龄进行考察以后得出:43岁是电视新闻主持人的黄金年龄。美国CBS的晚间新闻《60分钟》自

---

[1] 叶昌前:《经历的语言——有感于中国新闻节目主持人的发展瓶颈》,http://yechangqian.yculblog.com。

1968年开创以来,连续20多年收视率稳居美国前十名。从某种程度上来说,这是由一群老人办的节目:迈克·华莱士来北京采访江泽民主席时已经84岁高龄;丹·拉瑟退下主播台时也已经74岁;制片人唐·休伊特自《60分钟》诞生起就在这里工作,他的目标是"死在办公桌上"。相比之下,我国有代表性的新闻节目主持人白岩松、水均益等初任主持人工作时也不过二三十岁。针对中国新闻节目主持人的普遍年轻化构成,一位新闻工作者说:"每天看着20多岁的俊男靓女在电视屏幕上预测经济前景,纵论国家大事,我就体会着在大街上买假药的心情。"[1]不过,目前这种局面已经有了令人欣喜的改观。如,凤凰卫视成功地启用一批专家主持有深度的时事评论节目,如曹景行、阮次山、杨锦麟等,年过七旬的文化名人李敖也登上了《李敖有话说》的主播台。"客观地讲,中国新闻节目还处于生长期,新闻主持人也一样,样子虽然摆正了,但是内涵与活力仍未显示充分;需要一个时期的历练,耐住寂寞是新闻主持的必修课和规定动作,别无他法。"[2]伴随着中国电视新闻节目的成长,一批日益成熟的电视新闻节目主持人正走在历练的途中。

(3) 知识构成。

目前,我国各大高校已经开设播音和主持专业300多个,每年输出上万名毕业生。这种学院化的播音主持教育,虽然在选拔主持人后备人才时能够在形象、语言等方面达到较高的专业水准,但同时也存在着一些弊端,比如,过分看重外观形象和播音技巧,有所忽视对他们进行文化素养、知识水平和应变能力的深度培养。这样培养出来的主持人虽然容易在短时间内被包装成名,但是一旦投入周期性、快节奏的工作,往往逐渐显出后劲不足,导致主持人艺术生命十分短暂。事实上,大量的非专业主持人已经成为这些学院派主持人的强劲竞争对手。例如,在中央电视台2000年举办的"荣事达杯"全国主持人大赛中,只有一名拥有主持专业背景的选手跻身"十佳",金奖获得者撒贝宁则是北大法律专业硕士。

目前,复杂的社会现实和激烈的行业竞争,催逼新闻节目主持人在工作中不断学习,补充知识养分,很多人甚至再次踏入学校大门,继续深造。比如,北京电视台新闻节目《第七日》主持人元元,在事业高峰时期,回到学校攻读博士学位,将多年的媒体经验和理论知识进行衔接和深化,之后,她推出的新栏目《看今天》

---

[1] 白岩松:《我们能走多远——关于主持人话题的思考》,《主持人》第9辑,第210页。

[2] 叶昌前:《经历的语言——有感于中国新闻节目主持人的发展瓶颈》,http://yechangqian.yculblog.com。

在内容与思想方面展示了更出色的水准;凤凰卫视女记者闾丘露薇在繁忙的主持和采访生涯之余,先后拿下了国际关系学和大众传播学两个硕士学位,加之曾经的哲学硕士背景、财经工作经历以及流畅的英语交流水平,都足显她的一举成名并非偶然。西方国家不曾出现过培养专门主持人才的学校,优秀的新闻节目主持人从来都诞生于那些拥有丰富的人生经历和过人才识的记者群体。除前述的美国一些著名新闻主持人外,再以加拿大国家广播公司《激情阳光》节目主持人米切尔·简为例,这位多才多艺的女子身兼主持人、记者、电影制片人等多种头衔,她还会说5种语言,能够主持法语电视节目,曾经拍摄过3部获奖的纪录片。那些知识结构单一、徒有其表的俊男靓女永远不能在主播台上支撑太久,他们充其量只会是稍纵即逝的"流星"而已。

3. 电视新闻节目主持人的界定及内涵

目前,学界关于"节目主持人"的界定并不统一。我们将代表性的界定举例如下:

"在广播电视中,出场为听众或观众主持各种节目的人叫节目主持人。主持人不是表演者,也有别于新闻通讯和文章的播报者。主持人是以自己的身份、自己的个性直接面对听众或观众的人。主持人在节目中处于主导地位,他的主要职责是组织、串联一次节目的各个部分,也直接向听众和观众传播信息。"①

"节目主持人是在广播电视中,以个体行为出现,代表着群体观念,用有声语言、形态来操作和把握节目进程,直接平等地进行大众传播的人。"②

"节目主持人是在大众传播活动的特定节目情境中,以真实的个人身份和交谈性语言行为,通过直接、平等的人际交流方式主导、推动并完成节目进程、体现节目意图的人。"③

以上定义虽然提法不一,但基本上归纳出了"节目主持人"的概念。通过分析这几个定义,我们可以将有关"节目主持人"的关键描述分别概括为:

第一,媒体观念代表者。主持人不一定要一字一句按照预先准备好的台词说话,但是他(她)的看似随机的话语总是围绕着既定的主题,代表媒体的立场。

第二,串联节目时拥有一定自主性的个性传播者,节目节奏的控制者。这意味着主持人在代表媒体说话时,可以通过自己的口头语言尽可能生动、形象地传

① 于礼厚给出的定义,引自《新闻工作手册》,新华出版社1985年版。
② 俞虹:《节目主持人通论》,杭州大学出版社1996年版,第5页。
③ 应天常:《节目主持语用学》,北京广播学院出版社2001年版,第54页。

播节目内容,并在语言表述、思维、外形、动作等方面展现自己独有的风格,并根据需要协调节目录制时间、次序、嘉宾的表现等,从而摆脱播音员念稿的生硬模式。

第三,平等交流。主持人注重传播效果,渴望得到受众的支持和反馈,为博得受众认可,主持人往往采取平等的交流模式,与以往播音员带有"居高临下"的播报姿态形成鲜明对比。

在了解了"节目主持人"的基本内涵之后,我们再来看"新闻节目主持人"的含义。虽然只是多了"新闻"两个字,但是其对节目主持人已经有了更严格的要求。这主要体现在:

第一,强调主持人的记者素质,新闻节目主持人需要具备扎实的采访功底和新闻敏感。他们大多由来自新闻一线,口头表达能力出色又比较"上镜"的记者担当。

第二,要求主持人具有临场发挥的理性思维能力和控制能力。这与娱乐节目主持人在节目中的插科打诨等感性的幽默风趣截然不同,新闻主持人的理性体现在短时间内由新闻事件所激发的思辨力,一气呵成的现场评论能力。

第三,从整体上看,由于新闻节目贴近现实和政治、经济、社会等重大问题以及与百姓的生活密切相关,因此主持人要懂得新闻传播规律,具备一定的政治头脑、大局观念和民生情怀。

综上所述,我们对电视新闻节目主持人解释如下:电视新闻节目主持人是在固定新闻栏目中,代表电视媒体的传播立场,能够参与新闻采制、播出与内容点评的整体环节,并能以富有个性化魅力的口语表达、播报技巧,以及洋溢亲和力的平等交流促进新闻信息有效传播的人。

三、电视新闻主持人的角色定位

在这个狂飙突进的信息时代,每个人都可能成为信息的载体和中介,而电视新闻节目主持人由于借助电视这种优势媒体的强大号召力,成为一种特殊的中介,在"二级传播"的过程中扮演了"舆论领袖"的角色,因而成为大众传播与人际传播的双重实践者。

"二级传播"是美国社会学家拉扎斯菲尔德的观点。1940年,他在对总统选举运动进行研究时发现:相比人际交流,大众传播对受众的影响微不足道,于是拉扎斯菲尔德提出了"二级传播"和"舆论领袖"的概念。他认为：作为社会群体中成员的个人，在接收信息时相互影响；由于受到群体影响，人们对媒介讯息的反应并不是直接和即时的，而且这种反应的方式也不尽相同，因人而异。一般的反应方式大抵可以划分为两类：一类人如同舆论领袖那样，积极接触和传播由媒介获得的信息；另一类人作为追随者，主要是受他人影响，间接地获得媒介思想。而大众媒介正是通过舆论领袖这样的中介人物来影响到广大受众的。这就是说，大众传媒对受众产生影响的过程事实上是一个"二级传播"的过程。而电视新闻节目主持人实际上充当了"舆论领袖"的角色。他（她）虽然置身大众传媒这样的媒介背景，但是凭借大众传播媒介技术手段，以平等的姿态、个性化的讲述风格发挥了人际传播的功能。可以说，电视新闻节目主持人是大众传播与人际传播双重角色的承担者，他们赋予了大众传媒媒介以人际传播的意义。

美国三大广播公司和 CNN 多年来对于挖掘、培养和塑造明星主持以充当舆论领袖乐此不疲，事实上，这种西方盛行的主持人明星制就是对"二级传播"和"舆论领袖"理论的一种实践和应用。美国人认为，电视新闻从形式上让人觉得是权威的新闻。原因在于"电视新闻节目的解说、人员的选择和播出各个方面的设计，几乎都用来造成一种权威与全知全能的印象。这一点在总主持人（anchorman）身上体现得最为淋漓尽致——沃尔特·克朗凯特是一个典型的例子——他看上去像一个神：他可以随心所欲地召唤人物、事件和图像；他的口气不容置疑；所有事情都在他身边发生和结束"[1]。由于电视新闻主持人表现出的权威性不容置疑，他（她）自然而然地发挥着舆论领袖的威力，以至于出现了这样的传播效果："根据各种全国调查，美国人在很大程度上相信电视——而不是杂志、广播和报纸——能够向他们提供最有理智、最全面和最公正的报道。"[2]

另一方面就传播关系而言，电视新闻节目主持人作为执行媒介赋予其增强传播效果使命的媒介人物，既是信息传播者又是信息接受者。霍夫兰于 1946 年率先提出"个人差异论"，认为媒介信息包含了特定的刺激性，这些刺激性与受众的个性特征有特定的相互作用。个人差异的存在，造成受众对同样的信息会产生不同的理解，同样的信息对不同的受众会产生不同的影响。由于存在这些差异，受众的阅读行为具有选择注意与选择理解两大特点。受众在观看电视新闻

---

① ［美］仙托·艾英戈、唐纳德·R.金德：《至关重要的新闻——电视与美国民意》，刘海龙译，新华出版社 2004 年版，第 181 页。
② 同上。

节目时,其自身特有的性格因素、教育程度和社会阅历,促使不同的个体产生了相异的认知结构信息解读机制,于是个人根据自身需要,选择性地关注媒介发出的信息,而在关注的过程中,又结合自己的价值观和人生经历等对新闻进行解读,这就是一种选择性理解。

如今,随着热线电话、短信互动、有奖问答、网络平台等电视新闻节目互动机制的日益丰富,大大拓宽了受众将自己的选择性理解反馈给媒介的渠道。主持人亦比以往任何传媒时期,能够在第一时间得到受众的反馈,感知传播效果,并通过这种反馈,有的放矢地对传播内容和形式及时加以改变和深化后再次发布信息,使得这个信息传播过程持续循环下去。于是,在电视新闻节目传播的过程中,主持人与受众不断地接收信息,反馈意见,再发布信息,双方既是传者,又是受众。两者在传播过程中的传受界限逐渐变得模糊,传统的"受众"和"传者"的关系发生了奇妙的变化,二者都可以同时既是传者又是受众。此时,主持人和受众的最大区别只是在于主持人掌握显性的传播内容设置权。

对主持人而言,传受双重角色的最佳状态体现在:作为传者时,主持人要有一种职业心态,尽可能全面、理性、周到地传达信息;而作为受者时,要有一种同理心态,把自己当作受众中的一分子,尽可能理解和感受普通百姓的思想和情感。

四、电视新闻主持人的理想模式——明星主持人制

世界电视新闻事业发展的实践经验显示,随着电视新闻节目生产流程的日臻成熟,电视新闻主持人的理想模式——明星主持人制的特有功效,日益焕发出引人注目的异彩。明星主持人制是一种建立在"主持人中心制"基础上的主持人职能定位模式。

在中国,电视学者吴郁分析论述道:"目前,我国电视新闻主持人在节目中处于三种位置:第一种,主持人兼制片人,掌握栏目的财权、节目制作权,有的还有人事权,该类型亦称'主持人中心制',他们在栏目制作集体中处于领导地位;第二种,主持人除了主持播出之外,还参与节目策划构思或采访编辑等主要创作环节,他们在节目生产中处于主创地位;第三种,主持人只担负节目中的串联任务,并不介入节目生产的其他环节。"①

---

① 吴郁:《以平常心看主持人》,《现代传播》2001 年第 2 期。

事实上,担任串联人物的主持人基本上还是行使着新闻播音员的职能,多见于传统的新闻联播类的电视节目。

目前,在我国较普遍的是第二种主持人模式。第一种模式还不多见,但十分令人期待。在我国现有的名牌新闻栏目中,王志担任央视《面对面》栏目的主持人、制片人和出境记者。深受北京观众喜爱的北京电视台《第七日》栏目,由元元担任主持人和制片人。在这种模式下,主持人作用的发挥上升到一个新的境界,大大减少了制片人、主持人、记者等节目人员的繁复劳动和不必要的能耗,提高了整个节目组的工作效率,有效保证了新闻节目质量。此外,这种主持人中心制有利于塑造明星主持人,以品牌主持人强化新闻栏目的优势品牌形象。

主持人中心制,又称明星中心制,已经成为美国乃至欧洲的一种潮流。美国三大电视网的晚间新闻主持人以电视明星的显赫身份成为新闻部门的"旗帜"和参与新闻竞争的"王牌",他们是主持人中心制模式的典范。CBS的丹·拉瑟在担任固定主持人的同时,担任首席记者和编辑部主任;他将编辑部记者分为A、B两组,A组由一流记者组成,归他调遣;NBC的布罗考同时是高级编辑和编辑部主任;ABC的詹宁斯是首席外交记者、高级编辑。他们都对新闻的采集、编辑、播发行使着相当的决定权,并有一定权力参与新闻部内部事务管理。

就我国而言,凤凰卫视在其发展初期,坚持"素质选秀,明星包装",以接近于明星制的方式打造主持人,采用了以下主要手段:

第一,充分利用各种传播资源,加大对传媒明星的宣传力度。为主持人制作突出其风格的个人形象宣传片,抓住一切机会让主持人频频出现在各种媒体上。通过频道内部"凤凰太空站"、《凤凰周刊》、"凤凰丛书"及音像产品等,帮助受众了解传媒明星动态;同时鼓励主持人出书,吴小莉自传1999年出版时曾经热销;在凤凰卫视的各种宣传册中,都有主持人的图片,公司甚至还专门为他们制作精美的"明星"卡,主持人外出采访拍片或参加社交活动,都要求随身携带,以赠热心观众;借助外部媒体宣传凤凰明星,时事评论员曹景行等人,频频出席各类研讨会或赴高校演讲。

第二,量身定制适合其个性、风格、特长的栏目,让栏目迎合主持人而不是主持人来迁就栏目。凤凰卫视十分重视培养传媒明星的个人风格。窦文涛的侃功、陈鲁豫的综合能力、许戈辉的国际化气质,是他们树立自己风格的良好基础,而且各尽其才。聪敏善谈的陈鲁豫在《凤凰早班车》中说新闻;窦文涛在《锵锵三人行》中笑谈天下热门话题,等等。一旦某个主持人影响扩大,凤凰卫视就会为其新开专门的栏目来吸引观众,进一步培养观众的忠诚度,扩大并巩固主持人的影响力。1998年两会期间,吴小莉被朱总理点名而迅速走红,成为新闻的新闻,凤凰卫视不失时机,推出《小莉看时事》,吴小莉随之名气日涨。陈鲁豫在凤凰开播时只是担当文艺娱乐节目的主持,凤凰卫视高层看中她国际新闻专业科班出身的背景,启用她主持时事节目《凤凰早班车》,当鲁豫"说新闻"的主持风格得到各方认可之时,凤凰又相继为其开办了《鲁豫新观察》《一点两岸三地谈》《说出你的故事——鲁豫有约》等节目。与电视台的一般传统不同,凤凰并不框定主持人的"活动范围",只要适合他们的个性特点,主持人就可以穿越于新闻时事、综艺晚会等不同的电视领域。

依据凤凰卫视的经验,我国电视新闻明星主持人培养模式应该从以下四个方面着手。

第一,根据传媒明星的个人兴趣、特长定位,设计合适栏目。优秀的新闻人才能否成为传媒组织的明星人物,在很大程度上取决于他(她)能否找到一个适合自己施展才华的舞台。王志与《面对面》,元元与《第七日》,孟非与《南京零距离》,都是人与"舞台"完美结合的硕果。

第二,运用"倒二八理论",重点扶持明星主持和品牌栏目。经济学中的"倒二八理论"认为:20％的客户带来了80％的优良业绩。在欧美国家较为成熟的媒介运营机制中,"倒二八理论"得到了广泛运用:即用20％的人、财、物资源,维持80％的日常节目运行;而用80％的资源去打造媒体中20％的品牌栏目。那些有潜力的新闻主持人作为品牌栏目的核心竞争力,有必要根据这种理论模式加以重点培养。

第三,采取多种方式对主持人进行培训。根据国外研究机构测算"现在人们原有的知识正在以每年5％的速度不断'报废',如果不随时进行知识的更新和补充,10年后就会有50％的知识变得陈旧和老化。可以设想一下,如果一个人工作45年,其知识的更新量会占到他个人全部知识的80％—90％,这些新知识只有通过不断的学习来获得。"[1]所以说,人才培训与再教育是维持或提供传媒竞争力的基本手段。

第四,整合各种传媒资源,加大宣传推介力度。整合营销传播、强调综合运

---

[1] 蔡雯、丁士:《将新闻传媒建设成学习型组织——对培养新闻工作者学习力的思考》,中国新闻研究中心,2003年10月17日。

用多种营销手段，以建立频道品牌与受众情感忠诚关系为目标，以传播通路的多样化来克服电视传播的单向性，增强受众的关注率和忠诚度，尽可能多地吸引受众的注意力。

我国电视新闻主持人正处在日益成熟的进程中，主持人中心制的实质性采用和推广必将加快我国电视新闻明星主持人成长的步伐。我们相信，在不久的将来，像丹·拉瑟等那样的明星主持人也会出现在我国电视新闻的主播台前，以他们特有的魅力和感召力，为中国的电视荧屏增添无尽的光彩！

第二节　电视新闻主持人的魅力元素

在信息爆炸多元、媒体密集的传播环境中，电视新闻面临的竞争与其说是节目的竞争，不如说是新闻人才的比拼，而主持人才的竞争更是首当其冲。传媒新时期，电视新闻主持人如何才能获得观众更多的注意力和认同力，并能将自身打造为电视荧屏上不因岁月流逝而消退、反倒老而弥坚的一颗"恒星"呢？这根本取决于电视新闻主持人所具备的魅力。那么，电视新闻主持人的魅力包含哪些元素呢？我们将其概括为：精神的人文化、知识的专业化、能力的职业化和风格的个性化。

一、精神的人文化

"人文精神主要体现为知识分子的一种生存和思维状态，它是对人的'价值'、'人'的意义的关注，是对人类命运、人类痛苦之解脱的思考和探索。"[①]人文精神对电视新闻主持人职业素质及方式的优化具有特殊意蕴。当新闻主持人出现在电视荧屏时，他（她）更多的是以一个人的姿态出场，而不是一个模式化的主持人角色。他（她）必须在新闻主持中体现对人的关怀、对受众的关怀。如同学者喻国明所说的那样："造就一篇好新闻的，绝不仅仅是漂亮的文字、机敏的嗅觉和技巧的处理，最重要的是一种俯仰天地的境界、一种悲天悯人的情怀、一种大彻大悟的智慧，当这种境界、情怀和智慧面对社会发展进程的基本问题单子时，

---

① 陶东风：《人文精神与世俗精神》，《南方周末》1996年1月12日，第12版。

一篇好的文章就应运而生了。"①就新闻主持人而言,人文关怀是一切为新闻对象着想,是对人的生存状况及其优化的深切关注,是对所有生命的怜悯和尊重,是对人类社会美好未来的思考。

新闻主持人精神人文化的实践表现,具体可以体现在:

首先,要将传播视角从俯视转向平视。中央电视台《东方之子》栏目曾对记者定下一个采访原则,那就是——平视。著名主持人王志认为:"平视不应该是记者的眼光,应该是观众的眼光。当你面对强者的时候,你要给他压下去,当你面对弱者的时候要给他扶一下。""在现场我要采用平视的眼光,目的是什么? 要达到还原真实,让他把自己的心里话说出来,让他把自己的真实意思表达出来。"②1999年5月8日我国驻南联盟使馆被炸,一位电视新闻主持人次日电话采访了邵云环烈士的儿子曹磊,她的提问纠缠在"你什么时候知道妈妈遇难消息的?""你没有怀疑过妈妈工作单位的消息有误吗?""你知道今天是什么日子吗? 今天是母亲节,你真的意识到妈妈离开人世到另一个地方去了吗?""你难过吗?"直到问出"小朋友,你哭了吗?"这种不顾别人顿失亲人的悲痛、往人伤口上撒盐的采访,实在是太拙劣、太残忍了! 这位主持人除了缺乏采访技巧之外,最根本的缺陷还在于她缺乏人文素养。与之形成鲜明对比的是:在同一天里,白岩松在《东方时空》里也对曹磊进行了电话采访,他先是与曹磊在布加勒斯特的监护人通话,询问曹磊的状况,然后在与这个男孩子通话时,白岩松以兄长般的关切语气送上了对曹磊的安慰和鼓励,他们都没有哭,但是电视机前的观众被深深打动了。

其次,主持人要具备强烈的社会责任感。社会责任感的核心精神是正义感,是站在广大民众的立场,"富贵不能淫,威武不能屈",对人类社会共同美好和谐的执着追求。这种感觉将带给受众非凡的影响力,产生强大的信任感和依靠感。1940年8月18日,美国传媒界的传奇人物,日后成为世界第一位电视新闻节目主持人的爱德华·默罗开始二战中的现场系列报道《这里是伦敦》。他站在德军轰炸的主要目标之一——英国广播公司的楼顶上,迎着敌机的狂轰滥炸,现场播出战争实况:"我现在感觉探照灯似乎就在头顶扫视。你将马上听到更近一点儿的两声爆炸。听! 这猛烈的、冷酷的爆炸声。"他穿着军用胶布雨衣,驾着飞车穿

---

① 周婧:《个人化:新闻报道的新态势》,《青年记者》2005年第2期。
② 《王志作品研讨会发言摘要》,中央电视台网站,2000年5月18日。

行在伦敦炮火密集的大街小巷;他连续 25 次深入德国腹地,在英国皇家空军的战斗机上现场报道柏林大空袭。他与那场战争共命运,他的每次广播以"这里是伦敦"开场,以伦敦当时的习惯语"晚安——祝你幸运"结束。正是这种悲天悯人的责任感与正义感,构筑了默罗独特的人格魅力。1965 年 4 月,57 岁的默罗患癌症去世后,电视新闻分析权威埃里克·塞瓦赖德说:"他是一颗流星。我们将长期地生活在他的余晖中⋯⋯我们再也见不到像他那样的人了。"①

二、知识的专业化

电视新闻节目的细分化、专业化是竞争中的必然趋势。只有能够运用专业化知识为受众提供信息服务的主持人,才能赢得受众的尊重和喜爱。

首先,知识的专业化呼唤的是新闻主持人知识结构的专业化。这类主持人需要熟知专业领域基本知识,掌握一定的"情报系统",善于借助"外脑"和"信息网",具备高效率处理信息的能力。同时,主持人除了掌握和节目相关的知识外,还应涉猎文学、历史、地理、法律、经济、心理学等知识,以便在节目制作过程中随时保持主动性和冲击力。

著名主持人敬一丹曾经回顾自己由于欠缺股市知识,所经历过的一段尴尬采访经历。她在《实现真正的对话》这篇文章中回忆道:"我在采访中,有失去资格的时候。在采访股民正谈得热火朝天时,股民突然提到一个词'套牢',我顿时接不上话茬儿。这一刻,我自己觉得已经在股民面前失去资格,因为那时我不懂这个词,话题便因此没法继续。尽管转了话题,但那仍是难忘的尴尬时刻。"

电视新闻主持人掌握必要的和节目内容相关的专业知识,就能够以学识和见地树立起自己在电视观众心目中的权威形象。传播学理论告诉我们,"来自权威方面的讯息往往比来自低信誉度信源的讯息更能引起讯息接受者观念上的更大变化"②;"人们一般都是毫无批判地、信以为真地接受来自权威来源的信息。"③美国著名主持人沃尔特·克朗凯特对人类探索太空领域兴趣浓厚,曾做过大量的案头研究工作。1969 年 7 月 20 日,"阿波罗 11 号"宇宙飞船登临月球,克朗凯特在长达 30 小时的登月实况主持中,凭借对航天科学知识的熟悉和

① 〔美〕埃德温·埃默里、迈克尔·埃默里:《美国新闻史》,新华出版社 2001 年版,第 429 页。
② 〔美〕塞弗林、坦卡德:《传播学的起源研究与应用》,福建人民出版社 1985 年版,第 20 页。
③ 〔苏〕肖·阿·纳奇拉什维里:《宣传心理学》,新华出版社 1984 年版,第 84 页。

理解,对复杂的航天技术原理进行了通俗易懂的解说,对这次登月的背景知识做了细致完备的介绍。这次主持,堪称世界电视史上的奇迹,克朗凯特以他的博学和专业的学者风范倾倒了美国观众。

其次,电视新闻主持人知识的专业化,还包括创造性地运用知识、转化知识的能力和悟性。这要求主持人必须熟悉电视新闻节目的传播特点和创作规律,善于将专业术语化解为老百姓易听易懂、喜闻乐见的语言,做一个最了解受众需求和接受习惯的人。

如,日本朝日电视台名牌新闻节目《新闻站》的主持人久米宏,他就是以形象通俗、智慧灵性的主持风格被日本媒体誉为"电视才子",曾主持《新闻站》达20年之久,将收视率长年保持在20%左右。久米宏最为人称道的主持表现是,他通常大量借助图标、地图、曲线图、积木甚至真人大小的模型道具来解说新闻内容。某一天,他在报道东京物价升至全世界最高的新闻时,特意站在一张摆满了牛奶、大米、甜橙、啤酒和纸巾的大桌前,向观众一一介绍用100日元分别在纽约、柏林和东京所能买到相同物品的数量。

中央电视台主持人王小丫有经济学背景知识,这使她在主持涉及经济现象的新闻节目时,容易将复杂的东西说得简单易懂。比如,她在节目中探讨2001年全国彩电行业亏损147亿元的新闻现象时,考虑到这是一个太过抽象的数字,老百姓未必听得仔细。于是她把147亿这个数字掰开了来讲,告诉观众147亿可以建多少个北京西客站,多少个梅地亚宾馆。用这种类比的方法把概念化的理性的东西用老百姓熟悉的、感性的对象说清楚了,电视机前的观众自然对这个新闻现象印象深刻。

三、能力的职业化

职业化有狭义和广义两个层面。狭义的职业化,是指对某种职业程序性知识的熟练掌握,拥有较为丰富的操作技能和方法。比如主持人训练有素的镜头前状态、发音技巧等。狭义的职业化具有二重性,它还有消极的一面——职业化的思维定式、语言定式、行为定式,会使主持人的工作变化为机械的模式重复,从而逐渐消磨主持人的激情和表现力,过早地丧失主持生命力,为观众所厌弃。

广义的职业化强调职业化的深层品性,是指对职业角色深刻而全面的认识和把握。对主持人而言,就是必须清楚认识"关系中的自我",时刻牢记自己是党和政府的喉舌,同时也是老百姓的代言人,自觉坚守新闻理想和职业精神,积极践行主持人职业角色的权利、责任、义务和规范。

首先,就新闻主持人而言,职业化最重要的表现是在节目中充分展现新闻记者的品性和素养。王志采访中的"质疑"风格是一种职业化的高度体现。王志在工作现场的一个很明显的特点就是:告诉你吧,我不相信;要我相信,你就得经得起我的挑剔。王志曾经说过:"只有职业的采访者,没有职业的被采访者。我要做的是配合他,引发他的倾诉欲,我的姿态永远是配合的。首先不做一个让人讨厌的人;然后,做好一个倾听者,要听,不要忘了人物是什么;第三步,选择什么样的时机提问,有了好的落点,就会水到渠成。"[①]在做《眼球》这部片子的时候,王志带着怀疑和执着对主人公高大夫进行采访。采访前编导拟定的提纲里提出了20多个问题,但是在一个半小时的采访时间里,王志提出的问题是88个。在采访官方推出的楷模《黑脸姜瑞锋》时,王志用各种人性的东西挑剔姜,迫使他从冠冕堂皇的话中说出作为普通人该说的话。"非典"期间,王志采访了时任北京市代市长王岐山,他在高官面前表现出的大气、从容以及尖锐的提问,将他的职业化风格演绎得淋漓尽致。也是这场采访,为他赢得了从业以来人们对他最广泛的注意和尊重。王志在这次采访中共提了29个咄咄逼人的问题,我们把几个经典的提问展示如下:

王志:我们眼里看到一个很镇定的市长、一个很坚定的市长。但是另一方面我们看到北京感染的人数在不断地上升。

王岐山:这个传染病它有一个规律吧,我觉得这个事情,我刚才说了,谁去预测这个数字? 在当前这个条件下,谁都近乎于是一种赌博,是危险的。但是说实在的,我们也在分析,并不是完全没底数的。

王志:什么底数?

王岐山:就是说增长总有一个头,增长到一定程度的时候,它要逐渐回落的。我相信我们这些措施,这些人为的工作都不是白费的。

王志:预期是多少?

王岐山:我现在不想说做这种赌博式的预期回答,不想回答。因为什么? 确实我不想预期,现在起码向市民做这种预期,是要严肃而负责任的。我没有相当把握的时候,我不会讲这种话。

---

① 徐向明:《我就想知道为什么——中央电视台〈面对面〉主持人王志问答》,《传媒观察》2003年第8期。

王志:你上任的时候,我看了这个数字当时是300不到400。

王岐山:对!

王志:昨天的数字是2 705。

王岐山:对!

王志:那跟你的严厉措施这是成反比的,说明什么问题?

王岐山:传染病有潜伏期,传染源是在我的措施中逐渐地被切断,隔离是一步一步地在被隔离,社区的卫生状况包括社区整个组织预防的组织是刚刚建立起来,所以在这个问题上应该非常清醒地认识到:现在的措施,要对今后的十天起作用,不能对当天。如果说现在我们有一种措施,能够今天布置下去,当天就解决了。我们面临的就不是一场严峻的斗争。

王志:那我能不能这样预期十天之后一定降下去?

王岐山:我相信十天之后,起码我们可以讨论这个问题①。

有学者认为,王志在这期节目中的表现"体现了新一代电视新闻工作者与时俱进的精神风貌和职业风采——不仅知识丰富、目光犀利、反应灵敏、语言机智,而且具有极强的公众意识。作为公众人物,电视主持人已不再代表个人或所在媒体说话,而是为电视机前的亿万观众工作着"②。

其次,在直播中的临场控制和应变能力也是主持人职业化的一个重要元素。电视直播已经改写了新闻的定义。传统的新闻定义认为新闻是对新近发生的事实的报道,它的最高表现形态是 TNT 模式,即"今日的新闻今日报道"(Today News Today);而电视直播则将新闻的报道由以往对于已经发生的"旧闻"报道提升到对于正在发生的新闻报道的 NNN 模式,即"现在的新闻现在报道"(Now News Now)。"现场直播"因其零时差和不可预见的动态性成为电视新闻中最具魅力和影响力的形态,也因此成为电视新闻主持人职业化水准的一个重要考量。1991 年,CNN(美国有线新闻网)第一次在电视上直播战争,创下了 17 个昼夜向全世界直播战争的记录。2001 年媒体对"9·11"事件的直播报道,再一次证明了电视直播对灾难新闻的真实记录能力,扭转了电视观众传统的收视观念,极大激发了观众的求知欲。以至于有专家提出:新闻生于直播,死于录播。今后,电视新闻节目中真正具备挑战力和职业实力的主持人,一定是在报道动态新

---

① 中央电视台网站,http://www.cctv.com。

② 徐向明:《我就想知道为什么——中央电视台〈面对面〉主持人王志问答》,《传媒观察》2003 年第 8 期。

闻的直播过程中处变不惊、反应快速,并且言之有物的人。

四、风格的个性化

电视分众化时代,只有个性化的主持人才能从密布的电视频道、五彩纷呈的电视节目和类型化的电视节目主持人中脱颖而出。中央电视台二套早间资讯栏目《第一时间》曾推出一句脍炙人口的栏目广告语:"新闻每天发生,视角各有不同,一样的新闻,我的声音。"这句话简要地阐释了电视新闻节目主持人的"个性化"所在。学者吴郁认为,主持人个性化传播有两个最为突出的表现:"一是个性化的主持人与栏目融为一体,他们就是栏目的形象、栏目的品牌,吸引着大批如约而至的忠实受众;二是个性化的主持人具有很强的号召力、黏合力和拉动力,他们的个人魅力具有无可替代的广告效应,一旦他们去主持新的栏目就会带走一大批观众,如沈力的从《为您服务》到《夕阳红》、元元的从《元元说话》到《第七日》、王刚两进两出《东芝动物乐园》,收视率波动的落差就十分明显。"[1]

对一个新闻栏目来说,所有的革新都是围绕着最大限度地体现个性化生存而展开的。这种经得起受众眼光挑剌的个性化生存将带来居高不下的收视率,最终赢得市场。以《南京零距离》为例,这档江苏本土第一频道——南京城市频道2003年推出的晚间新闻栏目横空出世后,短短几年时间,就改变了新闻节目收视率拼不过电视剧和综艺节目的历史,改变了省台新闻拼不过央视新闻和市台新闻的历史。2004年,《南京零距离》还创下了超过一亿元的广告买断价格,跻身中国身价最高的电视栏目行列。《南京零距离》之所以成功,除了首个关注"民生新闻"、直播互动、改变固有的新闻模式之外,最重要的制胜法宝莫过于启用主持人孟非。《南京零距离》的创办者景志刚曾说过:"对于《南京零距离》来说,孟非是我们的核心竞争力。我们选择孟非是因为孟非身上体现了我们个性化生存的强烈诉求,更是因为孟非身上所透露出来的平民化的精神内涵,而这正是我们栏目的追求所需要的。"[2]学者于丹对个性化的孟非评价道:"每天出现在城市频道上的这个另类主持人头发不多但智慧不少,嘴有点歪但良心很正,年龄不大但阅历不浅,一言以蔽之,孟非是不可复制的。谁都不能说他就是电视新闻

---

① 吴郁:《21世纪主持人的新标高》,《现代传播》2001年第1期。
② 景志刚:《我们改变了什么?——〈南京零距离〉及其民生新闻》,《视听界》2004年第1期。

主持人中最好的,但某种意义上他是唯一的。他不从属于某一'类',而永远只是这一'个'。"①

外在形象是观众对主持人个性化的第一印象,包括主持人的容貌、发型、体态、服饰及举止。《实话实说》之所以让老百姓津津乐道,一个重要原因就是主持人崔永元的朴实形象,他穿西装不打领带,衣着随意,有时候张口就来的幽默里还透着点傻气。亲和、平民的主持人形象穿透电视屏幕扑面而来,给老百姓亲密无间的认同感。凤凰卫视《有报天天读》给人留下深刻印象,除了新闻内容的选择和主持人的思想以外,它的形式特色也不容忽视:在以典雅书房为背景的演播室里,杨锦麟一袭中式长袍,一杯清茶,俨然一个古代说书人的形象。而孟非最初被观众一眼记住或一眼识别,也在于他那特立独行的光头形象,要知道,此前,没有一个中国新闻主持人胆敢在镜头前暴露自己的"不美"之处,孟非的本色形象是使得他和观众结下了不解之缘的因素之一。

当然,外在形象只是主持人个性化的一个表面凸显,而创造力作为一种独一无二的思想火光,应该说是主持人个性的恒久演绎。中央电视台《新闻调查》执行制片人张洁曾经以受众的眼光对央视著名新闻主持人做过一个分类。他认为:"从某种角度说,主持人可能有那么几种:一种'入眼',《新闻联播》的主持人让人看到眼睛里;一种'入脑',观众对你提供的事实,对你的知识结构、采访水平,有一种欣赏和佩服的成分,比如水均益、白岩松、方宏进、王志,我估计是'入脑'的层次;还有一种应该是'入心',就是敬佩你了,我想崔永元是不是有点进入到这个层次了?"②

在1988年央视举行的"如意杯"主持人评选活动中,评委们敏锐地意识到创造力是主持人的一项重要素质。"在评委眼中,究竟什么是电视节目主持人最重要的素质呢? 是创造性。除了外部的一些起码条件外,譬如外貌、语言、风度等,节目主持人最重要的品质应该是他的内部因素,其中首推创造性。谁具有高超的创造才能,谁就能成为优秀的节目主持人。"③例如,孟非的创造性表现在《南京零距离》的子栏目《孟非读报》"评"新闻的过程中。用景志刚的话来讲:"我觉得现在的主持人有三层境界,第一层是播,当下最主流的。现在逐步出现了说新闻,把读稿子变成了说内容,这是第二层。实际上第三层最重要,就是评。评,意

---

① 于丹:《一种新闻态度的表达——〈南京零距离〉样本解析》,《中国广播电视学刊》2003年第11期。
② 《王志作品研讨会发言摘要》,中央电视台网站,2000年5月18日。
③ 舒乙:《评判归来》,载《话说节目主持人》,第165页。

味着有自己的观点。没有观点就没有思想，没有观点就形不成一种交流。"①

　　孟非曾在一次读报的节目中选择了两件与车辆有关又相互对应的新闻。"一条是一对男女在一辆奥迪车里行苟且之事，被警察看到，结果他们一踩油门，把警察撞伤了，奥迪车挂的是省级机关的牌照。孟非这样评述：我们关注的不是这一对有家室的男女关系暧昧，而是一个司机在面对自己的隐私有可能曝光的情况下，敢于拿车把警察撞伤然后逃逸，这两个后果之间他宁愿选择后者是为了什么，他开私家车牌照他敢吗？ 他开外地车牌照他敢吗？ 我们关注的是在法律面前的权利。紧跟着的是一个的哥救一个孩子到医院抢救，连闯了 5 个红灯。孩子得救了，而的哥却面临吊销执照的处罚。孟非话锋一转，同样是司机肇事，一个人们愿意放他一马，另外一个，人们决不能放他一马。什么原因？ 一个是影响了特权和法律在人们心目中的地位，另一个，你如果不放那个闯 5 个红灯的一马，也可以，但是这会影响很多的司机，以后在面对救助的时候，他心里就会有一个权衡：如果我帮你的忙不损害我什么，那我就帮，如果损害我什么，我犯得着吗？"②一次，他播送完香港影星黄日华赴南京与影迷见面的娱乐报道后，加了一句个性化的调侃："你说这人他怎么就不老呢？ 记得刚看他那会儿我也就刚上中学。现在我都这样了，他怎么还那样呢？"诸如此类的新闻评价方式，洋溢着浓厚的个人化色彩，充分展现了孟非思维的不可替代性，对观众而言，看《南京零距离》"怎么说"比"说什么"更吸引人，孟非独特的思想成为整个栏目的卖点。

本 章 小 结

　　⚫ 广播电视新闻的播音与主持是广播电视新闻节目制作过程中的重要环节。播音员、主持人是实现这一环节创作追求的重要工作者。播音员、主持人的岗位业务职责有联系、有分工、有差异，但都是新闻报道中不可或缺的传播者。

　　⚫ 电视新闻节目主持人是在固定新闻栏目中，代表电视媒体的传播立场，能够参与新闻采制、播出与内容点评的整体环节，并能以富有个性化魅力的口语表达、播报技巧，以及洋溢亲和力的平等交流促进新闻信息有效传播的人。

　　⚫ 电视新闻主持人的魅力元素包含：精神的人文化、知识的专业化、能力的职

---

① 于丹：《一种新闻态度的表达——〈南京零距离〉样本解析》，《中国广播电视学刊》2003 年第 11 期。
② 王寅、吴新生：《光头孟非不去央视》，《南方周末》2003 年 8 月 28 日。

业化和风格的个性化。

思考题

1. 播音员、主播、主持人有何区别与联系?

2. 电视新闻节目主持人的内涵。

3. 明星主持人有何特点?怎样才能有利于明星主持人成长?

4. 电视新闻主持人应具备怎样的魅力?

第十章

电视新闻的编排

第一节　编排与编成的内涵及意义

一、编排的内涵

在我国，对编排的内涵尚无明确的界定。有学者论述道："电视节目编排，即节目组合的艺术，时间分割的艺术。""也有人认为，电视节目编排是各个电视传播机构在具体的传播过程中，按照一个台或一个频道的性质、服务宗旨，有比例、有步骤地将一个一个编排好了的节目和专栏以时间为序，集中起来以'套'的形式不间断地播出。这里的'序'如何安排，'集'如何串联，依然有一个编排的过程。"①

从广播电视史考察来看，关于编排的理论与实践，在我国有一个发展的过程。按照最初人们的理解，编排一般是着眼于对已经完成的节目如何安排播出的环节，无非就是安排一个节目播出时间表。随着实践的深入，研究的重心逐步侧重于什么时间播出什么节目上。到现在，编排的理论已注意到电视节目的整体结构、各类节目的比例构成及排序、具体节目的播出时间及方式等的合理设置、艺术调配。但同发达国家的广播电视理论相比，我国关于编排的理论建设还有待深入。

结合发达国家对与我国"编排"概念及内涵相近的理论成果比较，我们给"编排"作如下的定义：编排是对广播电视节目体系策划、构成及播出安排的总体战

---

① 石长顺：《当代电视实务教程》，复旦大学出版社 2005 年版，第 341 页。

略及策略把握。狭义的编排,是对已完成节目播出时间的安排。为了更好地理解这一内涵,我们不妨引入、参考一下发达国家有关"编成"的理论。

二、编成的内涵及意义

1. 编成的内涵

在日美等发达国家的广播电视学中,"编成"是一个十分重要的概念。有关编成的理论,占据着十分重要的地位。根据日本广播电视协会、广播电视文化调查研究所的报告,在日本的广播电视学理论体系中,关于传者的研究,数十年来,就是以编成论为中心而展开的。在我国广播电视界,基本尚未运用"编成"这一概念。但从实际来看,我们的"编排"是与"编成"相对应的概念。

所谓编成,如果要用一句话来表达:是决定将怎样的节目怎样地传播给受众。

具体来说,编成承担着下述的内涵与使命。

第一,应当决定传播怎样的节目。电视的节目,分为报道、教养、教育、娱乐、体育等部类。而一个部类节目中,又可分为社会、政治、经济、工业、农业、妇女、少儿等节目。那么,究竟对这些节目在内容与形式上按照什么样的原则来进行制作,并按怎样的比例来进行传播,这就需要编成来决定。而要做出正确的决定,就要求了解党和政府的宣传报道原则,了解电视观众的趣味和爱好,调查视听率,把握普遍的电视观众喜欢怎样的节目,不同的电视观众喜欢怎样的节目,还要决定根据特殊的情况,安排传播特定种类的节目。

此外,作为编成,还必须对每一个具体的节目,其内容是否健康、有趣,是否适宜各自的节目种类等随时予以检查,然后决定其是否播出。

第二,决定向怎样的对象传播。电视的观众因妇女、儿童、青少年、工人、农民等年龄或职业的区别,生活状态及教养水平等也大不相同,那么,作为编成来讲,就需决定在制作节目乃至播出节目时,是以广泛的一般群众作为传播对象来考虑呢,还是以某一特定层的观众作为传播对象来考虑。再有,假若是传播特定对象的节目,那么,又应该选择怎样的对象等。

另外,作为电视节目,既有以全国的电视观众为对象的全国性节目,也有仅以各个不同地方的电视观众为对象的地方节目。那么,这两者在整个节目构成中各占怎样的比例比较适宜,这也是编成应该考虑和决定的问题。

第三,决定将节目在怎样的时间播放。也就是说,决定一天的播放时间怎样安排,各种各样的节目各在什么时刻进行播放。

从根本上说,电视节目应当选择观众最容易看到的时间进行播放。再就是,不论早上、中午、晚间,都应当安排内容适合于不同的相应时间段的节目。例如,将原本适宜于晚间人们消闲的节目安排到人们紧张的早上时间,那就是很难获取应有的收视效果的。特别是面向特定对象的节目,更应当安排到其特定对象最方便收看的时间。

为此,作为编成,应当调查因电视观众的生活习惯而定的最佳视听时间,力争最佳的收视效果。

第四,为了节目广而告知而安排宣传。拟播放的节目及时刻表一经确定,作为编成,则应当考虑如何较好地通过电视台、电台或报纸等媒介发表其节目的内容和播出时刻,以便让广大观众知道,同时能引起观众的收视的兴趣。

综上所述,可以看到,所谓编成,实是直接与节目的出发点到节目最终效应利害攸关的全局性重要工作。正因如此,对节目编成的重要事项,要经过电视台的决策性机构慎重审议。

2. 编成的意义

日本广播电视学者井上宏曾在《"编成的时代"和编成研究》中,将日本电视传者的历史划分为三个时代:一是"制作的时代"——从电视诞生到 1960 年左右;二是"经营的时代"——从 20 世纪 60 年代到 70 年代前半期;三是"编成的时代"——20 世纪 70 年代后半期以后。对三个时代的编成及编成研究,不少日本学者都著文进行了论述。

他们指出,在制作的时代,编成的着眼点一度是侧重于如何组织好能渗透进日本人茶屋、饭厅的电视娱乐节目。随后,编成研究的侧重点又恰是针对这种重视渗透进日本人茶屋、饭厅的娱乐节目的编成状况展开批判,重新考察广播电视的理念及应有的编成的追求。到经营的时代,由于已不像制作的时代只有极少数的电视台存在,作为传者——电视台方面来说,在编成问题上,意识可基本集中到怎样接受公众的愿望并将其反映到节目中去。随着电视台的增多,出现了激烈的竞争,作为传者,在编成意识上仅侧重考虑制作时代的问题就不行了。而必须更着眼于从电视事业体制出发来考虑编成问题。也就是说,要考虑如何有效地将电视台作为电视企业——像现代众多的其他企业一样来进行经营,使自身在多台并存的情况下能较好地生存和发展。很明显,在这一时代,作为一个电视台（传者）来讲，不仅要考虑如何针对受众的情况来决定将怎样的节目怎样地传播给视听者，还必须同时考虑如何针对竞争者——其他电视台的编成状况，来决定将怎样的节目怎样地传播给视听者。

至于到编成的时代，由于被统称为新媒介的新的电视传播技术的出现，使过去的电视台发射电波、播出节目，供广大受众收视节目的单一电视传播流程开始变为多元的形态，不得不使传统的编成的思维受到极大的影响。比如，十分引人注目的一个问题，就是由于录像机向各个家庭的普及，特别是随着录像机技术的提高，自录节目、预录节目等功能的实现，任何一个家庭，任何一位电视收视者，完全可以不再像从前那样，电视台什么时候播放什么节目，就只能在那个时候收看什么节目，而是可以随心所欲地按自己时间的方便或收看的愿望，让录像机自动地先录下准备收看的节目，然后等到自己方便的时候，再用录像机放出来看。从一定意义上来说，这时候，受众看的已不是严格意义上的电视广播节目，而是录像节目了。对传者来说，电视台方面曾在编成上花费的大量苦心，可以说都失去了意义。更有甚者，一些视听者，比如某个幼儿的家长，甚至可以完全按自己的意愿，有目的地先录下电视台的某些节目（自己认为适宜自己孩子看的节目），然后再编排组合成一个盒带，再放给自己的孩子看。从一定意义上也可以说，这孩子看的是由他父母编成而不再是电视台编成的节目了。对这种情况，电视台编成部的人员、儿童节目编成部的人员该做何想？

尤其到了今天，IPTV、博客技术等一系列高度互动新媒体技术的发明与应用，电视的观众已经超越了电视传播原有的铁一般的时间制约及传者主宰的传播规律，电视的受众"侵入"了传者的世界，甚至独自改变着原本由传者主宰的播出的世界。电视观众把节目的编成权也夺取到自己的手中！这一切，不得不使编成从理论到实践都面临更为复杂的课题。各国对电视节目的编成都给予了高度的重视。在编成中，处于最重要地位的，乃是编成方针的确定。而编成方针的确定，则在总体上确定了电视节目的性质特点和创作方向，从而确定了电视影响社会的方向，或者说是确定了电视对社会的导向。所以，电视节目的编成所包含着的工作意义，实际上是可以与司令部和参谋部的工作意义相提并论的。电视传播的战略与策略、方针与政策、方案与步骤、内容与形式等一系列重大问题，都在编成的范畴中。

同理，我们也应该从这样的高度，来认识编排的意义。

第二节　编排的管理与实施

一、编排的管理程序

从某种意义上来说,编排是一门规划管理的学问。大家知道,一座城市的建设和发展,规划管理的作用是十分重要的。一座城市,绝不是哪一任市长想建成什么样就建成什么样,也不是城市中的哪一个单位想在什么地方建一座什么样的大楼,就可以在什么地方建一座什么大楼的。在今天,一座城市的建设既要考虑到现代化的需要,又要考虑到历史的形成原因,传统的风貌特点,自然地理环境条件,市民生活、工作、交通、居住、用电、用水、用气、排水、防洪、绿化、通讯、学习等各个方面的需要、可能及制约。如果没有合理的规划管理的思考,没有科学的规划管理的设计,那么,一座城市的建设必将是混乱不堪,缺乏整体的和谐。

同理,如果电视节目的构成及播出均没有科学合理的规划管理与设计,那么,也必将是由随便什么节目任意拼凑而成的大杂烩,用这样的大杂烩来端给电视受众,是不可能使尽可能多的电视受众津津有味品尝的。正因为如此,随着电视事业的发展,电视传播水平的提高,电视传者对整个电视传播内容与方式的规划管理也愈加重视,而这种重视,最突出的就是体现在不断严格和完善编排的管理程序。因为只有这样,才能保证整个电视节目的制作和播出有科学的规划管理,并得到真正的落实。例如,在日本 NHK,对编成就是制定了严格的管理程序及一系列保证措施的。节目编成的程序一般如下:

- 决定节目编成的基本方针;
- 决定年度的编成方针;
- 制定电视节目播出时刻表;
- 决定每月的编成计划;
- 决定每月预定播出节目的提案;
- 决定每月预定播出节目的编成;
- 播出节目的发表。

此外,因时因事而定的特别节目或临时节目,其编成则按特别的程序实施。

为确保编成每一程序的正常进行,专门设立了如下的机构:电视广播节目委员会;电视广播节目联络会议;电视广播节目时刻表制定小委员会;电视广播节目提案会议;电视广播节目确定会议。

二、编排的实施原则

日本 NHK 对编成各程序的具体实施所确立的一系列原则,对我们来说,颇有启发意义,列举如下:

(1)对节目编成方针的决定。

作为基本原则来讲,节目的编成,必须首先由电视台的经营委员会、理事会审议来决定节目编成的基本方针。为此,专门聘请若干编成部外的有关专家学者组成电视广播节目审议会,作为经营委员会及理事会会长的咨询机构。这样,以确保经过审议后,能决定出科学的、既尊重舆论调查结果又充分反映各方面意见的、具有自身特色的编成的基本方针。

基本方针决定后,再以此为基础,确定每一年度的具体的编成方针。在NHK,是以每年 4 月到翌年 3 月作为一个事业年度来进行经营管理的。

年度的编成方针是由电视广播节目委员会审议,编成局局长以下的局长会议(相当于我国的总编室主任以下的部主任会议)决定,经理事会及经营委员会批准后正式决定。在此过程中,节目审议会的意见、舆论调查的结果、观众来信、节目监视员的批评等也起着重要的作用。

年度的编成方针一般应于前年度的 12 月或本年度的 1 月间决定。

在年度编成方针的基础上,电视广播节目委员会再决定季度的方针、每月的计划,以及定时节目的框架和内容。如果因突发事件需变更定时节目的框架,编成特别节目的时候,也须经过电视广播节目委员会的审议。

电视广播节目委员会决定的各事项,要在电视广播节目联络会议上传达,以至渗透到各部、科室的每一基层、岗位。

电视广播节目委员会可以说是在有关节目编成及实施的电视广播部门中实际上的最高决定机构。通常情况下,节目委员会审议的结果,都是编成局长(即总编室主任)在与新闻、文艺、教育、评论等各部、室主任协议基础上决定的,所以,除开特殊的场合,都是一经决定后,就予以实施而不再变更了。担任节目委员会委员长的,通常是编成局长。其他各部、室(包括技术、行政、外事研究所等各方面)主任作为委员。委员会每周召开一次,由编成局的整理科作为事务机构提出提案事项。在会议上决定的事项,通过《电视广播节目委员会报》,传播给电视台内各有关部门以及上级台主管部门。

电视广播节目联络会议也是每周召开一次,各部门负责人参加,由编成局长或整理科长提出报告,同时商定、协调各部门的有关工作。然后将会议结果及时传达给各部门及下属各地方台。

(2) 对电视广播节目时刻表的制定。

在节目的编成中,需处理定时节目与因特殊情况而定的特别节目两种节目。

定时节目是以每周为单位确定大的格局,使节目按一定的格局运行,表示这种节目运行格局的东西就是时刻表。时刻表根据年度的编成方针,一年修订一次或两次,以便确定对节目的废止、新设、改订,以及播出时刻的变更等。也有不待节目时刻表改订就废止或新设某些节目的情况。

节目时刻表制定的程序和原则,通常是根据年度的编成方针、参考节目审议会的意见、舆论调查的结果、视听者的适合视听时间和不同时间的合适视听对象、群众来信、节目监视员的批评和各种数据,以及新闻、文艺、教育等各部门的提案,由编成局(总编室)整理科制定初步方案,然后经节目委员会审议、总编室主任以下的各部主任会议确定,再经理事会、经营委员会批准后执行。节目时刻表的决定,通常应在节目改定的实施日期前一个半月或两个月前作出。

再有,在制定初步方案的时候,应召开节目时刻表制定小委员会会议,让各节目部门反映意见。总编室、新闻部、文艺部、教育部、解说评论室等各部、室负责人作为委员应出席会议。必要时,其他部门的负责人也应到会。

(3) 对节目的提案。

一旦由节目时刻表确定了节目的大框架格局,以及节目的种别、所要的时间、播出的时刻后,节目委员会则应更进一步决定每月的节目编成计划,以此为基础,节目具体负责的部、科着手规划节目的具体内容,即:节目的主题、表现形式、演出人员、作者等,并按节目的类别逐一记载到节目提案单上。完成的每下月的节目提案单须于每月 20 日前提交给整理科。地方台的提案则须于每月 10 日前经地方科提交给整理科和主管部、科。

整理科汇总了每月的提案后,即召开提案会议,对每个节目的内容进行审议。若是根据长期计划实施的节目,则必须预先得到节目委员会的批准。

在提案会议上,须对各具体的节目是否遵循体现了每月的编成计划,计划或演出者等是否重复等进行检查和调整。提案会议的结果经整理后,作出每月预定节目表分送给有关各部室及地方各台。然后,各方面才以此为基础开始节目的具体制作活动。

提案会议应有各节目负责科的科长参加,由总编室主任或整理科长主持会议。

另外,根据每月预定节目表,一个月的节目内容虽然可以明确了,但是,由于电视广播为了适应变动着的社会,有些节目是无法预先确定的。还有,由于演员等情况,有些节目后来也需要变更。因此,还建立有"确定会议"制度。确定会议每周召开一次,对从下周开始的两周间的节目内容进行检查,对每月预定节目表制定之后出现的变更、订正或未定的追加的提案等进行审议调整,同时对全部的节目内容进行再确认。确定会议在必要时还可随时召开。

(4)对节目的发表。

负责节目的部、科于节目实施播出一周前(地方台于10天前)将节目的实施内容(播出时日、节目名、主题、演出人员、作者等)记载入"节目通知单"提交到整理科。若节目通知单已提交后,尚出现需变更、订正、追加内容的情况,则应立即将其记载入节目通知单并通知整理科。

整理科根据节目通知单于节目实施播出4天前做成节目表,发送到各有关部科及各地方台,同时利用报纸、期刊等媒介向社会发表。在节目表已发送后出现需变更、订正的情况或有新的决定的时候,整理科还须立即制出追加订正表发送各有关方面。

上述NHK的做法当然也未必尽适合我国的情况,但是,其严密的编成工作管理程序,是值得我们借鉴的。尤其是在编成的基本方针的决定,年度编成方针的决定,每月编成计划的决定,每月预定播出节目的提案制定等问题上的思维,若抓得好,十分有利于调动和发挥电视台决策层、领导层的主观能动性和智慧,主动地、创造性地规划管理好电视传播事业,提高电视传播的水平。而电视广播节目委员会、电视广播节目审议会、节目表制定小委员会、提案会议、确定会议等机构的设立,是很有利于对严密、完善、落实编成的管理程序起积极的组织保证作用的。

第三节　电视新闻节目播出的编排

节目播出的编排是直接影响到节目传播效果的重要环节。广播电视的传播实践已经充分证明,同样一组节目,由于播出的时间、播出的顺序不同,所产生的传播效果是会大不相同的。不过,对于一个广播电视的传播者来说,只了解这个结论是远远不够的。我们还应该了解产生这种结论的原因、依据是什么,才能逐步深入地去把握节目播出编排的规律,通过节目播出的巧妙编排,使节目产生应有的传播效果。

一、传者意念与受众趣味的间离

对电视新闻节目播出编排与播出效果的关系,早在 20 世纪 80 年代,我国电视新闻工作者曾做过一项试验,其试验结果获得的启示,迄今对我们理解电视新闻节目播出编排应该注意哪些因素,具有基础的理论参考价值。实验是将 8 条新闻用两种编成方法加以编排,然后将 20 名高中文科班学生按年龄、性别、智力水平相等的条件分成两个组,让他们分别观看两组新闻,看完后请他们立即复述刚才所看过的内容。

两种编排方法分别如下所述。

第一种方法是当时、也是现在还常用的"前重后轻"的编成法(称"一般编成法")。所谓前重后轻,就是把最重要的新闻放在第一条。这第一条也称为"头条",表示着新闻发布机构认为它有必要引起群众最高度的重视。而是否重要,习惯上又常是按政治新闻—经济新闻—文体新闻—社会新闻—国际新闻来依序判别的。按这种惯例,8 条新闻被编成如下的序列:

① 杨尚昆关于军队整编的讲话

② 首都航空界纪念抗战四十周年

③ 某机械厂厂长自学成才

④ 某市开展商品卫生宣传

⑤ 口播:十号强台风消息

⑥ 西安国际武术邀请赛

⑦ 英国送我二十只麋鹿

⑧ 英国一架波音客机坠毁

第二种编排法是试验者设计的一种"心理编排法",8 条新闻被编排成如下的序列:

① 英国一架波音客机坠毁

② 西安国际武术邀请赛

③ 杨尚昆关于军队整编的讲话

④ 某机械厂厂长自学成才

⑤ 英国送我二十只麋鹿

⑥ 口播:十号强台风消息

⑦ 首都航空界纪念抗战四十周年

⑧ 某市开展商品卫生宣传

试验的结果,"一般组"的学生平均每人回忆出 5.5 条新闻(约占 69%),而"心理组"的学生却每人平均回忆出 7.5 条新闻(约占 94%)。在试验中还发现一种有趣的现象,即,编在能勾起观众最大兴趣的、有较强刺激力的新闻后面的原本并不怎么吸引人的新闻,也同时被观众记住了。如在"一般编法"中能回忆起"首都航空界纪念抗战四十周年"的只有 5 人,能回忆起"某市商品卫生宣传"的只有 2 人。在"心理编排法"中,将这两条新闻分别编在"英国送我二十只麋鹿"及"台风消息"之后,能回忆出的人却分别多出了一倍,而从总体上来看,当"心理编排法"中以"波音客机坠毁"这样有较强刺激力的新闻做"头条"时,以下所有新闻被回忆起的数目都超过"一般编排法"①。

在今天来看,从这个实验中,实际上我们能够总结出这样一些原理和结论:

第一,传者对编排的意图、理念与受众的趣味是有间隔距离的,本质上,传者与受众的新闻价值观是有差异的。上述实验中所谓的"前重后轻法"与"心理编排法"的比较,实际上是在探索按照政治的宣传需要新闻价值观为出发点来指导进行新闻播出编排有效,还是应该按照符合新闻传播客观规律的新闻价值观为出发点来指导进行新闻播出编排有效。只不过,由于当时时代的局限,还不能够从这样的高度来解析和表述这一试验的实质意义。

第二,节目的编排能产生节目传播效果的连带效应。而这个连带效应是十分微妙的,对今天的编排理论与实践都具有值得深入研究的价值。

---

① 参见杨建军:《"头条新闻"在哪里? ——电视新闻编排心理学初探》,《全国电视新闻理论讨论会论文选集》。

二、影响节目播出效果的主要编排因素

1. 价值因素

从本质上看,决定电视新闻节目播出效果的根本因素,是看电视新闻节目的编排是否遵循新闻价值的客观规律。一般的规律,应该是将新闻价值的重要度作为衡量是否能、并且能在何种程度上牵动受众关注度及兴奋点的判断标准。问题的难点是,如何判定、依据什么判定新闻价值的重要度。

要注意,传统上习惯的依据是"传者本位",是依据传者的价值观——往往就变成了从政治宣传意图出发的价值观,来决定新闻价值的重要度,来决定新闻节目排序的重要度。但是,判定新闻价值重要度的依据只应该是"受众本位",传者——节目编排者只应该站在受众的立场,依据受众的需求和情趣,来判定新闻价值重要度,以及决定各个新闻节目排序的重要度和相应的排序位置。

2. 时间因素

今天,"黄金时间"已经成为人们常识的概念。这充分说明,人们已经普遍地认识到,在什么时间播出,对电视节目来说是何等重要。正因为如此,除了突发性的新闻事件之外,最重要的新闻,以及最重要的新闻栏目,重视安排在每天的"黄金时间"播出。

时间因素之所以重要,其本质是它决定了受众群及受众接触传媒的状态。所谓"黄金时间",就是因为在这一时间段,拥有最可能多的看电视的受众,同时,也是受众最可能专注看电视的时间。

一组节目中的排序,也有时间的因素会发生作用。"先后"既是序列的概念,也是时间的概念。一般讲的"先入为主""先声夺人""抢占先机"等,实际上也是强调了实践上占"先"的优势。所以,一组新闻编排中,最重要的新闻总是要摆在"头条",就是如此。

3. 顺序因素

顺序因素,在上面时间因素的讲述中已可见一斑,然而,还不尽然。这里还需特别指出的是顺序效应,或谓连带效应。正如我们在前面列举的实验中的有趣发现:"即,编在能勾起观众最大兴趣的、有较强刺激力的新闻后面的原本并不怎么吸引人的新闻,也同时被观众记住了","而从总体上来看,当'心理编排法'中以'波音客机坠毁'这样有较强刺激力的新闻做'头条'时,以下所有新闻被回

忆起的数目都超过'一般编排法'。"

现在,有研究揭示,如果前一节目好,前一节目会对后一节目产生传承效应,并且,前一节目传承下来的观众数量一般还会有 50%。如果后一节目好(当然是观众早已了解,比如还在播出中的长篇电视连续剧,或者是名牌栏目),那么,这后一节目也会对前一节目产生传承效应,而且,传承的观众数量一般会有 25%。这些数据是否很科学,尚可继续求证;不过,编排中顺序因素会产生的顺序效应,或谓连带效应,为越来越多的人认识和重视,是显而易见的。

三、节目播出编排的要领

电视节目的播出编排,总的原则,可以用一句话来概括:把节目放在最合适的时间,并赋予最合适的方式,以便传播给最可能多数的受众。具体来讲,电视节目的播出编排应考虑到如下一些问题。

1. 单个节目的编排

单个节目的编排应考虑以下四个因素。

第一,节目播出的有利时机。这里主要有以下两层含义:一是根据节目的内容及在制作上具有的某些特点,选择最合适、有利的播出时期。如,相关的节气、节令、政治宣传热潮期,以及与节目中知名角色、知名演员等有关的纪念日、纪念活动期等。二是注意在与其他台节目编成的横向比较中,避免与其他台推出的强有力同类节目冲突,相互抵消传播效力。除非对自己的节目具有可靠的自信,确信具有不致败北的竞争实力。

第二,节目播出的恰当时间。毫无疑问,任何节目都期望在每一天的黄金时间播出,然而,这又是不可能的,因为每一天的黄金时间毕竟有限。所以,要根据节目本身的性质,以及电视受众对节目排序的心理趋向,当然还包括电视台从自身经济利益、政治利益等方面的经营考虑,将不同性质的具体的各个节目,安排在相对来说最恰当的时间。如果只是"最恰当",问题就要简单得多,正因为是要兼及各种节目,从"相对"中来求"最恰当",所以就需多费运筹了。

第三,节目所处的合理位置。比如,一场歌舞节目或精彩的球赛,是放在一部受人欢迎的电视剧之前还是之后,才能获得预期的收视效果,有利于电视台的总体经济利益;一件重大社会新闻的深入报道,是安排在通常的新闻联播节目中好,还是安排在特别节目时间为好等。

第四,节目播出的引入形式。单个的节目在制作时,一般是孤立地来考虑其自身的完美性和完善性的。但是,整个电视节目的播出,是一个时间的流程。处在这个时间流程中的每一个单个节目的播出,实际上都有一个如何"自然""和谐",同时又是"有力地"从这个流程中"冒头"出来进入正式播出流程的微妙艺术问题。比如,一部新创作的电视剧在正式播出前由一位有声望的影评家先推荐、评介几句,与简单地直接播放,其收视状态和效果是会大不相同的。同样,一个重大社会新闻的深入报道,若在正式播出前安排某种渲染性的预告,与简单的直接播放相比,收视状态和效果也会是截然两样。这正如在报纸中,同样内容的一条新闻,在字号、题花、边框、标题排法等编排手法上处置不同,其传播效果就会相差甚远一个道理。

2. 成组节目的编排

成组节目的编排,应考虑以下几点。

第一,理想的序列安排。一组节目,可以是一组同类节目,比如一组新闻节目。像我国中央电视台和很多地方台晚间七点开始、半个小时左右的《新闻联播》,日本 NHK 的《NHK 新闻广角》《新闻中心 9 点》,以及美国哥伦比亚广播公司的《六十分钟》电视新闻节目等。也可以是一组不同类节目,比如日本 NHK 的《木岛则夫专栏》,就是集新闻、娱乐、教养、音乐等节目为一体的综合节目形式。

不论是一组同类节目,或是一组不同类节目,一组节目中的具体每个节目都有其自身的实际的客观视听价值,以及对观众"吸引力"的强弱度。但在将若干个节目成组编排播出时,考虑传播效果的出发点,就不再仅仅是某一个节目,而是整整一组节目如何能最理想地被观众收看。

为此,应充分注意适应观众心理活动的趋向性和专注性的规律,首先抓好"头条",把观众最想看、最愿意看的节目摆在开头,起"鸣锣开道"、吸引观众注意力、增强观众收看兴趣的作用。其次,注意整组节目在序列安排上形成理想曲线、跌宕有致,始终"吊"住观众"胃口",直到一气看完整组节目。可以说,在整个电视传播中,首先要能使观众"看",这是最重要的。因为观众不看,一切节目均失去了意义。如果一组节目观众只看了一半,或仅看了开头,就被观众改换频道,或关掉电视机,那么,除非是整组节目原本没有值得一顾的价值,其编排无疑是失败的。要抓好头条,形成理想的序列曲线,很重要的一点,是节目编排者要真正做到,能随时准确根据特定时期受众特定的视听心理要求、趋向,并有机地、和谐地将其与自己的传播意图结合、协调起来,准确判断一组节目中各个节目的实际价值及应在序列位置。在普遍的广播电视节目编排中讲究的"以强势节目开端,再连接安排类似的节目"和"板块式节目安排"①等,其实都是基于这个原理。

第二,生动的编串形式。在成组节目安排播出时,虽然是将若干个节目集合成了一个单位,但各个节目之间的关系是松散的,在内容上有时乃至形式上是互不相关的。若按一般的编排,即便是注意抓好了头条,也形成较理想的序列曲线,实际上,能不断保持观众收看兴趣的,主要还是靠各个节目自身的吸引力。以军队的战术来比喻,相当于实际主要是靠单兵各自出击的战斗力发挥起作用的,还没有有机发挥出连队、团队的整体作用。所以,要真正发挥好一组节目在成组编排的整体上的吸引力,就还要善于发掘在成组结构上潜在的优越性,也就是说,要将着眼点从单兵的战斗力发挥,转移到如何巧妙地创造出单兵与单兵之间的特殊联系,以形成具备军事艺术的阵列,从而产生更强的战斗力。

大家知道,由于电视节目的播出是随时间的流程进行的,电视观众看到一个节目时,并不太清楚下一个节目是什么。一般来说,电视节目对观众的吸引力,主要是"现在时"的。在成组编排的节目中,排列越后的节目越处于不利的地位。这是成组节目编排中应当注意的一种情况。应采取积极的措施,来改变这种不利因素。

在这方面,美国哥伦比亚广播公司《六十分钟》电视新闻节目的成功,就与他们在节目内容和形式的编排上巧加运筹分不开。这个节目借鉴了杂志的一些编排长处,美国电视观众常常称《六十分钟》是杂志的电视翻版,这个节目的编导也承认,确实是从《生活》画报中学到了许多东西。例如,节目开始播映时,首先介绍将要播映的三个主题,这近似杂志的目录页,以便让观众先把握整组节目的纲要,接着播映出每个主题的报告员,并且选映他们的部分精彩镜头或场景。这一来,更是发挥了电视时空表现上无限自由的特殊优势,先让观众对后面的节目略窥一二。这样,不仅巧妙地缩短了前后节目上的客观时间差,而且,有效地牵引住了观众对后面节目的观看兴趣。

另外,在节目内容等方面具有条件的场合,若借鉴我国的诗歌大联唱等在结构上的经验,通过精心编写串联词等方式将各个节目艺术地串联起来,编排成

---

① [美]赫伯特·霍华德、迈克尔·基夫曼、巴巴拉·穆尔:《广播电视节目编排与制作》,新华出版社2000年版,第208—210页。

组,这样,因整组节目在形式上增强了生动性,整体上增强了紧密性,也能增强整组节目对观众的连续吸引力,取得较一般编排为佳的传播效果。

总之,一组节目的编排,要有利于各个节目从成组编排中得益。

3. 一天节目的编排

一天的节目安排,应考虑以下两点。

第一,合理的时间段分配。一天的节目,内容丰富多彩,但依其内容特点,不同的节目分别适宜于不同的对象,而不同的播出对象,即不同的受众,因其职业、年龄、工作和生活规律的不同,其看电视的时间及习惯也不同。根据各国对视听者生活及余暇时间的调查,都充分说明受众接受电视传播的时间,既有普遍一致的所谓黄金时间段,即晚间 19:00—21:00(或 22:00),也有主要分别适合于各类不同受众(如老人、家庭妇女、夜班职工、儿童等)的一般时间段或特殊时间段。所以,一天节目的播出安排,首先须考虑各大类节目在总的时间段布局上,要适合收视对象的看电视习惯,不奢求所有的节目都能获得最广大的受众。而是力求赢得最基本的特定对象,然后,在可能的情况下,再尽可能扩大节目对受众的适应性,争取更大范围的受众。

第二,有利于多台并存竞争的需要。我们今天所处的电视传播的时代,是多台并存的时代。这就不可避免地出现一个问题,即每一家电视台最大的愿望,就是竭尽全力使自己赢得最多的观众,赢得最高的收视率。为此,每一家电视台都是从经营、管理、节目制作、编排、播出等各个方面,针锋相对地同其他台展开竞争。在电视节目的编排中,也贯穿着强烈的竞争意识。一家电视台在进行节目编排时,不仅要考虑到受众的方面,还应当密切注视其他台各种节目在题材、内容、形式、制作等方面的情况动态,以及在播出安排上的种种策略变化。

四、节目播出编排的形式

随着电视事业日新月异的发展,到今天,节目播出编排的形式可以说早已是异彩纷呈。美国学者曾对美国广播电视所采用的一些编排竞争策略进行过归纳,现介绍如下,大家从中可以获得一些基本的启示①。

---

① 〔美〕赫伯特·霍华德、迈克尔·基夫曼、巴巴拉·穆尔:《广播电视节目编排与制作》,新华出版社 2000 年版,第 210—215 页。

1. 主要的竞争策略

(1)板块式节目安排。

这是一种为了达到把喜欢观看的观众由一个节目带到下一个节目而最常采取的战略,实行这种战略,就要在整块的时间里连续安排对观众有相似吸引力的一系列节目。板块式节目安排通常也是以强势节目为开端的编排方法。典型的板块常称为"垂直性"节目安排,节目通常延续两个或两个多小时。这种做法通常很起作用,因为观众一旦被一种很有强势的节目所吸引,就会继续收视满足同样需要的随后所播的节目。

(2)全盘式。

板块式节目安排是利用观众只要提供类似的节目就继续收视的倾向;全盘式节目安排则利用一些人形成的每天例行的收视习惯,这种做法也被称为"横带式"或"水平式"节目安排。按照这种安排,把一定的节目排在每天的同一个时间,通常是星期一到星期五。大多数白天节目、晚上的新闻广播和在黄金时间的专栏演出都是遵照这种方式安排的。

相反,在一周里每天的一个时段安排不同节目的做法也在某种程度上被采用。这就是相反的方式"棋盘式"。一些电视台和电视网黄金时间的专栏也有不少采用"棋盘式"。

(3)重型打击措施。

重型打击措施是一个有强势的、单项的、历时 90 至 120 分钟的节目,安排这个节目是直接同竞争对手的由较短节目组成的板块对着干。在有些情况下,重型打击措施节目在对手的板块开始之前就先发制人播出,使对手不敢把板块推出来。无论是在哪一种情况下,其意图都是及早抓住观众,并一直把观众的兴趣保持很长的时段,以取得削弱对手节目的效果。

重型打击措施可以是一周的定期的系列节目、一个专栏电影节目、逐周播放的不同电影节目或者是一次性的特别广播。

(4)赛实力的节目安排。

赛实力的节目安排是出现在一方竞争者打出一个有强势的节目与已经在另一个台或网播放出占据优势的节目相拼的时候。通常,以势逼人的一方把对方同类型的观众吸引过来,以便在竞争中吸引收视者。在这种情况下,收视者被迫在两个都愿意看的节目中进行选择。虽然赛实力的节目安排在有些情况下能起作用,但采用者也常常冒这种交战而带来的浪费强势节目的风险。经常出现的结果是,在观众收视率表明这次对抗中的赢者之后,参与竞争的另一方的节目就撤下来。有时候,两大有强势的节目相较量,双方在收视率方面都遇到挫折。还会出现这种情况,观众看播出的一个节目,把另一个节目录在录像带上以后再看。

(5) 逆向安排节目。

是一种避免正面交锋的编排策略。在采用逆向安排节目时,就是自信坚守阵地的节目将继续处于优势。不去进行浪费实力的竞争,而是给收视者提供截然不同类型的节目。逆向安排节目不仅避免把有强势的节目用来进行恶性竞争,而且,还往往因通过可供选择的节目吸引另外的收视者而使总的收视人数增多。

例如,哥伦比亚广播公司成功地推出星期一的晚间情景喜剧与全国广播公司的电影、美国广播公司的职业足球节目竞争;在电视网附属台联播新闻广播的同时,独立电视台安排电视网外的情景喜剧。

2. 次要的策略

(1) 特别节目。

虽然在电视节目中大多数是经常性的每周都播放的系列节目,电视网则每年都安排许多回一次性的特别广播。在这些特别节目经过深思熟虑精心构思地制成并引人注目地推出之时,常常连那些最受欢迎的常规节目也要为它们让路。特别节目取得成功的几个关键是:阔绰的经费、著名的演出人员、精心的制作和富有创意的构思。

(2) 吊床式节目安排。

是指在两个成功节目之间的空当处,让一个新节目或一个需要宣传的节目在观众面前露露脸(如,插播有关的宣传短片)。这个差一些的节目会由于在中间的有利位置上而得益,这是因为观众看了前面的节目还期待再看后面的节目。

(3) 帐篷支柱式安排。

帐篷支柱式安排是在东部标准时间晚上 9 时安排一个有吸引力的节目。该节目工作人员希望这个系列节目会因很大的强势,而把该系列节目之前的空当时间里的观众吸引过来。美国广播公司在全家收视的时间很成功地采用了这种做法。其看法是认为成年人并不太在意晚上 8 点至晚上 9 点这个播送给儿童看的时段,观众一般是会根据晚上 9 点这个系列作出在哪个频道收视的决定。吊床式安排和帐篷支柱式安排的战略都是根据收视者整个晚上都会固定在同一个台收视的想法。

(4) 小型系列节目。

小型系列是指一部不太长的多集节目,内容是有很重要意义或广泛兴趣的题材。成功的小型系列节目不少是根据畅销小说改编,或根据刑事案件、战胜艰险逆境的人物的故事、有关心理与生理疾病的故事等真实事件编成的节目。一部小型系列节目常常每集要播两三个小时,持续播几个晚上。由于其有各种的感染力,包括激起感情和悬念,这种节目会产生很大影响力。如《根》《浩劫》和《孤独的鸽子》都是电视网上小型系列节目中的成功典范。

(5) 普通节目的系列化。

电视网的节目工作者有时把一些一集的节目改为两部分或三部分的系列节目,以便形成一周接一周的悬念。这样,通过把单个的情节分散到跨两个或两个以上的星期,这个节目就可能取得比一个星期只有一个情节的播出编排法更高的收视率。这种系列化方式通常在连续测量收视率的时候采用。

(6) 延长型节目。

是把一部受人欢迎的节目的长度延长,以便在连续测量收视率的时期里增大电视网的收视率。典型的做法是,半个小时的节目扩充到整整一小时,有时候一些一小时长的节目延长到两个小时。同系列化措施一样,延长型节目的做法通常用于一流节目。加在这些节目上的时间是从比较差的节目占用的普通节目时间挤出来的,例如那些吊床式安排的节目就属于这类节目。

(7) 引人注目的举措。

"引人注目的举措"这个词通常含有异乎寻常的行动或极不平常策略措施的意思,这种行动是用来把观众吸引到某家电视网或电视台。从某种意义上讲,系列化和延长型节目是属于不平常的做法。但是,引人注目的举措比这些做法还要耸人听闻。例如,美国电视史上颇为自豪的一个案例,是1981年夏季在《达拉斯》这个节目所形成的悬念。大家会记得,尤因这个角色在春季播出的最后一集被不知名的袭击者枪杀。然而,只有在秋天播出的新节目中观众才知道袭击者的身份、她的动机和尤因是否还活了下来。这年夏天,"谁向尤因开枪"成了有名的风趣话。有趣的是,扮演尤因这个角色的拉里·哈格曼在播送被枪杀的场面的时候,要求把薪水大量增加。当时人们都认为,如果这个演员和制片人不能谈拢的话,这个角色就会在这个系列节目中省略了。

(8) 供特殊用户选择的节目的安排。

是针对具有特殊需求的受众群,而不是为了对广大受众有吸引力所作的节目安排。尤其是对于公共电视和一些专业化电视台(频道),这是有着十分必要性的节目安排理念与方式。这种方式的节目是对占主导方式节目的补充,有利于满足社会大众多元化的精神文化需求。

五、电视新闻栏目的编排形式

电视新闻由于自身的特性,在节目播出编排上与其他内容领域节目的播出编排有某些相通的共性,也有某些个性。

在时段已经确定的前提下,电视新闻栏目的播出编排,实际上需考虑的问题,就是对一组节目的编排。

从前面节目编排的要领的论述中,我们已经知道,就一组节目的编排来说,总体上主要考虑的问题是两点:一是理想的序列安排;二是生动的编串形式。

在理想的序列安排上,普遍的原则,是首先抓好"头条",把观众最想看、最愿意看的节目摆在开头,起"鸣锣开道"、"先声夺人"、迅速吸引观众注意力、增强观众收看兴趣的作用。其次,注意整组节目在序列安排上形成理想曲线,跌宕有致,节奏明快,始终"吊"住观众"胃口",直到一气看完整组节目。在具体实践中,有可能呈现多种的形式。

1. 理想的序列安排

这一条,实质上是从新闻的内容上着眼的。就"理想的序列安排"而言,归纳起来,主要有以下几种。

(1)轻重循序法。

根据各条新闻节目新闻价值的重要度,依序编排。不过,这种"依序"也不是绝对的,也可以酌情灵活变化。

轻重循序法又可细分为"轻重渐移循序法"或"轻重错落循序法"。前者基本呈一条下斜线。后者则呈一条下斜趋势的曲线。后者的匠心在于,除开篇"头条"夺人外,中途也能渐次形成些小高潮,以利于分散带动一些新闻价值重要度或趣味性较低新闻的被接触率。实际上,除特殊的原因外(如特别编排法),不管哪一种编排法,都会带有"轻重循序"的特征。

(2)归类强势法。

出于可互相呼应、或互为参照的编辑意图,将主题相同或内容有关联的数条新闻集中编排在一起,组成阵列气势,从而形成相对重要度、显要度,或增强重要度、显要度的编排方法。

归类强势法又可细分为"集中编排法"和"参照编排法"。前者是将主题相同的数条新闻集中编排在一起。后者是将主题虽不相同,但内容上有关联的数条新闻集中编排在一起。

(3)对比编排法。

有意将内容处于矛盾对立面,或有可比性的新闻在序列上编排在一起。以有利于激发受众从矛盾、对立中更好地认识新闻价值并进行思考。

(4)前后呼应法。

对一些重要的新闻,有意在开头先用消息等体裁作简要播报,再预报"稍后"会仔细分解,把更重头的深度报道放在栏目最后,实现前后呼应的编排方法。这种方法运用得当,很有利于"吊住观众胃口",提高整个栏目节目的收视效果。

(5)特殊编排法。

基于某种原因,打破一般常规,而采用的特殊编排方法。如对突发事件的临时紧急插入报道;对重要的连续新闻事件最新进展情况的随时插入报道等。

2. 生动的编串形式

就"生动的编串形式"而言,归纳起来,主要应注意以下两点。

第一,充分发挥播音员、主持人的贯穿作用。播音员、主持人是新闻栏目编排形式与效果统一的灵魂。新闻栏目的编串形式是否生动,最直观的是通过播音员、主持人的新闻提要、插叙、插议、提要回述、点评等体现出来。所以,精心构思,写好、播好新闻提要、插叙、插议、提要回述、点评等,是实现生动的编串形式的关键。

第二,生动实现节目之间的变换。播音员、主持人的插叙是生动实现节目之间变换的有力手段之一,但仅此还是不够的。还要善于运用道具、字幕、图片、电子特技等多种手段,增强节目之间转换的生动性,以利于从心理和生理上减缓受众的视觉疲劳感。

六、树立节目创新的"先导"意识

前面在讲编排、编成内涵的时候,已经讲过"编成是决定将怎样的节目怎样地传播给视听者"。其中,"决定将怎样的节目传播给视听者",是编排、编成工作十分具有生命力的活性因素,尤为应当给予深刻的理解和高度的重视。因为,从这层含义上来讲,从事编排、编成工作的人实际上是整个电视节目的设计师。而从我们过去的情况来看,对编排及编成的理解与重视,往往还较多局限于狭义的对既成节目的播出安排。

"决定将怎样的节目传播给视听者",既包含对既成的节目进行分析和判断,以决定其是否安排播出,更重要的还在于编排、编成部门应对节目的创作思想,尤其是创新起先导作用。编排、编成部门应当站在整个电视传播的大局之上高瞻远瞩,对应当创作怎样的节目,如何创作更受观众欢迎的节目提出自己的设想,进行宏观的指导。过去,对节目的创新,主要是由具体的节目部门在考虑和实施。但由于日常业务工作的大量和繁杂,具体节目部门的创新多易局限于具体的个别节目上。而对历时较久、习以为常的节目类型在内容和形式上的创新,难以顾及。作为编排、编成部门,因其处于整个电视传播活动的中枢地位,有条件对电视节目,尤其是节目类型在内容和形式上的创新问题多加思考。要提高编排、编成的艺术水平,最有活力的源泉还在于创新上。

不同类型的电视节目,由于天长日久,不断发展完善,形成了各自一些鲜明的内容及表现形式特点。观众习以为常,编者也习以为常。要加以改变,进行创新,确实存在一定的难度。但是,也并不是毫无经营余地的。尤其是在新媒体时代,传统媒体、传统传播理念均受到更严峻的挑战,作为广播电视编排、编成部门,应将树立节目创新的"先导"意识作为自己高层次的追求目标。可以说,正是编排、编成部门的创新"先导"意识,决定着整个电视节目水平提高的速度。

有创新,才有发展;有创新,才有生命的活力。清代赵翼有诗曰:"满眼生机转化钧,天工人巧日争新,预支五百年新意,到了千年又觉陈。"(《瓯北集·论诗》)要求创新,要求不断地创新,这是宇宙万物运动规律。为何?"新也者,天下事物之美称也。"(李渔《闲情偶寄》)所以,在各个领域,在生活的各个方面,人们都赞美新,向往新,追求新。由于广播电视是与人类最现代化的科学技术密切结合在一起的传播媒介,创新的空间和创新的可能,正如海天一样广阔无垠。"海阔凭鱼跃,天高任鸟飞。"只要广播电视的传者、受众,都能树立科学、奇妙的创新先导意识,何愁未来的广播电视,不是美不胜收的世界!

本 章 小 结

⬤ 编排是对广播电视节目体系策划、构成及播出安排的总体战略及策略把握。狭义的编排,是对已完成节目播出时间的安排。

● 在日美等发达国家的广播电视学中,有一个与我们的"编排"相对应的概念——"编成",有关编成的理论,占据着十分重要的地位。所谓编成,如果要用一句话来表达:是决定将怎样的节目怎样地传播给受众。

● 日本学者认为,20世纪70年代后半期以后,电视传者的历史是进入了"编成的时代"。从某种意义上来说,编排与编成是一门规划管理的学问。为此不少国家的广播电视部门制定了严格的管理程序及实施原则。

● 在广播电视新闻节目播出的编排上,要注意这样一些原理和结论:① 传者对编排的意图、理念与受众的趣味是有间隔距离的,本质上,传者与受众的新闻价值观是有差异的。② 节目的编排能产生节目传播效果的连带效应。

● 影响节目播出效果的主要编排因素有:价值因素;时间因素;顺序因素。

● 电视节目的播出编排,总的原则,可以用一句话来概括:把节目放在最合适的时间,并赋予最合适的方式,以便传播给最可能多数的受众。具体来讲,电视节目的播出编排,首先从单个节目、一组节目、一天节目来看,有不同的考虑与原则。在节目播出编排的形式上,随着人类电视事业日新月异的发展,到今天,节目播出编排的形式可以说早已是异彩纷呈。美国学者曾对美国广播电视所采用的一些编排竞争策略进行过归纳。主要的竞争策略有:板块式节目安排;全盘式(也被称为"横带式"或"水平式"节目安排);重型打击措施;赛实力的节目安排;逆向安排。次要的策略有:特别节目安排;吊床式节目安排;帐篷支柱式安排;小型系列节目;普通节目的系列化;延长型节目;引人注目的举措;供特殊用户选择的节目的安排。

● 电视新闻栏目的播出编排,在时段已经确定的前提下,实际上需考虑的问题,就是对一组节目的编排。总体上主要考虑的问题是两点:理想的序列安排;生动的编串形式。

● 在理想的序列安排上,普遍的原则,是首先抓好"头条",把观众最想看、最愿意看的节目摆在开头,起"鸣锣开道"、"先声夺人"、迅速吸引观众注意力、增强观众收看兴趣的作用。其次,注意整组节目在序列安排上形成理想曲线,跌宕有致,节奏明快,始终"吊"住观众"胃口",直到一气看完整组节目。在具体实践中,有可能呈现多种的形式。主要有:轻重循序法;归类强势法;对比编排法;前后呼应法;特殊编排法。

● 在生动的编串形式上,主要应注意:生动发挥播音员、主持人的贯穿作用;

生动实现节目之间的变换。

　　◉ 此外,还特别需要强调的是,编排与编成在总体战略理念上,要树立节目创新的"先导"意识。

思考题

1. 编排、编成的概念和意义。

2. 影响节目播出效果的主要编排因素有哪些?

3. 电视节目的播出编排应注意哪些原理与原则?

4. 美国广播电视所采用的编排竞争策略有哪些?

5. 电视新闻栏目的播出编排应考虑哪些问题?

6. 电视新闻栏目的播出编排主要有哪几种形式?

7. 编排与编成树立节目创新的"先导"意识的意义。

第十一章

广播电视新闻数字化传播

第一节　电视新闻传播的四次革命

一、电视新闻传播诞生的初因

电视新闻传播诞生的初因,如果用一句话来概括,可谓是对电影时效性不足和广播形象性缺失的双维调整。

众所周知,电视新闻的诞生,无疑是寄托着人类当时对"即时形象、无远弗届"传播的理想。正如一位学人曾经的概括:拿与电视亲缘最近的广播、电影来比较,广播是具即时传播性的,然而却不具"形象"。电影是具有形声传播性的,然而却没法"即时"。除电视以外,在即时传播性上,广播绝对胜于报纸、杂志、电影等大众媒介。因此,广播得以诞生。在形声传播性上,电影因其远比幻灯、摄影、喜剧、舞蹈等更能逼真于生活本身的运动形式,所以,电影得以生存。而人类之所以在广播、电影之后,还要不遗余力地促进电视问世,正在于电视"先睹为快盖电影,形声并茂胜广播"。

正因为这一点,电视新闻从一开始就是以直播的形态出现,对重大社会题材的事件进行同步报道。电视新闻传输的技术设备系统的开发,当时也是直接满足于这一理念。和早期的电影一样,电视在它的初始阶段也充分利用了体育运动和政治性的或社会性的事件作为素材,例如赛马、乔治五世的加冕典礼、古典音乐会演出和政治演讲等。这些内容本身有着显而易见的吸引力,除了记录事件,人们并不对这些素材做任何处理。[①]　可以说,以上可以看作是电视新闻的最

---

① [英]大卫·麦克奎恩:《理解电视》,苗棣等译,华夏出版社,2003年版,第11页。

初形态,具有"记录真实"与"广泛传播"的新闻特性。当时,电视传播方面比较有影响力的媒介事件有:1936年8月1日至16日德国帝国广播电台数次传播第11届德国柏林奥运会实况,观众达15万人;1937年5月12日,英国广播公司电视台实况转播英国国王乔治六世加冕典礼,观众达5万人;1939年4月30日,美国全国广播公司WZXBS电视台转播纽约世界博览会开幕式和罗斯福总统在开幕式上的讲话,纽约地区共有200多架电视机播放了这次实况转播。

不过,这也使电视新闻传播的播出方式是顺时性的,一次性的,存在着一播而过、稍纵即逝、保存性差的不足。而且在这种播出模式下,受众对电视新闻的收视往往是不可选择和不可逆转的,完全是被动式的接收。

二、电视新闻传播的第一次革命——首次突破"受众被动接受"局限

录像机的诞生标志着电视新闻传播的第一次革命。这是因为录像机技术的发明,使电视新闻完成了对以往"一次播出"和"顺序播出"不足的调整。其伴随物——遥控器的应用,首次突破了受众被动接收的局限。

第二次世界大战几乎扼杀了处在襁褓之中的电视事业。战后各国相继开始了恢复与重建,电视事业才重新繁荣起来。

在美国学者梅尔文·德弗勒及桑德拉·鲍尔-洛基奇所著的《大众传播学诸论》中,有这么一段话:"就在电视经历最迅速的采纳阶段的同时,纽约的安派克公司正在研制一种设备,它最终将对电视业和电影业产生最深远的影响"[1]。这种设备就是录像机。

"1952年,美国的查尔斯·金斯伯格及安派克公司的其他五位工程师开始着手研究用磁带录制电视节目的方法……1956年,录像机的研制取得成功并引进到电视业。刚刚问世的录像机大小如衣箱,它用四个旋转磁头在2英寸宽的磁带上录像。磁带盘很大,直径差不多有12英寸……它的实用价值迅即得到电视业的青睐。哥伦比亚广播公司成为第一家使用磁带录像技术的电视网,它在1956年11月30日用磁带转录播放了'道格拉斯·爱德华兹与新闻'的节目。"[2]

① 〔美〕梅尔文·德弗勒、桑德拉·鲍尔-洛基奇:《大众传播学诸论》,新华出版社1990年版,第132页。
② 吴信训:《世界大众传播新潮》,四川人民出版社1994年版,第179—180页。

1964年,索尼首先在世界上销售家用录像机①。录像机技术所带来的便利惠及普通家庭,录像节目被加工成商品,形成一个产业,对电影产生了巨大的冲击;更为重要的,它使经久形成的电视传播秩序、传播模式以及电视观众的收视习惯发生了质的改变。随之伴生的遥控器不仅使录像机的使用更为简单,而且让大众初次拥有了对电视节目的主动选择权。

进入20世纪70年代后,录像机技术大大改进,尺寸变得更小,并研制出使用小磁带的机型。只要使用者将磁带盒推入录像机的带仓,按一两个键,就可以录像和重放。当与一台家用电视机相接时,就可以录下所选择的节目,以后随时重放。由此,人们对媒介的态度变得越来越主动。

1990年NHK放送文化研究所舆论调查部实施的"全国家用录像机调查"的研究分析报告认为,录像机对电视广播的影响,从现阶段来看,更主要的还是应从收看心理的侧面、对电视节目编成的影响以及录像带节目的动向等方面来认识和研究为宜。

首先值得重视的,是既存的电视广播的节目编成理念与实际效果的统一关系受到冲击,即原本由既存的电视广播的传者精心编成、规定、带有强制性的节目构成秩序,现在由于录像机的介入,而随时可以被受众的自由选择收录、重放乃至复制、重新编排等而被打破,具体表现在以下三个方面。

一是能利用录像机按设定时间录下电视广播中的任何节目,过后再随时重放观看;电视(新闻)节目此时有了可储存的良好载体——录像带,从而使一些珍贵的影像资料得以保存,既方便日后的重复观看,又提高了电视节目的使用率,增强了传播的积累效应。

二是可以将录下的节目出于个人的某种目的,重新予以编辑、加工,形成另外的编成形式;这就意味着传统的定型的新闻产品可以被重新解构,或者作为电影的资料镜头,或者重新与其他素材混合,应用于不同的节目中,从而产生了新的组合和意义,使内容本身产生了增值的可能性。

三是电视广播从前的不可选择性、一过性、无法保存性等缺陷皆因录像机而得以改观。人们通过录像机收看电视新闻或者其他节目的时候,掌握了更多的主动性——人们可以通过遥控器控制节目的播出速度、顺序等,可以调节节目的循环模式,可以将镜头定格在某个时刻,可以为了个人留念或学习的需要把一些

① [日]佐藤卓已:《现代传媒史》,诸葛蔚东译,北京大学出版社2004年版,第204页。

节目永久地保存在录像带中。

总而言之,由于录像机的产生,电视的受众实际已超越了电视线性传播的制约,电视的受众"侵入"了传者的世界,甚至独自改变着原本由传者主宰的世界。这种改变,自有线电视和卫星电视兴起之后,就变得更为明显。

三、电视新闻传播的第二次革命——"内容二次整合"和"延时播出"成为现实

电视新闻传播的第二次革命,是以有线电视与卫星电视的兴起为标志。这是因为有线电视和卫星技术的兴起使电视新闻"内容二次整合"和"延时播出"成为现实。

有线电视也称"电缆电视",是一种通过电缆或光缆组成的传输分配系统,把节目信号直接传送给用户的电视传输方式。具有抗干扰能力强、信号稳定的特点。"如果从有线电视的史前时期开始算起,50 年代社区天线电视(CATV)应该算作有线电视的雏形。"[1]到 20 世纪 70 年代,有线电视逐步在世界范围真正得以普及和应用。

利用通信卫星传送电视节目始于 60 年代初,1962 年 6 月 19 日,美国发射了"电星一号",这颗位于 600 英里低空椭圆形轨道上的卫星首次成功地转播了电视信号。

1975 年,诞生于美国的 HBO(家庭影院台)标志着电视进入第二个发展的黄金时期[2]。这一收费电视台不再通过传统的无线电波,而是同轴电缆,经卫星从东至西进行中转,进入千家万户。从此,电视打破了赫兹稀有资源的桎梏,进入多元化的时代。

进入 20 世纪 80 年代,卫星技术从中转传送电视节目信号发展到直接播出。直播卫星播出的电视节目信号不用地面站中转而可直接到达用户家庭。它的出现,是电视传播领域又一次具有根本意义的变革。

随着卫星电视和有线电视的发展,世界电视传播开始进入星网结合覆盖的新时代。星网结合覆盖,即由直播卫星或通讯卫星远距离传送电视信号,再经有

---

① [美] 帕特里克·帕森斯、罗伯特·弗里登:《有线与卫星电视产业》,詹正茂、樊燕卿、黄映芳译,清华大学出版社 2005 年版,第 21 页。

② [法] 弗朗西斯·巴勒:《传媒》,张维迎译,中国传媒大学出版社 2007 年版,第 35 页。

线电视网将电视信号分配给用户家庭。星网结合覆盖方式综合了卫星电视和有线电视的优势，既实现了电视节目的远距离传输，又提高了电视信号的抗干扰能力和节目质量，增加了节目容量和节目套数，而且可以构成双向传输系统，与文字传真、计算机网、数据信息库相连，形成多媒体信息传输系统。它体现了电视信息传播方式的基本走向①。

首先，它们带来了对电视直播更为先进的控制手段——延时播出。卫星直播技术可以使电视新闻一面呈现直播的形态，同时设置一定的延时，就在延时的几秒时间内对事件的呈现和报道进行更合理的控制，以防万一。在这点上应用最为广泛的是战争、晚会和其他重大事项的"直播"。目的就是为报道中出现的额外情况留有余地。

其次，更长时间的"延时"为内容整合提供了另一条思路。1994 年，我国四川有线电视台在这方面就进行过有益的探索。当时他们开办了一个叫做《新闻杂志》的节目，其做法就是把每日各地方台的新闻节目录制下来，挑选其中的一部分节目重新组合成一档新闻栏目，在稍晚一点时间后马上推出，作为当天各地新闻联播的一个汇总，既丰富了频道内容，又对新闻节目进行了二次利用，扩大了传播效果，受到广大观众的追捧。当然，这种整合与操作模式也得益于有线技术与录像机技术的发展。

四、电视新闻传播的第三次革命——"库传播"与"移动传播"闪亮登场

电视新闻传播的第三次革命发生在数字化时代。其重要标志是运用"库传播"原理，建构起有别既往的电视新闻传播新模式。同时，移动互联网技术的日益成熟，"移动传播"跃然问世，改变了人们收看电视新闻的长期习惯与方式。"移动互联网＋电视新闻"成为时代亮丽的符号。人们从此可以不再是必须坐在家里或办公室的电视机前看电视，而是随时随地可以利用随身携带的手机、iPad看电视新闻等视频节目。具体体现在：综合运用数字技术，将使电视新闻在"一播而过的易碎品"、受众主动性不足、个性化服务不够、平台稀缺、盈利模式单一等诸多方面得到全面的弥补和调整。

---

① 袁军：《新闻媒介通论》，北京广播学院出版社 2000 年版，第 126 页。

在数字化时代,伴随数字传播科技日新月异的发展,回首既往的电视新闻传播,又让我们意识到,电视新闻的传统传播模式存在三大不足。

一是播出方式是顺时性的、一次性的,这对于电视新闻产品的制作来说,无疑造成了加速浪费;而且在这种播出模式下,受众对电视新闻的收视往往是不可选择和不可逆转的,完全是被动式的接收,受众的参与度很低,这与现代传播的"互动"理念与追求已颇不适应。

二是对电视新闻节目资源再利用不足。人们历来认为"新闻是易碎品",今日新闻转眼就成明日黄花,电视新闻尤甚。但是,电视新闻依托人类最先进的传播科技手段,最快速、敏锐,尤其是形声并茂地真实反映、记载着人类社会、政治、经济、文化等方面的重要变动情况,内容涉猎广泛,而且播出密度高、节奏快,不仅仅满足了人们对于资讯的需要,时至今日,这些海量的新闻内容业已形成了一笔宝贵而独特的社会和文化财富。首先,从信息和文化积淀的角度来看,电视新闻书写了一部无可比拟的生动可视的宏大历史教科书。其次,由于某些电视新闻节目是对政治、经济、文化、军事、科技以及教育等特有领域的深度报道、专题报道,客观上还提供了难得的专业资料,可以被广泛地用于相关领域部门开展科研、交流和学习。并且,由于其形声并茂、图文结合,不仅更容易被人们理解和接受,利用得当,还可以使研究成果的呈现形式更加丰富多彩,如多维论文(综合运用文本、图片、视频、动画等语言书写的学术论文)等。第三,对于学校而言,是开展电化教育的丰富资源。无论是哪一个学科、专业,可以说都能从大量优秀的电视新闻节目中找到生动的案例,用于教学和研究。但是,这些价值在传统播出形态下迄今尚未等到再开发利用。

三是创造经济效益的渠道有限。电视新闻节目的传统赢利模式,还基本局限在通过吸引观众换取广告商的青睐。在现代传媒已纷呈多元赢利模式的今天,电视新闻节目的传统赢利模式就显得颇为单一了,尚有待开发新的途径。

但我们感到欣慰的是,在新媒体环境的浸润中,电视新闻传统播出模式存在的上述三大不足,已经具有重大突破的可能了!

如今,数字化的新媒体环境为电视新闻传统播出模式的突破及电视新闻增值的设想创造了机遇。众所周知,现代先进的数字格式压缩技术、VOD技术与搜索引擎技术的成熟,已经可以使我们对每天采集、生产的大量的各种各样的媒体素材资源及媒体产品轻松地集中起来,形成一个"库",受众则从这个庞大的"库"中各取所需,这是一个基础的理论模型。"库传播"现在已经被广泛地应用在实践当中,它可以看作是一种更为专业的网络传播。集中在库中的信息还可以通过积聚、重新整合,实现多次传播与反复利用,更为精确地定位目标受众所需的信息,了解并不断适应其"消费"习惯,有利于对内容进行管理、改善、控制,提高传播效率,降低传播成本、利于量化传播效果等。过去的电视新闻节目可以存储在视频数据库中,如图 11-1 所示:

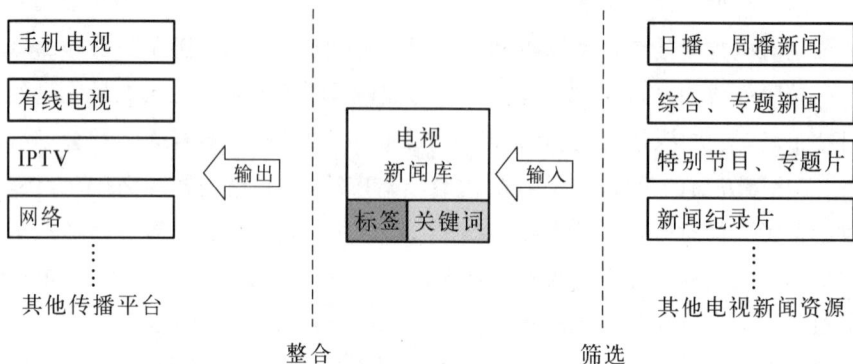

图 11-1 电视新闻库传播基本原理模型

例如,我们利用 IPTV 平台,把"库传播"模型应用到电视新闻的传播上,就是把原始的电视新闻节目资源(既可以是现实的,也可以是过去的)按照一定标准筛选、上传到"电视新闻库"中,既可以让人们根据个人的需要,通过搜索引擎随时点播,也可以巧妙地分门别类,经过重新编排或再次加工构成新的频道、栏目、节目形态,产生新的视听价值,给受众创造新的看点。还可以根据手机媒体、电纸书媒体等终端特点,再巧妙地通过 N 级经营和加工,形成特定的版面形态,传输到各个传播终端。提供个性服务,形成规模效益,就可以实现全方位的增殖。从而也成为再生的节目资源,为内容生产的瓶颈突破,开拓新的途径。"库传播"改变了电视原本"广播"的特质,变成既有广播式的大众化信息服务,也有"我点你播"的个性化信息服务的综合传播形态。

如,现在国内外很多电视台以及报社媒体都打造了融媒体生产平台——"中央厨房"。所谓"中央厨房"实际上就是融媒体中心,它是对"一次采集,多渠道发布"这种新型新闻生产模式的形象比拟。"中央厨房"的记者将采集来的各种新闻素材放入全媒体数据库(又称"成品稿库")中,然后媒体集团内部的各种子媒体可以根据需要,再对这些素材进行二次加工、三次加工,重新排列整合后生产出各种不同形态的终端新闻产品。最后,新闻编辑部按照需要将新闻产品通过多种媒体逐级逐层发布、传播。这种多媒体、全媒体的团队建设通过内容的集约化制作,可以实现新闻信息的多级开发和利用,增强新闻传播效果,节约制作和传播的成本。

在电视台的"中央厨房"融合了传统电视新闻的文字排版工具、音频视频处理软件,也有数据新闻、VR(虚拟现实)新闻、机器人新闻、H5页面等富有表现力的融媒体新闻生产工具,电视新闻记者和新媒体工作者可以在平台共享内容资源和技术资源,快速上手制作融媒体新闻产品。所以说"中央厨房"既是共享内容、共享技术的平台,也是造就新型新闻人才的平台。

应当看到,在网络与电视走向融合的趋势中,未来数字电视新闻传播模式的核心也就是基于"电视新闻库"的整合传播。在某种意义上讲,未来的数字电视新闻台,我们可以将其命名为"数字电视新闻博览台",或称"IPTV 新闻博览台"。

新闻传播渠道的创新也实现了质的飞跃:"移动互联网＋电视新闻"的融合媒体布局初步显现。

架构微博、微信、客户端"两微一端",从中央电视台到省级广电集团,面向移动互联网所布局的融媒体系统基本显现全貌。

中央电视台充分发挥视频优势,2016 年 5 月在主流媒体中率先创建了自有直播平台"央视新闻＋",利用遍布全球的海外记者、覆盖全国的国内记者的强大报道资源,在 14 个月内进行了 2 000 多场新媒体直播,内容涵盖里约奥运会开幕式直播、盐城龙卷风特大事故、美国大选、金正男被刺杀事件新闻发布会等几乎全年所有重大突发新闻。央视新闻新媒体的网络直播技术,创新性地与新浪微博和今日头条等社交媒体合作,首创性地实现了将直播流推送到社交媒体平台,有效拓展了用户渠道。同时,利用新浪微博的"弹幕"等功能,有力提升了用户的参与度,因此其网络直播在短期内获得了很好的传播效果。

中央电视台在海外 Facebook 和 Twitter 上开设的"央视新闻"账号得到相当高的关注度,形成自己的新媒体品牌。央视新闻在《天宫二号发射》《台风"莫兰蒂"》《最佳赏月地》等报道中,实现 4.5 小时不间断移动端交互直播,首次实现手机移动直播信号直接引入大屏,大小屏同源同步直播,使得"多屏收视""多终端收看"成为重大新闻报道的一种常态。

2017 年 2 月 19 日,在习近平总书记"2·19"讲话一周年之际,新华社正式启动了"现场云"全国服务平台,旨在与国内媒体共享成熟的"现场新闻"直播态产品,为国内媒体提供融合发展新平台。"现场云"是基于移动互联网的、以直播为主要形态的、支持基于手机的新闻在线采集、在线加工、在线分发的移动化融媒体新闻在线生产平台。通俗地讲,"记者带个手机就可以发稿了",使用手机上的"现场云"App即可采集直播视频及文图稿件。记者即采即拍即传,编辑即收即审即发,全面改变了传统采编发场景。据统计数据显示,截至2018年1月,包括中央媒体、中央和国家机关、地方媒体、地方党政机关在内的2 300多家机构入驻该平台,12 000多名采编人员注册使用,发布现场直播28 000多场次[1]。

还有,人工智能推送也逐步进入到电视新闻的编排领域。机器通过对用户数据的收集分析,比人工编辑更了解每一位用户的喜好,并不知疲倦地将最适合用户的新闻推送到他们眼前。根据第三方机构发布的报告,在2016年资讯分发市场上,通过人工智能的算法来推送的内容超50%[2]。这意味着我们看到的新闻,主要是由人工智能的算法代替传统的人工编辑为我们挑选、推送的。这是新闻编排领域的一个巨大变化。

五、电视新闻传播的第四次革命——"新视觉"电视新闻别开生面

"新视觉"电视新闻的特征在于不再满足对传统电视新闻"形声并茂"的"形"的表现能力了,实现了人类对更高层级的"形"的理想表现追求。这首先体现为突破原本不擅长表现数字等高度抽象事物而兴起的"可视化数据新闻",继而是体现为更高层级的VR/AR虚拟全景新闻等。

正如本书在前面所论述到的,4G开启了一个移动影像新时代。由4G伊始,将带来一种新的最大可能,即"孕育革命性产品,并催生相关产业的革命性变化"。4G标志着移动互联网应用终于突破了一度由网络带宽困扰的某种"临界点",为数字化进程及信息消费的繁荣发展开启了强大引擎,拓展了更广阔的前景[3]。

移动视觉体验成为当今时代信息符号的新标签。在大数据、云计算环境下,以数据为支撑特色的数据新闻,也在不遗余力地追求视觉化的境界。

可视化是数据新闻的基本特征,其主要目的就是将海量数据以最为简洁直

---

[1] 参见新华社新媒体中心编:《现场云嵌入式培训手册》2018年5月,第7—12页。

[2] 方师师:《新闻业和你我的宿命,就是被"算法"算计?》,http://www.sohu.com/a/164296015_119707。

[3] 吴信训:《4G前景下我国媒体融合的新变局与进程展望》,《新闻记者》2015年第9期。

观的方式呈现出来,帮助受众进行更形象化和更深刻的理解。

如,《数说命运共同体》是中央电视台在 2015 年国庆假期推出的"一带一路"的特别节目,该节目在央视新闻频道"新闻联播""新闻 30 分""新闻直播间""晚间新闻"等新闻栏目中播出。这档电视数据新闻节目将常规新闻报道与大数据新闻报道相结合,使用目前国际上非常先进的数据可视化科技,将新闻节目通过真实的数据轨迹在电视上全景呈现,栏目一共挖掘了超过 1 亿 GB 的数据,试借此分析"一带一路"沿线国家 44 亿老百姓之间的联系。因为其新颖的新闻报道形式、极具时代感的动态图表以及深度的思想分析,获得了观众和业界的一致好评。"一带一路"沿线共有 60 多个国家,即使用视频来展示,也很难将国与国之间串联起来。而《数说命运共同体》在拍摄时采用了"一镜到底"的手法配合数据使用,让主持人可以在不同场景之间自由穿越。比如在《通向世界的路》一集中,欧阳夏丹便从巴基斯坦的施工现场穿越到孟加拉首都达卡附近的帕德玛大桥施工现场,看似毫无关联的两个国家,在数据和拍摄手法的作用下产生了奇妙的联系。《数说命运共同体》特别报道节目制作组采用三维建模软件、可视化数据分析软件统计、后期合成软件完成了 32 组大数据可视化视频,共计有 97 个镜头。炫目的视觉效果背后,"命运共同体"这一主题更加凸显。

VR/AR 技术更是带动电视新闻拍摄和观看视角发生了奇妙的转变。VR是虚拟现实"virtual reality"的英语缩写,是一种可以创建和体验虚拟世界的计算机仿真系统。它利用计算机生成一种模拟环境,是一种多源信息融合的交互式三维动态视景和实体行为的系统仿真,使用户沉浸到该环境中。AR 是增强现实"augmented reality"的英文缩写,这是一种实时计算摄影机影像位置及角度并加上相应图像的技术,这种技术的目标是在屏幕上把虚拟世界套在现实世界并进行互动。这种技术最早于 1990 年出现,随着随身电子产品运算能力的提升,增强现实的用途越来越广[①]。

电视新闻使用 VR 技术的实例,首推对 2015 年"9·3"大阅兵的报道,《人民日报》中央厨房引进全景 VR 设备,全方位展示了阅兵式的精彩瞬间。但此时VR 技术尚未广泛展开,人们更多的是好奇。2016 年两会报道中,央视、新华社以及新浪等网络媒体纷纷尝试 VR 新闻的报道模式。由于 VR 拍摄角度是 360度全景视角,这样的角度往往带来感官上的震撼,形成独特的沉浸感、交互感,给

---

① 百度,https://zhidao.baidu.com/question/2204142349382771108.html。

观众带来"身临其境"的在场感,令电视观众以第一人称视角近距离、全方位观察新闻场景和事实细节,进而带来从"观看"新闻到"体验"新闻的转变。2016年国庆节期间的"央视新闻"启用VR视角,拍摄黄果树瀑布、三清山、长城等景区情况作为旅游风貌报道,虽然只有短短的1分钟时间,但尝试本身带来的视觉体验颇具新意。

电视新闻中对AR技术的运用也在2016年得到实现。中央电视台《数说"十三五"》系列报道将与"十三五"密切相关的数据,用虚拟数据图形与新闻现场拍摄实景有机结合,以物体暗喻的方式传达信息,升级了数据可视化的形态。而虚实交织的呈现方式更能加深观众对数据的印象。2016年10月17日,神舟十一号载人飞船发射成功,在中央电视台《筑梦天宫》直播报道中,AR技术进一步应用到主播台上。新闻主播通过触摸主播台下方的触控面板,模拟"指挥"天宫二号的行进方向和转速。同时,辅助全息虚拟成像技术,主播在模拟的天宫二号太空舱内部为观众讲解宇航员生活的诸多细节,令人耳目一新。

第二节　视频网站与电视新闻传播

一、视频网站成为电视新闻传播的新型扩展平台

伴随视频网站技术及传播理念的日益发展,如今,互联网已然成为电视新闻传播的重要渠道。在门户网站、视频分享网站、IPTV(网络电视)平台上普遍有电视新闻或具备电视新闻传播特征的视频内容。它们来自媒体机构或者网民自拍,一改传统电视新闻只有电视媒体(尤其是官方媒体)传者一方独霸传播权的旧格局,再加上既方便观看又方便搜索的特征,刷新了广大受众传统收视的体验。同时,视频传播作为当今互联网最为普遍的增值服务应用,也成为新的生产力增长点和价值开发重点。

视频网站的种类众多,数量庞大。关于视频网站的分类有许多种,若以是否需安装终端播放软件为标准,可划分为客户端和非客户端型网站;而从网站的建设主体来看,可分为门户类、媒体类、民营类型网站;若从技术角度出发,则分为P2P技术依托型网站和VOD流媒体视频网站。从视频网站使用或者传受关系上又可划分为视频分享和视频点播(网络电视)两大类,从建设主体区别则分为

门户网站、媒体机构、商业机构三类。

从建设主体区分的视角,我们遴选出各国早期较有代表性的网站,如表11-1所示:

表 11-1

	国别	建设主体	代表网站	核心技术	简　介
视频点播	中国	门户网站	搜狐视频频道 http://tv.sohu.com/	流媒体点播、直播;搜狐插件(客户端)	依托门户力量,技术成熟,囊括主要电视台各类节目,全面、综合性强
			腾讯宽屏 http://bb.qq.com	流媒体点播、直播;QQ客户端	忠实用户数量巨大,客户端技术成熟,电影电视储备丰富,并有专题策划与集锦
		媒体机构	央视国际 cctv.com	流媒体点播、直播	依托央视节目资源,内容专业
			东方宽屏 http://www.smgbb.cn/	流媒体点播、直播	以SMG节目资源为主打
		商业机构	PPlive http://www.pplive.com/	P2P,网络电视软件(客户端)	国内知名度最高、用户数最多、覆盖面最广的P2P网络视频软件
			PPstream http://www.pps.tv/	P2P,网络电视软件(客户端)	PPS是全球第一款使用P2P技术的网络视频客户端,支持本地视频播放,支持视频播放画中画播放和定时、节目提醒功能
	美国	门户网站	美国在线 http://video.aol.com/	流媒体点播、直播	品牌影响力大,内容丰富
			MSN http://tv.msn.com/	流媒体点播、直播	客户端数量庞大,界面时尚,吸引年轻人
		商业机构	ReacTV		提供个性化电视新闻的新闻机构,主要通过网络为各个观众定制其特有的视频新闻广播①

---

① 宋璞、朱学芳:《流媒体在视频新闻传播中的应用》,《情报科学》2006年第3期。

	国别	建设主体	代表网站	核心技术	简　介
视频点播	美国	媒体机构	美国广播电视网 http://abc.go.com/	流媒体点播、直播	依托 ABC 广播网媒体资源,以电影、美剧主打
			FeedRoom www.feedroom.com	流媒体点播、直播	NBC 等集资建立的基于宽带网络的流媒体新闻服务网站,全天 24 小时提供新闻在线点播,用户可以点播来自 NBC 和 Tribune 等地方电视台的最新新闻以及路透社和美联社等提供的国际新闻
	英国	商业机构	袋鼠 http://www.kangaroo.tv/	流媒体点播、直播	基于 WEB 的各项服务,其内容也可发布到其他平台,用户有两种观看模式:一种是广告支持的免费模式,另一种是付费观看模式
	日本	媒体机构	NHK 放送机构 http://www.nhk.or.jp/	流媒体点播、直播	NHK 官方网站
	澳大利亚	媒体机构	悉尼晨报 http://media.smh.com.au/	流媒体点播、直播	转播大量电视台节目
		商业机构	Rootv http://www.rootv.com/	流媒体点播、直播	有丰富的、海量的主要国家的新闻节目、影视剧等,界面独特
视频分享	中国	商业机构	优酷 www.youku.com	WEB2.0 平台 + P2P	中国第一视频分享网站,视频服务平台,提供视频作品上传、发布、播放、订阅功能
			六间房 6.cn	WEB2.0 平台 + P2P	网民参与最多的视频分享网站,大量的电影、电视、娱乐节目
			激动宽屏 http://max.joy.cn/	WEB2.0 平台 + P2P	点播、直播技术成熟,内容丰富

续　表

	国别	建设主体	代表网站	核心技术	简　介
视频分享	中国	门户网站	新浪互联星空 http://v.sina.com.cn/	WEB2.0 平台 + P2P	与互联星空合作推出,实力不俗,可转播多家电视台节目,播客力量强大
			搜狐博客·视频频道 http://v.blog.sohu.com/	WEB2.0 平台 + P2P	人气较旺的视频分享门户网站
	美国	商业机构	Youtube http://www.youtube.com/	WEB2.0 平台 + P2P	全球最大视频分享网站
		门户网站	MSN http://video.msn.com/	WEB2.0 平台 + P2P	客户端数量庞大,视频分享及时,互动性强
			雅虎 http://video.yahoo.com/	WEB2.0 平台 + P2P	亲和力强,分类清晰
	日本	商业机构	EYEVIO http://eyevio.jp/	WEB2.0 平台 + P2P	Sony 构建的视频分享平台
		门户网站	NIFTY http://video.nifty.com/	WEB2.0 平台 + P2P	免费视频分享网站
	英国	媒体机构	BBC bbc.co.uk/iplayer	WEB2.0 平台 + P2P	BBC播客分享网站,有大量BBC电视广播节目,也有原创内容
	以色列	商业机构	MetaCafe http://www.metacafe.com/	WEB2.0 平台 + P2P	全球第二大视频分享网站,原创内容为主,有成人频道

下面我们就门户网站、媒体机构网站和商业(民营)机构网站的电视新闻传播状况作简要解析。

1. 门户网站的电视新闻传播

对于国内较熟悉的门户网站,腾讯、搜狐、新浪堪称各领风骚。这三家门户网站于 2005 年前后各自展开了视频服务,一开始,它们走的是网络电视的路子,其理念是"利用网络来看电视",主要整合电视台的一些节目,以转播和直播为主;后来,随着博客、播客的大行其道,来自民间的音频视频力量迅速崛起并得到重视,门户网站开始依靠自身的技术优势纷纷开辟个人播客空间,给 UGC(原创内容)提供了一个上传、播出的公共平台,然后网站本身对大量内容再经过整合与处理。

在国内,门户网站没有自行采编新闻的权利,但与电视台机构建立合作关系后即可开展对其转播的业务,相当于为传统电视拓展了一个播出平台,所以电视新闻在网络上的传播一部分就是对电视台内容的转播,另一部分是从与之合作的电视台处得到并经过选择、处理以供点播。现在,国内门户网站更逐渐呈现向媒体转型的趋势,其强调对新闻、对信息的传播逐渐成为媒体道义的体现,在视频内容的选择上,同样也体现出了这一趋势。无论是搜狐、新浪还是雅虎,新闻这一标签出现的概率和检索易得性都很高。可以说,电视新闻在门户网站上得到比其他网站更多的重视,因而,用户接触新闻类视频的概率要高于其他的视频网站,这一点可以说是国内独有的情形。

国外的一些大型门户网站,如雅虎、MSN、Myspace 等,这些网站也纷纷涉足视频传播领域,亦体现出世界范围的视频网站兴建潮流和趋势。它们不仅提供视频新闻点播,而且注重对网民原创内容提供平台,凝聚网民的力量来增强网站影响力。不过,尽管各有大量的用户原创、上传的视频新闻,但门户网站的新闻传播目前还是以专业机构的内容为主体。

在国外,对媒体拥有内容的整合与传播,一般由媒体机构自身的网站来承担,门户网站并非其播出平台,一个原因是国外媒体对其内容产权的借用有更高的规格要求;还有一个原因是经营理念的不同,国外门户网站的做法一般是将电视台内容"碎片化",分门别类将其置入自己的栏目,主要以点播为主,这一做法的好处是节约了大量的版权购买成本。另外,国外的门户网站也有自行采编电视新闻的权利,如 yahoo 的新闻板块绝大部分来自自采新闻。不过,在新闻传播方面,门户网站的竞争力不如媒体机构自身的网站。

2. 媒体网站的电视新闻传播

国内较有代表性的媒体官方网站如央视国际(cctv.com)、东方宽屏(www.smgbb.cn)等。其中,央视国际于 2004 年 5 月开通网络电视功能,是国内最早开通网络上收看电视的网站。不仅能集纳收看中央台的各频道节目,也陆续推出了视频搜索和视频博客服务,加上原有的电视节目在线直播和付费点播,一些有名的新闻栏目诸如《焦点访谈》《新闻调查》的过往节目也在其列。2009 年 12 月 28 日,中央电视台打造的国家网络电视播出机构——中国网络电视台(域名 www.cntv.cn,简称 CNTV)正式开播。网站定位为"国家网络电视播出机构",即以视听互动为核心、融网络特色和电视特色于一体的全球化、多语种、多终端的公共服务平台。推出了新闻台、体育台、综艺台、播客台(爱西柚)、搜视台(爱布谷),以及首页和客户端 CBox 等内容。其中主推的"爱西柚"为视频分享平台,"爱布谷"为传统电视节目在线直播平台。"爱西柚"为用户提供"我的电视"功能,让用户可以随心打造属于自己的个性化电视,可以将自己拍摄的节目上传到"爱西柚"栏目中与众人共享。这意味着该网络电视台不仅会播放中央电视台自己制作的视频内容,还向网民提供视频上传和分享服务。"爱布谷"的直播内容覆盖数十个频道的精品栏目,点播则每日新增加近 300 小时视频,并且支持 7×24 小时无线回看。此外,"爱布谷"视频直播还为用户提供了实时的"边看边聊"功能[①];东方宽屏主要整合了 SMG 旗下几家电视台的节目,主站目前拥有新闻、娱乐、体育、音乐、电影、电视剧、动漫、购物、美食、财经、英语、电台、电子杂志、社区等近 20 个网络视频及音频频道。作为 SMG 的网络媒体,其"新闻立台"理念在网站也得到一定体现,"资讯"板块内容翔实,分类全面,可以一览当天财经、时尚、体育、社会等要闻,但限于推广不足或者力量有限,新闻资讯板块流量还不大。

国外媒体网站的电视新闻传播,一定意义上讲,已经成为与传统电视媒体一样并驾齐驱的电视新闻传播主渠道。在网络普及率较高的美国,互联网已进入 2/3 的美国家庭,并有 3/4 的美国人成为互联网用户,巨大的网络市场使得美国有 58 家电视台提供新闻视频广播,34 家电视台提供流媒体视频点播服务。美国人几乎是把媒体网站当作门户网站使用的,比如 CNN、ABC 等几家大电视网的官方网站都凝聚了超高人气。一旦有大事发生,人们更是锁定网站的电视新闻实时报道,这已经成为默契,因而用户忠诚度也很高。以美国国内著名的 FeedRoom 新闻视频网站(www.feedroom.com)为例,它是由 NBC 等集资建立的基于宽带网络的流媒体新闻服务网站,全天 24 小时提供新闻视频的在线点播服务,用户可以点播几乎所有来自 NBC 和 Tribune 等地方电视台的最新新闻以及路透社和美联社等提供的国际新闻[②]。此外,ABC 的广播网(http://abc.go.com/)实力同样不俗,清晰流畅的视频点播服务,翔实而全面的新闻、影视内容以及清新可观的界面给予使用者愉悦的体验,易形成客户黏性。

美国总统奥巴马的当选,就与他高超地利用了网络电视新闻传播的力量有

[①] 参见方扬:《如何用电视"收食"中央网络台》,《欧洲时报》2010 年版,第 16—18 页。

[②] Linda Argote, Paul Ingram, "Knowledge Transfer: Abasis for Competitive Advantage in Firms," *Organizational Behavior and Human Decision* Processes,2000,82(1):150—169.

关。有报道和评论称："奥巴马的胜利创造了许多个第一：美国第一个黑人总统,第一个拒绝使用政府提供的公共竞选资金(8 400 万美元)的总统,甚至奥巴马还成为美国第一个'互联网总统'——因为他的竞选极大地利用了互联网web2.0 的优势,吸引了大量的'长尾'和草根力量,并最终获得了成功。"报道还显示,奥巴马曾经是一个社区创建者,深知网络传播的力量。在他的指挥下,他的竞选团队创建了一个社交网络来增进奥巴马在网络的影响力。奥巴马在Facebook 拥有一个包含 230 万拥护者的群组,而在最流行的视频类网站YouTube 上,仅仅在一星期,其竞选团队就上传了 70 个奥巴马的相关视频。这些在网络上的竞选视频,开拓了除电视媒体外更广阔的宣传广告平台,这些看起来非常草根的网络节目,实际上是由专业的奥巴马竞选团队量身定做的。它们看起来更平实而更叫人容易接近,从而使这些视频赢得了更广泛的关注。其中奥巴马关于种族问题的 37 分钟演讲,自从 2008 年 3 月上传至网络后,不到 11月,查看率已经超过 500 万次,使他成为网络"红人"中的一颗闪亮的明星①。

在英国 BBC 既是媒体网站,也是英国最大的门户网站,它可提供两种类型的视频服务,一是 BBC 电视台节目的转播、下载;一是播客服务,可供用户开通个人播客空间。日本的 NHK 官方网站(http://www.nhk.or.jp/)上可以点播当天及前一天的新闻,还有本台的国际新闻;澳大利亚悉尼晨报的官方网站(http://media.smh.com.au/)可以收看澳洲主要电视台的电视新闻。

比较而言,国外媒体网站更具有对所依托媒体的超越性,更注重资源共享、共用和"新用"。节目不仅往往可链接到更多的其他内容,也绝非对所依托媒体原版节目的简单重复使用,节目的碎片化情形更多,比如新闻是以条目而非整体栏目的状态出现。甚至同样的题材内容,你会在网站上感到不一样的传播,这就形成了一种内在的超越性,使网站并非附庸,而是独立运作的个体,有相当的自主性和能动性。

3. 商业机构网站的电视新闻传播

商业机构的视频网站一开始就比较注重建构和发挥视频分享网站的优势,除了提供丰富、大量的内容可供点播外,互动理念的深入使视频服务从一开始就充分具备 2.0 时代的特征,用户一方具有越来越多的使用权限,网站成为他们展示才华甚至创收赢利的平台,从而对用户发生有效的黏度。

---

① 参见叶茂中:《奥巴马:借助网络营销获得选举大胜!》,全球品牌网,2008 年 11 月 6 日。

从世界范围来看,无论是大名鼎鼎的 Youtube、Metacafe,还是国内无数个类似 Myspace 和 Youtube 的视频网站,"方便又全面"成为其共同的追求,电视新闻作为视频综合网站的一分子,其受重视程度可谓"仁者见仁,智者见智"。以国内的几家视频网站为例,优酷网和六间房甚至没有专门的新闻频道,一些新闻类栏目被包括在社会标签内;而激动网则囊括了众多优秀的华文电视台,包括翡翠台、凤凰台的新闻节目在激动网的新闻窗口均可一览无余,不管是直播的,还是已经播过的新闻都可以通过网站再次点击收看;一些网络电视播放软件比如PPlive、PPstream 等都是对电视台的整体转播。

总体比较而言,商业机构的视频网站更重视对娱乐类服务的提供与开发,对电视新闻传播的分量关注要少得多。

二、视频网站上电视新闻传播的前景

在视频网站的电视新闻传播领域,现阶段我国与发达国家还存在较大的差距,而且,就数字技术与网络技术发展所提供的现实可能来看,视频网站的电视新闻传播创新,均还有很大的发展空间。根据英国、德国等国家的有关互联网调查研究报告显示,受众对互联网的利用与需求态度,实际上是伴随着社会的发展以及人自身的发展,在不断发生着变化,而这变化中有两个很值得注意的趋势。

一是利用互联网人群的年龄层逐步升高,由互联网初期的大学生、青少年等年轻人群,不断扩大到中老年人群。调查报告显示:在德国使用互联网最多的是妇女和 60 岁以上的人,后者的人数有 510 万,占该人群总数的 25％,仅2005—2006 年一年之内就增加了 5％。而 14—19 岁的上网人数只有 490 万。显然 60 岁以上的互联网使用人数超过了年轻人的使用人数。在德国,有 57％的妇女都会上网,相比较 2005 年,2006 年妇女的上网人数也增加了 5％。据分析,这与德国社会的老龄化有密不可分的关系[①]。

再一个很值得注意的趋势是,据英国牛津大学互联网研究中心《2007 年英国互联网调查报告》揭示:对于网民而言,互联网信息获取的功能比娱乐功能更重要。很大一部分网民上网的初衷都是为了获取各种信息。最初因寻找信息而

---

① Dr. Helmut Qsang:《新媒体在德国——现状与展望》,吴信训主编:《世界传媒产业评论》第 1 辑,中国国际广播出版社 2008 年版,第 195 页。

上网的人数自 2005 年大幅度增长。2007 年将信息查询当作互联网首要功能的人比 2005 年增长了 8—13 个百分点。2007 年，人们在以下方面首选互联网：计划旅行（54％）、书讯（47％）、地图查询（46％）、找寻税收信息（39％）、查询当地学校信息（40％）；最受欢迎的信息搜索是有关闲暇时光旅游的出行计划和本地新闻方面的。2007 年，大约 1/3 的互联网使用者在线阅读报纸；使用互联网进行学习的人数日益增长。大约 3/4 的网络用户将互联网作为专业信息查找的首选。有 1/4 的人为了取得学位或者工作培训目的参加远程学习。这也引发了在线教育质量的问题，以及进一步引发了信息普及的问题：人们能否正确区别网上信息的可靠性和教学内容及其来源的正确性呢[1]？

这些调查结论对把握我国互联网使用与满足的发展规律也有积极的启示意义。例如，有专家学者据我国 2008 年 1 月 17 日 CNNIC 发布的《第 21 次中国互联网发展状况统计报告》分析指出，可以发现中国网民呈现出年轻化的趋势，中国网民的平均年龄为 26 岁，类似网络游戏、网络音乐、视频娱乐类应用更受到年轻人的欢迎，全面娱乐化是中国互联网应用的最显著特征。中国的互联网用户对娱乐内容的需求显得更为旺盛[2]。对比英国、德国的调查报告结论，我们是否可以认为，中国互联网现在的使用与满足状态只是互联网发展中早期阶段的一种状态，英国、德国今天互联网使用与满足的状态或许也是中国互联网的明天呢？

随着互联网的日益普及，以及互联网使用者对互联网功能和利用价值日益增高的理性认识，将会有更大比例的使用者运用互联网来观察监测世界发生的新变动（新闻范畴的功能），来增益自身适应社会发展的生存能力的提升（信息与学习范畴的功能）。这种需求的增长，无疑也为网络电视新闻与信息的传播拓展了空间。尤其应当看到，日新月异的数字科技发展以及互联网技术与功能的升级，为电视新闻的传播提供了有别于传统电视新闻传播的巨大可能，它不仅可以满足而且可以引导受众产生对电视新闻传播更多更新的需求！这也应该是未来互联网上电视新闻传播的创新策略思考的出发点。

根据已有的经验和可推测的预见，网络载体上的电视新闻传播能够给我们

[1] 英国牛津大学互联网研究中心：《英国 2007 年互联网调查报告》，吴信训主编：《世界传媒产业评论》第 2 辑，中国国际广播出版社 2008 年版，第 17—59 页。
[2] 张大钟：《中国新媒体市场发展的状态——机遇、挑战与未来趋势》，吴信训主编：《世界传媒产业评论》第 1 辑，中国国际广播出版社 2008 年版，第 72 页。

带来如下更多的可能。

第一，传—受关系改变了，传者与受众的角色及内涵发生相互渗透、甚至即时换位。

传统上，广大受众是单向通过收看即时、形象的电视新闻获取信息与培养价值观。传者——电视新闻的制作主体（媒体机构）从一定程度上能够左右广大受众的视听，能够决定广大受众知晓多少真相，能够引导广大受众朝哪个方向思考。——这都取决于电视新闻呈现给我们的表象及其背后的一套符号阐释系统。但是在互联网上，受众收看电视新闻的体验逐渐发生了变化，参与性提高了，诸如短信投票、热线电话，甚至不久还可能会有热线视频，传—受的关系，传者与受众的角色及内涵，在传播的过程中就会发生相互渗透，甚至即时置换。由此，广大受众的互动性和主动性，乃至判断力无疑会明显提高。

第二，更为多元的视角以及由此带来的公正性的提升。

互联网技术为多元声音的传播创造了更为便捷有利的平台。对于同一事件和体裁的新闻，并非传统媒体那样容易控制只发出一个声音。在网络上，可以利用超链接技术轻而易举地将不同媒体机构的电视新闻集中在一起。广大受众可以方便地比较 CCTV 和 CNN 对同一时事所持的不同态度和立场，也可以将更多的相关视频集中在一起浏览，以更为多元的视角加强对公正性的判断。

第三，日益简单易得的搜索功能可以带来更周到细致的个性关照。

有人觉得网络上集中了海量的内容，很容易被淹没在信息的海洋之中。事实上，对于每天制作播出的大量的电视新闻，受众并非按照传统方式一个不落地被迫观看，利用视频搜索，受众可以马上精确定位到自己所需的新闻片段。列表式的新闻条目和打破线性的传播已经成为现实，在网络上，可以轻松满足对个体的按需服务和最大关照。

第四，传者的真正大众化带来对内容创新的促进。

已有越来越多的媒体尝试由普通人来播报新闻，这是媒体向大众回归的重要标志。同时，也有很多普通人越来越具备新闻意识，他们恰巧身处"新闻现场"所拍摄的独家镜头一经在网上传播也能引起巨大轰动，比如"胡紫薇、张斌事件"和"张珏事件"。很多在传统媒体上往往无法播出，而人们又极其关注的"原生态"新闻事件往往正是通过网络，才能满足大众的需求，也许这一点会成为网络电视新闻传播机构内容创新的重要突破口。

第五，新闻可以不再是"易碎品"，电视新闻节目资源可望得到新途径的再生。

正如本书前面已经讲到的,电视新闻传播的第三次革命带来的数据库传播原理,电视新闻可以不再是一播而过的"易碎品",电视新闻节目资源可望得到"多次"再生。

上述种种对广大受众带来的好处,无疑也会进一步激发受众更主动参与新闻事件传播的过程,从而进一步促进并启示网上电视新闻传播形态的不断变革与创新。

三、公民视频新闻的兴起、特征、意义及思考

视频网站的产生和发展,还促成了一个令人耳目一新的新鲜事物,那就是公民视频新闻成为数字化时代电视新闻传播实践中一道亮丽的风景线。

在各类视频网站上呈现出这样一种趋势,即用户原创的社会题材类新闻视频内容得到了重点开发和额外重视。如早期在搜狐的视频频道上,"社会·原创"栏目被排在第一位;六间房的"社会频道"被置放于页面顶端;酷6网排在第一位的是"第一现场"栏目,等等。这些来自公民自拍并以关注公共领域和民生为特色的视频,不仅具有新闻广泛告知的信息功能,而且由于更新速度快、内容鲜活真实而使网站本身凝聚起更多的注意力,受到网民的普遍欢迎,从某种程度上也成为人们认识当下社会的一个重要渠道。此类用户自拍的视频新闻被贴上"公民视频新闻"的标签。

1. 公民新闻的兴起:从图文信息到视频传播

公民新闻(citizen journalism)产生于20世纪90年代中后期的美国,是在"公众新闻"(public journalism)领域出现的新变化。最早出现的形态是在网络上发布图文信息,而博客成为最具影响的平台。率先报道克林顿性丑闻内幕的德拉吉博客网就是这样一举成名的。随着传媒环境的剧变和竞争的加剧,"读者和观众有了更丰富的可供选择的新闻来源渠道,他们越来越自信,也越来越丧失对传统新闻媒体的敬畏"[①]。

---

① 蔡雯:《美国公共新闻的历史与现状——对美国"公共新闻"的实地观察与分析(下)》,《国际新闻界》2005年第2期。

2000 年以后,美国、韩国等国家相继出现了公民新闻网[①],提倡每一个公民都可以成为"记者",激发其率先挖掘新闻源的潜能,并鼓励更多的公民主动去寻求更广的新闻素材,因而在内容上也出现了深度调查式的公民新闻,有的公民还发展为职业的新闻线人,或者半职业的新闻记者(自由撰稿人),参与传统媒体的新闻制作,如 CNN 还专门开辟了"公民记者"栏目。这些新变化、新现象在我国也逐一出现[②]。

2018 年 2 月 19 日,中央电视台在推进媒体深度融合的过程中又迈出了重要的一步:央视新闻移动网正式上线 UGC(user generated content 的缩写,意为"用户生产内容")功能。用户只要下载并打开"央视新闻+"手机客户端,就能够完成视频、图片与文字等素材的上传,为包括央视新闻在内的近三百家媒体矩阵号提供新闻素材和直播内容。用户上传的素材将进入央视新闻移动网内容管理后台,经过核查与筛选后将成为央视新闻移动网矩阵号共享素材。手机注册、实名认证与自动获取地理位置将提高用户所上传内容的真实有效性,降低信息核验的成本,提高素材使用的效率。这是中央电视台作为专业新闻媒体,协同海量用户生产新闻内容,使用与组织用户生产力量的一次探索与尝试,将进一步推动新闻内容生产流程由单一到融合、单向到互动、封闭到开放的发展。"央视新闻+"手机客户端在 2 月 7 日发布的新版本中,推出并开始试运行"我要投稿"功能。截至 2 月 19 日,已有近 8 000 条用户生产的内容通过该功能进入央视新闻移动网的内容管理后台。数据还显示,至 2 月 19 日,"央视新闻+"手机客户端已累积下载近 3 823 万次,平台注册用户达到 530 万。其中完成手机绑定与实名认证的用户,都能够使用内容上传的新功能,用自己的方式拍摄新闻画面,记录突发现场,为央视新闻移动网讲述自己身边新闻故事[③]。

正如媒体从报纸发展到电视,公民新闻从最初的图文信息发展到现在的视频传播,这一轨迹背后反映的是技术与理念共同结合所产生的结果。特别是手

---

① 2000 年年初成立的韩国新闻网站 Ohmynews.com 是全球第一家成功的公民新闻网。2008 年,由北京中盘国际传媒创办的中国第一家公民新闻网上线。

② 2002 年,《南京零距离》栏目发展了一支群众 DV 队伍;随后有许多电视台开辟栏目给普通公众拍摄的视频提供一个播出的平台。如广东电视公共频道的《广东报道》、云南电视台《今日》、河南电视台公共频道《DV 观察》、上海电视台纪实频道《DV365》、杭州电视台《新闻夜班车》等在节目中就开办了类似"新闻自己拍"的板块栏目,使得公民们在新闻事件报道和传播中的主动作用得到了发挥。

③ 央视新闻 App:《央视新闻移动网 UGC 功能正式上线》,http://mini.eastday.com/mobile/180219140316352.html。

机影像和数码相机影像的便捷获取与传播,使形声并茂、现场感强的视频新闻逐渐成为公民新闻的主要力量,伴随着 Youtube(美国)、MetaCafe(以色列)、优酷(中国)等视频分享网站的兴起,公民视频新闻有了更方便、更宽广的发布平台,越来越多的网民和电视观众借助日益普及的科技工具参与新闻制作,并被赋予"拍客"的身份,这一群体的逐渐形成与壮大也成为当今社会独特的文化现象。

2. 公民视频新闻的特征

(1) 公民视频新闻的表现形态特征。

由于公民视频新闻普遍是由未受专业培训的公众 DIY 制作而成,在表现形态上,呈现出比较明显的"非专业"个性化色彩,同时,很少有相关延伸与背景阐释,大多"就事论事"。现阶段的公民视频新闻一般没有"公民记者"出镜,没有主持人,不设新闻导语;画面因非专业设备拍摄而清晰度不太高,画面不太稳定,镜头推拉摇移的运用也不甚合理,构图未必很合乎美学原理,一般也不做后期剪辑就直接上传到网上。即便是进行了一定的后期剪辑制作,制作方法的参差不齐也令其展现出多元的形态:有的视频片段是纯 PPT 式的图片展映;有的是图片加背景音乐结合而成;有的是图片或视频加以自己的配音解说;甚至视频(图片)配流行歌曲的情形也时常出现,比如 2009 年 3 月在重庆发生的"3·19"歹徒袭击部队哨兵抢走枪支事件,新浪网在第二天就上传了一段视频①,片子前半段是网站、报纸等对于此事件报道的截图,随后是作者在现场拍摄的一些图片,后半段则是反映公安干警夜晚加强巡逻力度,以及作者无意识随拍街景的视频,整段视频配以一首完整的外国歌曲作为背景音乐,该视频很快便上升为当天点击率的首位。然而在快速攀升的留言中,几乎没有网民对视频的专业和非专业性做出任何评价,网民关注更多的是视频的信息内涵和事件本身。这也启示我们,"信息本身比传播手段更重要!"这一点对于专业人士来说,实际上也意味着传统的新闻模式受到了众多非"程式"元素的极大挑战。

(2) 公民视频新闻的内容取向特征。

在内容取向上,目前我国公民视频新闻的信息来源主要体现在以下五个方面。

第一,公共领域。公共领域的突发事件是较多反映的内容之一。如光天化日之下手持枪支聚集在某酒店门前寻衅斗殴的广东汕尾黑帮;开张当日,铺天盖

---

① 新浪视频频道,http://you.video.sina.com.cn/。

地展示当地政法部门庆祝标语的湖南张家界某家洗脚城外景;陕西花6亿建人造"月亮"迷幻夜景[①];福州一典当行保安劫持三女人质[②]……这些事件本身由于具有较大的影响力从而使此类内容往往容易成为关注的热点。

第二,亲身经历。发生在当事人自己身上的事件,也包括当事人身边的真人真事,这种素材一般不具有可复制性和事先预约性,当事人恰好赶上以及恰好记录,从而成为难得的资料镜头。不过这些事件有的具有新闻价值,有的并不具备新闻价值。其中"有些'自身事件'会经过传统媒体的介入而放大,成为'新闻事件'或'媒介事件'"[③]。如2007年3月震惊全国的"重庆钉子户事件",就是先通过优酷网得到迅速传播,进而成为影响全国的新闻事件。

第三,主动调查。现在有个别公民乐于主动寻求新闻线索,对某一件事情进行细致的调查,然后公布自己的调查结果,以引起人们对某件某类事情的关注。这种调查行为一定程度上弥补了传统媒体关照不到的领域,如"嘴对嘴喂大脑瘫养子23年"[④],"井水污染村民癌症高发"[⑤]、独家探访云南50多返乡民工患怪病成"活死人"[⑥]等,这样的选题事实上成为人们全面了解社会的另一个渠道。

第四,刻意策划。有些公民视频新闻内容则明显反映出是事先刻意策划的。如前不久在上海地铁频频出现的各类造型夸张的"雷人",有蝙蝠侠、纸盒机器人、木乃伊等,其背后有的是商家的广告行为,有的是个人的行为秀,总之以某种噱头——或夸张或离奇的现象,利用、迎合公众的猎奇心理,获取点击率。

第五,视频合成。利用现在录像设施和后期编辑软件的简便完善,很多人可以方便获取电视、电影片段并予以重新组合编辑。因而一些公民视频新闻实则是以用户名义上传的二度编辑的电视新闻。这种经过普通公民按照自己意愿重新加工和改编的视频片段,有的是对原有电视新闻报道不足的弥补,或者提出新的佐证,或者是为了表达别的意念,或者是为了"证伪",一般而言,落脚点会与原电视新闻不同。

3. 公民视频新闻发展的意义及思考

(1)公民视频新闻对"新闻"本身的补足。

---

① 上传者:痞子乐,新浪视频频道,http://you.video.sina.com.cn/。

② 上传者:东南快报,搜狐博客·视频,http://v.blog.sohu.com/。

③ 蔡丽霞《对"公民新闻"的研究与探讨》,2006年中国传播学论坛论文。

④ 上传者:酷酷啊军,新浪视频频道,http://you.video.sina.com.cn/。

⑤ 上传者:大森林新闻频道,酷6网,http://v.ku6.com/。

⑥ 上传者:独家探访云南50多返乡民工患怪病成"活死人",http://you.video.sina.com.cn/。

公民视频新闻既是信息传播形式的一种扩展,也是信息传播模式变革的一种体现。对于传统媒体尤其是电视媒体而言,公民视频新闻的兴起和发展,无疑在一定程度上挤压了其生存空间,但它又以民本的视角、草根的姿态以及原生态的记录方式给传统新闻传播语境带来了新鲜的风气。对传统的电视新闻在"新闻"的含义上给予了一种有力的补足。

由于众多"公民记者"扎根于现实生活的土壤,他们有条件接触到丰富的第一手的新闻素材,并有机会成为某些突发性事件的现场亲历者或目击者。"他们制作的新闻,不仅为主流媒体增添了声音,而且是不经加工的真实声音"[①],充实了"新闻真实"的内涵,而在客观上又使得新闻信息的来源更为广泛、多元,从而对原来的自上而下、一种声音的传播体制形成补足。用一句话来概括:"公民记者的价值,在于他们的出现,既大大扩展了发现并传播新闻的概率,同时,也有助于推动现代新闻传播的'返璞归真'。"

有专家研究证实,其实只有很少的网民通过互联网来收看传统电视节目,所以公民视频新闻必然要与传统电视新闻有所错位才会有存在与发展的传播空间。也就是说,人们希望在互联网上看到的就是与传统新闻不一样的"新闻"。

然而,这并不是说人们对非专业的制作技法、不甚清晰的画面,甚至嘈杂模糊的声音情有独钟。公民视频新闻之所以现在能抓住人们的眼球,就是在于捕捉到了第一时间、第一现场的信息。也就是说,在其摇摇晃晃的镜头背后,是一个异常丰富与珍贵的信息场,这是公民视频新闻的第一生命力。

从实际的传播效果来看,各类视频网站上每日头条视频新闻的点击量从 1 万次至 20 万次不等。新浪网一般每周点击率最高的视频都会超过百万。而一些经典视频比如"成都 5·12 大地震　学生宿舍内震感强烈"竟达到了 1 494 万次;优酷网上每日点击率最高的视频也都维持在五万以上;六间房的日点击率在万次左右……如果算上累计点击率,这些数据会足以让人感到公民视频新闻传播力量的强大。

而公民视频新闻的反馈也很值得关注。一些对社会公共事件尤其是反映社会不公、弱势群体、黑暗暴力等内容最容易引起网民的留言及评论,跟帖数往往高达数千条,并且很容易形成舆论合力和发生舆论一边倒的情形。如海南省东方市感城镇 2009 年 3 月 23 日晚发生了一起群体性事件,搜狐视频频道于 3 月

---

① 来自百度百科:http://baike.baidu.com/view/1231765.htm。

26 日以"海南东方械斗现场曝光"命名的视频挂出,10 小时后点击率就达到192 162 次,评论达到 99 条。

(2)公民视频新闻对传统"受众"的消解。

在公民新闻的理念下,最直接的变化就是公民由见证者变为了传播者,深刻改变了"传播者"与"受众"之间的传统界限。

首先,在视频新闻拍摄过程中,公民的信息参与度发生了变化,从身处事外、面对屏幕到侧身其中、拿起手机(或 DV),其主动性和被动性发生了演变。比如"深圳供港水质遭污染现象严重"[①]、"居民房子无故被卖遭黑社会强拆"[②]等视频新闻明显在传递一种"我也是记者,我正在调查,我就在现场"的信号!

其次,在视频新闻制作完毕并公布到网络平台后,受众的角色定位和角色意识也彻底发生了改变:此时普通公民真正变成了传播者,其作品同样能引起社会的广泛关注,成为新闻热点。从"我看媒体记者/编辑制作的新闻"转变为"我来拍/编新闻",其背后蕴含的是在新传播语境中对公众(受众)主体身份的确认。

(3)公民视频新闻对平民话语权的释放。

多年的市场经济结构改革与调整对政治民主化进程的影响日渐其深,从经济领域的平等竞争到政治领域的平等对话,普通公民的自我意识、维权意识得到了增强,他们开始自发、自觉地参与一些社会公共事务,积极关注社会现实,并利用一切可能的渠道使"普通公民真实话语权利"得到多维度体现。

公民视频新闻由于关注民生、人文关怀色彩浓烈,在一定程度上代表社会普通民众对话语权的掌握,他们的集合与积极参与更能有效形成一种声势,使其主张和声音及时传播出去,更有利于使社会听到来自基层的声音。

再有,公民视频新闻由于是多元的个体公民提供新闻信息,使传统新闻源的专业化与单一性逐步与公民化与多元性的因素相交融,这有利于增强传统媒体的公信力,更有利于社会舆论达到整体平衡。

同时,公民视频新闻诱发与激励了更多的公众积极参与话题,表达个人意见,不仅有利于受众主体意识的满足,还有利于营造一种平等开放的气氛,促进社会民主进程与和谐发展。

综上所述,公民视频新闻对现代社会新闻传播的意义是显而易见的。但是,

---

① 上传者:鹏城寻梦,搜狐博客·视频,http://v.blog.sohu.com/。
② 上传者:choater,搜狐博客·视频,http://v.blog.sohu.com/。

另一个方面,从公民视频新闻在当前的"初期发育"阶段来看,发展中也出现了一些值得关注和深入思考的问题。

例如:万州三峡之窗网站的三峡论坛上,曾经贴出一个名为"周家坝实拍两岁老烟枪"的帖子,反映当地一名两岁多的小男孩在遭无聊成人唆使下抽烟的恶作剧,一度引起轰动。好在这段四分钟的视频遭到了广大网友的谴责,加上其他媒体记者事后调查揭露,事件才逐一得到平息。然而,这一事件至少说明拍摄及上传该视频的公民在认识力和判断力上有所欠缺;而对于视频发布平台来说,无疑也表现出把关意识不强。

又如,2008 年天门市城管工作人员在竟陵办事处湾坝村处理公务时与村民发生冲突,市水利建筑工程公司经理魏文华路经事发地点,停车用手机摄像,随后与城管人员发生纠纷,被殴打不幸身亡[1]。虽然最后凶手得到了严惩,正义得到伸张,但是血的代价未免有些沉重。这一案例一方面反映出,从新闻学角度来说,公民作为新闻的采制主体其实还受到相当多的限制,社会对"公民"主体身份的认可应当进一步增强;另一方面,也还需要考虑的是,是否整个社会都能认可拍摄主体有充分的权利随意举起手中的镜头? 又或,被拍摄的公众是否愿意自己在对方的镜头中呈现? 即,公民自主采摄新闻的权限问题。

这些都启示我们,公民视频新闻现象也给我们提出了一系列新的课题。再如,由于"公民记者"缺乏基本新闻学的训练和素质,新闻的生命力——真实性能否在"公民新闻"的领域得到保证? 人们是否会在更为多元的信息源面前失去判断力? 公民新闻在增强了民主、话语权之后是否也会引发公众强权? 一些带有片面性的报道会给当事者造成伤害,或形成负面的舆论导向;非专业的摄制会形成大量的冗余信息给受众造成视觉浪费,等等。总之,对于在数字化环境中出现的公民视频新闻这一新生事物,如何才能有利其健康地发展,这些都有待于我们进一步关注与研究。

本 章 小 结

⬤ 电视新闻传播诞生的初因,如果用一句话来概括,可谓是对电影时效性不足和广播形象性缺失的双维调整。

---

[1]《男子拍城管执法被打死 数十人抢尸拖行 10 余米》,《扬子晚报》2008 年 1 月 9 日。

◉ 录像机的诞生标志着电视新闻传播的第一次革命。这是因为：录像机技术的发明，使电视新闻完成了对以往"一次播出"和"顺序播出"不足的调整。其伴随物——遥控器的应用，首次改变了受众被动接收的积习。

◉ 电视新闻传播的第二次革命，是以有线电视与卫星电视的兴起为标志。这是因为：有线电视和卫星技术的兴起使电视新闻"内容二次整合"和"延时播出"成为现实。

◉ 电视新闻传播的第三次革命发生在数字化时代。其重要标志是运用"库传播"原理，建构起有别既往的电视新闻传播新模式，对突破传统电视新闻传播尚存在的三大不足创造了条件。具体体现在：综合运用数字技术，可使电视新闻在"一播而过的易碎品"、受众主动性不足、个性化服务不够、平台稀缺、赢利模式单一等诸多方面得到弥补和调整。同时，移动互联网技术的日益成熟，"移动传播"跃然问世，改变了长期以来人们收看电视新闻的习惯与方式。"移动互联网＋电视新闻"成为时代亮丽的符号，人们从此可以不再必须坐在电视机前看电视，而是可以随时随地利用随身携带的手机、iPad看电视新闻等视频节目。

◉ 电视新闻传播的第四次革命同样发生在数字化时代。其重要特征是"新视觉"电视新闻别开生面。"新视觉"电视新闻的特征在于它不再满足对传统电视新闻"形声并茂"的"形"的表现能力了，实现了人类对更高层级的"形"的理想表现追求。这首先体现为突破原本不擅长表现数字等高度抽象事物而兴起的"可视化数据新闻"，继而是更高层级的VR/AR虚拟全景新闻等。

◉ 数字化时代，视频网站成为电视新闻传播的新型扩展平台。视频网站上的电视新闻既有来自媒体机构的，也有来自网民自拍的，一改传统电视新闻只有电视媒体（尤其是官方媒体）传者一方独霸传播权的旧格局，再加上既方便观看又方便搜索的特征，有力刷新了广大受众传统收视的体验。同时，视频传播作为当今互联网最为普遍的增值服务应用，也成为新的生产力增长点和价值开发重点。门户网站、媒体机构网站和商业（民营）机构网站的电视新闻传播呈现出不同的状况。

◉ 网络载体上的电视新闻传播能够给我们带来如下更多的可能：① 传受关系改变了，传者与受众的角色及内涵发生相互渗透，甚至即时换位；② 更为多元的视角以及由此带来的公正性的提升；③ 日益简单易得的搜索功能可以带来更周到细致的个性关照；④ 传者的真正大众化带来对内容创新的促进；⑤ 新闻可以不再是"易碎品"，电视新闻节目资源可望得到新途径的再生。

○ 公民视频新闻成为数字化时代电视新闻传播实践中一道亮丽的风景线。在各类视频网站上呈现出这样一种趋势，即用户原创的社会题材类新闻视频内容得到了重点开发和格外重视。公民视频新闻在表现形态特征上，呈现出比较明显的"非专业"个性化色彩。但是，网民关注更多的是视频的信息内涵和事件本身。这也启示我们，"信息本身比传播手段更重要！"这一点对于专业人士来说，实际上也意味着传统的新闻模式受到了众多非"程式"元素的极大挑战。主要体现在以下五个方面：① 公共领域；② 亲身经历；③ 主动调查；④ 刻意策划；⑤ 视频合成。

○ 公民视频新闻发展的意义主要体现在：① 公民视频新闻对"新闻"本身的补足；② 公民视频新闻对传统"受众"的消解；③ 公民视频新闻对平民话语权的释放。

○ 公民视频新闻现象也给我们提出了一系列新的课题。如，公民自主采摄新闻的权限问题；再如，由于"公民记者"缺乏基本新闻学的训练和素质，新闻的生命力——真实性能否在"公民新闻"的领域得到保证；人们是否会在更为多元的信息源面前失去判断力？公民新闻在增强了民主、话语权之后是否也会引发公众强权；一些带有片面性的报道会给当事者造成伤害，或形成负面的舆论导向；非专业的摄制会形成大量的冗余信息给受众造成视觉浪费，等等。总之，对于在数字化环境中出现的公民视频新闻这一新生事物，如何才能有利其健康地发展，这些都有待于我们进一步关注与研究。

思考题

1. 传统电视新闻传播存在哪些不足？
2. 电视新闻传播经历了哪四次革命？
3. 电视新闻数字化"库传播"的基本原理是什么？
4. 视频网站对电视新闻传播有何价值？
5. 何谓"公民新闻"？
6. 公民视频新闻有何特征、意义？
7. 公民视频新闻对现代社会的传播提出了有何待关注的课题？

图书在版编目(CIP)数据

新编广播电视新闻学/吴信训著.—3 版.—上海:复旦大学出版社,2018.9 (2023.12 重印)
(复旦博学.当代广播电视教程:新世纪版)
ISBN 978-7-309-13934-1

Ⅰ.①新... Ⅱ.①吴... Ⅲ.①广播电视-新闻学-高等学校-教材 Ⅳ.①G220

中国版本图书馆 CIP 数据核字(2018)第 213882 号

新编广播电视新闻学(第三版)
吴信训 著
责任编辑/刘 畅 章永宏

复旦大学出版社有限公司出版发行
上海市国权路 579 号 邮编:200433
网址:fupnet@ fudanpress. com http://www.fudanpress.com
门市零售:86-21-65102580 团体订购:86-21-65104505
出版部电话:86-21-65642845
上海华业装潢印刷厂有限公司

开本 787 毫米×960 毫米 1/16 印张 23.25 字数 372 千字
2023 年 12 月第 3 版第 5 次印刷

ISBN 978-7-309-13934-1/G · 1896
定价:55.00 元